Nicola Foti

Vesnic

*Il viaggio notturno di un uomo, all'interno di una città
misteriosa, alla ricerca di sè stesso*

NICOLA FOTI

VESNIC

Dedico questo libro a me stesso,

La persona più importante della mia vita

BRENDAN

"Non ci sei mai per noi da quando siamo venuti a vivere in questa città! Possibile che anche il giorno del compleanno di Lucia dovrai fare gli straordinari?!"

"Sì è necessario! Vuoi vivere in un bell'appartamento? Vuoi le uscite, i vestiti, i ristoranti costosi, le vacanze all'ultimo grido? Allora sì, continuerò a fare gli straordinari!"

Lucia si trovava nella sua cameretta giocando con la casa delle bambole, sua malgrado sentendo l'ennesimo litigio dei suoi genitori, suo padre Brendan e sua madre Nada, discussioni che avvenivano sempre più di frequente.

"Io non ho mai voluto tutte queste cose Brendan! Questo è quello che pensi tu, la vita che tu ci stai imponendo. A me ed a Lucia non interessa andare nel ristorante più lussuoso di Vesnic, né indossare vestiti di una marca costosa e riconosciuta a livello internazionale. Io voglio mio marito e lei vuole suo padre, due ruoli che ci stai facendo mancare da quando hai iniziato a lavorare per quell'azienda maledetta!"

"Non ricominciare con la solita tiritera! E' grazie a questa azienda che possiamo permetterci questo stile di vita. Ok a te non ti importa? Beh a me sì! Adoro la vita che abbiamo; non ci manca nulla, siamo completamente indipendenti e non dobbiamo invidiare nulla a nessuno. Possiamo avere tutto ciò che vogliamo. Come puoi lamentarti? Non contano nulla i sacrifici che faccio per voi?"

"Ma noi non vogliamo che tu faccia alcun sacrificio Brendan! Cosa pensi, che io non faccia nulla tutto il giorno? Anche io ho il mio lavoro come psicoterapeuta, però non permetto che esso invada le nostre vite, che ci controlli…"

Brendan incrociò le braccia e guardò ad un lato, come se le parole di Nada avessero fatto breccia. Lei sospirò, chiuse gli occhi e si mise una mano sulla fronte, come spossata. Gli si avvicinò e gli prese la mano.

"Brendan, stiamo insieme da quasi sette anni ormai; abbiamo una bella bambina, viviamo in una splendida città. Io ti conosco, c'è dell'altro. E' come se giorno dopo giorno ti stessi spegnendo; non sei più lo stesso, lo vedo. Hai la testa da un'altra parte. Oltre che fisicamente, non sei più qui con noi mentalmente… ed emotivamente. Apriti con me, condividi ciò che senti, ti prego".

Brendan la guardò, osservando il viso della donna di cui si era innamorato sette anni prima. Capelli neri lunghi e ricci; occhi marrone scuro profondi ed espressivi; corpo snello, slanciato ed atletico, proprio come a lui era sempre piaciuto.

Brendan non aveva il coraggio di guardarla negli occhi. Si passò una mano sui suoi capelli, castani e ricci anch'essi. Portava da poco le lenti a contatto, che risaltavano i suoi occhi marroni di colore dorato. Si era fatto crescere la barba, che teneva però ben curata e non folta, perché sosteneva gli desse un aspetto un po' trasandato. Fronte spaziosa e lineamenti duri. Sollevò lo sguardo e si immerse negli occhi di Nada. Si erano conosciuti a Timp, la città dove erano cresciuti, ad una mostra d'arte, per mezzo di un gruppo di amici. Dopo poco, iniziarono a frequentarsi, si innamorarono e decisero di stare insieme. Dopo due anni di relazione, misero al mondo Lucia, la loro bimba di cinque anni. Vissero a Timp per qualche anno, ma successivamente a causa del lavoro di Brendan, si trasferirono a Vesnic. Si trovavano lì da nove mesi e da allora le cose erano crollate inesorabilmente. Brendan era completamente immerso nel lavoro e non era più lo stesso.

"Amore, per favore, parlami, dimmi qualcosa" lo pregò Nada.

L'espressione di Brendan si fece dura; lasciò la mano della moglie. Quel gesto lasciò Nada interdetta.

"Vuoi davvero sapere perché mi vedi cambiato? Lo vuoi davvero sapere?"
Nada lo guardò con sguardo perso, non più sicura di voler avere una risposta alla sua domanda.
"Perché sono infelice d'accordo? Perché non so che cosa voglio. Perché mi sveglio al mattino e non riconosco più la persona riflessa allo specchio. Perché probabilmente non volevo questa vita, perché provo un senso di vuoto, perché a volte non sento nulla e non vorrei essere vivo!"
Nada rimase smarrita e disorientata. Tutto si sarebbe aspettata, tranne che un simile commento. Si sedette sul bordo del letto, come spossata.
"Ti ho messo il pranzo sul tavolo. Devi prendere il sacchetto marrone, l'altro fucsia è per Lucia. Buona giornata" commentò la donna con sguardo assente e voce robotica.
Brendan si affrettò a lasciare la stanza da letto, senza dire una parola. Si girò un'ultima volta per dare una fulgida occhiata a Nada; stava piangendo. Non disse nulla e si incamminò sospirando amaramente.
"Papà"
Si girò. Era Lucia. Nelle mani stringeva una piccola bambola alla quale stava pettinando i capelli. Lucia aveva dei lunghi capelli castani chiarissimi e lisci. Già indossava la divisa di colore verde e rosso che le obbligavano mettere nell'asilo dove l'avevano iscritta da quando erano arrivati a Vesnic. Sul vestitino era rappresentato un albero, un abete nello specifico. Brendan si avvicinò e si inginocchiò per ascoltarla.
"Dimmi amore, cosa c'è"
"Tu e mamma avete di nuovo litigato?"
Brendan si sentì a disagio e non seppe cosa rispondere.
"Si tesoro mio… però niente di grave. Sono cose da adulti sai? Niente di serio è tutto ok"
"Ci vuoi ancora bene papà?"
Brendan fu inorridito dal constatare che non sapeva rispondere a quella domanda con assoluta certezza. Voleva ancora bene a Nada e Lucia?
"Ma certo tesoro mio che vi voglio bene. Siete le persone più importanti della mia vita, come posso non volervi bene…"
Lucia non sembrò troppo soddisfatta della sua risposta. Continuò a pettinare meccanicamente i capelli della sua bambola.
"Ci sarai stasera per il mio compleanno?"
"Ma certo amore mio, certo. Probabilmente farò un po' tardi, sai per il lavoro, però sicuramente ci sarò, te lo prometto"
"Promesso?"
"Sì Lucia, promesso"
Brendan tirò fuori dalla tasca una pacchettino con un fiocco.
"Guarda Lucia, guarda papà cosa ti ha regalato per il tuo compleanno"
Sul viso di Lucia si dipinse un largo sorriso, come se si fosse dimenticata ciò che era accaduto.
"Posso aprirlo?"
"Ma certo! E' il tuo regalo di compleanno"
Lucia scartò avidamente il suo regalo e rimase sorpresa per il contenuto.
"Che cos'è?"
"E' un fermacapelli a forma di farfalla tesoro"
"Che bello! Grazie papà, ti voglio bene"
Lo abbracciò e Brendan ricambiò, stringendola forte.
Di nuovo quel pensiero. Era da tempo che attraversava la sua mente. Era insoddisfatto della sua vita? Non voleva più bene a sua moglie ed a sua figlia?
A volte il solo pensiero di vivere si faceva pesante…
"Adesso devo andare Lucia, altrimenti papà arriverà tardi al lavoro"
"Promettimi che tornerai in tempo"
Brendan imitò il saluto di un soldato militare e si mise la mano sulla fronte.

"Promesso, generale Lucia"

Lucia si mise a ridere e rientrò nella sua stanza. Senza più voltarsi indietro, Brendan si diresse verso la cucina, prese il sacchetto e si avviò verso la porta d'entrata. Incrociò lo specchio che era appeso sul muro del corridoio, agganciato di fronte alla camera della figlia. Abbassò gli occhi. Si vergognava di guardarsi. Era arrivato al punto che non capiva chi fosse l'individuo riflesso. Era davvero lui? Non ne era sicuro. Si aggiustò la cravatta, il colletto della camicia bianca e la giacca nera elegante. Beh non troppo elegante, più casual. Così voleva la sua compagnia.

Aprì la porta d'entrata. Prima d'andarsene, osservò in direzione della loro stanza. Ripensò a ciò che aveva detto poc'anzi. Le sue parole erano state dure, ruvide, aspre. Ma era la verità. Da tempo si sentiva vuoto, spento, assente. Chiuse la porta dietro di sé e si diresse verso l'ascensore. Premette il tasto. Tardava parecchio, dunque decise di scendere le scale. Dopotutto erano solo al quarto piano e non voleva diventare un vecchio sedentario già all'età di 39 anni. Al piano terra si trovava il custode, come sempre seduto alla reception con il giornale aperto, avido di notizie.

"Buongiorno signor Brendan" lo salutò il custode.

"Buongiorno signor Ward".

"Oggi è già mercoledì... il tempo passa davvero in fretta non è vero?"

"Purtroppo sì, più in fretta di quanto si possa pensare".

Ward aprì una pagina del giornale e la mostrò a Brendan.

"Ha visto signor Brendan? Un'altra famiglia massacrata. Tutto ciò che c'era di valore, saccheggiato. Sembra che agiscano in tre e non abbiano nessuna pietà. Si divertono torturando le loro vittime e poi le uccidono. Non risparmiamo nemmeno i bambini... alla porta, nessun segno di scasso. Sembrano come fantasmi. La polizia e la milizia di Vesnic brancolano ancora nel buio, non hanno nessun indizio. La cosa inizia ad essere davvero inquietante. Sono mesi che agiscono impuniti qui a Vesnic e non sono ancora riusciti a fermarli. Se lasciassero l'onere di cercarli alla Legiunile, solo che loro hanno già altri problemi da risolvere..."

Brendan lo ascoltava con passività, anche se aveva già sentito parlare di questo gruppetto di assassini e la cosa incominciava ad impensierire anche lui. Ma la maggior parte delle persone non voleva toccare l'argomento, come se non parlarne avrebbe fatto magicamente sparire tutta quella terribile storia. Oltretutto questa Legiunile... ne aveva già sentito parlare, ma non aveva mai approfondito l'argomento. Era lì a Vesnic da nove mesi e tra lavoro e famiglia la città era quasi del tutto sconosciuta per lui, come la sua storia.

"Spero possano prenderli al più presto, in modo che potremmo sentirci nuovamente sicuri e sereni" commentò Brendan.

"Penso lo stesso signor Brendan".

"Ti auguro una buona giornata Ward".

"Lo stesso anche a lei signore".

Brendan volle eliminare quei tetri pensieri e concentrarsi solo sulla giornata che lo stava attendendo. Sarebbe stata lunga e difficile; come ogni giorno in quell'ufficio. Uscì dall'edifico e guardò la sua macchina parcheggiata. Decise di non prenderla. Non aveva voglia di affrontare l'inferno del traffico di Vesnic. Decise che avrebbe preso il bus. Avrebbe lasciato a qualcun altro l'onere di guidare per lui. Recandosi alla fermata del bus, si concentrò sulle persone che lo circondavano: tutti dediti a salire sulle proprie macchine ed avviarle o incamminarsi chissà dove, nei loro uffici, ristoranti, residenze. Individui diversi, destini differenti. E Brendan era parte di quell'ingranaggio e come una piccola formichina insieme alle altre formiche facenti parte dello stesso sistema, si dirigeva verso un luogo X a fare quello che aveva fatto il giorno prima e quello prima ancora. Si convinse a non aver più quei pensieri che non facevano altro che creargli infelicità ed angoscia. La strada che conduceva alla fermata del bus era circondata da bar, ristoranti, negozi, luci. Ed a pochi metri una fontana con in cima la statua di un'aquila che tentava di spiccare il volo. Lo aveva sempre incuriosito quel simbolo, in quanto era sparso in vari luoghi di Vesnic, ma mai si era realmente impegnato a comprendere il suo significato. Anche nella piazza di fronte al palazzo dove si trovava il suo ufficio, era presente la statua di un soldato che reggeva sul suo avambraccio un'aquila che dispiegava le ali. Gli era stato detto che nel quartiere centrale di Vesnic, Viitorul, il più antico della città, la presenza delle aquile era molto più numerosa, mentre nel suo quartiere di residenza Present e nell'area dove lavorava, Trecuta ce n'erano decisamente meno. Aveva sentito delle voci che rappresentassero una guerra che Infinit, lo stato la cui capitale era Vesnic aveva vinto in passato contro dei loro vicini, il regno di Limitat, ma a caro prezzo, in quanto aveva ridotto Infinit ad un enclave. Non sapeva molto di più e sinceramente non gli interessava molto. Arrivato alla fermata del bus, sbuffò infastidito. La pensilina era affollatissima. Non c'era mai un momento di pace. A volte malediva sé stesso dicendosi che sarebbero dovuti rimanere a Timp ed al diavolo i vantaggi che gli aveva dato il suo nuovo lavoro. Ma l'azienda prestigiosa e la migliore condizione economica lo avevano attirato a Vesnic. Ma sarebbe stato realmente diverso a Timp? Non avrebbe provato lo stesso sentimento di vuoto che lo pervadeva lì a Vesnic? Le domande affollavano la sua testa e non sapeva dargli una risposta concreta.

Mentre era concentrato nel dare un ordine ai suoi pensieri, arrivò il bus diretto a Trecuta, il quartiere dove lavorava. Tra una spinta e l'altra e qualche imprecazione, si fece spazio tra l'affollatissimo numero di persone ed a trovare per miracolo un posto in piedi, schiacciato tra un grosso signore ed una fragile vecchietta. Chiuse le porte, il bus riprese il suo tragitto e Brendan si godette il panorama. Tutto si poteva dire di Vesnic, tranne che fosse una brutta città. Parchi di uno splendido verde, piccoli boschi dentro la città stessa, quartieri storici di un'epoca che fu, il tutto misto ad alti edifici, tecnologia avanzata, le brillanti luci ed i grandi centri commerciali. Vesnic andava dal centro storico con la casa di legno fabbricata artigianalmente, stile casa delle bambole, ai grattacieli all'ultimo grido che squarciavano il cielo. La sua parte più bella, storica e bizzarra dicevano si trovasse a Viitorul, dove gli stessi cittadini eccentrici di quella zona rappresentavano la stravaganza del quartiere. Non vi era ancora stato a Viitorul. In nove mesi non vi aveva messo ancora piede e la cosa lo infastidiva. Gli mancava il tempo. Gli scivolava tra le mani. E nemmeno Nada ci era mai stata. Come se Viitorul non esistesse. Preferivano sempre stare a Present, il quartiere più ricco e di lusso… Cosa gli era accaduto? Perché erano così tanto cambiati? Un'altra domanda alla quale non trovava una risposta. Troppe le domande che affollavano la sua mente e ben poche le soluzioni ai suoi interrogativi.

Finalmente il suo bus arrivò a Trecuta e lo lasciò di fronte al suo ufficio. Si fece strada nella folla e riuscì a scendere dal bus per miracolo, prima che chiudesse le porte. Alcune persone scesero con lui, dirette sicuramente allo stesso edificio dove lui lavorava. Ed ecco di fronte a lui, l'enorme scritta che decorava la facciata della struttura: Smith and Brothers. Questo era il nome dell'azienda per la quale lavorava; era il broker dei fratelli Smith, padroni e fondatori della società che a Vesnic ed in tutta Infinit era considerata una delle più potenti e prestigiose. Ma la considerazione che se ne aveva non era altro che la superficie, la punta dell'iceberg. Ciò che la Smith and Brothers faceva, era rovinare famiglie. Intere famiglie e Brendan supportava il processo. Si ripeteva che lo faceva per la famiglia, la posizione, la tranquillità economica. Si diceva questo, ma suonava male, molto male. In verità, non ce la faceva più. Non sopportava più tutto quello. Ma non riusciva a frenare quel terribile processo ed a tirarsene fuori. Era diventato come una droga. Il riconoscimento, la fama dentro l'ufficio, la compensazione conseguente… detestava ammetterlo, ma gli piaceva possedere tutti quei benefici, quella sensazione di grandezza. Anche se il prezzo morale che stava pagando era molto alto e ne stava risentendo.

La piazza era gremita di persone e gli occhi di Brendan caddero sulla statua del soldato con l'aquila sull'avambraccio. La Legiunile l'aveva nominata Ward. Scosse la testa e avanzò verso l'entrata. Aveva altre cose a cui pensare, ben più importanti. Il suo ufficio si trovava al settimo piano dell'enorme palazzo. Brendan si sentiva già angosciato per ciò che lo avrebbe atteso. Chissà cosa i suoi capi gli avrebbero chiesto di fare. Questa volta prese l'ascensore. Insieme a lui, altri suoi colleghi che però si occupavano di altre aree della Smith and Brothers: amministrazione, sezione commerciale, traduzione e tanto altro. Al settimo piano c'era quella che definivano la squadra da cannone, quella che veniva messa in prima linea a prendersi letteralmente tutta la peggiore merda. Come soldati sul fronte, la carne da macello. Ma da maggiori responsabilità ed un maggiore rischio, c'era anche un maggiore guadagno e maggiore potere. Brendan incominciava a chiedersi se effettivamente ne stava valendo la pena.

Arrivò al suo piano e con passo incalzante si recò nel suo ufficio. La sezione dei broker era immensa. Numerose scrivanie, supportate con tablet, computer, cellulare dell'azienda, stampanti e quant'altro. Come se fossero davvero un esercito che stava combattendo una guerra. Prima che potesse sedersi alla sua posizione, il suo collega Auctor gli si parò dinanzi.

"Avvoltoio, il capo vuole parlare con te, sembra che abbia un nuovo incarico".

Due sue colleghe ridacchiarono divertite.

"Auctor, ti ho detto mille volte di non chiamarmi così…"

"D'accordo Brendan, d'accordo, non è il caso di scaldarsi, era solo uno scherzo, uno scherzo innocente. Ma devi ammettere che il nomignolo che ti hanno affibbiato ti calza a pennello. Voglio dire è proprio vero, sei uno dei migliori. Chiudi casi, ti occupi di una famiglia dopo l'altra, hai un'abilità innata nel dargli sempre le "belle notizie". Insomma Brendan è abbastanza azzeccato, non credi?"

Brendan lo osservò con sguardo torvo. Non sopportava quell'individuo pomposo ed ignorante.

"Non faccio nulla di differente rispetto a tutte le persone che lavorano in questo ufficio. Qui siamo tutti avvoltoi. Il più innocente ha la rogna".

Auctor gli mise un braccio intorno alla spalla.

"Eh bravo Brendan, questo è proprio vero. Però tu sei, come dire, irraggiungibile, non hai rivali. Non c'è nessuno che riesce a farlo con tanta freddezza e maestria. Non mi fraintendere, io vorrei imparare da te, per me sei un esempio. Sei il collega che mostra la via. E poi su, siamo tutti sulla stessa barca. Siamo la carne da cannone, ricordi? I sacrificabili, quella della prima linea. Però al diavolo, come facciamo bene il nostro lavoro, dico bene?"

Brendan iniziò ad osservare il fermacarte che aveva sulla scrivania ed immaginò di usarlo per colpire Auctor sulla testa ancora, ancora ed ancora, fino a ad aprirgli la testa in due come un cocomero. La tentazione era grande. Avrebbe dovuto solo impugnarlo e dare a quell'idiota ciò che si meritava. Una voce spezzò i suoi pensieri. Era uno dei suoi superiori, i padroni della baracca, il Signor Smith.

"Brendan presto nel mio ufficio, ho bisogno di parlarti".

Brendan si ricompose, come se si fosse risvegliato da un sogno ad occhi aperti.

"Non ti trattengo più. Sembra qualcosa di davvero importante. Ci vediamo dopo… Avvoltoio".

Brendan lo squadrò e digrignò i denti. Auctor era invidioso perché avrebbe voluto ricoprire il ruolo di Brendan ed essere tenuto così in grande considerazione dai loro capi i fratelli Smith. In quel luogo regnava anche la più profonda competizione e non c'era nessun rispetto per gli altri colleghi. Solo il desiderio di sorpassarli e schiacciarli.

Brendan lo ignorò e si incamminò verso l'ufficio del Signor Smith. Oggi c'era solo uno dei due fratelli; l'altro sembrava avesse avuto un importante incarico, una questione di collaborazione di affari, che lo aveva spinto verso una città del nord di Infinit, dove avrebbe stipulato un contratto con una compagnia che era nata da poco ed a quanto pare promettente.

Percorse il corridoio che separava la sala degli impiegati dall'ufficio del boss. Bussò alla porta. Attese per un istante, che sembrò durare un'eternità.

"Avanti" disse una voce dall'altro lato.

Brendan aprì la porta e si ritrovò nuovamente nell'ufficio del Signor Smith. Grande ed ampio, con statuette di vetro e vasi di grande valore, di cui vantava sempre la collezione con i suoi impiegati. La vasta scrivania con la foto della famiglia ed un'altra dove erano presenti lui e l'altro fratello Smith. La scrivania era di fronte ad una grande vetrata, dalla quale si poteva godere il panorama di una parte della città di Vesnic. Il Signor Smith aveva capelli bianco avorio perfettamente pettinati, cravatta rossa su camicia bianca ed vestito elegante completamente nero. E come sempre, sfoggiava quell'irritante sorriso, quel sorriso strafottente da dove spuntava quell'insulso dente d'oro. Lui lo considerava il suo portafortuna, la rappresentazione del suo successo e ricchezza. Per Brendan non era altro che il simbolo della sua opulenza. All'inizio aveva rispettato quell'uomo, ma ora…

"Brendan! Prego vieni avanti, accomodati. Fai come se fossi a casa tua!"

"Buongiorno Signor Smith"

Smith si alzò dalla sedia e lo accolse con un'energica stretta di mano.

"Prego, non essere timido"

Brendan prese posizione, non troppo entusiasta. Ogniqualvolta che il Signor Smith lo chiamava in ufficio, era per assegnargli qualche incarico ingrato… ma anche remunerativo per entrambe le parti. Una contraddizione che Brendan non sapeva come affrontare.

"Un sigaro? Un bicchiere di Cognac? Non farti pregare Brendan! Prendi tutto ciò che vuoi"

"No grazie mille Signor Smith. Al momento sono a posto così, la ringrazio"

"Ah Brendan! Ti perdi sempre le piccole gioie della vita! Guarda questo sigaro. Importato da Limitat. Sì, tutti a fare la morale che era nostro nemico, non so cosa e non so quanto. Ma ora che siamo in pace, che importa! I loro sigari sono i migliori che ho mai provato e ne ho assaggiati parecchi sai?"

Brendan annuì sorridendo "Davvero Signor Smith, grazie mille, ma preferisco rifiutare la sua offerta"

"D'accordo ragazzo, d'accordo… sempre così formale oltretutto. Non ti dimenticare che qui siamo come una grande famiglia. Ma bando alle ciance, veniamo agli affari. Ti ho fatto chiamare per un motivo ben preciso, ossia chiudere uno dei nostri affari"

Era così che definiva le persone: affari.

"A chi si riferisce signore?"

"Alla signora Dalila"

A Brendan gli venne un nodo alla gola.

"La signora Dalila? Ma il caso con lei non era stato chiuso? Non abbiamo ottenuto ciò che volevamo?"

"No Brendan, solo in parte. Facendo vari calcoli e guardando i documenti, ebbene… abbiamo notato come degli interessi che erano maturati a nostro favore, rispetto al prestito che le avevamo dato, non sono stati da lei restituiti. Inoltre, non contenta, ha avuto il coraggio di inoltrarci l'ennesima richiesta di aiuto, senza tenere in considerazione che oramai è stata classificata come cliente inaffidabile. Nonostante ciò, ci ha fruttato parecchio. Abbiamo guadagnato il triplo rispetto a quello che le prestammo. Fantastico no?"

"Con tutto il rispetto signore… Dalila ha già dato quasi tutto quello che possedeva e non le è rimasto quasi nulla. Ho analizzato la sua cartella e non ha più fondi ai quali attingere per poter restituire un ulteriore tasso di interesse, soprattutto se è paragonabile a quello precedentemente reintegrato"

Il Signor Smith sorrise nuovamente, con fare furbo ed astuto, ostentando nuovamente il suo brillante dente d'oro.

"Ed è qui che ti sbagli caro Brendan. A lei ed a suo marito sono rimaste ancora parecchie cose: la macchina, la casa, l'oro della nonna, i mobili…"

Brendan strabuzzò gli occhi.

"Signor Smith con tutto il rispetto, Dalila ed il marito hanno anche tre bambini, non possiamo arrivare a tanto. Potremmo concedergli una postilla di pagamento che gli permetta di saldare successivamente, o un pagamento a rate…"

Il Signor Smith alzò la mano, come per zittire Brendan.

"Capisco Brendan, tu come broker stai cercando di salvare questa famiglia e questo è molto nobile da parte tua. Ma noi siamo un'azienda d'affari. Cerchiamo il profitto. Non possiamo fare la carità ai poveri. Mi capisci vero? Conoscevano i rischi e nonostante questo hanno voluto investire, contare su di noi e non ci hanno pensato due volte a prendere i nostri soldi… ma quei soldi non sono un regalo, vanno restituiti e con un piccolo interesse con il quale ci assicuriamo un guadagno. E questa nostra nostra maniera di pensare che ci ha fatto crescere, raggiungere varie mete e traguardi e farci arrivare dove ci troviamo oggi. Un atteggiamento debole non ci avrebbe fatto arrivare da nessuna parte. Invece guardaci: ad oggi siamo una delle aziende economicamente più potenti di Vesnic" Brendan stava stringendo le ginocchia e muoveva su e giù le mani, strofinandosi nervosamente il pantalone elegante grigio.

"Che cosa vuole che faccia Signor Smith"

Di nuovo quell'infame sorriso.

"Così mi piace Brendan. Dovrai semplicemente avvisare la signora Dalila cosa le succederà se non pagherà l'interesse restante. Tu sei sempre il più indicato in questo tipo di incarichi: hai quell'atteggiamento e quel portamento necessario a portare a termine queste incombenze. Non è facile gestire un'isterica così molesta e fastidiosa come Dalila, ma tu Brendan hai quello smalto, quel non so che in più, che ci permette di portare a casa sempre il gruzzoletto che meritiamo ed anche qualcosa in più a volte. E non dimenticarti che in ogni caso il tuo impegno sarà premiato, come sempre. Aggiungeremo qualche zero in più al tuo stipendio a fine mese, come ricompensa per lo sforzo che mostri nella ditta dei Smith and Brothers. Sei il nostro fiore all'occhiello Brendan, ricordatelo sempre. E chissà se per qualcuno non sta per arrivare una promozione inaspettata"

Ed ecco che ancora una volta Brendan si trovava diviso tra moralità e denaro; tra onestà e lusso; tra etica e sfarzo. Sapeva che era sbagliato agire così. Fin dal principio, da quando iniziò a lavorare per Smith and Brothers, si era sentito come un'equilibrista che si sforzava di non cadere, appeso ad un filo, il suo destino sempre in pericolo ad ogni passo. Più di una volta aveva pensato di rifiutarsi di compiere quelle barbarie, ma non vi era riuscito. Perché? Perché era attaccato al vile denaro. Gli piaceva vivere nella fastosità; adorava vivere nella sontuosità; gustava vivere nell'abbondanza. E gli piaceva ancora di più che alla sua famiglia, a Nada e Lucia, non le mancasse nulla. Sì, però a che prezzo? Si stava allontanando da loro e soprattutto e cosa ancora peggiore, si stava allontanando da sé stesso. E quindi si trovava nuovamente in bilico a dover scegliere tra la salvezza della morale o continuare a vivere nell'opulenza, però continuando a non riconoscere la persona che vedeva riflessa nello specchio.

"Allora Brendan, cosa mi dici? Farai ciò che è giusto?" Domandò improvvisamente il Signor Smith.

"Sì Signor Smith. Accetto di parlare con Dalila"

"Magnifico ragazzo! Ti darò l'ufficio qui di fronte, in modo che tu possa avere un posto tranquillo dove poter parlare e contenere la fiera"

Il Signor Smith si mise a ridere a crepapelle. Gli occhi di Brendan si fissarono un'altra volta su quell'orribile dente d'oro. Lo detestava con tutto sé stesso. Il Signor Smith si alzò e Brendan con lui. Gli strinse di nuovo la mano e l'accompagnò alla porta.

"Tra qualche minuto ti manderemo Dalila. Tu accomodati pure tranquillamente. E grazie ancora per il tuo sforzo. All'interno di questa azienda stai eccellendo Brendan; sei senza dubbio uno dei migliori"

"La ringrazio Signor Smith. Non appena avrò finito di parlare con la cliente preparerò il rapporto e lo lascerò sulla sua scrivania"

Il Signor Smith gli diede una pacca sulla spalla "Efficiente come sempre il mio Brendan. Perfetto, ti lascio alla tua fiera allora. Domala a dovere" E chiuse la porta, accompagnando il gesto con un'altra fragorosa risata.

Brendan si diresse verso l'ufficio indicatogli dal Signor Smith, entrò e si sedette di fronte alla scrivania. La stanza non differiva molto dall'ufficio del suo capo, se non che erano meno presenti statuette quadri ed oggetti di ogni tipo. Era molto più semplice ed elementare. Brendan ticchettava le punta delle dita sul tavolo. Lo aspettava un altro ingrato compito; però che gli avrebbe fruttato molto denaro. Si alzò in piedi ed iniziò a passeggiare nervosamente avanti ed indietro, come se fosse un leone ingabbiato. Era ancora in tempo per rifiutarsi. Non era obbligato a farlo. Non era nemmeno obbligato a continuare a lavorare lì. Qualsiasi altra società lo avrebbe assunto. Aveva le capacità e le abilità per essere contrattato. Ma in ben poche aziende come la Smith and Brothers giravano tanti soldi. Poteva dare tutto ciò che voleva a lui ed a Nada e Lucia. Avrebbero continuato a vivere nel lusso. Ma il gioco ne valeva la candela? Non riconosceva più l'immagine nello specchio. Chi era quello sconosciuto? Chi era...

I suoi pensieri vennero interrotti da un rumore; qualcuno stava bussando alla porta.

"Sì?" chiese Brendan nervoso.

Una ragazza, la segretaria del Signor Smith si affacciò, aprendo delicatamente la porta.

"La signora Dalila è arrivata"

"Falla accomodare"

La segretaria aprì la porta e la signora Dalila entrò lentamente. Era visibilmente spaventata. Sembrava fosse un condannato che andava verso il patibolo, pronto per l'impiccagione.

"Avanti Dalila si accomodi per favore"

Dalila annuì, senza dire una parola. La segretaria chiuse la porta dietro di lei. Erano rimasti soli. Brendan le allungò la mano; Dalila non la strinse. Brendan si schiarì la gola. Voleva togliersi quel sassolino dalla scarpa il prima possibile. Oppure no. Era ancora in tempo per declinare.

"Signora Dalila, io..."

"So già perché mi trovo qui. Non avete accettato la mia richiesta di prestito vero?"

Sul suo viso erano disegnate due grosse occhiaie ed i capelli biondi erano spettinati e raccolti in maniera arruffata in una coda. I suoi occhi marroni trasmettevano angoscia e perdita di speranza.

"Signora Dalila, purtroppo non ci è stato possibile accettare la sua proposta. Non abbiamo abbastanza garanzie che questa volta lei possa pagarci il debito e quindi sarebbe rischioso da parte nostra accettare..."

"Davvero comico. Il prestito che avevamo richiesto era ben poca cosa, ma con gli interessi che avete applicato ci avete rovinato... parlavate di trasparenza, di sconti, di percentuali popolari... maledetto il giorno che accettammo di firmare quel contratto con voi. Un contratto ingannatore e menzognero. Era pieno di clausole che noi ingenuamente non leggemmo, perché ci fidammo... che stupidi..."

Il disagio di Brendan aumentò. Dalila non aveva la minima idea di quello che le stava per dire.

"Perfetto, allora non perdo ulteriormente il mio tempo. Pensavo che avreste potuto darci questa piccola somma che stiamo chiedendo, anche per rispetto a tutto ciò che ci avete rubato e per aver investito in passato nelle vostre azioni. Questa volta sapevamo come proteggerci da voi avvoltoi, non ci saremmo fatti beffare. Ma forse è meglio così... probabilmente vi sareste inventati qualche regola assurda per rovinarci come la scorsa volta. Con permesso"

"Aspetti signora Dalila, le vorrei parlare di qualcosa. Si sieda, per favore"

Dalila si sedette lentamente, senza staccare gli occhi da Brendan. Ora poteva leggere la preoccupazione sul suo volto.

"C'è qualcosa che le vorrei dire. Non è stata chiamata qui solo per comunicarle che il prestito le è stato respinto, ma anche perché abbiamo notato, nell'osservare nuovamente la documentazione firmata da lei e da suo marito, che non avete terminato di pagare tutti gli interessi verso di noi"

L'espressione sul volto di Dalila era impossibile da descrivere. Era un misto tra rabbia, disappunto e sorpresa.

"Che cosa? Di che cosa sta parlando? Noi abbiamo pagato fino all'ultimo centesimo! Non vi dobbiamo più nulla!"

"Purtroppo non è così signora Dalila. C'era un ulteriore pacchetto di interessi maturati nel prestito fornito che non è stato pagato ed ora sfortunatamente dovrete saldarlo"

"Noi non possiamo saldare proprio un bel niente! Ci avete tolto tutto! Non ci avete lasciati con il becco di un quattrino!"

Brendan seguitava a parlare come se fosse un robot, senza sentimenti ed emozioni, come se stesse recitando un copione. Non aveva altro modo per poter reggere quella parte.

"Signora Dalila... se non vi è possibile estinguere il vostro debito, dovremo a malincuore togliervi i vostri averi, tra cui è compresa anche la vostra casa"

Dalila rimase agghiacciata, come bloccata sulla sedia, incredula a quello che aveva appena udito. Si alzò improvvisamente e agguantò la statuetta di una conchiglia che si trovava sulla scrivania per lanciarla in faccia a Brendan. Quest'ultimo non aspettandosi quella reazione, si protesse il viso con le braccia. Stava attendendo il colpo, ma questo non arrivò. Abbassò lentamente le braccia ed osservò Dalila. La donna stava guardando a terra e singhiozzava disperata. Lasciò cadere la statuetta che al toccare la moquette emise un suono sordo ed attutito.

"Un giorno, ben presto, pagherete per questa crudeltà. Forse non oggi, forse non domani, forse non tra un anno, ma un giorno..."

"Signora Dalila, io..."

"Ogni volta mi chiedo come è possibile che possano esistere individui come voi... che non mostrino nessuna pietà o empatia per il prossimo... il cui unico scopo e distruggere e rovinare gli altri e arricchirsi delle loro sciagure... sono sicura che all'inferno c'è un posto per quelli come voi e andrete tutti lì a bruciare. Sono sicura che se non pagherete in questa vita, allora sconterete tutto nella prossima"

Brendan tacque e non disse una parola. Strinse di nuovo le ginocchia con le mani e si sforzò di ritornare alla modalità robot. Ma questa volta non era in grado, non ci riusciva.

"Dalila, permettimi di darti delle alternative. Ci sono dei modi nei quali possiamo risolvere questo pasticcio... vorrei aiutarti"

Dalila si asciugò le lacrime con la manica del giubbotto e si erse fiera con il capo, affrontando e reggendo lo sguardo di Brendan.

"Non voglio il tuo aiuto. Sicuramente sarà qualche altro inganno. Fingi di essere gentile ed amichevole, ma alla fine non sei altro che parte di questo ingranaggio. Sei come tutti gli altri: un avvoltoio, approfittatore, che si arricchisce sulle macerie sotto le quali giacciono i morti. Ma noi non ci lasceremo sopraffare così facilmente. Non vi permetteremo di vincere. Anche se abbiamo firmato un foglio, non lasceremo che ci roviniate e che annientiate le nostre e quelle dei nostri figli"

E senza aggiungere altro, Dalila prese la borsa e diede le spalle a Brendan, uscendo dall'ufficio e sbattendo la porta.

Brendan si stravaccò sulla sedia e fissando il soffitto, emise un forte sospiro colmo di tristezza. Quante volte aveva vissuto quella situazione? Dieci? Venti? Cento? Aveva perso il conto. Tutte famiglie nella stessa circostanza di Dalila, ridotte sul lastrico dalla Smith and Brothers, senza alcuna remora. Ed il passaggio finale era stato quasi sempre assegnato a Brendan, che aveva quel tocco magico con il quale riusciva a chiudere l'affare senza troppi indugi. Però ogni volta sentiva di perdere un pezzo della sua anima, un pezzo della sua personalità. Lui non era così e nonostante tutto continuava, seguiva come una macchina sulla quale fosse stato programmato un file automatico: ubbidisci, esegui, guadagna il tuo premio. Nulla di più.

Chiamò la segretaria del Signor Smith (che era diventata anche la sua, generosa concezione del superiore) e si fece portare le varie scartoffie di cui si sarebbe voluto occupare quel giorno. Come al solito, ce n'era una montagna, alle quali si aggiungeva il documento della signora Dalila. Guardò l'orologio. Erano già le 11. Voleva tornare a tutti i costi per celebrare il compleanno di Lucia. Non poteva perdersi la festa della figlia. Sbuffando, si ricordò anche che avrebbe dovuto effettuare delle chiamate, verso nuovi potenziali clienti e quelli che il Signor Smith chiamava "Polli da spennare". Incominciò a lavorare, sperando di finire per tempo. Tra un documento e l'altro ed una chiamata e l'altra, il tempo passò in fretta. Nella tranquillità del suo ufficio, la giornata scorreva rapidamente.

UN EVENTO INASPETTATO

Mancava poco. Ancora due o tre pratiche e finalmente Brendan sarebbe potuto tornare a casa. Alzò lo sguardo. L'orologio segnava le 22. era tardissimo. Ancora una volta, gli era toccato fare gli straordinari, tanto lavoro, tante cose da fare. Ma nessuno lo obbligò, fu nuovamente una sua scelta. Già, più scartoffie terminate, bonus più elevati e maggiori entrate. Aveva ragione Dalila. Non erano altro che degli avvoltoi e lui era tra i primi della schiera. E tutto quel denaro non stava facendo la sua felicità. Sentiva che si stava perdendo, si stava allontanando da quello che era veramente. Prima o poi sarebbe caduto dal filo dell'equilibrista ed allora avrebbe dovuto fare una scelta. Indossare la maschera tutta la vita o ritrovarsi e tornare ad essere chi era veramente. E quella sensazione di vuoto che a volte provava; quei pensieri oscuri che percorrevano la sua mente…

Nada lo aveva pregato di tornare prima a casa oggi, ma come sempre, non ci riuscì. Sarebbe stato argomento per un'altra litigata tra di loro. I vari litigi, reclami, discussioni lo stavano spossando; come se non bastasse, il suo lavoro era diventato il suo più intimo amante. E quel sentimento di noia… ogni giorno identico all'altro, come in un eterno limbo, ogni passo, ogni parola, ogni interazione facenti parte di un loop inesorabilmente infinito.

Così era la sua vita, da quando con la sua famiglia si erano trasferiti a Vesnic e non aveva idea di come potesse uscire da questo vortice nel quale lui stesso si era auto recluso.

Brendan toccò il tasto invio della tastiera ed ecco che l'ultima pratica venne archiviata. Non era rimasto più nessuno in ufficio, come era consono e sarebbe toccato a lui spegnere le luci. Anche la segretaria "condivisa" se n'era andata. Il Signor Smith era passato un momento a congratularsi di nuovo con lui per il lavoro fatto. Ben presto disse, avrebbero avuto da Dalila e la sua famiglia ciò che volevano, che loro lo avrebbero desiderato oppure no. Tirando un forte sospiro, si alzò dalla sedia e si avviò verso la porta dell'ufficio.

Spense le luci e si avviò verso l'ascensore. Mentre lo stava attendendo, constatò di non essere solo; c'era ancora l'uomo delle pulizie, di cui non ricordava mai il nome. Un uomo sulla mezza età, mingherlino, molto serio ed introverso. Brendan gli fece un cenno di saluto con la testa e l'uomo delle pulizie ricambiò.

Dopo quella che sembrò un'eternità, l'ascensore arrivò. Brendan entrò e pigiò il tasto del piano terra. Le porte dell'ascensore si aprirono e Brendan incominciò ad incamminarsi verso l'uscita. Lo incuriosì il fatto che mancassero i due custodi, sempre lì appostati nella reception d'attesa vicino alla porta principale. Forse ce l'avrebbe fatta ad arrivare a casa prima che Nada mettesse a dormire la figlioletta Lucia. Almeno le avrebbe potuto dare la buonanotte e farle di nuovo gli auguri. Non avrebbe incrociato gli invitati, questo è certo. Brendan si ricordò come sempre più spesso, Lucia esprimesse a Brendan quanto sentisse la sua mancanza, che voleva vicino a sé il suo papà. Gli si strinse il cuore a quel pensiero. Ma lo stava facendo per loro, per il bene di tutti; meritavano una vita opulenta, immersi nell'agio e nel benessere.

Tentando di cancellare quegli oscuri pensieri, Brendan uscì dall'edificio e si avviò verso la fermata del bus. Gettò un'occhiata al legionario con l'aquila appoggiata sul suo avambraccio. Pensò come avrebbe desiderato la sua forza. Si chiese come sarebbe stato combattere in una guerra, al fronte, con la morte sempre dietro l'angolo, unica compagna ed amica.

La notte era nuvolosa, un cielo senza stelle e la strada era completamente deserta, a parte un tizio completamente ubriaco che si trovava sul lato opposto, cantando e dicendo cose incomprensibili, stringendo nella mano una bottiglia di vino di scarsissima qualità. Il suo ufficio si trovava nel settore Ovest di Vesnic, in un quartiere chiamato Trecuta. Non c'era un gran via vai in quella zona durante le ore serali e notturne, essendo un'area costellata prettamente da uffici ed edifici di grandi compagnie, ma era ad ogni modo un posto tranquillo nel quale non c'era nulla da temere.

Giunto alla pensilina, Brendan si lasciò cadere sulla panchina della stessa, tirando un enorme sospiro. Si sentiva a pezzi dopo quell'ennesima giornata devastante di lavoro e non voleva altro che tornare a casa per poter dormire e riposare. Guardò il pannello: mancavano 10 minuti all'arrivo del bus. Prese il cellulare e scrisse a Nada, dicendole che di lì a poco sarebbe stato a casa. Si guardò di nuovo attorno con sguardo corrucciato: sembrava che a parte lui e l'ubriaco non ci fosse davvero nessuno nei paraggi. Davvero strano, pensò Brendan. Anche alla fermata non c'era anima viva ad attendere il bus serale. Fece spallucce ed appoggiò la testa alla parete di plastica della pensilina e chiuse gli occhi.

"Solo un momento" pensò Brendan. "Solo un istante, ho bisogno di rilassarmi"

Ma quello che doveva essere un istante, durò molto più a lungo e Brendan cadde in un sonno senza sogni.

Aprì improvvisamente gli occhi. Si guardò intorno confuso, disorientato. "Quanto ho dormito?" pensò, cercando di recuperare la lucidità.

La strada era ancora deserta e dell'ubriaco non vi era più traccia. Guardò febbrilmente il riquadro elettronico della pensilina: "Servizio non disponibile", mostrava lo schermo.

Brendan cercò nervosamente il cellulare all'interno della sua tasca, ma non lo trovò.

"Probabilmente è caduto" pensò nervosamente, iniziando istericamente a cercare per terra se vi fosse traccia dell'apparecchio. Guardò sotto la panchina, sul marciapiede, sulla strada, persino nel cestino dei rifiuti li affianco. Nulla. Qualcuno lo doveva aver derubato, nel momento in cui era rimasto addormentato.

"Stupido, stupido, stupido!" urlò a sé stesso Brendan, muovendo furiosamente le braccia, come per colpire l'aria. Si mise una mano sulla fronte per la disperazione, quando si ricordò della sua valigetta, la valigetta che portava a lavoro e dove normalmente metteva il portafoglio. Si girò di scatto: la valigetta era sparita. Mentre dormiva l'aveva lasciata di fianco a sé, senza curarsi d'essa. Gli avevano sottratto anch'essa. Non aveva più nulla: cellulare, portafogli. E quel che era peggio, anche le chiavi di casa. Lo avevano privato di ogni cosa.

Preso da una rabbia ed una furia incontrollata, Brendan iniziò a dare manate al muro di plastica trasparente della fermata del bus, sfogando così la sua frustrazione.

"Maledizione!" gridò esasperato "Maledizione…" e questa volta non fu che un sussurro misto a tristezza e lacrime. Si lasciò andare, sedendosi sul bordo del marciapiede di fronte alla pensilina, con il volto abbassato sulle ginocchia. Iniziò a fissare la strada d fronte a sé ed a maledirsi per essersi addormentato, aver abbassato la guardia ed essersi lasciato derubare come un ingenuo.

Non si spiegava come fosse possibile che non si fosse accorto di nulla. Il ladro di turno doveva essere stato estremamente scaltro. Brendan non si era reso assolutamente conto che qualcuno stesse rovistando nella tasca dei suoi pantaloni, né che stessero tentando di portarsi via la valigetta.

Il sonno nel quale era caduto era stato molto profondo, al punto in cui non aveva avvertito né la presenza di un individuo avvicinarsi, né il tentato furto, andato a compimento.

Ora si trovava senza cellulare, senza soldi né carte di credito e non aveva la più pallida idea di come avrebbe potuto tornare a casa. Si sentì una nullità, un fallito. Il lavoro lo aveva distrutto a tal punto, che era caduto in un sonno profondo sulla panchina di una pensilina, tanto stanco e stremato da non rendersi conto che qualcuno lo stesse scippando.

Oltretutto non aveva modo di contattare né Nada né nessun altro e non aveva maniera di bloccare le carte di credito che possedeva. Non sapeva neppure che ora fosse.

Quanto aveva dormito? Quanto era rimasto lì su quella panchina? Quanto tempo era passato?

Era ancora buio, il che presupponeva non fosse passato molto tra il sonno ed il suo risveglio. La strada continuava ad essere deserta e di un Taxi nemmeno l'ombra. Ma anche se fosse, come lo avrebbe pagato?

Camminava su e giù per il marciapiede, come un povero pazzo, pensando a quello che avrebbe potuto fare. Alla fine stabilì che non aveva altra scelta: avrebbe dovuto tornare a casa a piedi.

Il solo pensiero lo tormentava, in quanto la casa dove Brendan viveva con la sua famiglia si trovava esattamente all'altro lato della città, rispetto al suo ufficio e non conosceva ancora perfettamente Vesnic a tal punto da avventurarsi in essa di notte, attraversando i suoi numerosi quartieri a lui per lo più sconosciuti. Già, nove mesi che viveva lì ed ancora non conosceva la città nella quale abitava. Ma aveva altra scelta? E sarebbe stato in grado di trovare la via del ritorno?

Un'altra cosa incredibilmente bizzarra e che era caduto in un sonno tanto profondo che non si era reso nemmeno conto del passaggio del bus. Ma era effettivamente passato?

In un misto di emozioni, si assestò la giacca e si preparò mentalmente per la lunga camminata che lo attendeva, quando ad un certo punto sentì un fischio dietro di lui. Si girò improvvisamente in direzione del suono, ma non scorse anima viva. Rimase fermo un momento, fissando il punto da dove credeva provenisse il rumore, ma nulla. C'erano solamente lui ed il suono dei grilli che stridevano nella notte.

Tirò un'altra occhiata nervosa ed incominciò a camminare, quando eccolo di nuovo. Un fischio, questa volta più vicino, più acuto. Brendan capì da dove proveniva questa volta. Il suono giungeva da una stradina lì al lato, talmente piccola e stretta che almeno inizialmente non aveva attirato la sua attenzione. Adesso si era trasformato in un fischiettio sulle note di una canzone che non conosceva e con lui, rumore di passi. Qualcosa dentro di lui gli stava dicendo che avrebbe dovuto fuggire, andarsene, ma la paura lo bloccava. Cosa si sarebbe dovuto aspettare?

La strada era deserta e nessuno avrebbe potuto aiutarlo nel caso. Ad ogni modo quella era una zona tranquilla, con un tasso di criminalità che rasentava lo zero...

"Non mi succederà nulla... Giusto?"

Il fischiettio in cadenza si avvicinava e così anche i passi. Brendan era incapace di muoversi, di fare anche un solo passo. Ed ecco, ad un certo punto, spuntare dal vicolo tre uomini. A capo del piccolo gruppo si trovava colui che stava fischiettando e dietro di lui altri due, uno dei quali stava trascinando un sacco dell'immondizia nero. Un sacco dell'immondizia enorme e visibilmente pesante. Indossavano pantaloni e giacca di pelle con borchie e stivaletti con la punta di ferro. Sotto alle giacche nulla, erano a torso nudo.

Appena scorsero la presenza di Brendan, i tre individui si fermarono ed iniziarono a scrutarlo dalla testa ai piedi. Dopodiché, scoppiarono in una risata sguaiata e diabolica, quasi folle. Brendan iniziò a sudare freddo e diversi brividi di terrore gli corsero lungo la schiena. Il tizio che fischiettava smise di ridere, sputò a terra ed iniziò a guardare Brendan con aria quasi selvaggia. Gli altri due dietro continuavano a sghignazzare. Altra cosa che colpì Brendan, era il fatto che sembravano perfettamente identici, come fossero un trio gemellare: tutti e tre calvi, stessa statura, stessi lineamenti facciali, con l'unica differenza che quello che stava trascinando il sacco portava degli occhiali da Sole, mentre l'altro alla sua sinistra degli occhiali da vista.

"Ehi damerino" disse il tizio che stava fischiando "Tutto solo qui a quest'ora della notte? La mamma non ti ha detto che si possono fare brutti incontri da queste parti?".

Gli altri due compagni dietro di lui continuavano a sghignazzare isericamente, fissando Brendan come fosse una preda da abbattere da un momento all'altro.

Brendan tentò di mostrare calma, cercando di rispondere senza far trapelare la paura che stava provando.

"Sì stavo giusto aspettando il bus, ma credo di averlo perso purtroppo. Penso di camminerò fino a casa, abito giusto a due isolati da qui" Mentì.

I suoi occhi non riuscivano a staccarsi dal sacco nero che stringeva il tizio con gli occhiali da sole.

Il tizio del fischio rise a squarciagola "Ehi ragazzi avete sentito? Il damerino ha perso il bus e sarà costretto a camminare fino a casa sua. Non ho mai ascoltato nulla di più triste, quasi mi viene da piangere".

I due suoi compagni dietro di lui accompagnarono la sua risata, senza mai staccare lo sguardo da Brendan.

"Ha perso il bus" ripetette quello con il sacco nero

"Triste, davvero triste" Fece eco quello con gli occhiali da vista.

Brendan si schiarì la gola e con voce incerta proferì "Ok se volete scusarmi pensò che me ne andrò…" Voltò le spalle al trio con il proposito di allontanarsi il più possibile, quando il tizio del fischio proferì di nuovo parola.

"Sei curioso damerino?" chiese a Brendan, sputando nuovamente a terra.

Brendan lo guardò con aria interrogativa. "Come?" Domandò.

Il tizio fece un paio di passi avanti sogghignando "Ti piacerebbe sapere cosa c'è dentro vero?".

"Curioso" disse quello con gli occhiali da sole.

"Ti piacerebbe; sì ti piacerebbe" incalzò l'altro al suo fianco.

Brendan non sapeva più come uscire da quella situazione e malediceva sé stesso per essersi addormentato, aver perso il bus, aver fatto gli straordinari ed essersi fatto derubare come un tonto senza accorgersi di nulla. Si trovava adesso in quella circostanza solo per colpa sua e non aveva la minima idea di come potersi liberare di quei tre folli. Oltretutto non si capacitava come fosse possibile che fino a quel momento non fosse passata un'anima viva, in una zona ed una strada normalmente abbastanza affollata da persone e macchine, anche durante le ore notturne.

"Non capisco…" Mormorò Brendan, sapendo invece in cuor suo a cosa il tizio del fischio si stava riferendo.

"Vorresti vedere il contenuto del sacco che il mio amico sta trasportando, non è vero?" Lo incalzò.

Gli altri due questa volta non ripeterono ciò che il compagno disse, ma al contrario si fecero seri e cupi, smettendo di ridacchiare.

"Ecco, io a dire il vero… No, guardate non importa va bene così, come ho detto devo andare, sono stanco, quasi non mi reggo in piedi…" mormorò Brendan.

Eppure, c'era in lui una sensazione irriconoscibile, che fino a quel momento non aveva mai provato, come una morbosa curiosità, un turbamento viscerale che lo spingeva a voler sapere cosa realmente ci fosse dentro quel sacco.

"Ehi Charlie, Willy" Si rivolse il tizio del fischio ai suoi compagni, ignorando completamente quello che Brendan aveva appena detto "Che ne dite, mostriamo il contenuto del sacco al damerino?"

Charlie abbandonò la sua aria cupa ed iniziò nuovamente a sghignazzare.

"Sì capo" affermò Charlie, il portatore del sacco "Divertiamoci un po'"

"Sì, facciamoci due risate" affermò Willy

Charlie aveva detto "Capo". I sospetti di Brendan erano fondati: Il "Fischiettatore" era il comandante del trio. Non che saperlo cambiasse di molto la situazione terribile nella quale si trovava e dalla quale sembrava non ci fosse via d'uscita. Ma per quale diavolo di motivo non passava nessuno da lì?

Charlie incominciò ad armeggiare e muovere il sacco, a quanto pare per poterne svuotare il contenuto con facilità e mostrarlo a Brendan. Willy stava perfettamente immobile come una statua, con lo sguardo bramoso fisso su Brendan e ridacchiando a più non posso, senza smettere un momento.

Brendan, da parte sua, rifletette sul fatto che qualsiasi gesto da parte sua avrebbe determinato la sua fine. Ormai era certo di essere in balia di un gruppo di folli e nessuno sarebbe venuto in suo soccorso, non quella notte. Quindi suo malgrado era completamente alla loro mercé ed altro non gli restava che osservare cosa si trovasse dentro al famigerato sacco nero.

"Sei pronto damerino? Questo è il nostro regalo per te. Stai certo che cambierà la tua vita"

Fu "Capo" a parlare, con aria seria e grave, non staccando gli occhi un momento da Brendan. Charlie era pronto oramai a rovesciare il contenuto del sacco nero, sempre ridacchiando, come schernendo Brendan. Quest'ultimo era totalmente bloccato, impotente, svigorito, incapace di muovere un muscolo e con lo sguardo fisso al sacco nero, che Charlie abbracciava come se fosse l'ultimo dei tesori sulla faccia della Terra. Brendan deglutì; il respiro gli si era quasi bloccato ed il tempo sembrava come sospeso, un singolo secondo, un momento che sembrava dovesse durare per l'eternità.

Era ormai pronto a vedere l'inverosimile e l'inimmaginabile uscire da quel sacco scuro come può essere la più scura delle notti, quando all'improvviso all'orizzonte, vide due luci. Per un istante pensò di stare sognando, che fosse solo frutto della sua immaginazione. Però li vide chiaramente: due fari di una macchina proprio di fronte a lui, avvicinarsi verso la sua posizione. Osservando meglio il mezzo, Charlie notò che sul tettuccio portava l'insegna "Taxi". Brendan provò un misto di incredulità e smisurata gioia; quel Taxi apparso dal nulla era come un miraggio di un'oasi nel deserto.

Il trio non fece una piega ed anzi, continuavano a fissare maleficamente Brendan, come se il taxi non esistesse, come se fossero unicamente loro quattro in quel preciso momento.

Brendan non aspettò un secondo di più ed iniziò a sbracciarsi per attirare l'attenzione del conduttore. Sapeva di non poter pagare la corsa, ma non gli importava; voleva solo fuggire il più lontano possibile da lì. Avrebbe pagato il tassista una volta tornato a casa.

Charlie rimase fermo e non vuotò il contenuto del sacco nero, che ora aveva preso una strana ed indescrivibile forma, con diversi rigonfiamenti a lati. Brendan si mise quasi al centro della strada con il rischio di farsi investire, con il proposito di fermare il Taxi ad ogni costo. Quest'ultimo non frenò che all'ultimo momento e probabilmente non si sarebbe fermato se Brendan non si fosse buttato sbracciando in mezzo alla strada.

Brendan non ci pensò due volte e corse disperato verso la porta posteriore, aprendola e buttandosi letteralmente dentro al veicolo senza guardarsi indietro.

I tre erano sempre al loro posto, adesso con un espressione di odio e astio diretta nei confronti di Brendan. Non ridevano e non sghignazzavano più, non c'era più ironia e sarcasmo nei loro volti: solo disprezzo e livore. "Capo" sputò di nuovo per terra e strinse i pugni. Charlie rimise il sacco nero nuovamente nella sua posizione originale, pronto a trascinarlo di nuovo.

"Sei stato fortunato damerino" Sussurrò Capo non perdendo di vista Brendan ed il Taxi che ripartendo, lo stava portando via da quell'incontro surreale ed assurdo.

LOTHAR

Brendan assaporò la sicurezza del veicolo che lentamente si stava allontanando dai tre brutti ceffi. Si voltò e li osservò. Erano ancora lì, immobili, con il loro misterioso e angosciante sacco nero; non staccavano gli occhi dal veicolo ed anche da quella distanza, Brendan poteva sentire su di lui il loro sguardo carico d'odio.

Ma chi erano e cosa ci facevano lì? Da dove erano giunti e soprattutto, cosa si celava all'interno del loro sacco?

Oltretutto erano tre tipi decisamente bizzarri, oltre che spaventosi. La zona dove si trovava il suo ufficio era una delle più tranquille della città e mai si sarebbe aspettato di fare un incontro del genere… E di essere derubato. Probabilmente quella zona di Vesnic non era così sicura come i suoi colleghi gli avevano accennato… Oppure lui era stato semplicemente sfortunato. Ma in una città tanto grande, potevano esistere dei luoghi totalmente sicuri?

Brendan si focalizzò nuovamente sul furto subito, passata la paura e scemata l'adrenalina. Due eventi nefasti nell'arco di poche ore. Per non parlare del fatto che non fosse passata anima viva a parte il Taxi sul quale stava viaggiando. "Davvero strano" pensò bisbigliando Brendan.

Preso dai suoi problemi, non si accorse né dello sguardo interrogativo dell'autista che lo stava osservando dallo specchietto retrovisore, né dell'uomo che stava seduto al suo fianco.

L'uomo non fece caso a Brendan. Guardava fuori dal finestrino, tenendo un portamento austero e rigido. Indossava un abito elegante e giovanile, tendente al blu scuro e cosa che fece sorprese Brendan, portava un farfallino. Pensava che fossero passati di moda. Portava i capelli neri lisciati e pettinati all'indietro ed era completamente sbarbato.

Il tassista intervenne, distogliendo Brendan dai suoi pensieri.

"Allora amico" sbottò il conducente, un tizio di colore pelato e sovrappeso "Dove ti porto? Per poco non ti facevi ammazzare prima. C'è mancato poco che ti prendessi sotto".

Brendan si passò una mano nei capelli ricci e castani.

"Mi scusi, ma non ho avuto scelta. Mi ha dato l'impressione che non si volesse fermare ed ero in una situazione poco gradevole, se vogliamo usare un eufemismo".

Il tassista lo guardò tra lo scocciato ed il sorpreso.

"Un che? Senti amico, almeno i soldi per pagare la corsa li hai? Perchè senza offesa, ma mi sembri uno scappato di casa".

Brendan al commento del conducente spalancò gli occhi. Non sapeva se era più contrariato per la scarsa educazione dell'uomo o del fatto che ora avrebbe dovuto convincerlo a fidarsi di lui e farsi portare a destinazione. Nel frattempo il tizio alla sua sinistra non si era scomposto di un centimetro e continuava a guardare fuori dal finestrino, completamente disinteressato a ciò che stava accadendo.

"Ecco… Purtroppo sono stato derubato mentre ero alla pensilina ad attendere il bus e non ho denaro con me, però a casa c'è mia moglie ad aspettarmi. Se me lo permetterà, andrò un attimo nel mio appartamento recupererò ciò che le devo e…"

Il tassista di colore frenò bruscamente e fece morire le parole in gola a Brendan. Si girò bruscamente e con il dito indice iniziò ad indicare la portiera dell'auto.

"Fuori!!" urlò come un ossesso "Fuori dal mio Taxi!"

Brendan rimase a bocca aperta, non sapendo cosa dire.

"Un momento aspetti… Non può lasciarmi qui nel mezzo del nulla. La pagherò lo giuro…"

"Io conosco quelli come te!" sbraitò l'uomo "Racconti un mucchio di balle! Altro che soldi! Te la svignerai senza darmi un centesimo!".

Brendan era disperato; non sapeva come convincere il tassista ed era terrorizzato dal doversi nuovamente trovare in strada, così lontano da casa, senza soldi, senza cellulare, senza nulla, oltretutto ora in una zona che non conosceva… Con la possibilità di incontrare di nuovo Capo e la sua banda.

"La pago io la corsa"

Brendan si voltò incredulo verso l'uomo che stava seduto accanto a lui.

"Pago io la sua corsa. Basta che chiudi la bocca e continui a guidare. Odio arrivare in ritardo, non lo sopporto".

Brendan non credeva a ciò che aveva appena sentito.

"Non c'è alcun bisogno davvero" biascicò "Non potrei chiedere questo ad un perfetto sconosciuto. Dopotutto non è un suo problema".

Il tizio si mosse per la prima volta verso Brendan guardandolo negli occhi. Occhi azzurri come il ghiaccio.

"In primo luogo non mi dare del lei, mi fa sentire vecchio e non lo sopporto. Anche perché non lo sono. Secondo, il mio nome è Lothar, piacere di conoscerti, non sono più uno sconosciuto"

Brendan lo scrutava, incapace di togliergli gli occhi di dosso.

"E terzo" Aggiunse Lothar "Non è gratis. In cambio, dovrai fare qualcosa per me".

Brendan lo osservò dubbioso.

"Ed in che cosa posso esserla… ehm esserti utile in concreto?"

"Dovrai accompagnarmi nel luogo nel quale sto andando".

Brendan lo scrutò sbalordito.

"Beh ecco Lothar… grazie per la tua proposta, però è molto tardi, sono molto stanco per il lavoro ed ho una moglie ed una figlia che mi stanno aspettando a casa. Ti ridarò i soldi una volta arrivati a destinazione, te lo giuro".

Lothar sospirò e scosse la testa.

"Allora mi spiace molto…" lasciò sospesa la frase in attesa che Brendan la riempisse.

"Brendan"

"Sì Brendan ecco. Brendan, sono molto dispiaciuto, ma in questo caso non potrò esserti d'aiuto e con grande rammarico, lo ammetto"

Lothar fece spallucce ed alzò l'angolo del labbro.

Lo sguardo di Brendan si spostò da Lothar, all'autista furibondo, alla strada buia e sconosciuta, che non sapeva quali pericoli nascondesse. Non aveva voglia di assecondare quest'uomo di cui non sapeva nulla. Accompagnarlo? A quell'ora? E dove? Puzzava di gesto folle lontano un miglio. Ma non aveva molta scelta. Era senza telefono, senza soldi e Nada e Lucia si sarebbero certo immensamente preoccupate per lui. Probabilmente nel posto nel quale sarebbero andati avrebbe potuto contattare in qualche modo la moglie.

"Allora, cosa facciamo?" incalzò il tassista, il cui atteggiamento era però in parte cambiato da quando Lothar aveva perso le staffe. Brendan si passò la mano sulla bocca e prese una decisione.

"D'accordo" disse sconfortato ed esausto, anche se gli sembrava che ciò che stava per fare fosse un'autentica pazzia "Verrò con te".

Lothar sorrise trionfante "Perfetto. Non te ne pentirai Brendan vedrai. E non ti preoccupare per tua moglie e tua figlia, le potrai contattare una volta che saremo arrivati".

Brendan lo osservava con aria interrogativa "Arrivati dove?" Chiese.

"Lo vedrai" Rispose Lothar, continuando a sorridere.

"Ok, ora puoi andare. Tutto risolto, hai visto? Non perdiamo altro tempo" Lothar fece cenno all'autista di ripartire e proseguire la corsa.

L'autista era ancora visibilmente contrariato, ma la soluzione trovata lo aveva parecchio tranquillizzato e soddisfatto. Calò nuovamente il silenzio e Brendan iniziò a guardare fuori dal finestrino. Era confuso e non sapeva cosa pensare. Questo tizio, Lothar, era un tipo alquanto bizzarro, però allo stesso tempo aveva qualcosa di carismatico, di affascinante. In una situazione normale non avrebbe mai accettato un'offerta simile, ma trovandosi in quelle condizioni non aveva avuto scelta. Ma c'era qualcos'altro che lo aveva spinto ad acconsentire, come una sensazione primitiva, una curiosità primordiale, una ritrovata emozione di brivido ed intensità che da molto tempo si era assopita. Dentro di lui voleva sentirsi ancora vivo, voleva esistere, uscire dalla monotonia della famiglia e dalla noia di un lavoro ripetitivo. Una voce dentro di lui lo sveva spinto a mettersi nelle mani di quello sconosciuto, senza conoscere il luogo nel quale sarebbero andati, né se si sarebbe potuto fidare di lui. Ma quella sensazione, quell'adrenalina crescente, lo stava spingendo verso l'ignoto, in quella notte così strana della sua vita, fuori da tutto, fuori dagli schemi. "Che cosa fai nella vita Brendan?" Lothar ruppe il silenzio ed il filo dei suoi pensieri.
La domanda fu inaspettata e ne fu sorpreso.
"Sono un broker, lavoro per la Smith and Brothers, forse ne hai già sentito parlare"
Lothar ridacchiò "Un broker? Siete come i funghi, crescete ovunque. Una razza che non si estinguerà mai la vostra vero?"
"Già" rispose Brendan ridacchiando forzatamente.
"Sì conosco benissimo quelle vecchie canaglie della Smith and Brothers. Un gruppo di vecchi figli di puttana senza scrupoli e morale".
Brendan rimase estremamente sorpreso della schiettezza di Lothar. Di certo non aveva peli sulla lingua. E cosa ancora più tristemente vera era che aveva ragione. Lavorava realmente per un gruppo di vecchi figli di puttana senza scrupoli e morale. E lo faceva solo per soldi. In quel momento si sentì uno schifo. Ripensò alla signora Dalila ed alle sue parole.
Il Taxi procedeva. Erano entrati in una zona che Brendan non conosceva. Gli edifici erano chiaramente popolari ed il quartiere era piuttosto povero, però allo stesso tempo quel luogo mostrava il suo fascino. I palazzi erano ognuno di un colore differente e da ogni parete sporgevano dei lampioni a forma di lanterna che illuminavano il marciapiede. Le finestre erano di uno strano color cremisi ed ognuna era di vetro satinato, con un disegno che rappresentava un'aquila che volava in quello che apparentemente era un cielo azzurro. Eccolo di nuovo, il simbolo di Vesnic, ma qui ancora più presente che nel suo quartiere Prezent ed a Trecuta. Ad ogni angolo della strada c'erano gruppi di ragazzi che ballavano e ridevano e molti negozi e parrucchieri erano vivi ed aperti nonostante l'ora tarda.
"Hai avuto a che fare con la mia compagnia Lothar?" investigò Brendan con curiosità.
"Purtroppo sì, ma è stato tempo fa e ho dato del filo da torcere a quei vecchi dementi. Hanno dovuto sborsare un bel po' ed hanno ricevuto la lezione che meritavano. Però sono sicuro che per loro valga il vecchio detto "Il lupo perde il pelo ma non il vizio". Lothar si passò una mano sul mento e sorrise a Brendan, che distolse lo sguardo e guardò in basso come in preda alla vergogna. La Smith and Brothers non perdeva nulla, faceva sempre perdere tutto agli altri. Non avevano pietà per niente e nessuno, nemmeno per famiglie che a causa loro sarebbero andate sul lastrico. Ma a loro importava solo il denaro, il potere ed il prestigio ed a nulla contava la sofferenza che innumerevoli volte avevano inflitto e del dolore che avevano provocato. E Brendan era parte di tutto questo. Quando si guardava allo specchio, si ripeteva che lo faceva per il bene della sua famiglia, per avere una vita agiata, opulenta… E per il timore di cambiare vita e di dover affrontare i suoi capi. Del terrore di quello che ci sarebbe stato dopo se si fosse licenziato e non avrebbe trovato un altro lavoro. Si rese conto improvvisamente, di quanto poco avesse preso cura dei propri sogni e di quanto avesse vissuto sempre per compiacere gli altri. I suoi genitori, la sua famiglia, i suoi amici, i suoi capi... Scosse il capo e cercò di tornare alla realtà, scacciando per il momento quegli oscuri pensieri. Doveva rimanere concentrato e lucido sulla situazione attuale.

"Dove ci troviamo?" chiese Brendan incuriosito. "Non conosco bene questa zona di Vesnic è la prima volta che ci metto piede"

Lothar lo squadrò, tra il sorpreso e l'esasperato.

"Davvero non sai dove siamo? Immagino che tu non sia un amante della vita notturna, del divertimento in generale e della storia e dell'arte. Suppongo che tu non abbia nemmeno visitato questa sezione di Vesnic durante il giorno"

Le guance di Brendan si colorarono di rosso e sentì improvvisamente uno strano senso di colpa.

"Beh ecco… Con la mia famiglia ci siamo trasferiti qui da poco, nove mesi, e tra il lavoro ed altri impegni non abbiamo visitato molto la città…" si giustificò, senza guardare negli occhi di ghiaccio di Lothar.

Sentiva ad ogni modo il suo sguardo giudicante su di lui e come la sensazione che lo stesse in qualche modo compatendo. Ecco che la sua insicurezza prendeva il sopravvento, come in qualsiasi ambito della sua vita. Forse non era così, forse non lo stava per nulla compatendo anzi… Probabilmente era tutto nella sua testa, uno dei suoi soliti film, una delle sue ossessioni senza senso.

"Ci troviamo a Viitorul, la sezione "folle" di Vesnic. Feste, eventi, manifestazioni, discoteche, bar, misteri, segreti… Questo è il cuore pulsante di Vesnic, tanto di giorno quanto di notte"

Lothar si avvicinò sorridendo e toccò la spalla di Brendan.

"Ed ovviamente ciò che accade durante la notte qui è estremamente più interessante. Come si dice "ciò che accade a Viitorul, rimane a Viitorul"

E per terminare gli diede due colpetti amichevoli sulla spalla iniziando a ridere a crepapelle.

Brendan sorrise, sorpreso dall'improvvisa reazione amichevole di Lothar, che fino a quel momento aveva mantenuto una atteggiamento austero e composto. Qualcosa in lui lo rendeva interessante e misterioso ai suoi occhi. Sopra di lui aleggiava un grande punto interrogativo che aveva fatto risvegliare in Brendan una curiosità che da tanto tempo era rimasta dormiente in lui. Forse sarebbe stata l'occasione per uscire dalla routine, fare qualcosa di diverso, vivere una nuova esperienza…

Brendan pensò fosse assurdo, d'altronde lo conosceva da poco, però Lothar gli trasmetteva fiducia, stima e decise che si sarebbe affidato a lui. Tanto che cosa avrebbero mai fatto di tanto straordinario e fuori dal comune?

Qualche drink in una discoteca, qualche ballo in pista, due parole e poi a casa. Ed al diavolo i rimproveri di Nada.

"Ma sì" pensò tra sé Brendan "Dopotutto me lo merito".

Ad ogni modo, quella sensazione d'allerta non lo abbandonava e lo manteneva allo stesso tempo vigile ed attento.

Il Taxi procedeva lentamente. Il conducente non aveva più fiatato da quanto erano ripartiti. Fuori dal veicolo, il quartiere era estremamente vivo. Quasi tutti i negozi e ristoranti erano aperti e vendevano i loro prodotti alle persone interessate. Diversi gruppi ballavano, gridavano e bevevano in preda ai fumi dell'alcool e probabilmente delle droghe. Ad un certo punto, Brendan vide in lontananza un palco sul quale si stava svolgendo un concerto, seguito da un gran numero di persone che saltavano, gridando e cantando. Dall'altro lato della strada, in una piazza di medie dimensioni, un mangiafuoco ed un fachiro davano spettacolo intrattenendo un nugolo di persone, ipnotizzate dalle abilità dei due prestigiatori. Lothar era ritornato alla sua posizione precedente, completamente disinteressato a ciò che stava accadendo intorno a loro. Era evidente che non era la prima volta che visitava Viitorul ed era chiaramente abituato a tutto quello spettacolo, al punto che oramai non ci faceva nemmeno più caso. Nulla lo smuoveva o lo impressionava.

Improvvisamente si rivolse al tassista, facendogli un cenno con la mano.

"Svolta a la seconda strada a destra".

Il conducente di colore eseguì l'ordine senza dire una parola. Brendan aveva come la sensazione che l'uomo avesse timore di Lothar. Come se quasi lo conoscesse e sapesse quale fosse la loro destinazione, dove stessero andando e ne fosse visibilmente impaurito. Brendan scosse la testa e pensò tra sé che fosse solo una sua sensazione creata dalla sua fervida immaginazione.

La strada indicata da Lothar in cui girò il Taxi era molto stretta e quasi deserta. Era presente solo qualche senzatetto ed un gruppetto di ragazzi con il cappuccio, intenti a passarsi qualcosa tra le mani. Il Taxi proseguì fino a che la strada non terminò. Era un vicolo cieco, non portava da nessuna parte. Di fronte a loro, una porta di metallo ed il muro di mattoni di un edificio. Brendan incominciò a sudare freddo.

Il tizio di colore fermò il veicolo e tirò il freno mano. Guardò lo specchietto retrovisore, rivolgendosi a Lothar "Siamo arrivati a destinazione signore. Fanno 70 Aur per la corsa".

Lothar senza dire una parola, tirò fuori dalla tasca il portafoglio, che Brendan suppose fosse di vera pelle, tirò fuori una banconota da 50, una da 20 e le gettò letteralmente vicino al cambio dell'auto, disinteressandosi completamente della mano aperta del tassista che aspettava di ricevere il denaro. Brendan vide chiaramente l'espressione di stizza che sorse sul viso dell'uomo, ma quest'ultimo non disse una parola, anzi prese il denaro e lo intascò e con voce reverenziale aggiunse "Passate una buona serata e grazie".

Nonostante il comportamento arrogante di Lothar, il conducente non mostrava la benché minima insofferenza, o almeno la teneva per sé; ma tutta quella audacia e quella rabbia che aveva mostrato a Brendan, era totalmente svanita. Il corpo e l'intuito di Brendan vennero di nuovo percorsi da sensazioni di disagio.

Lothar invitò Brendan con un cenno del capo a scendere dalla macchina. Brendan non proprio entusiasta, scese dal veicolo e si ritrovò in strada. Una parte di lui avrebbe voluto restare dentro al Taxi, ma come avrebbe pagato la corsa? Si rese conto, ora che si trovava lì, di aver fatto una sciocchezza e che non avrebbe mai dovuto accettare la proposta di Lothar.

Il tassista fece retromarcia e con alcune manovre complicate riuscì a rimettersi in carreggiata nel senso opposto. Dopodichè l'auto si allontanò e non regnò che il silenzio. Lothar tirò fuori un pacchetto di sigarette dal taschino della giacca elegante ed estrasse una sigaretta dallo stesso. L'accese e fece un respiro a grandi polmoni buttando poi fuori dalla bocca una grande nuvola di fumo, mostrando un'espressione di godimento.

"Ah sì ci voleva" Commentò. Allungò il pacchetto verso Brendan come per offrirglielo, ma Brendan rifiutò con un gesto della mano. Lothar intuì il nervosismo che Brendan stava provando.

"Rilassati Ok?" Disse Lothar riponendo il pacchetto nuovamente nel taschino interno della giacca.

"Tranquillo non ti farò nulla di male... Almeno per il momento".

Brendan sbiancò, pronto a scappare per mettere in salvo la sua vita, quando Lothar abbandonò la sua espressione seria e si mise a ridere a gran voce.

"Tranquillizzati Brendan, stavo solo scherzando. Sei troppo teso, rilassati, per l'amor del cielo. Credo tu abbia visto troppi documentari sui serial killer".

Lothar continuò a fumare la sua sigaretta, con tutta la calma del mondo. Diede un calcio ad una lattina accartocciata che si trovava lì sulla strada.

Brendan non si sentiva per nulla tranquillo e men che meno riusciva a distendersi. Il sarcasmo di Lothar non lo divertiva affatto.

"Dove mi hai portato? Qui non c'è nulla". Chiese Brendan esasperato, facendo cenno alla strada deserta circondata da edifici ed al vicolo cieco.

Lothar aspirò nuovamente e rilasciò un'altra enorme nuvola di fumo.

"Ti sbagli Brendan. Non la vedi quella porta metallica?" Indicò Lothar.

Brendan la osservò con aria interrogativa.

"Sì la vedo. E dove porterebbe?" Domandò con tono preoccupato.

"Ma come siamo curiosi... solo un po' di pazienza" Rispose Lothar.

Lothar parlava sempre per interrogativi ed enigmi. Non voleva condividere nulla con Brendan e tutto sembrava dovesse essere una sorpresa o un evento del tutto inaspettato. Questo aumentava il suo disagio, ma parallelamente anche la sua fervida curiosità. Questo suo modo di fare non faceva altro che aumentare il suo interesse e si sentiva come uno spettatore incollato ad un serie TV della quale non si può più fare a meno. Eppure quel senso di allarme non lo abbandonava. Che altro gli avrebbe presentato quella notte assurda?

Lothar finì la sigaretta, la gettò per terra e la spense con il tacco della scarpa. Si aggiustò la giacca ed il farfallino e si incamminò verso la porta metallica. Fece cenno a Brendan di seguirlo.

Quest'ultimo si voltò; la strada si presentava allo stesso modo che in precedenza, semi deserta, con dei senzatetto seduti ai lati e sparuti ragazzi con il cappuccio che parlavano tra di loro.

Lothar bussò alla porta con forza tre volte. Non accadde nulla. Attese un momento e bussò di nuovo altre tre volte. Nuovamente, non successe niente. Lothar sbuffò spazientito mettendo le mani sui fianchi. Si stava apprestando a fare un nuovo tentativo, quando si aprì uno spioncino a scorrimento, dal quale Brendan potette osservare due occhi neri, duri e profondi.

"Parola d'ordine" Ordinò in tono sbrigativo l'uomo.

Lothar esitò un momento, dopodiché rispose con sicurezza e fermezza "Ewig".

Passarono vari secondi, dove il silenzio fu totale, interrotto solo dal canto delle cicale e dai borbottii senza senso dei senzatetto ubriachi. Brendan pensò per un momento che la parola d'ordine fosse errata, che Lothar fosse solo un povero pazzo che si trovasse lì per caso e che si sarebbe trovato disperso nel bel mezzo della notte in quartiere a lui totalmente sconosciuto con uno perfetto sconosciuto di cui non sapeva nulla.

Improvvisamente, il silenzio si spezzò e la guardia dall'altro lato del portone diede il suo verdetto.

"D'accordo, potete entrare".

Brendan esalò un sospiro di sollievo e si accorse che aveva trattenuto il respiro.

Lothar lo guardò indispettito "Vuoi calmarti? Mi stai trasmettendo tutta la tua ansia. Non lo sopporto" Si aggiustò nuovamente la giacca e si lisciò i capelli neri come la pece all'indietro con un pettine che estrasse da uno sei suoi taschini interni.

"Se mi stresso inizio a sudare e se sudo non emanerò un buon odore e questo non mi permetterà di conquistare nessuna donna stasera. Capisci quello che ti voglio dire Brendan?".

Brendan annuì con il capo, sorpreso da quell'affermazione "Sì, hai ragione. Adesso mi calmerò".

Lothar lo guardò e gli lanciò un enorme sorriso, dandogli una pacca sulla spalla.

"E bravo ragazzo. Vedrai, questo è un posto speciale, rimarrai estasiato".

Si sentì dall'altro lato il suono di una catena che veniva rimossa. La pesante porta venne aperta verso l'interno. La guardia fece cenno ai due che potevano varcarla ed entrare.

Lothar non si fece pregare ed accettò l'invito, mentre Brendan lo seguì, però non del tutto certo rispetto a ciò che stava facendo. Il cuore aveva accelerato i battiti nel suo petto e si accorse che stava stringendo con forza la maniglia della sua valigetta. Si stava aspettando il peggio, quando gli si parò davanti uno scenario del tutto inaspettato.

Attraversando la porta, si ritrovarono in un cortile enorme circondato da una marea di torce e fiaccole accese con un vivido fuoco. Di fronte a lui, si stagliava una lunga scala che conduceva niente meno che a una sorta di tempio, che era simile in tutto e per tutto ad un Pantheon. Brendan non poteva credere che dietro a quella porta di metallo, a quel muro di mattoni ed in quella stradina miserabile ed infima, si potesse nascondere un simile luogo. Dal Pantheon arrivava una musica di genere elettronico e si potevano distinguere le urla di gioia e gli schiamazzi delle persone che stavano al suo interno. La scala e l'entrata del Pantheon erano disseminate di guardie armate, tutte vestite elegantemente e ligie al loro dovere. Lothar si voltò sorridendo soddisfatto verso Brendan , che immobile ammirava la struttura di fronte a lui.

"Benvenuto a Tempel Brendan, il cuore pulsante di Viitorul. L'enorme tempio della musica elettronica di Vesnic, sconosciuto ai più, dove ogni desiderio diventa realtà".

Brendan si chiedeva quanti misteri quella città nascondesse, di quante cose non fosse a conoscenza e quanto in realtà potesse offrire. Vesnic non era solo il noioso ufficio di lavoro, non era solo la casa che condivideva con la sua famiglia, l'asilo privato che frequentava Lucia, i ristoranti alla moda in cui andava a mangiare con Nada: Vesnic era questo e molto altro. Un brivido gli corse lungo la schiena e di nuovo quella sensazione primitiva e selvaggia prese il sopravvento, quella sensazione che lo voleva spingere al limite, fuori dalla sua bolla dove c'era solo il conosciuto.

Fu Lothar ad interrompere il filo dei suoi pensieri, mettendogli la mano sulla spalla.

"Forza seguimi, ti mostro com'è Tempel all'interno"

Lothar incominciò a dirigersi verso la scala che conduceva all'entrata dell'enorme discoteca.

"Non ti pentirai di avermi seguito. Sicuro che questa sarà la notte più emozionante della tua vita, te lo assicuro"

Brendan incominciò a seguirlo senza dire una parola, assecondando quella parte di lui che sottilmente lo spingeva ancora una volta a mettersi totalmente nelle sue mani, di dargli completa fiducia e di vivere quella notte facendosi guidare solo dall'istinto e dal gusto dell'inaspettato.

CAPO, CHARLIE, WILLY

Charlie gettò il sacco nero sul tavolo dell'ufficio. Un'unica lampada appesa al soffitto illuminava debolmente la piccola stanza. Una sola finestra chiusa dava su di un vicolo. Solo quattro sedie poste intorno al tavolo addobbavano la stanza; i muri scrostati e di un triste grigio, rendevano il tutto ancor più temibile ed inquietante.

Capo stava seduto su di una delle sedie con le braccia incrociate fissando il sacco nero. I tre non dicevano una parola e si crogiolavano del possente silenzio che dominava l'abitazione intorno a loro.

"Svuotalo Charlie" disse Capo improvvisamente.

Charlie annuì con il capo ed eseguì l'ordine senza fiatare. Se lo caricò sulla spalla e svuotò il contenuto sul tavolo. Quando fu completamente vuoto, si disfò del sacco e lo tirò in un angolo della stanza. I tre ammiravano soddisfatti il contenuto che ora si trovava ben in vista sopra al tavolo vecchio e malconcio; una montagna di portafogli, cellulari e mazzi di chiavi di tutti i tipi e di tutte le dimensioni, talmente tanti che era difficile stabilirne il numero esatto.

Capo sorrise compiaciuto ed i suoi due compagni fecero altrettanto.

"Ben fatto ragazzi" proferì Capo "Abbiamo fatto un gran bel lavoro stanotte"

"Grazie Capo" Dissero i due all'unisono.

"Però anche il Monco ci è stato di grande aiuto" Aggiunse Willy.

"Sì hai ragione Willy, come sempre ha fatto la differenza il buon caro vecchio Monco".

Tutti esplosero in una sonora risata. Iniziarono a rovistare tra l'ammasso di portafogli, prendendone uno a uno. Li svuotavano di ogni cosa, denaro, documenti, tessere.

Capo incominciò ad impartire ordini ai suoi due compagni.

"Charlie, tu metti da parte il denaro: monete, banconote e carte di credito. Tu Willy invece raccogli tutte le carte di identità e mettile nei divisori di plastica trasparente. Dopo le analizzeremo una ad una e vedremo a chi faremo visita questa e le prossime notti".

"Sì Capo" assentì Willy con un ghigno malefico sul volto.

I tre avevano nuovamente saccheggiato i poveri malcapitati che abitavano le notti di Vesnic. Gente ubriaca, distratta, semplicemente indifesa. Si addentravano in locali, pub, discoteche e con maestria gli rubavano il portafogli, riempiendo con orgoglio il loro famigerato sacco nero. Lo facevano da così tanto tempo che oramai per loro non era altro che un gioco. Ma il loro divertimento non finiva lì. Una volta venuti a conoscenza del luogo di residenza degli individui che avevano derubato, grazie alle chiavi in loro possesso, si addentravano di giorno o di notte nei loro appartamenti e depredavano tutto ciò che capitava loro a tiro. Prima studiavano per un tempo i movimenti degli interessati padroni di casa ed in seguito agivano quando erano certi che le case fossero vuote. Ma nel malcapitato caso che i proprietari fossero in casa o rincasassero prima del previsto, Capo, Charlie e Willy non si facevano problemi ad iniziare con loro una bella festicciola, come a loro piaceva definirla, che terminava con torture inaudite e l'omicidio dei disgraziati di turno. E loro speravano sempre che qualcuno tornasse prima, perché li eccitava l'idea di far del male e procurare dolore e sofferenza al prossimo. Li faceva sentire vivi. Normalmente facevano a turno, mentre gli altri due guardavano. Il primo era sempre Capo, che sceglieva per sé la vittima femminile. I restanti venivano massacrati da Charlie e Willy. Ma le loro uccisioni non erano veloci e sistematiche, bensì avvenivano lentamente e senza pietà. Stupri, mozziconi di sigaretta spenti sui corpi delle loro vittime, unghie strappate, tagli profondi, mutilazioni, lacerazioni, sacchetti in testa per togliere momentaneamente il fiato e qualsiasi altro tipo di tortura di tipo medioevale che potesse far soffrire il più possibile le loro vittime. Ormai da mesi erano diventati il flagello di Vesnic e nessuno era ancora riuscito a catturarli. La milizia e la polizia brancolavano nel buio e per loro fortuna la Legiunile era troppo indaffarata per dedicarsi a loro. Avrebbero fatto il bello ed il cattivo tempo finché ne avessero voluto voglia. Erano indaffarati a smistare il loro bottino, quando qualcuno bussò alla porta. Non era nessun codice cifrato di loro conoscenza. Si guardarono l'un con l'altro ed immediatamente estrassero i loro coltelli e rasoi. Capo si mise il dito indice sul labbro e Willy e Charlie annuirono. Entrambi si misero ai lati della porta per poter aggredire il malcapitato e sorprenderlo. Ancora dei colpi sulla porta, questa volta più forti di prima. Capo mise la mano sulla maniglia a sfera e la girò lentamente. Contò mentalmente fino a tre e spalancò la porta, pronto per il combattimento. Stava per calare il pugnale, quando si trovò di fronte a lui un volto conosciuto. Il Monco.

"Monco, maledizione! Quante volte ti ho detto che devi utilizzare la bussata cifrata? Saresti potuto essere chiunque, stupido idiota!"

Il Monco entrò dentro come se nulla fosse, senza dare peso alle parole di Capo.

"Scusa Capo! Il fatto è che mi sono dimenticato di come fosse la bussata cifrata, mi spiace"

Capo sbuffò irritato "Ma è facilissima! Sono solo 5 tocchi!"

"Eh sembra facile, ma non lo è! Meglio ridurre a due o massimo tre tocchi, più semplice"

"D'accordo Monco, d'accordo! Troveremo una soluzione più agevole, soltanto per te, contento?"

Il Monco era piccolo e minuto, quasi come un nanetto e veniva chiamato dalla banda così perché gli mancava una mano, la sinistra per la precisione. Alzò lo sguardo ed osservò emozionato Capo. Gli occhi gli brillarono di lacrime.

"Davvero faresti questo per me Capo? Oh come sono commosso, che felicità!"

Monco incominciò a piangere di felicità, nascondendo il viso nella manica della maglia di lana.

I tre guardarono increduli il Monco piangendo, quest'ultimo cercando di asciugarsi le lacrime con il moncherino.

"Ok dai falla finita" disse prorompente Capo, mentre Charlie e Willy incominciarono a sghignazzare ed a prendersi gioco del Monco.

"Allora Monco", continuò Capo "Perché sei qui? Ci hai portato qualcosa di interessante?".

Il Monco smise di piangere dalla commozione, tirò fuori un fazzoletto di stoffa dalla tasca e si soffiò il naso. Charlie non riuscì a reprimere un'espressione di disgusto, mentre Capo lo fissava spazientito. Il Monco piegò con attenzione il fazzoletto e lo ripose nuovamente nella tasca, fece un bel respiro e sorrise.

"Mi fai sempre commuovere Capo, non riesco a trattenere le lacrime. Che Dio vi benedica, a tutti voi".

"Concentrati Monco, dio santo, concentrati e dicci perché sei qui!" Sbraitò Capo, che ormai stava perdendo lentamente la pazienza.

Il Monco si mise il dito indice sulle labbra e volse gli occhi al cielo, come per pensare, quando all'improvviso schioccò le dita e sorrise a denti stretti.

"Ah già, adesso ricordo. Ho rubato ad un ultimo pollo stanotte e volevo consegnarvi il malloppo".

Charlie e Willy si misero a ridere a crepapelle.

"Sei troppo forte Monco, davvero" disse Charlie

"Si troppo forte, troppo forte" gli fece eco Willy.

"Grazie ragazzi, siete il massimo, sempre fantastici con me" li ringraziò il Monco, ignaro nella sua ingenuità, che si stessero prendendo gioco di lui.

Mise la mano buona nella tasca sinistra ed aiutandosi con il moncherino, che tentava di usare per fare quasi tutto, tirò fuori un cellulare, un portafogli ed un mazzo di chiavi e li porse a Capo.

Capo passò il cellulare a Charlie e rigirò il portafoglio tra le mani, osservandolo.

"Non male, sembra essere di vera pelle. Hai fatto un bel colpo Monco, i miei complimenti"

Il Monco fece un mezzo inchino, sempre sorridendo "Grazie mille Capo, per me è un onore"

Capo aprì il portafoglio e rimase completamente immobile, osservando il suo interno.

Willy e Charlie notarono il suo cambiamento improvviso e si scambiarono un'occhiata.

"Cosa succede Capo?" chiese Charlie "Tutto bene?

"Già, tutto bene Capo?" ripetette Willy.

Un sorriso diabolico apparve sul viso di Capo e le sue mani si strinsero con forza sul portafoglio che il Monco gli aveva donato. Il sorriso sulla faccia del Monco sparì, perché lui conosceva bene quel ghigno, quell'espressione folle disegnata sulla sua faccia. Quello sguardo maligno, che prometteva violenza ed esprimeva puro sadismo.

Capo lanciò il portafoglio in direzione di Charlie e quest'ultimo lo intercettò. Dopo aver osservato l'interno del portafoglio , anche sul suo viso si disegnò un ghigno malvagio, di puro odio. Mostrò il portafoglio a Willy, che scoppiò in una risata che fece gelare il sangue al Monco, che adesso non desiderava che andarsene ed allontanarsi il più lontano possibile. Li conosceva benissimo e sapeva che quelle loro risatine, quei loro ghigni, quella loro trasformazione, presupponeva una sola cosa: una visita inaspettata in un appartamento di un povero malcapitato.

Capo si alzò in piedi e si infilò il coltello ed il rasoio nella cintola dei pantaloni di pelle. Guardò intensamente Charlie e Willy, che non aspettavano nient'altro che un suo ordine.

"Lasciate tutto qui, continueremo il lavoro più tardi"

Charlie e Willy iniziarono a strofinarsi le mani.

"Questa notte andremo a fare visita al damerino".

TEMPEL

Brendan continuava a salire le scale che portavano all'ingresso dell'enorme discoteca al fianco di Lothar, ancora incredulo per lo scenario che gli era stato offerto.

"Si vede che ancora conosci molto poco Vesnic" Lothar interruppe il silenzio, nella sua mano sinistra, l'ennesima sigaretta.

"Questa città cela molti segreti, che ai più sono ignari; è un luogo pieno di incanto e sorprese… proprio come quella che hai davanti ai tuoi occhi.

Il chiasso e la musica si facevano sempre più stridenti. Luci di ogni colore potevano essere scorte, proiettate dai balconi e dalle finestre di Tempel. Ai lati della scala, numerosi uomini armati fino ai denti facevano la guardia e pattugliavano la zona. Brendan aveva come il presentimento che quello fosse un luogo visitato da persone altolocate e prestigiose, con molto denaro ed altrettanto potere.

"Mai avrei pensato ci potesse essere un edificio simile dietro quel semplice muro di mattoni e quella porta di ferro" disse Brendan

Lothar fece un tiro dalla sigaretta ed esalò il fumo.

"Tempel è aperto sette giorni su sette e ospita per lo più i ricchi ed i potenti di Vesnic. Ma l'entrata è accessibile a tutti, qui chiunque è il benvenuto; ad ogni modo questo Pantheon adibito a discoteca è conosciuto più che altro tra le alte sfere e tra chi ha la grana".

Brendan non poteva ancora credere ai suoi occhi. Tempel era una discoteca enorme ed estremamente affascinante, costruita sul modello di un Pantheon greco-romano. Finalmente, dopo aver scalato gli interminabili gradini, arrivarono di fronte alla porta principale, dove tre uomini stavano montando la guardia. Lothar finì la sigaretta e la gettò nel cestino lì di fianco. Dopodiché estrasse dalla sua tasca una carta color platino che porse alla guardia di fronte a lui. L'uomo la prese ed iniziò ad osservarla, mentre un altro fece cenno a Lothar di alzare le braccia ed iniziò a perquisirlo. La guardia fece cenno a Lothar di abbassare le braccia mentre l'altro gli donò nuovamente la carta color platino.

"E lui?" domandò la guardia, facendo un cenno con la testa in direzione di Brendan.

"Lui è con me" rispose Lothar.

"Ha la tessera?" continuò la guardia

"No, non ancora"

"Allora mi spiace, ma non può entrare" Negò la guardia, agitando il fucile che stringeva in mano.

Lothar si passò una mano sulla bocca e sorrise, guardando fisso negli occhi l'energumeno di fronte a se.

"D'accordo, d'accordo… Credo che Waldhar sarà felice di sapere che una delle sue guardie non ha lasciato entrare uno dei partecipanti ad uno dei suoi giochi preferiti".

Brendan notò immediatamente il cambio dell'espressione dell'uomo, che passò da ostentata spavalderia a terrore puro.

"Oh scusate, scusate… non sapevo che fosse un ospite di Waldhar"

La guardia fece cenno alle altre due a protezione della porta di farsi da parte e invitò Brendan e Lothar a procedere con un gesto del braccio.

"Prego entrate… e divertitevi".

"Che reverenza" Pensò Brendan, sorpreso da quel cambio repentino. Ma chi era questo Waldhar? E di quale gioco stava parlando Lothar? Sicuramente doveva essere stata una scusa per farlo accedere a Tempel.

Lothar fece cenno a Brendan di seguirlo e si avviarono verso la porta. Adesso il suono della musica era altissimo e Brendan aveva la sensazione che i muri stessi del Pantheon stessero tremando.

Brendan si avvicinò di soppiatto a Lothar e lo prese per il braccio. Si voltò, assicurandosi che le guardie non potessero ascoltarlo.

"Lothar chi è questo Waldhar? E di quale gioco stavi parlando?" sussurrò Brendan, appena udibile.

"Nulla, non preoccuparti".

Brendan gli lasciò il braccio e continuò a seguirlo. Lothar non aveva fatto cenno a nessun gioco; il mistero intorno al ragazzo si infittiva. Più stava al suo fianco e più aveva la sensazione che non se ne sarebbe andato molto presto da lì e che non avrebbero preso solo un drink e poi a casa, come Lothar aveva promesso. Il suo intuito strideva e faceva molto rumore.

Lothar mise le mani intorno alle maniglie dell'imponente porta di Tempel e spalancò la porta della gigantesca discoteca e lo scenario che si parò di fronte a Brendan gli mozzò il fiato.

Lo spazio all'interno era enorme. Si trovò di fronte ad un ampio atrio, costellato di divanetti, tavoli e bar che vendevano alcool. Ai due lati dell'atrio, c'erano due scale che portavano ad una terrazza superiore, sommersa di individui che ballavano e bevevano come ossessi. Al fondo, un grande palco dove suonava un DJ, una musica elettronica-tecno.

Le persone al suo interno erano altrettanto incredibili. Brendan rimase allibito dal fatto che alcuni di loro stessero facendo apertamente sesso, senza importarsi di chi gli stesse intorno. Alcuni in coppia. Alcuni in gruppo… Su alcuni divanetti, sui tavoli, in piedi contro la parete…

Altri gruppi erano riuniti intorno a dei tavolini e sniffavano cocaina o mettevano della polvere all'interno dei loro cocktail ed in seguito ne trangugiavano il contenuto.

Ed il modo in cui tutti erano vestiti… Brendan notò che non era richiesto un dress code all'interno di Tempel. Alcuni erano vestiti tutti di nero, con una maschera veneziana in faccia. Altri portavano vestiti sadomaso, mentre altri indossavano vestiti elegantissimi, con giacca e cravatta. Brendan individuò un gruppo dove lo stile predominante era quello rap, con cappellini, collane d'oro enormi, scarpe da ginnastica e pantaloni della tuta. Non potette fare a meno di notare il gruppo che portava le maschere tipiche dell'epoca della peste, quelle indossati da coloro che erano guariti dal terribile morbo e che andavano a raccogliere i cadaveri nelle città sofferenti.

Lothar non era per nulla sorpreso, abituato allo spettacolo che davanti a loro si parava. Brendan lo osservava attonito, ancora sorpreso per lo spettacolo che si trovava di fronte. Lothar non muoveva un muscolo, era rimasto immobile, contemplando l'enorme atrio di fronte a sé. Ai lati della grande sala erano presenti diversi cubi di media grandezza, dove uomini e donne semi nudi ballavano per intrattenere il pubblico. I loro vestiti erano davvero surreali, delle tutine argentate o platinate molto attillate, con dei brillantini che luccicavano nella penombra.

"Andiamo a bere un goccio!" Urlò Lothar con un largo sorriso sulla faccia.

"Prima vorrei chiamare la mia famiglia" Gridò a sua volta Brendan

Due ragazze ubriache abbracciate l'una all'altra urtarono Brendan, che ridendo gli urlarono praticamente quasi in faccia. Una delle due allungò il braccio per offrirgli la bottiglia che stava tenendo in mano. Brendan rifiutò con un timido movimento della mano. La ragazza scrollò le spalle e trascinò l'altra dietro di sé. Brendan non potette fare a meno di pensare che fossero estremamente belle. Entrambe indossavano una pelliccia, degli stivali… e null'altro sotto.

Lothar tirò una pacca sulla spalla di Brendan e si mise a ridere. Era di nuovo di buon umore.

"Non ti preoccupare sono innocue; le conosco, sono clienti abituali"

Lothar notò lo sguardo desideroso di Brendan, che malamente non riusciva a celare.

"Se vuoi posso chiederle di venire con noi a bere qualcosa, così potrai conoscerle meglio e chissà.."
Brendan si riprese come da un sogno a quelle parole.
"No Lothar, sono un uomo sposato con una figlia"
La musica adesso era un po' meno forte ed i due non dovevano gridare per potersi comprendere.
Delle luci psichedeliche uscirono dal pavimento ed illuminarono delle statue di dei greci e Romani al piano di sopra. Brendan pensò di intravedere Zeus, Bacco, Poseidone…
"E con questo?" una smorfia si disegnò sul volto di Lothar "Non per questo ti sono state messe delle catene alle mani ed ai piedi. Solo perché sei sposato, non vuol dire che ogni tanto non puoi spassartela con qualche bella ragazza"
Lothar indicò le due ragazze che adesso stavano parlando e fissò negli occhi Brendan.
"Siamo essere sessuali, ed è giusto che proviamo nuove esperienze, che stiamo con persone diverse. Biologicamente non siamo fatti per stare con una sola persona, siamo stati creati per spaziare, per sperimentare…"
"Ma io amo Nadia" Brendan non capì se fu un messaggio rivolto a Lothar o a se stesso. Perché usò il nome di sua moglie? Si sentiva come in trance.
"Ovvio che la ami! Il fatto che tu la ami però non prescinde la nostra volontà di voler esplorare e vivere la vita. Puoi amare una persona… E semplicemente stare con altre che per te non hanno alcun valore, semplicemente per il gusto di farci sesso o altro"
"Altro?" domandò Brendan. Ciò che Lothar gli aveva detto lo aveva trapassato da parte a parte. Sempre quella sensazione di monotonia, di assenza, di inquietudine, di noia che provava giorno dopo giorno. Nulla più lo emozionava, lo faceva elettrizzare, tremare dalla gioia o dallo sconosciuto che riserva l'ignoto. Però avrebbe potuto ritrovare quella gioia, quelle emozioni sopite, in una di quelle due ragazze?
Si sorprendeva avere quei pensieri, non si sentiva lui, si percepiva così… così diverso. Tradire Nada. Un pensiero che mai lo aveva sfiorato ed adesso si trovava lì, dubbioso e pieno di interrogativi che gli viaggiavano per la testa. Amava profondamente Nada, la trovava una donna estremamente attraente ed affascinante. Ma l'abitudine, lo stare sempre con la stessa persona, la mancanza del nuovo e dell'inaspettato. Scosse la testa e si sforzò di precludersi questa possibilità. Era davvero lui? Cosa gli stava accedendo? Sembrava che quel luogo, la parte più segreta e misteriosa di Vesnic lo stesse inghiottendo.
"Non avevi parlato di bere qualcosa?" disse Brendan.
"Sei sicuro? Come ti ho detto, posso invitarle a venire con noi, non c'è nessun problema. Le conosco, sono abbastanza, come dire… socievoli e disponibili".
Brendan gli lanciò un'ultima occhiata interessata. Ballavano e ridevano e si abbracciavano, guardando intensamente nella loro direzione. Brendan si costrinse a girarle le spalle.
"Non fa nulla. Andiamo".
Lothar guardò per un momento Brendan; scrollò le spalle.
"Come preferisci Brendan. Probabilmente si presenteranno altre occasioni". Sorrise malizioso.
Brendan fece finta di non sentire. Sembrava che Lothar lo volesse portare a tutti i costi su un nuovo sentiero… Il sentiero della perdizione, per lui del tutto inesplorato.
"Posso chiamare la mia famiglia?" disse Brendan.
"Certo, te l'ho promesso, non ricordi? Beviamo qualcosa prima ti va?"
Brendan smaniava dall'avvertire Nadia e Lucia, dirle che stava bene, che non le era successo nulla. A malincuore, decise di seguire l'onda di Lothar.
"D'accordo, beviamo qualcosa allora" rispose sconsolato.
"Su con il morale Brendan! Cinque minuti più, cinque minuti meno non cambieranno nulla. Fammi compagnia in questa bevuta e poi andremo a chiamare la tua famiglia".
Brendan assentì. Adesso si trovavano si fronte ad uno dei tanti banconi disseminati per Tempel. Dietro un ragazzo ed una ragazza vestiti con uno smoking servivano da bere. Brendan pensò fosse un abbigliamento davvero inusuale per due baristi.

"Portaci due whisky, della migliore qualità" ordinò Lothar.

"Subito signore, al suo servizio"

Brendan si stupì per la gentilezza con la quale il ragazzo si rivolse a Lothar. Intorno a lui la festa continuava e l'incredibile varietà di abbigliamento lo lasciava a bocca aperta ed ovviamente la mancanza di qualunque pudore. In un divanetto alla sua sinistra, lontano in un angolo, una ragazza si stava prestando a fare sesso orale ad un uomo. Alla sua destra, due donne ed un uomo si toccavano il sesso, senza timidezza alcuna.

"Non hai mai visto nulla di simile in vita tua, vero Brendan? E' proprio questo che stai pensando in questo preciso istante".

Il barista mise due bicchieri di fronte a loro. Al loro interno, il whisky li invitava a bere con il suo colore arancio oscuro.

"Ecco a voi signori"

"Grazie" rispose Lothar.

"Beh ecco... mi concederai che tutto questo è un poco inusuale, non credi?"

Avrebbe retto il whisky? Era da parecchio tempo che non beveva alcool. A dire il vero non si ricordava nemmeno qual era stata l'ultima volta che si era concesso bere qualcosa fuori dall'ordinario. Non ricordava qual era stata l'ultima volta che si era lasciato andare ed aveva vissuto.

Lothar agguantò il bicchiere e bevve un sorso. Si sedette su di uno degli sgabelli e posò il bicchiere sulla barra.

"Inusuale Brendan? Chi può definire cosa è usuale e cosa no? Solo perché hanno detto che questo che stai vedendo è sbagliato? Solo perché la società ci ha fornito dei canoni su cosa è giusto o errato fare?"

Lothar bevve un altro sorso. Brendan lo ascoltava con attenzione, assorto.

"Questo non è altro che un modo diverso di vivere. E questo è un luogo dove le persone possono manifestare appieno quello che sentono di essere, senza restrizioni, senza regole, senza inganni o maschere ipocrite e pudore"

Lothar iniziò a giocherellare con il bicchiere e Brendan si accorse che ancora non aveva bevuto né un goccio di whisky.

"Luoghi come Tempel o Vesnic stessa, nei suoi antri più misteriosi ed arcani, danno l'opportunità di liberarsi delle catene che ci opprimono da quando veniamo al mondo in questa realtà, di essere veramente quello che siamo ed esprimere ciò che sentiamo"

Lothar finì il whisky con un ultimo lungo sorso e posando il bicchiere sulla barra. Brendan si sorprese la facilità con la quale lo bevve, come se fosse acqua. Lothar lo fissò negli occhi.

"E' arrivato il momento di lasciarsi andare Brendan. Anche tu ora sei un figlio prodigo di Vesnic, della tua parte più vera, più autentica. Lontano dalla noia dell'ufficio, dell'ipocrisia delle cene con la tua donna ed i vostri amici, della passeggiata obbligatoria al parco con la famiglia la domenica pomeriggio, del compito che il tuo capo costantemente ti assegna..."

Brendan fissava un punto nel vuoto pensieroso, però completamente catturato dal discorso di Lothar. Tutti intorno a loro danzavano, bevevano, senza fermarsi un secondo. Aveva la sensazione che tutto quello non fosse reale. Luci di ogni colore adesso illuminavano l'enorme atrio ed il piano superiore.

"Non lo so Lothar, ciò di cui parli... Questa totale libertà di fare e di esprimersi, sì è allettante, però non vedo come tutto questo di cui stai parlando possa farmi sentire meglio rispetto a quando passo il mio tempo con mia moglie e mia figlia o quando porto a compimento con successo il mio lavoro".

Lothar mise la mano tra i capelli neri e li tirò indietro. Incominciò a ticchettare le dita della mano sulla barra del bar con una mezza smorfia dipinta sul viso.

"Quella di cui parli Brendan è la tua zona di comfort. Sono cose che fai giornalmente, ripetitive, monotone. Non hai mai provato nulla di nuovo, emozionante, indimenticabile. O forse sì, ma ti sei dimenticato la sensazione che ti dava".

A quelle parole Brendan sentì uno scossone. Non poteva non ammetterlo. La vita che aveva adesso non gli piaceva, non lo rendeva felice. La famiglia, il lavoro… lo avevano gettato nella monotonia di cui parlava Lothar, un ciclo velenoso dal quale non riusciva più ad uscire. Brendan scosse la testa. Quei pensieri erano pericolosi. Lui era Brendan, l'avvocato di talento diligente e buon padre di famiglia. Non poteva permettersi di rompere quello schema, altrimenti che ne sarebbe stato di lui? A cosa sarebbe andato incontro?

"Io amo la mia vita, il mio lavoro e la mia famiglia. Questo è tutto".

Posò il bicchiere di whisky sul bancone. Non aveva bevuto nulla.

Lothar sapeva di aver toccato un tasto dolente e decise di non incalzarlo per il momento.

"D'accordo Brendan. Non insisterò oltre"

Posò lo sguardo sul bicchiere ancora pieno.

"Almeno bevi un sorso… Alla nostra salute" disse sorridendo.

Brendan fissò per un momento il bicchiere. Sembrava che il tempo fosse sospeso: l'ambiente bizzarro di Tempel, Lothar al suo fianco, la musica e le persone intorno a lui.

"Ma si al diavolo" sentenziò improvvisamente "Che male potrà farmi un bicchiere alla fine dei conti?" Aveva voglia di farsi un regalo, nonostante tutto.

"Questo è il mio uomo!" Esclamò Lothar, dando una pacca sulla spalla a Brendan.

Brendan prese il bicchiere e buttò tutto giù in un colpo, senza assaporare il contenuto. Fece una smorfia di disgusto e scossa il capo strabuzzando gli occhi. Iniziò a tossire fortemente. Lothar scoppiò in una risata sonora.

"Andiamo Brendan, non mi dirai che è tutto qui quello che sai fare! Sono sicuro che puoi mostrarmi di meglio".

Brendan stava per contestare, quando una persona si parò improvvisamente alle spalle di Lothar.

"Pensavo che i tuoi amici reggessero meglio l'alcool Lothar".

Lothar si girò sorpreso in direzione della persona stagliata dietro di lui.

"Adara" disse con un sorriso "Che piacere vederti"

"Il piacere è tutto mio" rispose la ragazza con voce voluttuosa.

Adara si avvicinò lentamente a Lothar e lo baciò sulla bocca, un bacio lungo ed intenso. Lothar la strinse a sé ed Adara gli mise le braccia intorno al collo.

Quando il bacio terminò si guardarono l'un l'altro, con smaniata passione ed un sorriso vivace sul viso. Brendan non potette non notare quanto Adara fosse bella. Alta e sinuosa e con forme prorompenti, indossava un corpetto di pelle nera e dei pantaloni neri attillati. Sul viso portava una maschera veneziana, che però le copriva solo gli occhi e le guance e lunghi capelli neri e lisci le scendevano lungo la schiena e i fianchi. Sulle mani indossava dei guanti neri con piccole perle bianche sparse ed ai piedi lunghi stivali, anch'essi neri. Non potette notare la forte attrazione che c'era tra Adara e Lothar.

Adara guardò Brendan per un momento, dopodiché si avvicinò a lui con passo sicuro. Si parò esattamente dinnanzi a lui, appoggiando la mano destra sul fianco e squadrandolo da capo a piedi.

"Non l'ho mai visto. E' un tuo nuovo amichetto di giochi?"

"Il suo nome e Brendan e ci siamo conosciuti sul taxi che mi ha portato qui a Tempel".

Adara rise di gusto

"Beh un incontro davvero inusuale, non c'è che che dire".

Adara appoggiò la mano destra sul viso di Brendan, che improvvisamente sentì un fremito.

"Sei carino. Di solito gli amici di Lothar sono orribili e disgustosi". Sentenziò, lanciando uno sguardo di intesa verso Lothar.

Quest'ultimo li osservava sorridendo. Brendan notò che stava bevendo un altro bicchiere di whisky. Non si era nemmeno accorto che lo aveva ordinato. Adesso il viso di Adara si trovava a pochi centimetri dal suo. Brendan era completamente immobile, non muoveva un muscolo. Cercava di pensare a Nada, ma non ci riusciva. Adara fece un ulteriore passo in avanti ed adesso Brendan poteva sentire il suo respiro sul viso. Non si era accorto di quanto fossero carnose e piacevoli le sue labbra.

"E' la tua prima volta a Tempel?" chiese Adara.

"S-sì... non avevo mai messo piede qui".

"E cosa pensi di questo luogo?"

Gli incominciò ad accarezzare i capelli.

"Lo trovo... stravagante"

Adara si mise a ridere di gusto.

"Ho sentito dire di tutto su Tempel, ma stravagante... sei il primo ad usare questo aggettivo".

Adara lo osservava con occhi penetranti, che attraverso la maschera brillavano di un castano intenso. Brendan era incapace di reagire. Ma cosa gli stava accedendo? Gli sembrava di essere un adolescente alle prime armi. Eppure quel luogo, Lothar, quella notte assurda, adesso Adara...

Prima che potesse fare qualunque cosa, Adara lo baciò. Le sue labbra si unirono alle sue e Brendan sentì il sapore di rossetto alla ciliegia. Non la respinse, semplicemente si lasciò andare. Nada era sparita dai suoi pensieri. Non riusciva nemmeno più a percepire la musica. Il tempo adesso fluttuava, come se non si trovasse lì.

Improvvisamente il contatto tra le loro labbra cessò, così come era cominciato. Adara si passò la lingua sul labbro superiore.

"Davvero non male" commentò Adara "Sopra la media, sempre per essere un amico di Lothar".

Brendan rimase esterrefatto e non sapeva cosa pensare. Aveva baciato una donna che non era sua moglie. Si poteva dire che l'avesse tradita?

"Lothar, Waldhar ti sta aspettando nel suo ufficio per iniziare il Gioco"

Lothar era visibilmente divertito e come soddisfatto per ciò che era accaduto tra Adara e Brendan. Non era affatto geloso ed anzi, a Brendan dava l'impressione che sperava accadesse questo. Era come se avessero voluto metterlo entrambi alla prova. Si rendeva conto di come Lothar avesse una tendenza a voler controllare lo cose ed a calcolare gli eventi, come un desiderio che le cose andassero secondo il suo volere.

"Certo, digli che arriverò tra poco".

Adara fece un cenno d'assenso e si allontanò, facendo l'occhiolino a Brendan.

"So cosa stai pensando Brendan" si passò nuovamente la mano sui capelli neri e lisci, gli occhi azzurri che lo osservavano "Che con questo bacio hai tradito tua moglie. Niente di più sbagliato amico. Era solo un bacio ed hai tutto il diritto di vivere e continuare a sperimentare. Non attuare come se fossi già morto, cerca di vivere una vita che sia degna di essere vissuta, in ogni sua sfaccettatura"

Brendan non sapeva cosa rispondere. Si sentiva ancora frastornato. E non era stato altro che un semplice bacio. Però il contesto nel quale si trovava, lo stava facendo dubitare persino di sé stesso.

"Adara è la tua ragazza?" chiese Brendan

Lothar rimase in silenzio. Per la prima volta era lui a sentirsi a disagio.

"E'... complicato"

"Mi spiace, chiedevo solo per curiosità, non volevo offenderti in alcun modo..."

"Tranquillo Brendan" Lo interruppe Lothar "Lo so per te è tutto nuovo e Tempel ecco... non è andare a fare la passeggiatina al parco o sbrigare la pratica in ufficio. Lo scoprirai e lo esplorerai poco a poco, con il corpo e la mente ed imparerai ad amarlo, come tutti coloro che si trovano qui questa sera".

Brendan si guardò intorno e la festa continuava all'impazzata. Urli, schiamazzi, droga, sesso, balli, tutto si mescolava in quel luogo bizzarro e fuori dal mondo. Ma forse non era questa la vera faccia di Vesnic? Non la grande città di nuova generazione, acclamata come lo scenario del futuro, se non luogo delle meraviglie e dalle sorprese infinite e dal passato oscuro?

"Avanti, vieni con me, Waldhar ci aspetta nel suo ufficio. E lì potrai fare la tua telefonata. Ed oltretutto già lo sai; odio arrivare in ritardo"

"Grazie…" rispose Brendan non troppo convinto.

Abbandonarono il bancone e si incamminarono verso il fondo della discoteca. Adara aveva parlato di un gioco… A cosa si riferiva?

Arrivarono ad una porta rossa, ovviamente protetta da due guardie anch'esse armate. Lothar mostrò nuovamente la carta di platino ed i due uomini lo fecero passare. Questa volta non fecero storie per la presenza di Brendan. Probabilmente Adara li aveva avvertiti.

Lothar aprì la porta e si ritrovarono in una stanza enorme, che altro non era se non un grande appartamento. All'angolo sinistro di trovava una piscina idromassaggio, il luogo era disseminato di divanetti e sullo sfondo era presente un televisore enorme, che Brendan non avrebbe mai indovinato di quanti pollici potesse essere. Anche qui c'era un bancone con due camerieri ed al centro un tavolo circolare con sedie raffinate in stile diciottesimo secolo.

Un piccolo gruppo di persone parlottava e rideva al centro della sala. Brendan notò che Adara si trovava lì, a fianco di un uomo che poteva avere quasi una sessantina d'anni. Quest'ultimo portava un accappatoio di seta rossa cremisi e nella mano sinistra stringeva un sigaro, mentre nella destra un bicchiere di vino. Intorno a lui, una dozzina di persone che parlavano animatamente.

Lothar si passò la mano sui neri capelli lisci a libeccio e si aggiustò il suo papillon blu, dello stesso colore della giacca e dei pantaloni eleganti. Lo sguardo di Waldhar si posò su di loro e sul viso dell'uomo si stagliò un enorme sorriso. Si diresse verso Brendan e Lothar con le braccia aperte.

"Amico mio!" esclamò con voce roca "Lothar, che piacere rivederti!"

Lothar ricambiò il sorriso ed abbracciò Waldhar.

"Il piacere è tutto mio Waldhar"

Quando l'abbraccio terminò, Waldhar posò gli occhi su Brendan. Incominciò a scrutarlo da cima a fondo con sguardo serio.

"Hai portato un nuovo amico Lothar?"

"Lui è Brendan. Ci siamo conosciuti in circostanze, come dire, particolari"

Brendan si avvicinò a Waldhar per stringergli la mano, però quest'ultimo gli diede un forte abbraccio ed una pacca sulla schiena. Brendan rimase stupito da tanta confidenza e calore umano che il vecchio mostrava.

"Brendan! Benvenuto a Tempel amico mio! Uno dei cuori pulsanti di Viitorul"

Waldhar lasciò la presa e strinse le mani di Brendan.

"Gli amici di Lothar sono anche i miei e qui sei più che benvenuto!"

"Grazie…" rispose incerto Brendan.

"Venite, venite, avvicinatevi! Venite a bere qualcosa"

Brendan non vedeva l'ora di fare quella telefonata a Nada, però non voleva inimicarsi il padrone di Tempel, dunque per il momento pensò di assecondarlo.

Si sommarono al gruppo e lo sguardo di Brendan cadde nuovamente su Adara, la quale gli ricambiò un occhiolino. Brendan si accorse di star diventando tutto rosso e volse lo sguardo.

"Signori, questo è Lothar, alcuni di voi già lo conoscono probabilmente e questo è Brendan, un suo amico"

Le persone lì alzarono i bicchieri in segno di saluto.

"Come potremmo non conoscere Lothar. La sua fama lo precede" commentò una delle invitate.

Brendan capì da quell'affermazione che Lothar era ben più che un semplice "amico" di Waldhar.

"Cosa desiderate da bere? Whisky, gin, vermut?"

"Per me un whisky grazie" Replicò Lothar

"Io nulla, per il momento la ringrazio" disse Brendan.

"Per favore dammi del tu Brendan! Altrimenti mi farai sentire un povero vecchio pazzo!"

Tutti intorno riderono di gusto al commento di Waldhar.

"E' il suo cavallo di battaglia. Poco fa si stava rivolgendo a me dandomi del lei, nonostante io sia molto più giovane di te Waldhar"
Tutti si misero a ridere, il proprietario compreso.
"Non così tanto! Davvero non desideri nulla da bere?"
"No nulla davvero" rispose Brendan
"D'accordo ragazzo, come vuoi, non ti forzerò... non ancora perlomeno" disse Waldhar, scoppiando in una grossa risata.
Quelle parole inquietarono alquanto Brendan. Lothar, Adara, Waldhar... tutti si esprimevano in maniera ambigua e questo lo metteva in una posizione spiacevole, perché non riusciva a leggere le loro intenzioni.
"Allora Lothar" continuò Waldhar, dopo aver bevuto un sorso di vino "Come vi siete conosciuti tu e Brendan?"
"Beh ecco, si è catapultato dentro il mio taxi dal nulla. Per fermarlo per poco non si faceva ammazzare"
I presenti ridacchiarono.
"Avevo finito il mio turno di lavoro, e mi ero recato alla fermata del bus"
Brendan si fermò, non sapendo se omettere quella parte oppure no.
"Però per la stanchezza... sono rimasto addormentato sulla panchina della pensilina"
Brendan notò gli sguardi sorpresi degli invitati.
"Quando mi sono svegliato.... Mi avevano derubato di ogni cosa: portafoglio, cellulare, chiavi... ogni cosa. Non mi hanno lasciato nulla"
"E non ti sei accorto di niente?" chiese attonita una ragazza di fronte a lui, vestita da infermiera.
Brendan abbassò lo sguardo, pieno di vergogna.
"No purtroppo" rispose "Ero talmente sfinito che sono caduto in un sonno estremamente profondo e non mi sono accorto di cosa stesse accadendo"
Le persone nel gruppo iniziarono a scambiarsi occhiate tra di loro. Brendan incominciò a sentirsi a disagio.
"Suvvia signori" Waldhar squarciò quell'imbarazzante silenzio "Vi ricordate dove ci troviamo vero? Questa è Vesnic. Qui tutto è possibile, al di là di ogni fervida immaginazione. Ci sono ladruncoli molto abili, che sono davvero professionali nel loro... lavoro"
Adara prese Lothar a braccetto.
"Senza contare che il nostro amico Brendan è stato fortunato; sarebbe potuto andare anche peggio"
"Già questo corrisponde al vero" rispose un uomo travestito da drag queen "Vesnic può riservare davvero molte brutte ed orrende sorprese"
Tutti annuirono, trovandosi d'accordo con le parole di Waldhar.
"Dove si trova l'ufficio dove lavori?" Chiese un uomo vestito da elfo.
"Nel quartiere di Trecuta" rispose Brendan "I miei colleghi di lavoro mi avevano detto che era uno dei più tranquilli di Vesnic e che il tasso di delinquenza è davvero molto basso lì o meglio, quasi inesistente"
"Quasi, esatto" Intervenne Lothar, che fino a quel momento si era limitato ad ascoltare "Stiamo parlando di Vesnic e non c'è un luogo che possa essere definito totalmente sicuro, soprattutto di notte"
Lothar agitò il dito indice ed inarcò il sopracciglio.
"Adesso che ci penso" continuò "Non ti ho chiesto per quale motivo ti sei scaraventato in mezzo alla strada per fermare il mio taxi. Ero completamente immerso nei miei pensieri e non ho fatto assolutamente caso a quello che mi stava accadendo intorno"
Il cameriere gli porse il bicchiere di whisky che aveva ordinato.
"Ed oltretutto a pensarci bene eri anche terrorizzato"
Brendan rabbrividì al pensiero dei tre uomini calvi vestiti di pelle. Capo, Charlie, Wily... Il sacco nero.

"Ho avuto…" Brendan deglutì al ricordo sgradevole "Un incontro non del tutto piacevole"
Adesso gli invitati di Waldhar erano visibilmente incuriositi ed anche lo stesso Waldhar.
"Che tipo di incontro spiacevole, figliolo?" Chiese Waldhar.
Brendan strinse le braccia, come per proteggersi.
"Ecco… dopo che mi svegliai e mi resi conto che mi avevano derubato, tre uomini uscirono da un vicolo che si trovava di fianco alla fermata del bus"
Adesso l'attenzione era focalizzata tutta su di lui, come quando si racconta una storia horror al campeggio, con il fuoco acceso ed il buio intorno.
"Erano estremamente bizzarri… portavano giacche di pelle, pantaloni di pelle e stivali con punta d'acciaio, anch'essi di pelle. Erano tutti e tre identici, calvi, più o meno stessa altezza, come se fossero gemelli. Ed uno di loro portava un sacco"
Fece segno con le mani per descrivere l'oggetto del racconto.
"Un sacco nero enorme che trascinava dietro di sé"
Le ragazze in sala erano visibilmente scosse e Adara sembrò cambiare di atteggiamento; sembrava meno sicura e a suo agio.
"Incominciarono a chiedermi se volevo vedere il contenuto del sacco nero… due di loro seguivano gli ordini del terzo, che sembrava il leader del gruppo. La strada era completamente vuota, non c'era nessuno che potesse aiutarmi ed io non sapevo cosa fare"
Brendan si passò la mano tra i capelli ricci castani, ancora sconvolto per l'accaduto.
"Quando ad un certo punto vidi avvicinarsi il taxi di Lothar e preso dal panico e dall'istinto di sopravvivenza mi lanciai in mezzo alla strada per fermarlo. Volevo solo allontanarmi il più possibile da quei tre matti. Ed è così che ho conosciuto Lothar".
Nessuno fiatò e disse una parola. Tutti gli sguardi dei presenti erano fissi su di lui.
"Ti hanno mostrato il contenuto del sacco?" chiese Adara
"No… però aveva una forma strana e sembrava parecchio pesante"
"Forse c'era un cadavere al suo interno" Disse una delle ragazze presenti, con tono eccitato.
"Forse…" replicò Brendan "Grazie al cielo non mi hanno rivelato il contenuto"
Waldhar finì il vino con un unico sorso e donò il bicchiere ad un cameriere appostato alla sua destra.
"Vesnic può essere il paese delle meraviglie, come il più grande covo di matti esistente al mondo" disse Waldhar
"Una città estremamente bizzarra, come le persone che ci vivono. Fortunatamente non ti è accaduto nulla ragazzo"
Brendan notò che Lothar avevo lo sguardo perso nel vuoto, come se stesse pensando a qualcosa.
"Hai detto che erano in tre, vestiti di pelle ed erano tutti e tre calvi?" Chiese improvvisamente Lothar, squadrando Brendan con i suoi occhi di ghiaccio.
"Si, i loro vestiti erano di pelle e erano pelati. Uno di loro portava anche occhiali da Sole, nonostante fosse completamente buio e l'altro degli occhiali da vista"
Brendan notò che Lothar si era improvvisamente irrigidito.
"Perché questa domanda? Per caso li conosci o li hai già visti?"
Lothar terminò il whisky con un unico sorso e porse il bicchiere al cameriere.
"No, era semplice curiosità"
Lothar stava mentendo e Brendan ne era consapevole, però non volle indagare maggiormente.
Brendan aveva oltretutto la sensazione che Lothar conoscesse Vesnic con una profondità che non era comparabile con nessuno tra i presenti; come se avesse un legame, un vincolo con la città stessa e ciò che essa offriva. Era come se fossero nel flusso sanguigno di un essere vivente, una madre che stava accudendo dei figli nel loro grembo.
"Ebbene signori!" esclamò Waldhar, alzando la coppa di vino al cielo "bando ai convenevoli ed alle storie tristi, siete pronti per il Gioco?"
"Siii! Siamo pronti!" Gridarono tutti all'unisono, alzando anche loro i bicchieri al cielo e brindando estasiati.

Dopo aver svuotato il bicchiere, Waldhar si rivolse a Lothar "Anche Brendan parteciperà, giusto?" Brendan spostò lo sguardo da Lothar a Brendan disorientato e decise che ne aveva abbastanza.

"Mi scusi signor Waldhar" iniziò Brendan schiarendosi la gola "Lothar mi aveva promesso di poter fare una telefonata a mia moglie. Come le ho detto mi hanno rubato il cellulare e non mi è stato possibile mettermi in contatto con lei. E' molto tardi e sicuramente sarà estremamente preoccupata per me; lei e mia figlia".

Per un momento ci fu un silenzio profondo e Brendan vide l'espressione di Waldhar farsi seria e contrariata. Lothar si avvicinò lentamente e gli mise una mano sulla spalla.

"Sì è vero, ti avevo promesso di fare questa telefonata Brendan" Gli occhi di ghiaccio di Lothar lo fissavano e gli davano l'impressione che gli stessero scavando dentro.

"Però chiediti Brendan, quando finirà tutto questo?"

Brendan lo guardò confuso.

"Quando finirà tutto questo… cosa?"

"Mi riferisco al fatto che ti preoccupi sempre degli altri e non di te stesso, gli altri vengono sempre prima di te"

"Ti trovi per la prima volta in una delle discoteche più grandi di Vesnic, la leggendaria e segreta Tempel e sei in compagnia nientemeno del suo padrone, Waldhar Hochste e dei suoi apprezzati ospiti". Dal gruppo di alzarono di nuovo le coppe.

"Vuoi perderti un'opportunità come questa Brendan? Di sfruttare questa notte? Questa notte che è sola tua? O vuoi sempre stare negli schemi per tutta la tua vita, dove ti hanno incasellato, come se fossi un codice a barre, un numero che nasce produce e muore? Vuoi questo Brendan? O vuoi rimanere nell'anonimato e vivere una vita grigia e spenta, senza emozioni, senza sentimenti?" Brendan fissava Lothar, i suoi occhi di un azzurro di ghiaccio che lo osservavano, che lo studiavano. Le sue parole avevano avuto un qualche effetto e doveva ammettere suo malgrado che non erano altro che la verità.

"Forse non è un caso che ci siamo incontrati Brendan; forse non è un caso che ti è accaduto tutto questo. Forse è destino che tu dovessi essere qui con me questa notte, con Waldhar, dentro Tempel a godere delle sue meraviglie". Ora la mano lo stava stringendo forte.

"Avanti Brendan. Cosa vuoi che siano cinque, dieci, sessanta minuti in più per una telefonata? Non hai voglia di tornare a quella parte della tua vita dove ti sentivi libero, lontano dagli obblighi, lontano dai doveri? Non vuoi sentire di nuovo la sensazione di spiccare il volo e librarti nel cielo? Perché è questo che possiamo offrirti Brendan; esattamente questo. E nel fondo è ciò che stai cercando".

Brendan distolse lo sguardo e rimase in silenzio ed iniziò a meditare sulle parole di Lothar. Aveva la capacità di fargli dubitare di sé stesso, di metterlo di fronte alla realtà, una realtà che non riteneva oramai spiacevole e noiosa. Odiava ammetterlo, però Lothar aveva nuovamente colto nel segno. Aveva ancora una volta scavato nel suo profondo, compreso quali erano le sue debolezze, le sue insicurezze. Ancora una volta Lothar lo aveva messo di fronte alla vita che non gli piaceva più vivere, o meglio che viveva come se avesse il pilota automatico, senza più gusto né sapore. Cose fatte automaticamente, la perdita del suo sé stesso più profondo, una vita che non voleva cambiare per pura abitudine. Amava Nada e Lucia, però… cercava anche altro, che da molto gli mancava e che forse non aveva mai vissuto fino ad ora.

"Allora Brendan cosa mi dici? Qual è la tua risposta?" Lo incalzò Lothar "Vuoi darti finalmente l'opportunità di metterti nuovamente in cima, di darti la priorità, di vivere una vita degna di essere vissuta oppure vuoi continuare semplicemente a vivere un'esistenza dove sai sempre cosa succederà domani, dopodomani e ancora ed ancora, fino che l'abitudine del non vivere sarà talmente grande che non saprai più cosa vuol dire assaporare davvero il significato di essere, nel qui e ora?" Brendan era sconcertato di come Lothar, un semi sconosciuto, una persona che aveva conosciuto solo poche ore prima, leggesse così bene quali fossero le sue inquietudini; sembrava che lo conoscesse da sempre, molto di più delle persone che erano a lui vicine e che si definivano a lui amiche.

"Brendan" si intromise Waldhar "dal momento in cui ti ho visto, ho percepito in te il desiderio di esplorare, una curiosità molto forte sotterrata da diverse inquietudini, che però ha voglia di emergere e mostrarsi per poter approfittare del massimo che la vita può offrire".
Waldhar si avvicinò ed anche lui gli mise una mano intorno al braccio.

"Lothar ha ragione; hai l'opportunità di godere delle meraviglie della mia Tempel e di uscire da quella routine dalla quale sono sicuro stai fuggendo. Pensalo: hai accettato di seguire uno sconosciuto incontrato su di un taxi in piena notte per andare in un luogo di cui non conoscevi nulla e dal quale non sapevi assolutamente cosa aspettarti. Questo denota quanto il tuo animo sia quello di un esploratore e di un viaggiatore, di qualcuno che vuole esplorarla la vita e non stare ai suoi margini. "

Brendan ora si trovava tra due fuochi. Cosa fare? Andare via e cercare aiuto da un'altra parte o accettare di partecipare al Gioco proposto da Waldhar, per poter poi effettuare la tanto agognata chiamata? Era in mano loro e questo lo frustrava e lo faceva sentire in balia degli eventi, come una nave stretta tra le grinfie di una tempesta.

"Unisciti al Gioco Brendan e dopo ti prometto che ti farò chiamare la tua famiglia. Ovviamente sei libero di scegliere, nessuno ti obbliga, però davvero vuoi farti scappare l'opportunità di esistere e di sentirti vivo, vivo come non ti sei mai sentito prima?"

Brendan iniziò a spostare lo sguardo da Lothar a Waldhar, immerso nei suoi pensieri e nelle sue emozioni. Di nuovo, qualcosa in lui aveva iniziato a muoversi e lo richiamava, quella parte selvaggia che viveva in lui e che aveva contraddistinto la sua vita, prima di lavorare per Smith and Brothers, prima di sposare Nada ed avere Lucia, prima di trasferirsi a Vesnic e cambiare vita.
"D'accordo" disse con risolutezza e guardando negli occhi entrambi "Accetto, parteciperò al Gioco".

Un sorriso enorme si disegnò sul volto di Lothar che strinse Brendan per le spalle "Brendan vedrai che non ti pentirai della tua scelta. Sei solo al primo passo per ritrovare te stesso e la felicità"
Waldhar gli tirò una pacca sulla spalla "Ben fatto figliolo, sono orgoglioso di te. Mettiti sempre al primo posto, sempre"

Waldhar si girò e fece segno con la mano alle guardie che stavano di fronte alla porta d'entrata dell'enorme ufficio "Preparate tutto il necessario… Iniziamo a giocare! E fate venire il nostro pubblico! Ricordate di controllare se hanno acquistato i biglietti per partecipare all'evento"
Il gruppo di invitati alzò le coppe di vino al cielo ed esplose in un urlo di gioia incontrollato.
Brendan non si riconosceva più. Quella che fino a poche ore fa gli sarebbe sembrata una situazione paradossale ed inaccettabile, semplicemente assurda, stava prendendo piede sotto i suoi occhi increduli. Non poteva credere di avere accettato e di essersi fatto convincere a non chiamare Nada. Però se questo individuo a lui sconosciuto, non fosse altro che un riflesso della sua parte più dormiente, alla quale non aveva il coraggio di dare voce? Quella parte di lui che per tanto tempo aveva represso ed ora stava gridando di essere liberata per poter essere sperimentata e vissuta in ogni sua sfaccettatura. Si chiedeva fino a che punto si sarebbe lasciato condizionare e si sarebbe dato quelle opportunità, che normalmente non si concedeva. Non poteva però non riconoscere quel senso di libertà che da tanto non sentiva più in suo possesso, soprattutto quando il suo lavoro era diventato più intenso e le cose con Nada non andavano più per il verso giusto.

"Signore e signori, per favore chiedo la vostra attenzione!" Waldhar era tutto d'un pezzo con il suo accappatoio rosso ed il sigaro stretto nella mano sinistra.
"Benvenuti alla decima edizione del Gioco! Ringrazio ai presenti di essere venuti qui a partecipare ed a prendere parte a questo grandioso evento!"
Lothar fece il solito gesto di tirarsi indietro i capelli neri e si sfregò le mani soddisfatto.

"Per le scommesse" continuò Waldhar "Vi prego di rivolgervi alla mia assistente seduta in fondo alla stanza, precisamente dietro a quel tavolino d'avorio, che si occuperà di prendere i vostri soldi ed amministrarli durante il gioco. Ricordatevi che potete scommettere anche su voi stessi".

Brendan ascoltava catturato, senza però capire quale fosse questo Gioco tanto acclamato ed amato da tutti. La curiosità si stava impadronendo di lui e di nuovo quella sensazione selvaggia stava per prendere il sopravvento. Senza dubbio, non si stava riconoscendo più. E questo lo stava facendo emozionare. Oltretutto, aveva accettato tutto a scatola chiusa, senza sapere minimamente cosa lo stesse aspettando.

"Prego, ho bisogno di dieci partecipanti in totale. Le scommesse sono aperte!"

Il gruppo si accalcò intorno alla ragazza seduta al tavolino d'avorio ed incominciò a donarle denaro in contanti, che lei distribuiva in delle valigette numerate. Ugualmente il numeroso pubblico che le guardie fece entrare azzardò, lasciando una montagna di denaro. Dopo aver puntato, si disposero su delle sedie che erano state distribuite di fronte al tavolino circolare che Brendan aveva notato entrando nell'ufficio/appartamento di Waldhar. Anche Lothar fece la sua scommessa e la sua aria era davvero molto soddisfatta. Mise il denaro in mano alla ragazza, dopodiché si avvicinò a Brendan.

"Non scommetti?"

"Non so in cosa consista il gioco e sinceramente il gioco d'azzardo non è il mio forte"

"Brendan… Quanti limiti ti poni. Cosa vuoi che sia una scommessa; forse ti porti a casa un bel gruzzoletto, chi lo sa. Però su questo non ti farò pressioni, libero di agire come credi".

Gli fece l'occhiolino e si avviò verso il tavolo al centro della sala dove le guardie stavano organizzando i preparativi per iniziare il Gioco.

Brendan lo imitò e si avvicinò al tavolo circolare. Altre otto persone si disposero intorno a quest'ultimo e Brendan le guardò una a una. Erano sei uomini e quattro donne. C'era il tizio vestito da elfo, un altro con il costume da clown, quello al suo fianco con un costume da coniglio ed il quarto che indossava semplicemente un vestito elegante. Tra le quattro ragazze invece, una indossava un vestitino da cheerleader, un'altra era vestita da donna aristocratica del 1700 stile corte francese, un'altra indossava un vestito lungo elegante con lucine e farsetti di un colore cremisi oscuro e la quarta non era niente meno che Adara, che come al solito gli fece l'occhiolino a Brendan. Gli venne in mente il bacio che gli diede solo pochi minuti fa e non potette fare a meno di pensare che gli sarebbe piaciuto assaporare quelle labbra una volta ancora. Si stupì di quel pensiero, si meravigliò che potesse provenire da lui stesso. Sentiva che dei meccanismi dentro di lui stavano come cambiando ed altri prendendo il sopravvento. Era anche sorpreso di quante persone fossero travestite lì a Tempel e di come gli individui di fronte a lui portassero dei costumi assurdi a volte anche ridicoli.

Lothar si trovava alla sua sinistra ed Adara di fronte a lui; alla sua destra, il tizio con il costume da coniglio. Tutti si erano disposti ed aspettavano in religioso silenzio che Waldhar proferisse parola. Adesso Brendan ne era sicuro: Waldhar non avrebbe partecipato al Gioco. Lothar era concentratissimo, con le dita che tamburellavano sul tavolo, smanioso di cominciare. Si girò verso Brendan e disse "Sei pronto a ritrovare te stesso?".

Brendan lo guardò con aria interrogativa "Che cosa vuoi dire Lothar, io non…"

Fu interrotto da Waldhar, che alzò le mani al cielo ed iniziò a parlare.

"Amici ed amiche partecipanti del Gioco, mio grandioso pubblico, grazie per il coraggio dimostrato ad unirvi alla decima edizione di questa fantastica attività ludica! Le vostre scommesse sono state raccolte e da adesso non è più possibile puntare. Siete pronti ad incominciare le danze?"

"Siiii!!" urlarono tutti all'unisono. Solo Lothar non si mosse di un centimetro. Brendan incominciò a preoccuparsi e notò che il suo cuore aveva iniziato a battere all'impazzata.

"Perfetto allora! Portate qui il Giudice!"

"Il Giudice?" mormorò Brendan confuso.

Una delle guardie stava trasportando un cuscino di un rosso acceso, coperto da una tela nera. Lo mise sul tavolo e si allontanò. Brendan osservò Lothar, ancora immobile e totalmente indifferente a cosa gli stesse accadendo intorno. Questo atteggiamento che aveva assunto lo stava facendo innervosire. Cosa si celava al di sotto della tela nera?

Waldhar strinse la tela con la mano, pronto a rivelare cosa giaceva sopra il cuscino color cremisi. Una goccia di sudore scese sulla fronte di Brendan.

"Non ti preoccupare, succede a tutti i novellini" gli sussurrò all'orecchio il tizio vestito da coniglio "se la fanno tutti addosso all'inizio, però poi si abituano abbastanza facilmente alla tensione".

La sua voce era rauca e sgradevole e fece rabbrividire Brendan.

Waldhar osservò i partecipanti intorno al tavolo con un sorriso malefico sul volto ed uno sguardo penetrante. Il pubblico osservava smanioso, desideroso che il Gioco iniziasse. Waldhar Rimase immobile per un momento e con uno scatto improvviso, tolse la stoffa che ricopriva il cuscino e svelò cosa si celava al di sotto. Brendan inghiottì saliva e rimase immobile. Guardò gli altri intorno a lui, ma sembrava che nessuno condividesse la sua sorpresa... ed il suo terrore. Si stropicciò gli occhi, pensando di stare sognando. Non cambiò nulla. Posata sul cuscino di seta color cremisi, c'era una pistola. Una pistola a tamburo per la precisione. Iniziò a sudare dalla fronte copiosamente.

"Lothar, cosa diavolo significa questo?" sussurrò Brendan in preda al panico.

"Signori e signori" esclamò entusiasta Waldhar "Molti di voi conoscono le regole, ma le ripeterò per i nuovi arrivati" rivolse uno sguardo complice a Brendan che era completamente intontito e non sapeva come reagire.

"Quella che vedete di fronte a voi è una Sonwess Nad 517, una pistola a tamburo molto speciale in quanto invece di contenere i classici 6 colpi, ha una capienza di ben 10 colpi, il che la rende affascinante e... Letale. Meglio conosciuta tra noi come il Giudice" evidenziò l'ultima parola con evidente sadismo.

"Le regole sono molto semplici e basate sulla roulette russa: ognuno di voi appoggerà la canna del Giudice sulla tempia e premerà il grilletto e... beh vedremo chi tra di voi avrà la sfortuna di lasciarci questa notte!" scoppiò in una risata demoniaca che paralizzò Brendan. Tutti intorno a lui si misero a ridere e brindarono con i calici. Due di loro si fecero due strisce di cocaina tirando con tutta la forza che avevano.

Brendan pensò di aver sopportato abbastanza. Senza nessun dubbio, era finito in una gabbia di matti e voleva andarsene il più presto possibile. Al diavolo la telefonata, avrebbe trovato un altro modo per contattare Nada o per tornare a casa. Voleva solo svegliarsi da quell'incubo.

"Voi siete completamente pazzi!" esclamò Brendan "Non parteciperò mai ad una follia del genere! Vi siete bevuti il cervello? Cos'è, uno scherzo?"

Le persone lì intorno iniziarono a guardarlo con sufficienza, come se fosse lui quello fuori posto. Brendan non ricordava più l'ultima volta che si era adirato tanto.

"Vi lascio al vostro gioco idiota, tanti saluti"

Fece qualche passo verso la porta dell'appartamento – ufficio, quando Lothar spezzò la sua immobilità, si girò e gli parlò.

"Strana decisione per uno che vuole farla finita già da un pezzo"

"Come... che cosa hai detto?" proferì sorpreso Brendan.

"Lo si vede, lo si osserva; nei tuoi sguardi, nei tuoi gesti; nel tuo modo di parlare, nel tuo tono di voce. Tu non hai più voglia di vivere Brendan; sei un guscio vuoto che aspetta la fine e che non si toglie la vita perché non ha il fegato di farlo"

Il silenzio incominciò a regnare nella sala. Gli invitati iniziarono a guardarsi tra di loro. Waldhar osservava interessato e fumando il suo sigaro. Brendan incominciò a camminare verso Lothar con fare minaccioso. "Chiudi la bocca...."

"Da quanto hai perso la tua scintilla Brendan? Da quando ti alzi la mattina e non riconosci più la persona riflessa nello specchio? Da quanto tempo vuoi togliere di mezzo quella persona perché stai detestando il suo riflesso?"

Brendan ora era a pochi centimetri da Lothar e stringeva minacciosamente i pugni.

"Ho detto…. Chiudi la bocca…" ringhiò a denti stretti.

"Niente ha più senso per te vero? Il sapore del cibo, i baci di tua moglie ed il sesso che fai con lei. Un lavoro che non ti soddisfa, la perdita del contatto con il tuo Io più profondo. Ogni giorno che vivi ti tradisci, ogni giorno che passa ti ami sempre meno e tutto sarebbe più semplice se ti togliessi di mezzo. Tanto lo pensi sempre no? A chi mancherebbe un fallito come te?"

Brendan si lanciò contro Lothar e gli strinse le mani intorno al collo della camicia. Le guardie fecero per intervenire, però Waldhar le fermò con un gesto. Adara guardò la scena con aria preoccupata.

"Ho detto di tacere brutto bastardo infame!!!" urlò Brendan in faccia a Lothar, con tutta la rabbia che aveva in corpo.

"Tu cosa ne vuoi sapere eh? Cosa ne vuoi sapere!? Tu non sai nulla di me! Nulla hai capito? Nulla!"

Lothar non si scompose e rimase nella stretta di Brendan osservandolo negli occhi, iniettati di ira.

"Vuoi sentirtelo dire? E va bene si, lo ammetto! Non sopporto la mia vita, è uno schifo e prego Dio ogni giorno perché non possa farmi svegliare nuovamente in questo assurdo inferno!"

Le mani di Brendan iniziarono a tremare e tutti intorno guardavano la scena catturati, senza muovere ciglio.

"Adesso sei soddisfatto? Si, vorrei farla finita in ogni momento, mi manca solo il coraggio di agire per la paura che mi dà la morte ed il dolore. Altrimenti sarei già cibo per avvoltoi".

Brendan mollò la presa e distolse lo sguardo da Lothar ed iniziò a piangere. Non sopportava più quella notte, era esausto. Se era un incubo, voleva solo che finisse e si svegliasse una volta per tutte. Lothar gli mise le mani sulle spalle, quasi ad abbracciarlo.

"Sai perché provi questo Brendan? Perché vivere ti si è fatto pesante? Perché è da tanto tempo che non sei più te stesso. Perché rinunci a ciò che ti piace. Perché non stai vivendo emozioni nuove ed estreme… proprio come questa".

Brendan piangeva e non riusciva a smettere, la testa abbassata.

"Guardali Brendan, guardati intorno. Tempel ci ha attirato perché tutti stiamo vivendo le stesse inquietudini, una vita vuota, ogni giorno uguale all'altro, incastrati nei meccanismi contorti e malati della società che ci vuole solo produttori e compratori, come criceti su di una ruota"

Brendan alzò la testa ed iniziò ad osservare le persone che si trovavano nella stanza, posando poi lo sguardo sugli occhi di ghiaccio di Lothar.

"Non hai visto che già Tempel e l'incontro con me ti sta cambiando? Tu non sei il Brendan tranquillo, pacato, sempre gentile, bonario e buonista… Sei il Brendan forte, determinato, energico e poderoso. Questo sei tu. L'altro è solo un'ombra creata dal contesto tossico che stai vivendo. Ti sei solo dimenticato chi sei veramente".

Brendan si asciugò le lacrime con la manica della camicia ed iniziò a riflettere sulle parole di Lothar.

"Pensi che noi non abbiamo paura di partecipare al Gioco? Che non abbiamo paura di morire? Però ciò che ci spinge a far parte del Gioco è qualcosa di molto più alto, molto più viscerale. E' la voglia di vivere, dell'estremo, di provare l'emozione indescrivibile del rischiare la propria vita e salvarsi, per poter così dar maggiore valore alla vita"

Lo sguardo di Brendan si fece serio ed iniziò a soppesare le parole di Lothar. Da quanto non era sé stesso? Da quanto stava conducendo una vita che non era la sua? Da quanto aveva cessato di emozionarsi e vivere una vita che non gli toccava? Era davvero quello il suo destino?

"Non sei obbligato a restare Brendan, però pensa al brivido che potrai provare, del confine tra la vita e la morte, la quale non è nient'altro che un ulteriore passo. E chi tra di noi spirerà, sarà onorato per il coraggio mostrato e la voglia di esistere e di essere che ben in pochi sono in grado di mostrare".

Brendan si guardò intorno. Le lacrime si erano seccate ed a ogni modo già le aveva finite da molto tempo. Era stanco di quella mediocrità; era il momento di agire. Era il momento di sognare. Voleva donarsi a Tempel ed al Gioco.

"Sono dei vostri" disse determinato.

Tutti intorno iniziarono ad applaudire e brindare esclamando il suo nome.

"Ben fatto amico" disse soddisfatto Lothar "Benvenuto tra noi".

Lo accompagnò al tavolo, dove ripresero i posti originari. Brendan non poteva credere di aver accettato; rischiava di morire, di togliersi la vita. Ma qualcosa dentro di lui era scattato. E non si sarebbe tirato indietro.

"E' un orgoglio averti tra di noi Brendan!" esclamò Waldhar "Grazie per esserti aperto a tutti noi!".

Brendan annuì ed Adara lo guardò sorridendo. Brendan distolse lo sguardo. Qualcosa in quella ragazza lo metteva in soggezione e non lo faceva stare a suo agio. Ma questo adesso era l'ultimo dei suoi problemi.

"Ed allora bando alle ciance! Sorteggiamo chi sarà il primo a giocare!"

Una cameriera molto avvenente con lunghi capelli biondi porse ad uno ad uno un sacchetto anch'esso di color cremisi. I partecipanti pescarono dal sacchetto ed estrassero un foglietto bianco. Lothar e Brendan pescarono. L'ultimo a pescare fu il tizio al suo fianco, vestito da coniglio.

La cheerleader alzò la mano orgogliosa, con un sorriso splendente sul volto.

"Josephine ha pescato il numero 1! Sarà lei ad iniziare, dopodichè andremo in senso orario"

Brendan aprì il suo foglietto: sopra era incisa una X. Si voltò con aria interrogativa verso Lothar, aggrottando le ciglia.

"Tranquillo non vuol dire nulla. Anche io ho il tuo stesso biglietto. A dire il vero tutti lo abbiamo, tranne Josephine, che ha pescato il numero 1, il che significa che sarà lei a cominciare".

- Lei sarà la numero 1? - Pensò Brendan. Incominciò a contare a mente in senso orario ed un brivido iniziò a salirgli lungo la schiena: lui sarebbe stato il penultimo. Non sapeva se era un vantaggio o se si sarebbe trasformata in una situazione a lui sfavorevole. Qualcuno sarebbe potuto morire prima ed in quel caso lui sarebbe stato salvo, ma nel caso che il Giudice sarebbe arrivato fino a lui intatto...

Se la sarebbe giocata con il tizio coniglio. Lothar non sembrava per nulla spaventato e non muoveva un singolo muscolo. Era ritornato allo stato precedente, concentrato e risoluto. Non poteva oltretutto credere di star facendo calcoli su chi sarebbe morto oppure no... che situazione paradossale. Ma se alla fine dei conti fosse davvero questa Vesnic ed il resto non fosse altro che una maschera della città stessa, una mera illusione?

Waldhar prese in mano la pistola con tutta la dolcezza del mondo, come se stesse prendendo in braccio un neonato e la porse a Josephine.

"Ecco a te il Giudice cara. Che possa essere clemente con te"

Josephine prese il Giudice ringraziando Waldhar ed annuendo con la testa.

Chiuse un momento gli occhi, sussurrando parole indecifrabili, dopodiché puntò la pistola alla tempia. Brendan notò che non stava più respirando. Tutti gli sguardi erano fissi su di lei. Chiuse gli occhi e strinse le labbra. Brendan poteva vedere il dito indice di Josephine muoversi a rallentatore sul grilletto. Dopo un momento che sembrò un'eternità, Josephine si decise. Brendan rimase a bocca aperta. Non successe nulla. Josephine era salva. Iniziò a saltare dalla gioia ed attuare come se fosse veramente una cheerleader, ballando e scuotendo i pompom.

Porse la pistola al secondo concorrente, il clown.

"Forza John, adesso è il tuo turno" lo incitò Waldhar.

La tensione si tagliava con un coltello. Anche i cosiddetti "veterani" erano palpabilmente scossi e non l'avrebbero mai ammesso, ma erano terrorizzati dall'essere loro la vittima designata.

John il clown prese il Giudice e lo soppesò. Lo rigirò, lo esaminò. Però non puntò la pistola alla tempia, bensì la appoggiò sull'occhio. Strizzò il suo naso rosso con la mano libera che fece un suono sordo. Nessuno rise. La tensione era troppo forte. John si mise a ridere come un ossesso, così da sconfiggere la paura. Tra una risata e l'altra si fece forza e premette il grilletto.

Nulla.

Meno due.

John iniziò a celebrare ballando e cercando di abbracciare Josephine, che però lo spinse via.

Era il turno della donna aristocratica.

"Jessica, tesoro, quando vuoi"

Jessica, con fare davvero nobile ed anche un po' schifato, agguantò Giudice dalla canna, con l'ausilio del dito pollice ed indice. Guardò la Nad come se stesse osservando uno scarafaggio morto e lo puntò alla tempia, però senza che la toccasse. Sbadigliò e premette il grilletto. Un grido scappò ad uno dei partecipanti del cerchio. Anche Jessica la nobile era salva.

Senza troppi gesti né festeggiamenti posò il Giudice con arroganza sul tavolo ed iniziò a farsi aria con il suo ventaglio.

Era il turno di Adara.

Fu un attimo.

Adara prese il Giudice e senza pensarci due volte fece fuoco.

Rapido ed indolore.

Di nuovo niente.

Adesso erano quattro quelli salvi e le possibilità di Brendan stavano scemando.

Fu stupito dalla capacità di Adara di farlo con assoluta freddezza. Gli lanciò uno dei suoi soliti occhiolini. Oramai ci aveva preso gusto.

"Adara, mia cara, non finisci mai di stupirmi per la tua impassibilità"

"Una delle mie numerose qualità" Si vantò, spostandosi i capelli.

Adesso toccava all'elfo.

"Josh, vecchio amico mio, spero di non perderti proprio stasera, mi devi ancora una birra" disse Waldhar.

Josh fece un medio sorriso, però si vedeva che era terrorizzato, anche se non lo voleva dare a vedere. La sua mano si mosse al rallentatore verso il Giudice. Josh tergiversò un momento e Waldhar lo riprese.

"Suvvia amico mio, che esempio stai dando in questo modo al nostro ospite Brendan ed a tutti gli spettatori qui presenti? Avanti Josh, fai la tua mossa"

Josh alzò lo sguardo ed osservò Waldhar intimorito. Si prese di coraggio ed impugnò il Giudice. Gli tremavano le mani. Guardò gli altri concorrenti. Chiuse gli occhi e prese un lungo respiro. Posizionò la pistola ala base del collo.

"No no Josh" lo riprese Waldhar nuovamente "Alla tempia. Se sparassi sul collo avresti una piccola probabilità di sopravvivenza e noi non vogliamo questo vero? Affronta il gioco con dignità".

Josh appoggiò il Giudice sulla tempia, come le era stato ordinato. Chiuse gli occhi e li strizzò. Smise quasi di respirare. Iniziò a contare da solo.

"Uno.. Due.. Tre!!"

Si accese il fuoco del sigaro di Waldhar. Unicamente quello, perché il Giudice non decretò il suo verdetto. Il Gioco continuava la sua terribile corsa.

"James, prego" Waldhar invitò l'uomo vestito in maniera estremamente elegante.

"Con piacere Mr. Waldhar" disse James facendo un piccolo inchino.

Mise una mano sul collo e lo fece scrocchiare, dopodiché fece lo stesso con le nocche delle mani. Prese il Giudice e si scrollò le spalle. Anche lui puntò alla tempia e assunse una posa militare, ben retto, con le gambe unite e la schiena ben dritta. Senza pensarci due volte, premette il grilletto.

Il risultato fu lo stesso. Niente. Quel maledetto colpo non voleva partire. Le chance di Brendan si stavano assottigliando. Oramai rimanevano solamente La donna elegante e Lothar prima di lui. Iniziava a sudar freddo. Ma oramai era tardi e non voleva tirarsi indietro. E non l'avrebbe mai ammesso, ma la tensione che gli creava il Gioco, era qualcosa che da tanto tempo non stava provando. E paradossalmente, non sapeva perché, gli stava tornando la voglia di vivere e non avrebbe voluto per nulla al mondo morire lì. Sarebbe sopravvissuto, costi quel che costi, anche se non sarebbe dipeso da lui.

"Jade, bellissima e stupenda Jade, quando vuoi tesoro" Parlò Waldhar con voce melliflua.

Toccava alla donna elegante, dal vestito lungo e rosso con i brillantini. Jade fece un sorriso forzato e guardò il Giudice con un'espressione che era un misto tra il terrorizzato e il disgusto. Raccolse il revolver a rallentatore ed altrettanto lentamente se lo mise in bocca.

"Scelta eccellente!" esclamò Waldhar.

Lei lo fulminò con lo sguardo e squadrò tutti coloro che ci sarebbero stati dopo di lei se non fosse morta: Lothar, Brendan ed il tizio Coniglio. Guardò con astio coloro che l'avevano preceduta, evidentemente in collera per essere ancora una potenziale vittima. Era terrorizzata e Brendan lo notava. Iniziò a fare respiri corti, come le donne che stanno per partorire. Lacrime iniziarono a scenderle dagli occhi ed a rovinarle il trucco. Appoggiò il pollice sinistro sul grilletto del Giudice, per poter sparare il colpo; con la destra reggeva il calcio.

Il pollice iniziò a muoversi al rallentatore. Il tamburo incominciò a muoversi, lentamente, pacatamente. Jade si fermò al limite; guardò il tamburo, il grilletto, il Giudice. Brendan stava grondando sudore. Jade diede un colpo improvviso con il pollice. Tack.

"Boom!" esclamò Waldhar ridendo.

Jade tremante, posò il Giudice sul tavolo. Anche lei era salva. Brendan non poteva crederci.

Nessuno di loro era ancora morto ed adesso rimanevano solo tre persone, lui incluso. Il Giudice stava attendendo la sua vittima prediletta. Chi sarebbe stato il suo sacrificio?

Era il turno di Lothar.

Lothar fino a quel momento non si era mosso di un centimetro ed aveva fissato il vuoto davanti a lui. Si mosse per la prima volta e si mise ad osservare il Giudice. Il suo volto non tradiva nessuna emozione, nessun sentimento. Waldhar non lo invitò a prendere la pistola. Sapeva già come avrebbe agito. Nonostante rimanessero solo in tre, lui compreso, nulla lo scalfiva. Non trasmetteva né paura né terrore. Agguantò il Giudice e se lo passò tra le mani; chiuse gli occhi e lo odorò. Brendan pensò stesse eseguendo una sorta di rituale.

Lothar riaprì gli occhi e puntò il Giudice esattamente al centro della fronte, stringendo il calcio con le due mani e mettendo i due pollici sul grilletto. Ed all'improvviso, il cambio. Lothar inspirò ed iniziò a gridare a squarciagola, come se stesse gridando in faccia alla Morte stessa. Brendan strabuzzò gli occhi e aprì la bocca per lo stupore. Quell'urlo era potente e forte, stava tagliando l'aria. E nel bel mezzo di quel atavico grido, Lothar premette il grilletto con tutta la sua forza. E Brendan non seppe esattamente se fosse felice o scontento per il risultato, però anche Lothar era salvo. La Morte era stata intimidita dal suo urlo e non l'aveva preso con lei.

Si ricompose e si sistemò il papillon e nella sala scese il silenzio. Tutti erano rimasti impressionati dalla sua audacia e dalla dimostrazione di forza e freddezza. Lothar era rispettato da molti lì.

Ed ora non rimanevano che lui ed il tizio coniglio. Brendan poteva sentire il cuore che gli pulsava in gola. Le mani gli tremavano. La sensazione di paura era indescrivibile. Si girò a guardare il tizio coniglio e notò come avesse perso molta della sua baldanza iniziale. Se Brendan si fosse salvato, se il Giudice non avesse posto il verdetto sulla sua anima, allora la sua vittima prediletta sarebbe stata il coniglio, in quanto dopo di lui non rimaneva nessun altro concorrente. Cinquanta per cento di possibilità. Cinquanta per cento morto, cinquanta per cento vivo. Questa era in tutto e per tutto, una finalissima.

Brendan fissava la pistola. Si sentiva bloccato, come incapace di poterla afferrare.

"Signore e signori, sono rimasti solo due concorrenti!" dichiarò Waldhar "Chi sarà tra i due a sopravvivere? Il nuovo arrivato Brendan, oppure il nostro Jack?"

Waldhar si avvicinò al gruppetto di spettatori che si stava godendo lo spettacolo dall'esterno.

"Un finale intenso e denso di emozioni amici miei! Se il Giudice sceglierà Brendan, Jack sarà salvo… Ma se il Giudice grazierà Brendan, allora Jack sarà la vittima certa del nostro amato Gioco"

A Waldhar non importava nulla di chi ci avrebbe rimesso la pelle; per lui era infatti solo un gioco dal quale avrebbe guadagnato un sacco di denaro e niente più.

"A te la mossa Brendan" disse Waldhar "Non vediamo l'ora di vedere l'esito. Ma non ti preoccupare, prenditi il tuo tempo. Adoriamo questa tensione, la tensione che nasce dall'odore di una morte imminente".

Brendan sudava freddo e si accorse che non poteva muovere un solo muscolo. Eppure, oltre alla paura, sentiva un altro sentimento crescere in lui. Però non era qualcosa di sconosciuto, se non qualcosa che fino a quel momento era stato dormiente dentro di lui ed adesso si stava ridestando. E Brendan lo riconobbe. Era la la voglia di vivere, l'emozione dell'esistenza. Paradossalmente, si sentiva di nuovo vivo, si sentiva di nuovo di esistere, di essere. Guardando al di là del terrore, della paura, c'era quello che si era dimenticato di essere da tanto tempo. Questo coraggio, questo ardimento di intraprendere questo folle Gioco, stava riemergendo nuovamente, qualità che per molto tempo era rimasta sopita. Era sì del tutto estremo, però non gli importava. Finalmente sentiva dentro di sé quel fuoco, quell'energia che era rimasta assopita in lui, che famiglia, lavoro e impegni avevano soffocato. Quasi non gli importava di morire, se il guadagno sarebbe stato questo sentimento di sospensione, la sospensione tra la vita e la morte. E nessun'altra esperienza gli avrebbe potuto regalare tutto questo. Né la passeggiata nel parco; né la chiusura di una pratica; né una promozione ed un aumento di stipendio. Adesso erano lui e l'incontro con la Morte. O con la Vita. Ed in entrambi i casi, si sarebbe sentito appagato, qualunque sarebbe stato il passo verso la realtà che lo aspettava.

"Forza Brendan, amico, ce la puoi fare" Lo sostenne Lothar "Sarai tu quello che sopravviverà, ne sono certo. Sei arrivato fino a qui, questa notte, per una ragione. Non sarai tu a morire. Il Giudice non prenderà ancora la tua anima. In tutto questo c'è un significato e sarai tu a scoprirlo, rimanendo in piedi, a Tempel, Viitorul, Vesnic".

Brendan annuì. Guardò i suoi "avversari", Waldhar, Jack che non muoveva un muscolo ed era paralizzato dal terrore. Guardò anche Adara e notò che lo stava osservando. Però questa volta non fece nessun occhiolino. Questa volta il suo viso era serio e lo osservava con preoccupazione. Alzò il pugno e lo serrò, come in un gesto di esultanza e di vittoria.

Brendan abbassò lo sguardo verso il Giudice. Il metallo cromato della pistola brillava alla luce dell'ufficio; il suo calcio marrone scuro era tanto lucido che ci si poteva specchiare. Gli spettatori dietro di lui bisbigliavano; la tensione era enorme, quasi palpabile fisicamente. Finalmente Brendan si prese di coraggio e prese in mano il Giudice. Era freddo al tatto. Lo rigirò e lo guardò più volte, quasi a voler conoscere ogni suo angolo, ogni suo anfratto. Chiuse gli occhi e sospirò. Un pensiero andò alla sua adorata figlia, Lucia ed a sua moglie Nada. Le amava entrambe, ora lo sapeva. Solo gli era mancato il coraggio di far valere i suoi diritti, di porre i suoi limiti. Era in grado di migliorare ogni aspetto della sua vita, questo lui ora lo sapeva. Non aveva senso mettersi in questo ruolo di vittima, di disperato che pensa che la vita gli abbia riservato solo cose negative e terribili. Adesso sapeva ciò che voleva e come raggiungerlo. Avrebbe sempre messo per primo sé stesso, non si sarebbe più tradito. E lo avrebbe fatto una volta uscito vivo da lì. Ed anche se non fosse stato così, allora sarebbe morto con questa intensa, indescrivibile emozione, del provare a sostare nel limbo che c'è tra la vita e la morte.

Si mosse lento ed appoggiò il Giudice sulla tempia. Aprì di nuovo gli occhi e tirò un lungo sospiro.

"Coraggio Brendan" Lo incitò Lothar "Non è ancora la tua ora. Il Giudice non ti reclamerà. Non è il tuo destino morire qui. Il tuo destino è vivere, per poter trovare te stesso, di nuovo!"

Brendan sentiva il suo cuore battere come infuriato. La sua vita era in un limbo. Nel ponte verso la fine, ma ancora saldato alla vita. Appoggiò il dito sul grilletto. Sentì il sudore persino sul suo dito indice. Quante persone aveva già giustiziato il Giudice? E quante ancora sarebbero state sue vittime designate? Sarebbe stata una di loro?

Non lo sapeva. Ciò di cui era sicuro era che in quel momento c'erano lui ed una pistola puntata alla sua testa, il resto era come sospeso ed inesistente. Non esisteva nessun altro. Né il pubblico, né Lothar, né Adara, né Waldhar. Nessuno. Solo lui e la sua morte o vita imminenti.

Il suo dito iniziò a spingere il grilletto; il tamburo iniziò a muoversi verso l'altro colpo. Era quasi alla fine della corsa. Un'ultima pressione ed avrebbe incontrato la sua verità, quella notte, a Tempel, Viitorul, Vesnic. Sorrise. Che poi non fosse quello il vero senso delle cose? Che l'essere umano debba stare a contatto con la morte, conoscere il limite per poter conoscere veramente sé stesso? Per dare valore a quello che ha, a quello è ed a quello che un giorno sarà? Amore, Vita e Morte. Forse era questa, la vera trinità. Le tre sorelle, legate tra di loro da un eterno patto di sangue.

Il dito si mosse da solo. Il grilletto raggiunse la fine della corsa. Il tamburo girò. E lì, il tempo perse il suo concetto ed il suo significato. Niente aveva più senso e fu in quel preciso frangente, che tutto fu chiaro. E' solo la Morte, che dà senso alla Vita. Ma non la ricerca della prima, se non unicamente il rispetto per essa per qualcosa che un giorno arriverà e sarà un altro passo. Ma prima bisogna vivere; vivere intensamente.

Sparo.

Sparo.

Sparo.

Il Giudice fu nuovamente clemente. Non emise il suo verdetto. Brendan era salvo.

Adara emise un grido gioia. Lothar abbracciò Brendan. Waldhar proruppe in un applauso fragoroso. Il pubblico dietro di loro esultava.

Era sopravvissuto. Ce l'aveva fatta.

Fitte lacrime gli scesero dagli occhi e pianse, pianse come non si permetteva di piangere da tanto tempo. Lothar continuò ad abbracciarlo. Anche Brendan ricambiò l'abbraccio. Stringeva ancora il Giudice nella sua mano sinistra.

"Che gran bastardo sei Brendan! Te lo avevo detto, ce l'hai fatta!"

Brendan era ancora frastornato e non poteva credere a ciò che era appena accaduto, né di averla scampata. Gli era sembrato di essere in un sogno, dove niente era vero e tutto era solo un'illusione. Ma era ancora lì, vivo e con una voglia di esistere che da tanto tempo non provava. Posò il Giudice sul tavolo e lo fece con garbo e attenzione. Portava come una sorta di rispetto a quell'oggetto adesso, come se in qualche modo contorto fosse stato per un breve però intenso momento un suo maestro di vita. Quella era senza dubbio, la notte più assurda ed incredibile che aveva vissuto in tutta la sua vita.

"Ebbene Jack" dichiarò Waldhar rivolgendosi al tizio vestito da coniglio, l'ultimo concorrente "Tocca a te. E' il tuo turno adesso".

Jack era immobile e non aveva proferito parola dal momento in cui il verdetto del Giudice sarebbe stato chiaro: a lui toccava la mala sorte. La Morte lo attendeva.

"N-no" balbettò Jack "Non voglio…"

"Ho detto che è il tuo turno Jack" Waldhar diventò immediatamente minaccioso "Le conosci bene le regole del Gioco. Sai a cosa stavi andando incontro. Ed hai anche scommesso. Procedi"

Jack stava visibilmente tremando e spostava lo sguardo da una persona all'altra, non sapendo cosa fare. Per ultimo guardò Brendan e quest'ultimo notò il livore che sprizzava dai suoi occhi; Jack riteneva Brendan responsabile del suo destino ultimo, la Morte che lo attendeva.

Improvvisamente, Jack sbattè i pugni sul tavolo con tutta la sua forza.

"No, ho detto che non voglio!" esclamò come un pazzo "Non è giusto! Non è ancora arrivata la mia ora!"

Era in preda ad una crisi isterica e sembrava un matto fuggito da un manicomio.

"Lo hai truccato vecchio maledetto!" Jack indicò Waldhar con il dito, accusandolo "Sei stato tu! Non volevi che i tuoi amichetti ci rimettessero la pelle e quindi vi siete messi tutti d'accordo. Maledetti bastardi!"

Waldhar incominciò a camminare verso Jack e Brendan notò in lui uno sguardo che fino ad ora non aveva mostrato. Il Waldhar goliardico e gentile era sparito; adesso un'altra persona aveva preso il suo posto e dai suoi occhi, Brendan giurava che traspirasse uno spirito omicida.

"Jack, questo tuo comportamento non è accettabile" intervenne Waldhar "Ti chiedo e te lo chiederò cortesemente un'ultima volta, di mostrare un briciolo di dignità e non andare contro le regole del Gioco. E' toccato a te, come sarebbe potuto toccare a qualsiasi altro concorrente qui. Hai accettato di partecipare volontariamente, accettando tutti i rischi del caso, ben conoscendo a cosa stavi andando incontro" Waldhar gettò per terra il sigaro con un gesto stizzito. "E se c'è una cosa che non sopporto è che un pusillanime senza spina dorsale come te avanzi delle accuse verso la mia persona".

Jack aveva gli occhi fuori dalle orbite e sembrava fosse sull'orlo di un attacco di panico. Continuava a spostare lo sguardo dal Giudice a Waldhar, non sapendo cosa fare né come comportarsi. Poi ad un certo punto lo fece. Fu uno scatto. Un attimo e tutto accadde in un secondo. Jack prese la pistola e la puntò verso Brendan.

"Non vi muovete di un solo passo o ammazzo il novellino!"

Brendan si trovava ancora accanto a Lothar e non si mosse di un passo.

"Lasciatemi andare e nessuno si farà male. E tu non ti muovere novellino o ti faccio saltare le cervella! E' solo colpa tua se è toccato a me. Saresti dovuto morire tu, lurido incapace!"

Jack iniziò ad avvicinarsi a Brendan. Il suo obiettivo era prenderlo come ostaggio.

"Desisti finché sei in tempo" Disse con calma Waldhar "Quello che stai facendo è una follia e lo sai anche tu. Non rendere le cose per te ancora più difficili. Le conseguenze saranno gravi e tu lo sai" Waldhar non aveva perso la calma e fissava Jack che oramai era fuori controllo. Fece un cenno alle guardie, che si avvicinarono con i fucili spianati e li puntarono contro Jack.

"Non vi avvicinate ho detto o ammazzo questo idiota!"

Brendan non poteva credere a quello che stava accadendo. Era scampato al Giudice ed ora rischiava di morire a causa di questo folle che non voleva accettare il destino al quale lui stesso si era reso partecipe. Non poteva finire così.

"Qui l'unico idiota sei tu Jack" Fu Lothar a intervenire. "Mostra per una volta un poco di decenza ed abbi il coraggio di prenderti la responsabilità delle tue azioni. Il Giudice ha stabilito il suo verdetto: sarai tu la sua vittima. Accettalo… e togliti dai piedi con onore".

Lothar si interpose tra Brendan e Jack, come per fare da scudo.

"Ma guardate abbiamo un eroe qui" proferì Jack con disprezzo "Lothar, colui che si sente al di sopra di tutto e di tutti. Odio i tuoi modi di fare ed il tuo atteggiamento. Sei solo un povero arrogante che gioca a fare il duro, ma in realtà non sei proprio niente, vali meno di nulla"

Brendan mise una mano sul braccio di Lothar.

"Lothar cosa stai facendo?" sussurrò Brendan.

"Tranquillo Brendan, so quello che faccio non ti immischiare".

Brendan non poteva credere che Lothar gli stesse facendo da scudo. Da quando lo aveva conosciuto, non aveva terminato di impressionarlo. Però allo stesso tempo non voleva che morisse a causa sua.

"Ma si perché no… invece si ammazzare il novellino farò un bel buco in testa a te e ti toglierò per sempre quella smorfia odiosa dalla faccia"

Jack abbassò la sicura del Giudice e si preparava a sparare il colpo.

"Anzi, farò ancora di meglio. Tu adesso verrai con me e mi permetterai di fuggire. E forse, solo forse, dopo ti lascerò andare" Jack si passò la lingua sul labbro inferiore. Oramai era totalmente fuori di sé.

"Fai pure. Non andrai lontano, povero imbecille. Tempel è costellato di guardie e anche se mi uccidessi, Waldhar ti seguirebbe fino all'inferno per darti ciò che ti meriti".

Waldhar fece qualche ulteriore passo. Si trovava a poca distanza da Jack ormai. Le guardie continuavano a tenerlo sotto tiro, pronte a fare il necessario se glielo avessero ordinato.

"Non hai scampo Jack" asserì Waldhar "Questa è la tua ultima possibilità. Punta il Giudice alla tua tempia e muori con onore; oppure ciò che ti aspetterà sarà persino peggiore della morte"
Jack iniziò a puntare il Giudice freneticamente da Waldhar a Lothar, non sapendo quale bersaglio scegliere. "Non ti avvicinare vecchio pazzo, o giuro che ti faccio fuori!"
Lothar iniziò ad avvicinarsi lentamente al tavolino che stava alla sua destra. Lui e Waldhar si scambiarono impercettibilmente uno sguardo di intesa. Anche Adara fece la sua parte e tentò di distrarre Jack.
"Jack, perché non posi il Giudice tesoro e ne parliamo? Magari possiamo trovare una via d'uscita, che ne pensi?" Adara parlò con voce melliflua.
"Non ti immischiare lurida troia! Questi non sono affari che ti riguardano. Sicuramente non sei morta perché sei la puttana privata di Waldhar. Questa è una congiura privata contro di me ed io a questa merda non ci sto!"
Lothar era ad un centimetro dal tavolino e prese il posacenere di marmo che era appoggiato in cima. Brendan capì cosa voleva fare e gli si gelò il sangue nelle vene. Aveva una sola possibilità. Ora Jack gli dava le spalle e sarebbe stato il momento giusto per agire.
Gli altri concorrenti erano rimasti immobili e non muovevano un muscolo, ugualmente al pubblico che preoccupato osservava lo svolgersi degli eventi. Due di loro stavano girando un video.
"Suvvia Jack, come sei scontroso e quante cose brutte mi stai dicendo… Sono sicuro che si potrà trovare un compromesso. Tu che ne dici Waldhar?"
Waldhar iniziò a fissare Jack con disprezzo e disgusto.
"Io penso solo che gioirò nel momento nel quale ti avrò tra le mie mani".
E tutto avvenne in una frazione di secondo.
Lothar lanciò il posacenere contro Jack con tutte le sue forze. Jack annusò il pericolo, si girò un attimo prima e premette il grilletto. Il Giudice finalmente esplose il colpo che aveva in canna e colpì in pieno Lothar. Allo stesso tempo il posacenere colpì violentemente la testa di Jack, che cadde a terra come un peso morto.
"Lothar!" Brendan si gettò su Lothar per fornirgli soccorso. Adara fece lo stesso.
Gli uomini di Waldhar diedero un calcio al Giudice, sollevarono di forza Jack e lo scaraventarono sul tavolo, tenendolo bloccato. Lothar lo aveva colpito in piena fronte ed il sangue usciva copiosamente dalla ferita. Non era svenuto né morto, ma era totalmente intontito per il colpo ricevuto e non riusciva a muoversi.
"Lothar, rispondimi ti prego!" gridò Brendan. Alcuni degli altri concorrenti si riunirono intorno a loro per dare soccorso.
"Dove lo ha colpito?" chiese Waldhar.
Brendan, preso dal panico, non aveva guardato dove il proiettile aveva colpito Lothar. Finalmente scovò il punto. Aveva colpito la spalla sinistra.
"La spalla!" esclamò Adara
"Levatevi di mezzo!" ordinò Waldhar ai partecipanti che scansò con una spallata "Voi tenete fermo quel bastardo! Gli farò pentire di essere nato".
Lothar era cosciente, ma evidentemente molto debole.
"Finitela di gridare… non lo sopporto"
"Lothar! Come ti senti?" chiede Brendan
"Come qualcuno che ha appena ricevuto un colpo di pistola" mugugnò ridacchiando. Fece una smorfia di dolore ed un lamento.
"Non muoverti, lascia che guardi la ferita. Aiutatemi a togliere la giacca e la camicia, presto. Con delicatezza".
Brendan e Adara aiutarono Waldhar a rimuovere i vestiti e girarono Lothar su un fianco.
"Sembra che fortunatamente il proiettile sia uscito e non stia perdendo molto sangue. Chiamerò il nostro medico, così si potrà prendere cura di te. Sei un bastardo fortunato ragazzo"
Lothar tossì e si lamentò del dolore.

"Leo!" Waldhar si rivolse alla terza guardia che non stava tenendo fermo Jack "Chiama Akila e digli che abbiamo urgentemente bisogno del suo aiuto"
Brendan guardò Waldhar con aria interrogativa
"Avete un medico qui a Tempel?"
"Certamente" rispose Waldhar "Qui puoi trovare tutto ciò di cui hai bisogno. Non lasciamo niente al caso. Soprattutto in un ambiente come questo, non so se mi spiego".
Adara prese un cuscino da uno dei divanetti lì di fianco e lo appoggiò sotto la testa di Lothar.
"Te la caverai, a quanto pare non è grave"
"Ci vuole ben altro per togliermi di mezzo; sono un osso duro io"
Brendan sorrise, pensando come anche in quel momento così drammatico non avesse perso il suo modo di fare un po' arrogante e sicuro di sé.
"Mi hai salvato la vita Lothar. Ti sono debitore"
"Ah non mi devi nulla Brendan. Non dire così, non lo sopporto. Ho fatto solo la cosa giusta"
"Ad ogni modo… ti ringrazio"
Lothar gli fece l'occhiolino sorridendo.
"Dio… fa un male cane. Questo coniglio pazzo figlio di puttana" Tossì forte e si contorse dal dolore.
"Ma quanto ci mette il medico ad arrivare!" si lamentò Adara.
La porta dell'ufficio si aprì e Leo ed Akila apparirono sulla soglia.
Jack era ancora tenuto fermo dalle due guardie di Waldhar e mezzo incosciente per il colpo ricevuto.
"Waldhar, mi hai mandato a chiamare?" disse Akila, un uomo sui 50 anni pressapoco, mulatto, con occhiali a fondo di bottiglia, capelli neri ricci, barba folta e di media statura. Indossava un camice bianco e dei pantaloni color cachi.
"Akila, finalmente. Il nostro amico Lothar è stato ferito da un colpo di arma da fuoco. Sembra che il danno non sia grave, ma ho preferito avere una tua diagnosi".
Akila si chinò su Lothar ed incominciò ad esaminare la ferita. Brendan aveva come l'impressione che fosse già abituato a questo genere di cose e che per lui non ci fosse niente di nuovo o di straordinario in quella situazione.
"Fortunatamente il proiettile è uscito e non ha colpito nessuna arteria o vena. Sei stato fortunato Lothar. Maledettamente fortunato".
"La fortuna aiuta gli audaci… ed i belli"
"Neanche in queste condizioni la smetti di fare il cretino" lo riprese Adara.
Lothar scoppiò a ridere, ma cessò immediatamente a causa del dolore provocatogli dalla ferita.
"Stai fermo ti prego, non ti muovere. Ora disinfetteremo la ferita e la fasceremo. Non sarà necessario andare all'ospedale. Sembra che anche la fuoriuscita di sangue si sia arrestata. E' davvero il tuo giorno fortunato figliolo".
Akila procedette alla disinfezione ed alla fasciatura, dopodiché somministrò degli antidolorifici a Lothar.
"Aiutatemi a sollevarlo" Adara e Brendan aiutarono Akila a sollevare Lothar, che si appoggiò alla spalla di Brendan una volta in piedi.
"Quindi il nostro Lothar sta bene Dottore?"
Akila si sistemò gli occhiali a fondo di bottiglia "Solo qualche giorno di totale riposo, cambio della fasciatura e continuare a disinfettare la stessa. Se dovesse esserci qualche complicazione, sapete dove trovarmi".
"Grazie di tutto cuore Akila" asserì Waldhar "Sei sempre molto prezioso, mio buon amico"
"Il piacere è stato tutto mio Waldhar. A presto"
"Leo per favore, riaccompagna il nostro prezioso Dottore alle sue stanze e provvedi affinché abbia… una ricompensa speciale"
Leo annuì senza proferire parola e riaccompagnò Akila alla porta d'entrata.

E Brendan lo notò. L'espressione di Waldhar cambiò nuovamente, nel momento in cui i suoi occhi si posarono su Jack. Adesso si stava contorcendo, cercando di liberarsi, ma le presa delle due guardie era troppo forte e non poteva fare nulla.

"Ed adesso a noi due verme" sibilò Waldhar

"Lasciatemi andare brutti bastardi! Avete truccato il Gioco! Siete contro di me, mi volevate morto!"
Gridava come un ossesso, ma tutti i suoi sforzi erano vani.

"Sai, stavo giusto pensando a quale potesse essere la giusta punizione per te Jack. Non hai seguito le regole del gioco, hai mancato di rispetto a tutti i presenti, hai insozzato con le tue mani il Giudice e Tempel con la tua insignificante presenza e cosa peggiore di tutte, hai attentato alla vita di un mio caro amico, che aveva giocato con lealtà e coraggio".

Waldhar abbassò il cappuccio da coniglio dalla testa di Jack e lo afferrò per il collo. Jack rimase immobile e non si dimenò più.

"Avevo deciso di farti esplodere la testa con un colpo di fucile a canne mozze, però ho deciso che non meriti una morte così rapida"

La faccia di Waldhar stava ad un centimetro da quella di Jack adesso; lo guardava fisso negli occhi.

"No mio caro Jack. Quello che tu ti meriti è vivere il resto dei tuoi giorni come un vegetale. Avrai l'onore di conoscere la Cuspide"

Un'espressione di terrore si disegnò sul volto di Jack, che si fece bianco e pallido come un cencio.

"No pietà... Ti prego no... La Cuspide no!"

Jack incominciò a dimenarsi ancora più forte, ma la presa delle due guardie era troppo forte.

"La Cuspide?" chiese Brendan a Lothar, che si reggeva sulla sua spalla.

"E' il giocattolo preferito di Waldhar. Lo riserva sempre a coloro che non rispettano le regole del Gioco o che lo fanno adirare"

Brendan notò che alcune persone incominciarono ad incamminarsi verso l'uscita ma Waldhar glielo impedì.

"Dove credete di andare voi altri? Resterete qui ed assisterete alla punizione di questo povero idiota, cosicché sia un esempio per tutti! Nessuno e dico nessuno deve azzardarsi a mancarmi di rispetto, soprattutto a Tempel, la mia creatura, la mia casa!"

Tutti si guardarono tra di loro e ritornarono ai loro posti. Era evidente che erano impauriti dalla collera di Waldhar ed avevano il terrore di essere sottoposti allo stesso trattamento.

Nel frattempo Leo era tornato ed era in attesa di nuovi ordini.

"Leo, chiama quattro guardie e falle venire qui; due bloccheranno l'entrata mentre le altre due mi serviranno qui" Leo fece un cenno di intesa con la testa.

"E portami la Cuspide"

Leo uscì nuovamente dall'ufficio per poter eseguire gli ordini assegnatogli da Waldhar. Intanto Jack gridava e chiedeva pietà per la sua vita. La situazione si stava facendo pesante e Brendan non vedeva l'ora che tutto questo finisse una volta per tutte.

"Per favore Brendan, accompagnami al divanetto qui dietro, non riesco a stare in piedi"

Brendan lo accompagnò, lo fece sedere e si sedette accanto a lui. Adara non li accompagnò e rimase in piedi e Brendan notò il suo sguardo pieno di angoscia.

"In cosa consiste questo trattamento della Cuspide Lothar?" chiese Brendan teso

"Lo vedrai Brendan; non voglio rovinarti la sorpresa. Mi scuso ad ogni modo che dovrai assistere a questo. Non era previsto. Ma oramai lo hai capito: questa e Vesnic; la vera Vesnic e qui tutto è possibile. Il Paradiso e l'Inferno qui convivono"

"Tu hai già assistito a questo.... Spettacolo vero?"

Lothar tossì "Sì un paio di volte. Comunque è ciò che questo perdente si merita per avermi quasi ucciso ed aver tentato di ammazzare anche te".

Di nuovo in Brendan si risvegliò quella curiosità malsana, che però allo stesso tempo lo faceva sentire vivo. Sì, finalmente si sentiva vivo dopo tanto tempo dopo questa esperienza ai confini della realtà ed ora stava per assistere a qualcosa che, dentro di lui lo sapeva, gli avrebbe lasciato il segno.

Ma non gli importava. Una notte come questa valeva più di mille giornate vuote che aveva vissuto fino ad allora.

Leo tornò con due guardie, due energumeni con giubbotto antiproiettile, pantaloni ed anfibi militari. Le altre due vennero lasciate a guardia della porta. Leo stringeva nella mano un cubo nero. Lo porse a Waldhar.

"Grazie mille Leo"

Leo annuì.

"Voi due, prendete quel coniglio per le gambe e stendetelo sul tavolo".

"D'accordo capo" asserì uno dei due.

Jack non aveva smesso un secondo di divincolarsi e gridare; la sua disperazione gli stava dando una forza ed una resistenza disumana, ma era tutto inutile. Le guardie non avevano mollato la presa nemmeno un secondo ed erano troppo forti per lui, perché potesse fare qualunque cosa.

Le due nuove arrivate lo presero per le gambe e con l'aiuto delle altre due volte lo scaraventarono sul tavolo a pancia in su.

"No Waldhar! Ti prego no! Pietà, per l'amor di Dio, pietà! Ti supplico, non farlo!"

Stava piangendo. E Brendan si chiedeva a cosa di tanto terrificante sarebbe stato sottoposto.

Provava compassione per lui, nonostante avesse tentato di uccidere lui e Lothar. D'altronde, tentò di empatizzare con Jack. Sapere di essere la vittima prescelta del Giudice, senza avere l'opportunità di salvarsi, essere l'ultimo concorrente con il colpo in canna da far esplodere, la Morte all'angolo, la tua fine segnata. La sua reazione poteva essere in qualche modo condivisibile, nonostante avesse scelto consapevolmente di partecipare, conoscendo benissimo tutti i rischi ai quali andava incontro.

Tuttavia, Waldhar aveva parlato che sarebbe rimasto un vegetale dopo il suo trattamento con la Cuspide e questo gli sembrava terrificante. Il cubo nero che Waldhar stringeva tra le mani era davvero inquietante. Chissà cosa si celava al suo interno. E per un momento Brendan vide negli occhi di Waldhar una vena di sadismo, che gli fece venire i brividi lungo la schiena.

Definitivamente, il Waldhar che aveva visto all'inizio non era altro che un individuo che indossava una maschera e che mostrava quello che realmente era in momenti come questo.

Lothar sembrò leggergli il pensiero "Waldhar ha un lato oscuro che persino io temo. Può essere il più grande degli amici, come il peggiore degli avversari. E' meglio non averlo come nemico e molti qui a Vesnic lo sanno"

Il silenzio nella stanza era pesante. Si sentivano solo le grida ed il pianto di Jack. Molte delle persone lì non avrebbero voluto assistere a quello che stava per avvenire, ma non volevano contrariare Waldhar; ne avevano paura.

"Puoi implorare quanto vuoi Jack, tanto non uscirai da questa situazione... se non come una persona totalmente nuova" disse dando un buffetto sul naso a Jack.

"Ti prego non farlo... ti chiedo perdono... avevo paura, non volevo morire, ero terrorizzato... per favore, pietà, pietà..."

Adara intervenne "Waldhar... si sta pentendo... non dico di perdonarlo, ma forse.... Non sottoporlo alla Cuspide, puniscilo in un altro modo... alla fine era solo impaurito, non era in sé... lo so che ha sbagliato..."

Waldhar guardò Adara con occhi iniettati di sangue "Taci!" le gridò.

Adara sussultò spaventata e non disse null'altro.

"Pietà dici?" Si rivolse Waldhar a Jack "No, la pietà la riservo a chi se la merita, non ad un pusillanime e vigliacco come te. Hai trasgredito le regole del Gioco sapendo molto bene come funzionava, ci hai minacciati e quasi ammazzato un mio amico, che aveva partecipato al Gioco con onore" Gli mise una mano intorno al collo e strinse più forte che potette "No, quelli come te devono essere tolti di mezzo, perché gli individui del tuo calibro non sono altro che dei tumori ambulanti; bisogna estirparli alla radice, come si estirpa il veleno da una ferita".

Jack pianse ancora più forte e disperato. L'aria si era fatta pesantissima e tutti i presenti non vedevano l'ora che quella tortura terminasse.

Waldhar appoggiò il cubo sul tavolo e lo aprì. Brendan, nonostante la drammatica situazione, non potette fare a meno di guardare cosa fosse questa famigerata Cuspide. Waldhar tirò fuori uno strano aggeggio, di medie dimensioni e pesante alla vista. Alla base, una piattaforma di colore nero con un incavo, che Brendan sospettò fosse per appoggiare la testa e nella parte superiore, una sottile lastra di acciaio anch'esso nero. La lastra e la piattaforma alla base erano collegate da una staffa di ferro. Ma quello che attirò l'attenzione di Brendan fu il sottilissimo spillo lungo almeno dieci centimetri, che era appeso alla lastra di acciaio nero, come incastonato. Sulla piattaforma c'era due piccole griglie, che sembrava si potessero sollevare.

"Ecco a voi la Cuspide signore e signori. Un semplice quanto efficace strumento di tortura creato dal sottoscritto" Waldhar ne faceva sfoggio con orgoglio e faceva gran vanto della sua invenzione. "Come potete vedere abbiamo qui una piattaforma nella quale il soggetto può appoggiare la testa a bocca in su, testa che viene bloccata al livello del collo e della fronte da queste due griglie di metallo. Una volta che il soggetto è stato bloccato, tramite un meccanismo a distanza ed ossia un piccolo telecomando, questo simpatico ago, la Cuspide, inizia a scendere inesorabilmente verso l'occhio del povero malcapitato perforandolo, però senza ucciderlo".

Waldhar descriveva il processo della Cuspide come se fosse una cosa del tutto normale, con l'entusiasmo e l'innocenza di un bambino. E questo rendeva il tutto ancora più inquietante.

Perforandolo, però senza causarne la morte. Brendan aveva capito benissimo cosa volesse dire con questo. Il destino che stava attendendo Jack era peggiore di qualsiasi morte. Tra tutti, solo Lothar non batteva ciglio, per nulla scosso o sconvolto per quello che si stava svolgendo all'interno di quella stanza. A Brendan sembrava oramai di essere entrato in una dimensione parallela. Vesnic, aveva centinaia di maschere dietro alle quali si celava un universo immenso fatto di quanto più misterioso ed estremo l'esistenza potesse offrire.

"No, no, no! Pietà Waldhar! Lasciami andare ti prego! Farò tutto ciò che vorrai! Qualsiasi cosa, lo giuro! Ma non farmi questo, ti scongiuro!"

Waldhar si girò verso Jack e scrollò le spalle, completamente disinteressato alle suppliche dell'uomo.

"Tenetelo fermo" ordinò alle guardie.

Ma ormai Jack aveva quasi esaurito tutte le sue forze e si era rassegnato al suo destino. Waldhar posò la Cuspide sul tavolo; prese la testa di Jack e l'appoggiò sull'incavo, dopodiché gli bloccò la testa con le due griglie, una sul collo ed una sulla fronte. In quel modo, Jack non era più in grado di muovere il viso ed era oltretutto costretto vedere inesorabilmente avvicinarsi la Cuspide al suo occhio.

"Dato che oggi sei tu il protagonista mio caro Jack ed avrai l'onore di fare la conoscenza della nostra Cuspide, ti passerò qualche dato tecnico che sicuramente ti potrà interessare"

Jack piangeva a gridava disperato. Brendan ascoltava ogni singola parola di Waldhar, bianco in viso. Lothar guardava con un mezzo sorriso stampato sulla faccia.

"Questo lungo e sottile ago che vedi sopra di te, la Cuspide, attraverserà il tuo occhio e con grandissima e fine precisione, perforerà il tuo lobo frontale, quello temporale e se siamo fortunati anche quello parietale"

Jack muoveva gli occhi da Waldhar alla Cuspide, occhi nel quale si poteva leggere il terrore più profondo.

"La buona notizia e che non morirai; la Cuspide è studiata per non uccidere la propria vittima. La cattiva notizia e che comprometterà la aree cerebrali fondamentali del tuo cervello e questo ti renderà un vegetale per il resto della tua vita. Cosciente di ciò che accade intorno a te, ma incapace di muovere un solo muscolo e proferire una sola parola"

Brendan aveva voglia di vomitare; non sopportava più tutto questo.

"Lothar, tu sei l'unico che può fermare questa follia. Jack ha sbagliato è vero, ma nessuno merita una simile sorte"

"Mi spiace Brendan, ma non posso fare più nulla. Quando Waldhar si trova in questo stato è quasi impossibile fermarlo. E' come se fosse in trance; diventa sadico e pericoloso. E' meglio non interferire e lasciarlo fare. Oramai il destino di Jack è segnato".

Brendan guardò verso l'uomo vestito da coniglio con rammarico e si sentì impotente. Ma d'altronde, quella notte si era trasformata in una lotta per la sopravvivenza. Era riuscito a scampare al Giudice e non voleva sfidare la fortuna provocando Waldhar. Avrebbe assistito a quell'osceno spettacolo e poi sarebbe andato via da lì, da Tempel, quel luogo assurdo ed allo stesso tempo incredibile.

"Quindi se sei d'accordo mio caro e vecchio Jack... diamo inizio alle danze".

Jack incominciò di nuovo ad urlare ed implorare per la sua vita. Ma era tutto inutile. Waldhar sarebbe andato fino in fondo e sembrava godere dello stato di panico e sgomento di Jack. Lothar aveva ragione: nulla lo avrebbe fermato.

Waldhar raccolse dal cubo nero un piccolo telecomando che aveva un unico pulsante rosso nel medio.

"Inizia il viaggio... all'Inferno" sussurrò Waldhar, premendo il pulsante rosso.

La cuspide iniziò a scendere, lenta ma inesorabile. Jack urlava come un pazzo e si contorceva per cercare di liberarsi, ma le guardie lo tenevano stretto e saldo per le braccia e le gambe.

La Cuspide scendeva e scendeva, lentamente, dolcemente, implacabilmente verso l'occhio di Jack. Quest'ultimo iniziò di nuovo a piangere ed implorare pietà e nella stanza si sentivano solo le sue urla ed i suoi pianti; tutto era immobile, nessuno si muoveva, nessuno proferiva parola. Tutti erano concentrati nell'esecuzione del povero Jack, un'esecuzione che non avrebbe decretato la sua morte se non un destino infinitamente peggiore.

"La Cuspide attraverserà la pupilla, perforerà il tuo cranio ed infine il tuo cervello. Ti avverto che farà un po' male".

Waldhar godeva nello spaventarlo ancora di più, raccontandogli nei minimi dettagli la sorte che lo attendeva. Era l'unico in quella stanza a godere della situazione drammatica creatasi.

La Cuspide aveva quasi raggiunto la pupilla. Mancava un centimetro. Jack strillava e piangeva, si sgolava, gemeva e si contorceva. Tentò anche di muovere la testa per impedire alla Cuspide di perforargli l'occhio, ma le due griglie gliela bloccavano saldamente e non gli lasciavano nessun margine di movimento. Ed allora la Cuspide arrivò al traguardo. Gradualmente, ma con forza, iniziò a trapassare l'occhio di Jack, che lanciò un grido lancinante per il dolore provocatogli. Adara si tappò le orecchie con le mani; Brendan rimase immobilizzato; Lothar semplicemente osservava la scena senza battere ciglio. Josephine e Josh andarono a vomitare in un angolo al fondo della stanza. Brendan aveva l'impressione di essere entrato in un film Horror.

La Cuspide continuava a penetrare l'occhio di Jack che seguiva a strillare come un folle per il dolore. L'ago si trovava adesso a metà strada ed aveva cominciato ad entrare nel cervello.

Quando la Cuspide penetrò quasi totalmente, improvvisamente Jack cessò di muoversi del tutto e rimase imbalsamato come un manichino; anche l'indicibile schiamazzo era terminato. Sul tavolo era rimasto, a prima vista, un corpo senza vita.

Waldhar premette nuovamente il tasto e la Cuspide finì la sua corsa. Si avvicinò al corpo di Jack e si avvicinò al suo orecchio come per sussurrargli qualcosa.

"Benvenuto alla tua nuova vita Jack. Vorrei dirti che la prossima volta ti passerà la voglia di mancarmi di rispetto, ma sfortunatamente per te vecchio mio, un'altra volta non ci sarà. Goditi i tuoi lunghi ed estenuanti giorni in questo stato pietoso e patetico"

Pigiò il tasto rosso due volte e la Cuspide iniziò a retrocedere alla sua posizione originaria. Quando uscì del tutto, Waldhar si rivolse alle sue guardie "Portatelo nel magazzino al piano di sotto. Deciderò cosa fare di lui dopo. Grazie per il vostro aiuto ragazzi, buon lavoro".

Le guardie annuirono e si caricarono in spalla Jack, dopodiché lo portarono fuori dalla stanza. Waldhar collocò la Cuspide nel cubo nero e la porse a Leo.

"Riportala nella stanza dei trofei Leo"

Leo eseguì l'ordine e si allontanò con l'inquietante e pesante cubo nero.

Il silenzio più profondo regnava nella stanza ed i presenti erano frastornati. Nessuno sapeva cosa dire, né cosa fare. Gli sembrava di essersi svegliati da un lungo ed angosciante incubo.

"Sappiate che questo servizio speciale attenderà a tutti coloro che oseranno mancarmi di rispetto qui in casa mia. Onoro i miei ospiti, ma posso diventare il peggiore dei tormenti per coloro che cercano di tradire la mia gentilezza"

Fece un cenno stanco con la mano ed indicò la porta "Potete andare ora, se volete".

Tutti si affrettarono a dirigersi verso la porta nel silenzio più assoluto, consapevoli di non voler rimanere lì né un secondo di più. Rimasero solo Brendan, Adara e Lothar.

"Volete bere qualcosa?" chiese Waldhar

"Sì un whisky" rispose Lothar

"Per te niente alcol amico mio" ribattette Waldhar "Hai ricevuto un colpo di arma da fuoco, non è il momento degli eccessi"

"Va bene papà" lo schernì Lothar

Waldhar rise di gusto.

"Come ti senti? Ti fa molto male" domandò Waldhar

"Si fa parecchio male, ma sopravviverò"

Adara era completamente scossa per ciò che era appena accaduto. Si sedette al lato di Lothar, sul piccolo divanetto.

Brendan aveva lo sguardo perso nel vuoto, ancora incredulo circa l'accaduto.

"Mi spiace tu abbia dovuto assistere a questo spettacolo grottesco Brendan. Penserai che sono un sadico, un pazzo ed un malato di mente, ma in una certa qual misura tutto questo era necessario"

Brendan non sapeva cosa dire; la lingua gli si era paralizzata.

"Non è necessario che tu risponda. Rispetto il fatto che tu sia contrariato ed adirato ed hai tutto il diritto di esserlo".

"Adirato?" rispose Brendan "Hai appena condannato un poveraccio ad una non vita"

Waldhar guardò Brendan infastidito.

"Ha avuto ciò che si meritava" rispose seccamente.

"Siamo tutti d'accordo sul fatto che abbia commesso un errore e che avrebbe potuto uccidere me e Lothar e per questo avrebbe dovuto essere punito… ma era semplicemente impaurito. Era consapevole che sarebbe dovuto morire e questo lo ha atterrito. Non meritava una fine tanto meschina"

"Era consapevole dei rischi Brendan. Aveva accettato le condizioni del Gioco e per questo aveva fatto un patto dove sarebbe dovuto andare fino in fondo, senza nessuna scusa. Oltre a non rispettare le condizioni, ha anche attentato alla vita di Lothar. Tutto questo è inaccettabile".

"Però, arrivare ad utilizzare una simile tortura? Spingersi a tanto? Punirlo in una maniera tanto estrema? Non so Waldhar, tutto questo è…"

"Folle?" lo interruppe "Sì, forse hai ragione. Ma vedi Brendan, a volte siamo costretti a prendere delle decisioni impopolari, per quanto assurde ed estreme possano essere. Ci sono frangenti un cui alcune scelte sono… imprescindibili. Forse anche a te un giorno accadrà di dover prendere una tale decisione, forse anche per proteggere la tua famiglia, chi lo sa. Pensi che agire in quel modo mi abbia fatto piacere? Che mi piaccia costruirmi intorno alla mia persona l'immagine del sadico tiranno? Sono ad ogni modo obbligato, in quanto è essenziale mantenere un ordine qui, per quanto sembri semplicemente una discoteca come tante altre. E quando mi riferisco a "mantenere un ordine" non alludo solo a Tempel, se non a tutto il sistema vigente di Viitorul. Ma tu qui puoi essere considerato come uno straniero, quindi non pretenderò che tu possa comprendere"

Brendan rimase pensieroso per un momento. Davvero, pensò, la vita lo avrebbe posto di fronte ad una scelta simile, presto o tardi? Il fine giustifica i mezzi? Forse al costo di proteggere sé stesso o la sua famiglia? Non se lo era mai chiesto; ma occultò la risposta e la relegò in un angolo oscuro della sua mente, perché in fondo gli faceva paura.

"Waldhar, posso fare la mia chiamata ora?"

"Certamente ragazzo mio, certamente" Waldhar frugò nelle tasche del suo accappatoio rosso cremisi e tirò fuori un cellulare di ultima generazione che porse a Brendan.

"Ecco, chiama pure la tua famiglia. Sicuramente saranno molto preoccupati per te" Brendan prese il cellulare e lo ringraziò.

"La vedi quella piccola porta? Dà ad una saletta adiacente. Lì potrai avere tutta la privacy che vuoi"

"Ti ringrazio Waldhar"

Waldhar annuì e Brendan procedette con passo deciso verso la sala. Una volta dentro, accese la luce e compose il numero di Nada che fortunatamente aveva imparato a memoria. Il telefono iniziò a squillare. Però Nada non rispondeva. Riprovò ancora ed ancora, però nulla. Brendan si insospettì. Per quale motivo non rispondeva al telefono? Eppure lo teneva sempre acceso durante la notte. Guardò l'ora sul cellulare: segnava mezzanotte e mezza. Brendan pensò che era comprensibile. Era molto tardi, Nada era andata a dormire e probabilmente non sentiva la suoneria perché si trovava in un sonno molto profondo. Oppure era rimasta a dormire con Lucia ed aveva lasciato il cellulare in un'altra stanza, dove non poteva udirlo. Tentò ancora, ma nulla. Si arrese e decise di tornare da Lothar e gli altri.

"Allora, sei riuscito a contattare la tua dolce metà Brendan?" chiese Lothar.

"Purtroppo no. Probabilmente sta dormendo e non sente la suoneria" Brendan porse il cellulare a Waldhar.

"Mi spiace Brendan. Sono sicuro che tua moglie e tua figlia stanno bene" disse Waldhar

"Già… lo penso anche io"

Brendan tirò un lungo sospiro ancora incredulo rispetto a tutto ciò che fino a quel momento aveva vissuto. I tre pazzi incontrati alla fermata del bus, l'incontro con Lothar, Tempel, il Gioco, il Giudice, la Cuspide. Mai in tutta la sua vita aveva vissuto una notte così folle, ma allo stesso tempo tanto emozionante ed eccitante… per quanto ciò che era accaduto a Jack non fosse stato poi così esaltante. Però in lui albergava questa parte che poco aveva esplorato e della quale poco conosceva. Sì, empaticamente aveva sofferto per ciò che era aspettato a Jack, ma allo stesso tempo, adesso lo riconosceva, c'era una parte di lui che aveva pensato che se lo meritasse, che aveva meditato vendetta. Si vergognava di questo suo lato e ne aveva paura e timore, ma qualcosa dentro di lui gli stava sussurrando che era arrivato il momento di accettarlo. Si stava sorprendendo di come si stesse conoscendo di più in una notte che in tutto il resto della sua vita. E questa era una sensazione che lo stava facendo sentire vivo come non mai e per questo motivo, una parte profonda di lui non voleva che tutto questo terminasse, che tutto questo avesse una fine. Dunque prese una decisione, che ammetteva fosse pazzesca, ma voleva seguire il suo intuito e per una volta nella vita, ciò che desiderava.

"E' arrivato per me il momento di andare" asserì Brendan rompendo il silenzio.

"Ci abbandoni? Così presto?" domandò Waldhar con tono deluso.

"Sì voglio tornare a casa dalla mia famiglia, sicuramente saranno molto preoccupate per me"

"D'accordo Brendan, come tu desideri. C'è qualcosa che posso fare per te prima che tu vada? Hai bisogno di un taxi? Soldi?"

Brendan si voltò verso Lothar e notò che, colui che ormai poteva definire amico, lo guardava come se già avesse compreso ogni cosa.

"No grazie Waldhar, niente di tutto questo. Voglio tornare a casa mia contando solo sulle mie forze" Un'espressione di sorpresa si dipinse sul volto di Waldhar e Lothar sorrise con soddisfazione.

"Per quanto assurda, voglio riconoscere che questa è una delle notti più emozionanti della mia vita. Detto questo, ho deciso di seguire il flusso degli eventi, di non controllare nulla ed approfittare di quest'occasione per vivere Vesnic in ogni suo aspetto ed in ogni sua angolatura, senza lasciare nulla al caso. Probabilmente, non mi si presenteranno altre opportunità"

Guardò l'anello di matrimonio che aveva al dito e per la prima volta non lo vedeva come una manetta al quale si sentiva legato con un sentimento di angoscia ed ansia.

"Voglio pensare che ciò che mi è accaduto non è stato un caso, ma è un'opportunità che la vita mi ha dato di nuovo per trovare la voglia di vivere, di esistere ed esplorare me stesso. Dunque, ho deciso che questa notte la mia avventura per Vesnic continuerà, accada ciò che debba accadere".

Brendan non si era mai sentito così sicuro di qualcosa come in quel momento. Probabilmente sarebbe stato pericoloso, probabilmente se ne sarebbe pentito, ma qualcosa gli stava dicendo che era davvero questo ciò che desiderava; la curiosità di vedere come si sarebbero evoluti gli eventi, nelle vie e nelle strade di quella città a lui perlopiù sconosciuta.

"D'accordo figliolo, rispetto la tua decisione e non la trovo per nulla folle. Solo, stai attento là fuori. Viitorul non è esattamente uno dei luoghi più sicuri e tranquilli di Vesnic. Ma sono sicuro che te la caverai"

Waldhar aprì la valigetta che conteneva le scommesse che erano state effettuate per il Gioco; prese una mazzetta di banconote e la porse a Brendan.

"Ecco, 300 Aur. Dovrebbero essere sufficienti per poterti permettere di tornare a casa, con qualunque mezzo tu decida di muoverti"

Brendan rimase sorpreso per la grande quantità di denaro che Waldhar gli stava offrendo.

"Waldhar è molto gentile da parte tua, ma davvero, non posso accettare. Come ho detto, voglio contare solo sulle mie forze"

Waldhar non poteva che provare ammirazione per Brendan, che non aveva nessun timore di tirarsi nel vuoto, senza però prendere in considerazione i rischi. Non capiva se era stupidità o coraggio… O entrambi, ma non poteva fare a meno di rispettarlo.

"Almeno prendine 100. Te li meriti per essere sopravvissuto alla tua prima ronda del Giudice"

Brendan era sul punto di rifiutare nuovamente, ma alla fine cedette ed accettò.

"Grazie Waldhar, te ne sono grato"

"Grazie a te per aver onorato Tempel con la tua presenza"

Lothar chiese ad Adara di aiutarlo ad alzarsi. La ferita gli creava molto dolore e quasi non riusciva a muoversi senza il supporto di qualcuno, ma lo rallegrava il fatto che gli sarebbe potuto andare molto peggio di così. I suoi occhi si posarono su Brendan, quello che all'inizio aveva pensato fosse uno strano individuo un po' impacciato e goffo e che ora aveva deciso di affrontare Vesnic durante le sue ore più buie, con i suoi pericoli e le sue sorprese.

"Brendan, ti volevo augurare buona fortuna amico. La tua scelta mi rende felice, per quanto a prima vista possa sembrare incosciente, perché vedo che finalmente stai mettendo al primo piano i tuoi desideri ed i tuoi voleri, per quanto possano essere criticabili. Ma sono giusti, perché sono solo tuoi"

Brendan era in un qualche modo riconoscente a Lothar, perché l'incontro con lui lo aveva fatto cambiare in un tempo relativamente breve e lo aveva messo in contatto con sé stesso, quella parte che aveva dimenticato e nascosto in un angolo remoto della sua mente e del suo cuore per tanto tempo.

"Grazie di tutto Lothar, mi sei stato di enorme aiuto. Non dimenticherò mai quello che hai fatto per me… Anche se avrei preferito arrivarci senza rischiare di mettermi una pallottola nel cervello"

Lothar rise di gusto e subito dopo si piegò dal dolore.

"Lothar, tesoro, non sforzarti" lo supplicò Adara, che sembrava meno scossa ora.

"Sto bene non preoccuparti. Brendan, volevo donarti una cosa che potrà esserti utile nel tuo ritorno a casa attraverso le vie di Vesnic"

Lothar mise la mano in un taschino della sua giacca interna, dal quale tirò fuori quello che sembrava un coltello a scatto.

"Ecco prendi" lo donò a Brendan, che iniziò ad esaminarlo con curiosità. Il manico era di un grigio metallizzato brillante e sulla punta dell'elsa era incastonato un teschio. Fece pressione su quest'ultimo e la lama uscì rapida e decisa.

"Per retrarre la lama devi pigiare di nuovo il volto del teschio. Questo coltello ha una valore sentimentale per me, ma te lo dono volentieri, ti potrà essere utile se ti dovessi trovare in pericolo"

Brendan non amava la violenza, ma accettò di buon grado il regalo di Lothar. Gli sorrise e lo abbracciò delicatamente, per cercare di non premere sulla ferita provocatagli da Jack.
"Buona fortuna amico e stai attento".
Delle lacrime scesero dal volto di Brendan, emozionato per quell'addio, anzi in cuor suo sperava fosse solo un arrivederci. Riteneva stupefacente che una persona che avesse conosciuto solo poche ore prima, in circostanze tra l'altro estreme ed assurde, fosse stata così utile per lui, da un punto di vista umano ed emotivo. Lothar sembrava fosse la persona più vera che avesse mai conosciuto in tutta la sua esistenza. A dire il vero, credeva che, nonostante tutto ciò che era accaduto ed i lati oscuri che avevano mostrato, nella loro bizzarria e stranezza anche Waldhar e Adara erano molto più reali di chiunque altro avesse incrociato il suo cammino.
"Spero di rivederti un giorno" Sussurrò Brendan
"Ci puoi contare Brendan, ci puoi contare"
Adara gli mise una mano sul braccio per attirare la sua attenzione "Anche io ho qualcosa per te Brendan"
Gli prese la mano e gli porse uno zippo; era rosso con un asso di picche nero disegnato sopra.
"Sento che ne avrai bisogno. Portalo con te"
Lo abbracciò e gli diede un bacio sulla guancia
"Fai attenzione la fuori" e gli fece il solito occhiolino.
Stava per avviarsi verso la porta dell'ufficio, quando Lothar lo fermò
"Brendan, dove vivi esattamente?"
"Nel quartiere Prezent, perché?"
Lothar aveva un'aria pensierosa e riflessiva, come se all'improvviso fosse stato angosciato da qualche pensiero oscuro o ammorbante.
"Potresti darmi il tuo indirizzo esatto per favore?"
Brendan rimase stupito dalla sua domanda; non ne capiva il motivo.
"Perché vorresti il mio indirizzo?"
"Non lo so, un presentimento. Non ti preoccupare, ti puoi fidare di me" Lanciò un'occhiata fulgida ad Adara e Waldhar "Di noi. Il mio istinto mi sta dicendo che è meglio che io sappia dove tu stia, soprattutto durante questa notte"
"Perché, cos'ha questa notte di tanto particolare?"
"Nulla, solo che è meglio che io conosca il tuo indirizzo, tutto qui"
Brendan esitò, perché noto che gli stavano nascondendo qualcosa, ma alla fine accettò. Anche lui aveva come la sensazione che sarebbe stato meglio rivelare a Lothar il suo indirizzo ed oltretutto sentiva che si poteva fidare di lui.
"Vivo in Strada Speranța 312"
"D'accordo, grazie Brendan. Quando uscirai da Tempel e dalla porta di ferro del muro di mattoni, vai fino in fondo alla stradina che abbiamo percorso con il taxi e poi gira a destra e tira sempre dritto. In questo modo ti dirigerai verso Prezent. Oltretutto per quella via dovresti poi arrivare in una piazzola dove ci saranno bus, taxi o altri mezzi che potrai utilizzare per tornare a casa"
Brendan annuì, ringraziandolo per le dritte ricevute.
"Un'altra cosa: arriverai ad un crocevia che si biforcherà verso due direzioni. Ci saranno dei soldati a guardia di quel bivio. Chiedi a loro quale sarà la via giusta da prendere?"
Brendan aggrottò le sopracciglia "Non me lo puoi dire tu qual è la direzione che mi faciliterà il cammino?"
"No Brendan, sta a te scegliere. Non avevi detto che questa e la tua notte? Non voglio interferire con il tuo viaggio più del dovuto. Hai detto che vuoi farcela da solo. Noi ti stiamo dando una piccola spinta, tu dovrai fare il resto"
"Sì, ben detto" rispose Brendan ""Allora… Addio"
Waldhar si era acceso un altro sigaro e fece un lungo tiro. Espulse il fumo generando una grande nuvola.

"Direi più… un arrivederci"

Brendan fece un cenno con la mano e si incamminò verso la porta dell'ufficio, dove erano ancora appostate due guardie. Si voltò di nuovo a guardare il trio sorridendo, quel strano trio di individui tanto diversi ed unici quanto tanto interconnessi tra di loro. Persino Waldhar, per quanto fosse matto e sadico, aveva qualcosa di speciale a modo suo. Pensò che solo in una notte come quella, avrebbe potuto considerare un individuo alla strega di Waldhar, "Speciale".

Sorrise tra sé, aprì la porta, ed uscì.

Waldhar tirò nuovamente dal sigaro, formando questa volta una nuvola di fumo ancora più grossa e densa.

"Pensi che ce la farà?"

Lothar si sedette di nuovo, facendo una smorfia di dolore; Adara si sedette al suo fianco.

"Sì ne sono certo. Può non sembrare a prima vista, ma è un ragazzo pieno di risorse. Se la caverà"

Waldhar socchiuse gli occhi, come pensieroso.

"Quei tre tizi di cui ha parlato all'inizio della serata… Potrebbero essere loro?"

L'espressione di Lothar si fece dura e tesa questa volta.

"Sì, potrebbero essere loro, anche se non ne sono certo"

"Dovremmo fare pulizia di questa gentaglia. Stanno terrorizzando tutta Vesnic e la polizia è la solita incapace"

"Me ne sto occupando. Appena potrò muovermi, mi metterò di nuovo sulle loto tracce".

Waldhar scosse la testa dissentendo.

"Non andrai da nessuna parte con quella ferita. Ti riposerai il tempo necessario perché guarisca e poi farai quello che dovrai fare"

Lothar tirò un pugno al tavolino al suo fianco

"Hai forse dimenticato che hanno massacrato Jimmy e la sua ragazza? La polizia ha detto che i suoi volti ed i loro corpi erano irriconoscibili per le torture subite! Ed il loro bambino Waldhar… hanno ammazzato anche il loro bambino di sei anni, senza nessuna pietà!"

Waldhar fissò Lothar con un occhi duri e decisi. La mano che non aguantava il sigaro si strinse a pugno.

"Lo so benissimo Lothar, non l'ho dimenticato! Nonostante ciò, dobbiamo agire con cautela, saggezza ed astuzia, perché gli individui con cui abbiamo a che fare non sono solo dei folli, se non anche estremamente furbi e capaci. Riescono a fare questi scempi senza lasciare la minima traccia e si dileguano sempre nell'ombra come se fossero dei fantasmi".

Lothar si accasciò sul divano ed Adara gli strinse la mano. Odiava ammetterlo, ma Waldhar aveva ragione. Per andare a caccia di quei bastardi sarebbe dovuto stare in forze o sarebbero stati guai per lui.

Waldhar notò la frustrazione negli occhi del suo amico.

"Capisco il tuo stato d'animo Lothar; lo condivido appieno. Pensa a riposare ed a recuperare le forze. Nel frattempo, stai pur certo che non me ne starò con le mani in mano. Sguinzaglierò alcuni dei miei uomini alla loro ricerca e gli daremo ciò che meritano"

Lothar sbuffò, chiuse gli occhi e fece un gesto stanco con la mano.

"Si hai ragione tu Waldhar, cercherò di tranquillizzarmi"

"Vieni tesoro, andiamo nella mia stanza a rilassarci un poco è stata una serata lunga e pesante"

Adara lo aiutò ad alzarsi e lasciò che si appoggiasse sul suo braccio.

"Potrai fermarti qui quanto lo vorrai Lothar, non c'è bisogno che te lo dica"

"Ti ringrazio vecchio mio"

"Perché non gliel'hai detto Lothar?" chiese Waldhar

"Detto cosa?"

"Che questa non è una notte come tutte le altre. Che girare per Vesnic oggi, da soli, durante le ore notturne è ancora meno saggio che farlo durante qualsiasi altro giorno dell'anno"

Lothar rimase in silenzio.

"Questa è la notte del Bagno di Sangue, dell'Ecatombe, dove ogni cosa può accadere, dalla più assurda alla più inconcepibile ed irrazionale. Avresti dovuto avvisarlo e raccontarne la storia; solo allora, avrebbe avuto il diritto di scegliere. Ne va della sua vita dopotutto"

"Avrebbe accettato comunque, non si sarebbe tirato indietro. Ad ogni modo, tutto questo che sta accadendo ha un significato profondo. Nulla succede per caso. Io e Brendan ci siamo incontrati per una ragione e lui ha deciso di intraprendere tale viaggio, proprio questa notte, per una ragione precisa. Non so bene perché, ma c'è una motivazione dietro a tutto questo, che a noi sfugge"

Detto questo, si allontanò con Adara. Waldhar non proferì più parola.

Mentre camminava sostenuto da Adara, non potette fare a meno di pensare a Brendan e del veloce cambiamento che aveva mostrato, oltre alla sua capacità di adattamento ad una situazione bizzarra, estrema ed intensa nella quale si erano trovati. Qualsiasi altra persona avrebbe ceduto o sarebbe impazzita, mentre Brendan aveva mostrato una forza d'animo ed una determinazione fuori dal comune, nonostante le sue fragilità e la visione negativa che fino a quel momento aveva tenuto verso sé stesso. Era sicuro che avrebbe superato incolume quella notte e che se la sarebbe cavata alla grande. Ma in lui albergava un brutto presentimento. Un'angoscia indescrivibile, la stessa angoscia che lo aveva spinto a chiedere il suo indirizzo di casa. Si augurò che Brendan potesse uscire illeso ed indenne da tutto quello e quell'avventura lo giovasse e lo aiutasse a ritrovare completamente sé stesso.

Brendan si ritrovò nuovamente nella sala disco, dove adesso la musica era di nuovo molto forte. La bolgia non era diminuita anzi, sembrava ci fossero molte più persone di prima. Il gruppo che aveva assistito al Gioco ed alla Cuspide stava appartato ad uno dei tavolini privati. Brendan notò le loro facce ancora sconvolte; i più stavano cercando di dimenticare l'accaduto con alcool e droghe. Procedette fino all'entrata senza non poche difficoltà, facendo lo slalom tra i vari gruppi di persone che ballavano e celebravano a ritmo di musica. Finalmente si trovò di fronte all'entrata principale di Tempel ed una delle guardie lì presenti gli aprì una porta e gli fece cenno con il capo. Brendan ringraziò e quando uscì benedette l'aria fresca e pura della notte che aspirò a pieni polmoni. Si fermò un momento a contemplare il cielo: era pieno di stelle e la Luna era quasi piena. Scese le lunghe ed eterne scale che lo condussero fino alla porta di ferro che lo aveva condotto al cortile. Come sempre lo spazio era costellato da guardie armate fino ai denti.

Prima di uscire si girò un'ultima volta ad ammirare Tempel. L'enorme discoteca simile ad un Pantheon, si stagliava di fronte a lui, immensa e maestosa. Le luci la inondavano e la musica pulsava al suo interno, come un cuore vivo e pieno di gioia. Brendan pensò a quanto quel luogo lo avesse cambiato e quanto di pazzesco fosse accaduto al suo interno. Ancora non credeva che tutto quello fosse avvenuto; gli sembrava fosse stato solo un sogno o il frutto della sua personale follia. Invece eccolo lì, sopravvissuto a quell'esperienza ed adesso pronto ad affrontare la Madre Vesnic, le sue strade, i suoi anfratti ed i suoi segreti. Non sapeva cosa gli sarebbe aspettato, ma per la prima volta nella vita no gli importava. Voleva solo sentirsi nuovamente vivo, guardare la morte in faccia e dare un senso ala sua esistenza. Nadia e Lucia avrebbero potuto attendere. Adesso c'era solo lui e nessun altro. Lui ed il desiderio di accontentare solamente sé stesso; di affrontare le sue paure; di esplorare la parte più arcana e più profonda di sé. La città lo aspettava.

VISITA A SORPRESA

Nulla. Ancora una volta la segreteria telefonica. Era l'ennesima volta che lo chiamava, ma non aveva ancora ricevuto riposta. Nada guardò l'orologio. Segnava la una. Non era mai capitato che tardasse tanto, anche quando si fermava per gli straordinari. Si stava preoccupando terribilmente, perché di Brendan non aveva avuto più notizie. Non sapeva cosa dovesse fare; aveva pensato di mettersi in contatto con la polizia e denunciare la sua scomparsa, però allo stesso tempo credeva che non fosse il caso di allarmarsi, che stava tardando tanto solo a causa del lavoro e che sarebbe tornato a casa da un momento all'altro.

Aveva messo a dormire Lucia già da lungo tempo. La figlia era triste perché Brendan non le aveva fatto gli auguri di compleanno e non aveva partecipato alla festa che la madre aveva organizzato. Avrebbe voluto il suo papà al suo fianco; era rimasta terribilmente delusa ed affranta dalla sua assenza.

Nada era seduta sul divano del salone, immersa nei suoi pensieri e nelle sue preoccupazioni.

All'inizio aveva provato rabbia per l'ennesimo ritardo di Brendan; ma la rabbia aveva lasciato il posto all'inquietudine ed adesso si trovava turbata per il fatto che gli fosse successo qualcosa di terribile. Si alzò di scatto e si incamminò verso la stanza di Lucia. La porta era socchiusa e la aprì leggermente. La bambina dormiva. Le aveva lasciato accese le luci soffuse che venivano proiettate sul tetto da dei piccoli lampioni giocattolo, che a lei piacevano tanto. Erano estremamente piacevoli, allietavano e favorivano il sonno.

Guardò Lucia, la sua bellissima bambina e per un momento la sua apprensione cessò. Capelli castani ricci come il padre e due grandi occhi marroni dorati che gli facevano risplendere il bellissimo viso. Aveva preso tutto dal padre. Nada, con i suoi capelli neri ed occhi marrone scuro, non aveva passato molto alla bambina. Ma del padre era la fotocopia.

Molte volte avevano avuto dei dissidi con Brendan a causa dei suoi assurdi orari lavorativi. Ad ogni modo, cercava da una parte di comprenderlo; lo sapeva che lo faceva per loro, per dargli uno stile di vita agiato ed abbiente e la cosa le piaceva, non lo metteva in dubbio, ma a volte si chiedeva se valesse la pena. Con il suo lavoro di psicoterapeuta non era necessario che lavorasse tanto; avrebbero potuto vivere una vita più che dignitosa. Ma c'era dell'altro qualcosa che lui non le voleva confidare, qualcosa che si teneva dentro e non voleva condividere con nessuno. Ripensò alla discussione che avevano avuto la mattina stessa, quello che Brendan le aveva detto. Chissà da quanto tempo nascondeva quello stato d'animo, da quanto tempo di sentiva così triste, così solo. Non capiva perché non si fosse aperto con lei. Lei era la sua compagna, migliore amica, amante, moglie. Eppure era all'oscuro della sua profonda sofferenza. Ed ora viveva con la paura che lui potesse fare qualcosa di terribile, un gesto estremo per togliersi la vita.

Sospirò tristemente. Nada amava fortemente Brendan. Aveva vissuto momenti indimenticabili e felici con lui. Ma ora si ritrovavano come bloccati e nessuno dei due sapeva come uscire da quella situazione così complicata. Ed ora le sue parole…

Presa da questi pensieri, decise alla fine di coricarsi a fianco di Lucia. Entrò con cautela per non svegliare la figlia e con delicatezza si coricò al suo fianco, abbracciandola. La bambina non si accorse di nulla e continuò a dormire tranquillamente. Nada si rilassò immediatamente ma non voleva dormire, unicamente calmarsi, rilassarsi e distendersi un momento.

Si era quasi del tutto rasserenata, cullata anche dalle luci azzurre che si muovevano dolcemente sul soffitto, quando ad un certo punto sentì qualcosa. Un rumore. Al principio fu quasi impercettibile, poi si fece sempre più forte e distinguibile. Si mise seduta di scatto sul letto e raddrizzò le orecchie. Il cuore le batteva forte ed i muscoli si fecero tesi. Cercò di percepire qualunque rumore, qualunque suono. Nulla. Prestò ancora attenzione. Niente. Possibile che si fosse sognata tutto?

Eppure quel rumore era stato così forte, così reale. Respirò in profondità e si passò esasperata una mano sugli occhi e sulla bocca. Probabilmente la paura che fosse accaduto qualcosa a Brendan le aveva giocato un brutto scherzo. Questo, unito alla stanchezza, le aveva fatto immaginare cose che non esistevano. Si sforzò di coricarsi di nuovo, promettendosi di calmarsi e rilassarsi un momento. Abbracciò delicatamente Lucia. Il frutto dell'amore tra lei e Brendan. Il risultato della loro unione. Si domandava se quell'amore ci fosse ancora o fosse svanito. Se quel fuoco che aveva tenuta accesa la loro passione e l'ardore non fosse scomparso. Cercò di scacciare quei pensieri. Chiuse gli occhi, provando a tranquillizzarsi ed a cullarsi con una respirazione tranquilla e rilassata.

Tic, Tac, Tic, Tac.

Spalancò gli occhi improvvisamente e si mise a sedere al centro del letto. Questa volta non si era sbagliata, ne era sicura. Aveva sentito un rumore provenire dal salone. Come dei passi. Non era il frutto né di un sogno né tanto meno di incubo. Qualcuno era entrato in casa.

Si guardò attorno nervosamente alla ricerca di un qualcosa che le potesse servire da arma. Nella stanza di Lucia sembrava non ci fosse nulla di utile, quando i suoi occhi caddero sulla sveglia di granito che le era stata regalata da Brendan l'anno precedente. Il quadrante era incastonato in una forma di granito di colore grigio di medie dimensioni. Nada la afferrò, la soppesò ed incominciò a camminare in punta di piedi verso la porta della stanza, leggermente socchiusa. Si fermò di colpo per restare in ascolto di qualsiasi rumore potesse provenire dalle altre parti dell'appartamento. Non sentiva nulla, se non il battere ritmico e sostenuto del suo cuore ed il ticchettio delle lancette del pendolo collocato nel salone. La sua respirazione era profonda e densa d'ansia ed angoscia.

Aprì la porta con calma e leggerezza e sporse lentamente la testa, giusto quel poco che le permettesse di osservare il corridoio. Non c'era nessuno. Uscì, tenendo ben stretta nella mano la sveglia di granito. Rimase paralizzata ed un brivido di terrore le salì lungo la schiena. Per un momento, sentì qualcuno sogghignare. Una risatina, fievole e soave. Non capì bene da dove provenisse. Decise di esplorare il salone. Quasi un punta di piedi si diresse verso quest'ultimo. Entrò di soppiatto. Il salone era vuoto. La televisione era ancora accesa ed emetteva una forte luce. Si stava guardando intorno, quando sentì qualcosa cadere. Proveniva dalla cucina. Si prese di coraggio e si diresse verso di essa. La presa sulla sveglia era diventata ancora più forte; le dava una sensazione di sicurezza e forza.

Le iniziò a sudare la fronte ed ora si accorse che quasi non stava respirando. La tensione e la paura erano alle stelle. Stava percorrendo il corridoio ora. La porta della cucina si trovava sulla sinistra. Ma non la aveva chiusa? Non si ricordava. Camminando a rallentatore, accese la luce della cucina ed entrò con uno scatto. Urlò. Il terrore si impadronì di lei. Tirò la sveglia e centrò il peluche clown che Lucia aveva lasciato sul tavolo prima di andare a dormire.

Nada si appoggiò al muro, esausta. Era solo il pupazzo a forma di clown di Lucia. Nient'altro. Aveva il fiatone e tremava. Incominciò a pensare che stava impazzendo. Che tutto era nella sua testa. Decise di prendersi un bicchiere d'acqua. Controllò la cucina, ma ogni cosa era al suo posto, niente era caduto. Aprì la credenza ed afferrò un bicchiere, riempendolo con l'acqua del rubinetto. Lo bevve tutto d'un fiato. Appoggiò le mani sul piano cucina e chiuse gli occhi. Si era sognata tutto, il rumore, il sogghigno, erano stati tutti frutto della sua più fervida immaginazione. Prese una decisione: avrebbe chiamato la polizia e denunciato la scomparsa di Brendan. Non poteva più aspettare. La preoccupazione per il marito le stava giocando brutti scherzi; le faceva sentire e vedere cose che non esistevano. Aveva addirittura aggredito il pupazzo di sua figlia, colpendolo con una sveglia di granito. La sveglia giaceva per terra e si era rotta in più punti, però per lo più era rimasta intatta. Si sentiva in colpa per averla rotta; ma l'avrebbe riparata e sarebbe tornata come nuova.

Si girò per andare verso la stanza di Lucia e prendere così il cellulare, quando il sangue le se le gelò nelle vene. Rimase completamente immobile e diventò pallida e bianca come un lenzuolo. Rimase con la bocca aperta, non sapeva bene se per la sorpresa o il terrore. Avrebbe voluto gridare, parlare, ma non una parola le uscì dalla bocca.

Di fronte a lei, sull'uscio della porta della cucina, c'era un uomo di alta statura, pelato, con una giacca di pelle, pantaloni di pelle e stivali anch'essi di pelle con la punta di metallo. Sotto alla giacca nulla, era a petto nudo. La fissava e sogghignava malefico, come soddisfatto. Il suo sguardo era inquietante e qualcosa di sadico e malvagio traspirava da esso.

"Se gridi tagliamo la gola alla mocciosa... Sono stato chiaro?"

Nada rimase paralizzata "Lucia... no ti supplico, non fare del male a mia figlia..." lo supplicò con voce strozzata.

"Così va meglio piccola fanciulla. Segui le nostre istruzioni e tutto andrà per il meglio"

Nada comprese dalle sue parole che non era solo; c'era qualcun altro insieme a lui. Il terrore che stava provando era indescrivibile; non aveva provato nulla di simile in tutta la sua vita. Per quanto si sforzasse non riusciva a muovere un solo muscolo. Girò la testa verso la sveglia di granito. Le sarebbe stato sufficiente chinarsi per poterla recuperare, ma aveva timore che il tizio pelato si sarebbe indispettito e avrebbe fatto qualcosa di terribile a Lucia. Non poteva permetterlo. Non aveva altra scelta che seguire le istruzioni di questo folle e sperare che non le facessero nulla. Ma come erano riusciti ad entrare?

"Portate qui la mocciosa e cercate di non farla urlare"

Nada incominciò a piangere, spaventata per le sorti di lei e della piccola Lucia.

"Per favore, prendete ciò che volete. Soldi, preziosi, tutto ciò che volete. Ma non fateci del male, vi prego"

Capo si mise il dito indice sinistro sul naso.

"Silenzio. Niente piagnistei chiaro? Te l'ho detto: fai quello che ti diciamo e non vi faremo nulla... almeno per il momento".

Nada annuì, deglutendo così forte che si fece male alla gola. Sentì dei mugugnii venire dal corridoio. Un altro uomo, con degli occhiali da sole, fece capolino dietro a Capo, tenendo in braccio Lucia. La bambina scalciava e tentava di liberarsi, ma invano. Copiose lacrime le uscivano dagli occhi e le rigavano le guance. L'uomo le teneva tappata la bocca con la mano. Nada notò che era praticamente identico all'uomo con il quale fino ad adesso aveva parlato, con l'unica differenza che sembrava leggermente più basso e portava gli occhiali da sole.

"Allora Charlie, maledetto incapace, non sei nemmeno in grado di tenere a bada una bambina?"

"Scusa Capo, ma non vuole stare buona. Non possiamo toglierla già di mezzo?"

"Già, perché non la facciamo fuori Capo?"

Un altro individuo identico agli altri due apparì alle spalle di Capo ed a fianco di Charlie. Anche quest'ultimo era identico agli altri due, con la differenza che portava degli occhiali da vista.

"Ve l'ho spiegato mille volte. Ma voi siete troppo impulsivi, non sapete né pazientare né attendere. Non sapete assaporare la bellezza di un gioco che può essere protratto a lungo e dare infinite gioie e piaceri"

Charlie e Willy si guardarono a vicenda e poi annuirono.

"Capiamo Capo. Ma sai, questo non è il nostro solito modus operandi. Agiamo sempre in maniera differente"

"Sì, agiamo sempre in maniera differente Capo, esatto. Per quello siamo un po' confusi" fece eco Willy.

"Sì capisco, però ogni tanto è anche bello poter uscire dalla propria zona di comfort e provare cose totalmente nuove giusto?"
Willy e Charlie mostrarono un'aria interrogativa, incrociando le braccia ed in seguito annuirono nuovamente.
"Si hai ragione Capo, potrebbe essere divertente" disse Charlie
"Sì divertente" Incalzò Willy.
Lucia nel frattempo si era arresa ed era rimasta immobile, continuando a piangere, totalmente in preda al panico.
"Lasciate mia figlia, vi prego… la state spaventando a morte, lasciatela a me vi scongiuro"
Capo si voltò verso Nada e la guardò con uno sguardo privo di qualsiasi emozione o empatia. Fece una smorfia di disgusto con le labbra.
"Prima dille di non gridare e di non fare niente di stupido"
Nada annuì e si avvicinò con cautela.
"Avanti datti un mossa" la pressò Capo.
Nada si posizionò davanti a Willy e si chinò per parlare con Lucia "Lucia tesoro, amore mio, adesso questo signore ti lascerà d'accordo? Però devi promettermi che non griderai va bene? Sarà una promessa tra te e la mamma. Se lo farai, starai con la mamma e non più con questo signore, promesso"
Nada cercò di dirlo nel tono più affettuoso e dolce che potesse esprimere, anche se le costò tantissimo a causa del panico e della paura che stava provando. La voce le tremava, però tentò di non piangere, non di fronte a Lucia.
La piccola fissò negli occhi la madre ed annuì con la testa.
"Ha detto di sì, adesso lasciala"
Capo sorrise divertito. Si girò verso Willy e gli fece un cenno con la testa. Willy deluso, seguì l'ordine di Capo. Mise a terra Lucia e le tolse la mano dalla bocca. La bambina corse tra le braccia di Nada, che la prese in braccio e la strinse forte a sé.
"Adesso sei con la mamma amore mio. Andrà tutto bene vedrai, non avere paura"
Lucia tremava e strinse forte le braccia intorno al collo di Nada. Non cessava si piangere e Nada stava facendo di tutto per tranquillizzarla.
"Amore mio" scimmiottò Charlie
"Non avere paura" La schernì Willy.
Capo fece due passi verso di loro, con fare minaccioso.
"Dovreste averne di paura invece e tanta"
Nada retrocedette ed urtò contro al tavolo. Sperava fosse un incubo dal quale si sarebbe potuta svegliare da un momento all'altro, ma purtroppo non era così. Era la terribile e spaventosa realtà. Tre sconosciuti si erano introdotti in casa sua ed ora non aveva la minima idea di come potesse uscire da quella situazione. L'idea che potessero fare qualcosa a Lucia la faceva impazzire dal dolore.
"Che cosa volete da noi? E come siete riusciti ad entrare?"
"Niente che ti riguardi"
Nada non poteva ancora credere di trovarsi in quella situazione. Per quale motivo avevano scelto proprio il loro appartamento?
"La signorina ha un'aria interrogativa ragazzi. Sicuramente ti starai domandando per quale motivo tra tanti appartamenti che avremmo potuto scegliere, perché abbiamo selezionato proprio questo vero? Per quale motivo abbiamo deciso di entrare qui… è esattamente questo che ti stai chiedendo vero?"
Charlie entrò nella cucina e prese una mela dal vaso della frutta e la morse voracemente. Willy si appoggiò al muro, incrociando le braccia. Lucia si era calmata leggermente tra le braccia di Nada, ma non aveva sollevato né per un momento il viso, che aveva affondato nella spalla della madre.

Capo estrasse qualcosa dalla tasca dei pantaloni di pelle e lo gettò sul tavolo della cucina. Nada osservò gli oggetti che giacevano a pochi centimetri da lei. Erano un portafoglio ed un mazzo di chiavi, che le sembrarono vagamente famigliari.

"Aprilo, avanti" la invitò Capo.

Willy e Charlie, come sempre sghignazzavano, divertiti per la situazione che si stava sviluppando e per la sensazione di potere che gli donava. Nada passò lo sguardo da Capo al portafoglio. Appoggiò le labbra sull'orecchio di Lucia "Adesso mamma ti fa sedere un attimo sul tavolo, perché deve prendere una cosa, d'accordo amore? Ti faccio sedere qui, come piace sempre tanto a te"

Lucia alzò finalmente lo sguardo e fissò negli occhi la madre. Lacrime ancora scendevano sulle sue guance.

"Però Papà ha detto che non posso, che è pericoloso"

"Però Papà non è qui adesso, quindi rimarrà un segreto tra noi due, va bene?"

"Mamma, dov'è Papà? Perché non è qui con noi? Quando torna?"

"Tornerà presto tesoro mio, tornerà presto, vedrai"

Nada appoggiò con dolcezza la figlia sul tavolo, le accarezzò i capelli e le diede un bacio sulla fronte. "Non ti preoccupare, la mamma è qui con te, va bene?"

Lucia annuì, guardando per terra. Aveva paura di alzare la testa e di incrociare lo sguardo con uno di quei tre brutti ceffi.

"Oh ma quanto siete carine… Forza muoviti! Non abbiamo tutta la notte!" le ordinò con decisione Capo.

Nada sussultò a quella reazione ed annuì nervosamente. I suoi occhi guizzarono per un momento al set di coltelli che era appoggiato sul piano cucina, ma sarebbe stata un'impresa impossibile afferrarne uno, senza che uno di loro le fosse stato subito addosso in meno di un secondo.

"Vedi di non fare brutti scherzi, altrimenti giuro che le rompo la testa contro al muro" promise Capo.

Sembrava che le leggesse nel pensiero. Ogni suo sguardo, ogni suo gesto… era un libro aperto per lui.

"La signorina vuole giocarci un brutto tiro" sibilò Charlie

"Pensa di essere furba lei" lo seguì Willy.

Nada afferrò il portafoglio e lo aprì lentamente. Si fece pallida in viso e si portò una mano alla bocca. Non poteva credere a ciò che si trovava di fronte. Era davvero entrata in un incubo dal quale era diventato impossibile svegliarsi. Davanti ai suoi occhi c'era la foto di lei, Brendan e la figlia, la foto di quando erano andati al luna park di Vesnic sei mesi prima e che Brendan conservava gelosamente in uno degli scomparti del portafoglio. Iniziò ad osservarlo nervosamente e nel taschino dei contanti trovò la carta d'identità di Brendan ed il suo badge per entrare nell'ufficio di Smith and Brothers, la sua azienda. Non c'era più nessun dubbio, quello era il portafoglio di suo marito.

"D-dov'è mio marito? C-cosa gli avete f-fatto?" Balbettò Nada.

"Per il momento nulla. Un nostro… diciamo amico, gli ha rubato il portafoglio, le chiavi di casa ed il cellulare, mentre il tuo caro maritino faceva un sonnellino alla fermata di un bus"

Willy e Charlie risero a crepapelle.

"Davvero ridicolo"

"Il pagliaccio di Vesnic"

Nada diventò paonazza in viso e non ci vide più.

"Non parlare così di lui, maledetto psicopatico!"

I tre rimasero sorpresi dalla reazione di Nada.

"Oh, la gatta mostra gli artigli" commentò Capo divertito.

"Calma signorina gatta, non gli abbiamo fatto nulla al tuo caro maritino… almeno per il momento"

Nada era esasperata e Lucia aveva iniziato a tirarle la manica della maglia, per richiedere le sue attenzioni. La bambina era terrorizzata e Nada non sapeva come calmarla.

"Sì tesoro sono qui"

La prese nuovamente in braccio e la strinse forte al suo petto per cercare di tranquillizzarla.

"Si può sapere che cosa volete da noi?"

Capo si mosse verso il set di coltelli e ne estrasse uno; Nada ebbe un sussulto.

"Si dà il caso che abbiamo avuto il piacere di conoscere quel damerino di tuo marito e beh… non ci è stato per nulla simpatico"

"Per niente, no"

"Un grande antipatico"

Capo iniziò a giocherellare con il coltello, passandoselo di mano in mano.

"Quindi abbiamo deciso di fargli una visitina per regolare i conti con lui, ma a quanto notiamo non si trova ancora in casa. Potresti gentilmente e dolcemente dirci dove il tuo maritino si trova in questo momento?"

Nada strinse ancora più forte a sé Lucia e guardava nervosamente il coltello che si muoveva tra le mani di Capo. Si sentiva in trappola e non sapeva come avrebbero potuto uscire da quella situazione, se non assecondando quei tre matti.

"Purtroppo non lo so… Ho perso le sue tracce, il suo cellulare è irraggiungibile e non ho notizie di lui da oggi pomeriggio"

Capo fece un cenno a Charlie.

"Charlie, per favore mostra alla gattina l'altro regalo"

"Con piacere Capo"

Charlie estrasse dalla tasca interna della giacca un cellulare e lo mostrò a Nada.

"Lo riconosci?" disse divertito Capo

Nada rimase basita alla vista del cellulare di Brendan.

"Sì… è il cellulare di Brendan" rispose

"Bingo!" affermò Capo

Si avvicinò al tavolo e ci appoggiò le mani.

"Adesso ti diremo cosa faremo: staremo qui, con tutta la calma e la pazienza del mondo, aspettando il ritorno del marito prodigo, non abbiamo nessuna fretta. E quando tornerà…"

Afferrò il manico del coltello e piantò la punta con forza nel tavolo di legno. Nada sussultò e Lucia iniziò di nuovo a piangere ed a singhiozzare.

"Gli faremo pentire di essere nato"

Nada tremava, disperata. Per una ragione a lei totalmente estranea, quei tre pazzi ce l'avevano a morte con Brendan ed avevano tutte le intenzioni di vendicarsi di lui.

"Perché provate questo odio nei suoi confronti? Perché volete fargli del male? Brendan è la persona più buona del mondo, non farebbe del male ad una mosca. Cosa vi ha fatto di tanto grave per arrivare fino a questo punto?"

Willy a Charlie sorrisero maleficamente e Capo estrasse il coltello dal tavolo, iniziando a giochicchiare di nuovo con lo stesso. Adesso stava calibrando la punta, interrandola nel polpastrello del dito indice.

"Perché non ci piace e ci ha guardato male"

Nada rimase incredula e solo in quel momento fu consapevole del livello di insania degli individui che aveva di fronte. Semplicemente, rimase senza parole e la sua paura non fece che aumentare a dismisura.

"E dato che non ci piace" continuò Capo "Come ho detto lo aspetteremo qui tutti insieme e quando arriverà metteremo in piedi una bella festa, all'insegna della famiglia felice. Che ne dite? Non male come programma no?"

Willy e Charlie batterono le mani.

"Grande discorso Capo"

"Non vedo l'ora di partecipare alla festa Capo"

Nada era oramai consapevole di essere dentro il peggiore incubo della sua vita e quest'ultimo era lungi dal terminare, anzi, era appena cominciato.

IL CROCEVIA

Brendan si ritrovò nuovamente nella stradina dove poco prima il Taxi aveva lasciato lui e Lothar. La porta di ferro si chiuse dietro lui ed ora le strade di Vesnic lo aspettavano. La strada era deserta, se non per qualche senzatetto seduto sul marciapiede. Brendan si accorse di stringere il coltello che Lothar gli aveva regalato. Provava timore per la sua scelta, ma non aveva nessuna intenzione di tornare indietro: aveva preso una decisione e l'avrebbe portata fino in fondo. Si incamminò per la stradina, verso l'incrocio che si stagliava sullo sfondo. Lì avrebbe girato a destra, come Lothar gli aveva consigliato e successivamente verso il crocevia di cui gli aveva parlato. Non sembrava complicato. I senzatetto a lato della strada gli chiesero se avesse qualcosa da donargli, ma Brendan si scusò e tirò dritto. Non sembrava ci fosse nessun pericolo nei paraggi ed i senzatetto sembravano pacifici ed innocui.

Finalmente arrivò all'incrocio e si guardò intorno. Vari edifici di media altezza si stagliavano di fronte a lui e bordeggiavano la strada. Vari gruppetti erano ancora presenti, facendo festa, schiamazzando e bevendo. Procedette per la strada che Lothar gli aveva raccomandato; nessuno faceva caso a lui. Era solo l'ennesima anima viandante che passeggiava durante la notte per le vie di Viitorul. Brendan continuava a sorprendersi di quanto quel quartiere fosse vivo, nonostante si trovassero in un giorno nel mezzo della settimana. Osservò le finestre degli edifici: anche lì, in ognuna di esse era rappresentata un'aquila che volava su sfondo azzurro.

Diverse auto procedevano lungo la strada e di fianco a lui vari negozi erano ancora aperti. Nulla era cambiato dal suo ingresso a Tempel. Si chiedeva se alcune delle persone lì presenti fossero a conoscenza dell'esistenza dell'enorme discoteca presente solo a pochi passi da dove ora si trovavano.

Camminò per un tratto, quando arrivò al famoso bivio; la strada si biforcava in due carreggiate leggermente più strette. Caratteristica, la presenza nel bel mezzo del crocevia di una grande casa fatta completamente di legno, ed in alcuni punti anche di paglia e di mattoni. Brendan non capì cosa ci facesse una casa simile, tanto bizzarra, in un luogo come quello. Alla sua destra, in una piazzetta, un gruppo di individui stava facendo esplodere dei petardi ed un gruppo di spettatori applaudiva ed acclamava estasiato.

Brendan ora non sapeva quale strada avrebbe dovuto percorrere. Sinistra o destra?

Non era presente nemmeno nessuna segnaletica che indirizzasse verso una possibile piazza con bus o Taxi. Brendan osservò meglio la casa di legno e solo adesso notò che c'era un vecchietto seduto sulla pensilina su una sedia a dondolo, imbracciando un fucile. Era vestito da ufficiale militare dell'esercito dell'enclave di Infinit e si muoveva senza sosta sulla sua sedia speciale.

Il tizio era bizzarro tanto quanto la casa, ma Brendan decise di andargli a chiedere informazioni. Probabilmente era a conoscenza di quale percorso avrebbe dovuto scegliere.

Si avvicinò con cautela e lentamente; non sapeva come avrebbe potuto reagire.

"Saluti" esordì Brendan "Vorrei un'informazione, se possibile"
Il vecchio non lo guardò nemmeno in faccia e continuò ad dondolare sulla sedia. Fissava il vuoto davanti a lui, stringendo il suo fucile. Brendan notò che era un fucile abbastanza antico, forse ancora più vecchio del suo padrone. Non si diede per vinto e tentò nuovamente.
"Mi scusi, dovrei raggiungere una piazza dove mi hanno detto che si trovano dei bus e dei taxi, però qui la strada si biforca e non ho la minima idea di quale delle due vie dovrei prendere per arrivare a destinazione. Mi saprebbe indicare quale delle due è la direzione esatta?"
Il vecchio continuava a dondolare sulla sua sedia, senza degnare Brendan di uno sguardo. Infastidito dall'indifferenza del vecchio, decise di tornare sui suoi passi, quando finalmente proferì parola.
"Dipende" rispose
Brendan aggrottò le sopracciglia.
"Dipende… da cosa?"
"Da quanto hai voglia di divertirti. Se cerchi il divertimento sinistra, altrimenti se sei una persona noiosa alla quale non piacciono gli stimoli e vuole tutto servito dalla vita, dovresti andare a destra".
Un enorme punto interrogativo si disegnò sopra la testa di Brendan. Questo vecchio era davvero stravagante ed un po' strampalato e non capiva se stesse parlando sul serio o lo stesse prendendo in giro.
"Senta signor…"
"Tancredi"
"Signor Tancredi… Non potrebbe dirmi semplicemente qual è la strada che mi porterà più rapidamente alla piazza che sto cercando? Di divertimento ne ho avuto già abbastanza. Adesso vorrei semplicemente arrivare alla mia meta nel modo più semplice possibile"
Tancredi smise di dondolarsi e guardò Brendan negli occhi.
"Ed in quale momento ho affermato che il percorso più divertente sarebbe stato il più complicato tra i due? Probabilmente quello meno goliardico sarà più difficile rispetto al primo"
Il vecchio parlava per enigmi e Brendan non lo seguiva.
"Ascolta figliolo ed apri bene le orecchie. Non ti trovi qui per caso e non stai percorrendo queste strade da solo se non ci fosse un motivo soggiacente, mi sbaglio?"
Brendan rimase sorpreso per la perspicacia di Tancredi. Forse quel vecchio non era così pazzo come sembrava.
"Bene, quindi ci ho azzeccato giusto? Altrimenti non saresti qui a chiedermi qual è il percorso migliore; il tuo culo sarebbe già su di un taxi diretto a casa. Però non è questo che vuoi esatto? Stai cercando di metterti alla prova in qualche modo, di superare i tuoi limiti, di affrontare Vesnic o mi sbaglio?"
Dietro di loro continuava lo spettacolo pirotecnico. Dall'altro lato della strada, un gruppo di ragazzi stava ballando la break dance. Un chiosco preparava panini a tutto spiano e li serviva alla lunga coda di persone lì presenti.
"Come ha fatto…"
"Come ho fatto a capire quali sono i tuoi propositi? Ho quasi 110 anni figliolo ed ho appreso nella mia già lunga vita a comprendere quello che le persone desiderano e quali sono i desideri che esprimono le loro anime"
Tancredi fece segno a Brendan di sedersi accanto a lui. Brendan accettò ringraziando e si sedette al lato del vecchio. Non sapeva perché, ma quell'uomo gli dava un senso di pace e tranquillità.
"Vuoi un goccio?"
Tancredi gli porse una bottiglia di vino. Sull'etichetta era riportato "Legiune". Brendan non aveva mai visto quella marca.
"No grazie, voglio rimanere lucido"
"Come preferisci ragazzo"

Tancredi si versò il vino nel bicchiere fino all'orlo e lo ingollò tutto di un colpo, facendo un sospiro soddisfatto subito dopo. Si asciugò la bocca con la manica della divisa e posò la bottiglia sul tavolino lì di fianco.

"Lei è un ufficiale dell'esercito dell'Enclave di Infinit?"

"No, non lo sono più da tanto tempo. Come ti chiami figliolo?"

"Brendan"

"Bene Brendan. Sono stato in passato colonnello dell'esercito di Infinit ed ho combattuto nella guerra contro il regno confinante di Limitat. Una guerra inutile dove Infinit da regno si ridusse ad essere un Enclave. Fortunatamente Vesnic non cadde, grazie alla strenua resistenza delle Legiunile, le leggendarie truppe, fiore all'occhiello del nostro esercito. Io militavo come colonnello in una di esse e riuscimmo a fermare le truppe di Limitat. Però il prezzo che pagammo fu alto, in quanto si presero tre quarti del nostro territorio per condizioni di armistizio"

Tancredi ricominciò a dondolare sulla sedia nervosamente. Quei brutti ricordi sembravano averlo agitato ed adesso dava l'impressione di essere inquieto.

"Si ho sentito parlare di questa guerra quando venni a vivere qui a Vesnic. Ma quale ne fu la causa?"

Tancredi imbracciò il fucile, come se lo aiutasse a rivivere più nitidamente il ricordo.

"Fu per una donna"

"Una donna?"

"Già, proprio così Brendan. La regina di Limitat si innamorò del re vedovo di Infinit e lasciò il suo sovrano. Scappò da Limitat e si rifugiò qui a Vesnic, ma la reazione del sovrano di Limitat fu violenta ed immediata. Militarmente erano più forti di noi e ci scagliò contro il suo possente e numeroso esercito. Facemmo il possibile per resistere, ma invano. Ma quando vedemmo che Vesnic, la nostra amata capitale era in pericolo e che era prossima alla caduta, allora scatenammo il nostro asso nella manica, le Legiunile ed in quel frangente le perdite per Limitat iniziarono ad essere estremamente pesanti, fino al punto che, oramai stanchi del sangue versato e della violenza dilagante, i due re firmarono un armistizio, dove però Infinit cedeva tre quarti del suo territorio, in quanto almeno per grande parte della guerra, Limitat fu in vantaggio e conquistò quei territori. Quello che ci restò, fu Vesnic e tutti i territori adiacenti. Ci riducemmo così ad un Enclave"

Brendan percepiva l'emozione con la quale Tancredi esprimeva il suo racconto ed era in grado di trasmetterla anche a lui, al punto che poteva sentire dentro di lui l'orgoglio e la fierezza che dal vecchio stavano scaturendo.

"Durante la difesa delle Legiunile, uno stormo di aquile volò sopra le nostre truppe ogni giorno, fino alla fine delle ostilità. Ed è per questo che in ogni finestra di ogni edificio qui a Vesnic è rappresentata un'aquila su sfondo azzurro; da allora, quell'animale è diventato il simbolo che ci rappresenta e gli siamo devoti"

Adesso finalmente Brendan capì il significato dell'aquila rappresentata sulle finestre degli edifici o le statue disseminate per la città. Però erano presenti solo lì a Viitorul, perché in Prezent ed in Trecuta non vi era traccia.

"Le aquile sono rappresentate solo qui a Viitorul?"

"Sì. Ad ogni modo, negli altri quartieri sono raffigurate in altri modi. In Prezent ci sono diverse statue, collocate nei parchi per lo più ed in Trecuta ci sono dei quadri di grandi dimensioni disposti su degli edifici. Non li hai mai notati?"

Adesso che Brendan ci pensava, in Trecuta il quartiere dove lavorava, c'erano diversi quadri all'aria aperta che ritraevano delle aquile in volo. Però non ci aveva mai fatto realmente caso, in quanto la sua mente era sempre oberata da preoccupazioni, impegni e lavoro. Solo ora si stava rendendo conto di quanti bellissimi dettagli della vita si stava perdendo e come le cose più semplici potessero creare felicità e benessere, come stare seduti al fianco di un uomo saggio e colto come Tancredi o osservare l'immagine di un'aquila e conoscere la sua storia.

"Dunque si trova ancora in servizio Tancredi? Perché si trova a fare la guardia a questo crocevia?"

Tancredi si versò un altro bicchiere di vino e lo bevve di nuovo tutto d'un sorso. Brendan si chiedeva come non potesse essere già ubriaco.

"No, non sono in servizio già da diverso tempo ragazzo. Mi sono offerto volontario per fare la guardia a questo crocevia e fornire informazioni alle persone che passano da qui, rispetto a qual è la strada migliore da percorrere. Ma alla fine dei conti non c'è da fare la guardia ad un bel niente. Questa zona di Viitorul è abbastanza tranquilla e persone e macchine vanno e vengono. Anche se…"

Tancredi si interruppe ed iniziò ad osservare di nuovo il vuoto di fronte a sé. Improvvisamente sembrò che qualcosa lo preoccupasse o lo stesse come spaventando.

"Anche se..?" lo incalzò Brendan.

Tancredi si appoggiò il fucile sulle gambe, come per darsi coraggio.

"Anche se da un po' di tempo a questa parte Vesnic è diventata come… più oscura, più misteriosa, più impenetrabile. Come se una qualche entità, una follia atavica si fosse impossessata di Lei. Strane cose stanno accadendo da questi ultimi anni a questa parte Brendan. E credo siano anche conseguenza dello strascico che la guerra ha lasciato tanti anni fa"

I ragazzi di fronte a loro stavano effettuando piroette incredibili ed acrobazie sensazionali; era gradevole osservarli. Quello spettacolo adesso stonava con il clima lugubre che Tancredi aveva contribuito a creare.

"Oppure non è affatto così e questi sono solo i vaneggiamenti di un vecchio pazzo"

Brendan sorrise "Non credo affatto che lei sia un vecchio pazzo Tancredi"

Tancredi rise con gusto "Me ne rallegro Brendan. Ad ogni modo, grazie per avermi tenuto compagnia. A volte questo povero vecchio si annoia qui"

"Lei vive anche in questa casa dunque?"

Tancredi annuì "Esatto. Adesso che sono in pensione dalla Legiunile, il mio servizio è permanente. Posso dire che in ogni caso mi piace; vedo sempre facce nuove, spettacoli qui dalla mia pensilina e conosco persone interessanti, esattamente come te Brendan"

"La ringrazio Tancredi"

Il vecchio si versò un altro bicchiere di vino, però questa volta ne bevve solo un sorso. Imbracciò nuovamente il fucile a modo di soldato di ronda, appoggiato sulla spalla.

"Dunque, tornando a noi, il mio consiglio rimane lo stesso: se cerchi un po' di sano divertimento sinistra, se invece vuoi le cose facili, ebbene vai a destra"

Brendan ci pensò su un attimo. Non capiva cosa volesse dire Tancredi con "sano divertimento" e non comprendeva cosa ci fosse di diverso tra un percorso e l'altro: lui non vedeva altro che due strade perfettamente identiche. All'improvviso, gli venne voglia di condividere con Tancredi ciò che sentiva, una cosa che non faceva frequentemente.

"Sa Tancredi, sono sempre così di fretta, quasi non ho il tempo di pensare a me stesso, cosa voglio, cosa desidero. Metto il pilota automatico e procedo e vivo la vita in modalità quasi sopravvivenza. Ma poco fa, quando lei mi ha fatto il cenno di sederle accanto ho pensato per una volta di seguire le mie sensazioni e di non farmi guidare dalla premura o dall'urgenza di fare qualcosa, velocemente e senza ragionare, ma di prendermi un attimo per rilassarmi, riposarmi ed allentare la tensione. E se non lo avessi fatto, non avrei potuto conoscere una persona squisita come lei e sapere tanto della storia di Vesnic ed Infinit. Quindi la ringrazio fortemente per questo"

Tancredi fece un enorme sorriso, inaspettatamente si alzò e fece un saluto stile militare a Brendan.

"Il piacere è stato tutto mio figliolo, al tuo servizio"

Brendan si sorprese di sé stesso ed anche lui salutò Tancredi con un gesto militare, mano alla fronte.

"Quindi, hai deciso quale strada percorrerai?"

Brendan si guardò intorno e pensò nuovamente a tutto quello che fino a quel momento gli era accaduto. Aveva deciso di proseguire da solo e senza nessun aiuto per mettere alla prova sé stesso, per ritrovare quel Brendan reale che si trovava dentro di lui, ma che da molto tempo giaceva dormiente. Pertanto sì, prese una decisione.

"Penso che questa notte ho voglia di divertirmi"

Tancredi emise una risata roca e di gusto.

"Ben fatto ragazzo, ottima scelta"

Gli porse la mano e Brendan gliela strinse. La stretta di Tancredi, nonostante l'età, era forte e robusta, la stretta di un uomo che veniva da mille battaglie ed aveva combattuto innumerevoli scontri.

"Questo è un crocevia che taglia esattamente a metà Viitorul. Le due strade portano a due piazze differenti, dove potrai trovare i mezzi necessari per tornare a casa. Ti auguro buona fortuna. Ah un'ultima cosa"

Tancredi aprì il cassettino del tavolino e tirò fuori una carta. La porse a Brendan, che la guardò con aria interrogativa.

"E' la carta dei tarocchi del matto. Rappresenta estroso, capacità di cambiamento, desiderio di seguire i propri sogni ed esplorare e conoscere realmente sé stessi. Sento che in qualche modo potrà esserti utile".

Brendan afferrò la carta e la osservò da entrambi i lati. Sul dorso della carta era rappresentato un serpente che si stava mordendo la coda, mentre dall'altro lato era raffigurato il matto di cui era ritratto solo il viso, di un uomo giovane sorridente, con capelli rossi e stravaganti completamente spettinati, indossando due orecchini uno diverso dall'altro ed una scimmietta appoggiata sulla spalla. Brendan la mise nella tasca dei pantaloni, dove portava gli altri oggetti donatigli da Lothar, Waldhar e Adara.

"Ti ringrazio Tancredi"

"Grazie a te Brendan per esserti fermato a parlare con questo povero vecchio. Come tu hai appena affermato, il mondo è sempre di fretta, raramente si ferma a pensare, riflettere e tenere conversazioni interessanti. Fermarsi a pensare, vuol dire rimanere con sé stessi e rimanere con sé stessi fa paura, crea timore, ti mette a contatto con la parte più profonda di te e chissà cosa puoi trovare, in quell'oscurità"

Brendan guardò in basso, pensieroso.

"Forse in quella tenebra puoi incontrare veramente te stesso, ciò che veramente sei"

Tancredi battette le mani ed annuì soddisfatto.

"Esatto figliolo! Ma sono in ben pochi a poter ambire di raggiungere tale meta. Ed ora, non voglio trattenerti ulteriormente, ti lascerò seguire il tuo cammino. E ti auguro buona fortuna. Che Vesnic sia compassionevole con te"

"Addio Tancredi" si accomiatò Brendan

"Arrivederci ragazzo"

Tancredi si sedette sul suo scranno a dondolo ed imbracciò nuovamente il fucile. Incominciò a dondolarsi avanti ed indietro, esattamente come aveva fatto precedentemente ed il suo sguardo si perse nel paesaggio di fronte a lui.

Brendan scese la scalinata della casa di legno e si avviò dunque verso la strada sulla sinistra del crocevia, girandosi e dando un ultimo sguardo al caratteristico vecchietto con il quale aveva tenuto questa singolare conversazione. Quanti enigmi e personaggi peculiari stava incontrando nel suo viaggio di ritorno a casa.

Iniziò a percorrere la strada da lui scelta e si domandò per quale motivo Tancredi avesse parlato di "Divertimento". A cosa si stava riferendo?

Probabilmente si era solo preso gioco di lui e tra le due strade non c'era affatto nessuna differenza; entrambe conducevano alla piazza di cui Lothar gli aveva parlato.

Non potette non pensare a Nada ed a Lucia. Si chiese come stessero. Pensò che molto probabilmente Nada avesse allertato la polizia. Beh, in fondo non sarebbe stato male; se lo avessero trovato lo avrebbero potuto portare a casa. Facile come rubare le caramelle ad un bambino, ma lui non voleva questo: voleva cavarsela da solo e tornare con le sue forze. Ad ogni modo Vesnic di notte aveva il suo fascino. La strada era illuminata da lampioni in versione ottocentesca, in alcuni punti c'erano persino delle cabine telefoniche scolpite in stile gotico antico, gli edifici erano tutti rossi, gialli, verdi, di colore pastello ed alle finestre l'immancabile aquila. La strada non era dritta, ma faceva un continuo zig zag ed alberi ed aiuole di fiori di colori stupendi dominavano il marciapiede. Brendan si stupì di tanta bellezza e di come lo stile della città fosse cambiato da un momento ad un altro.

Stava camminando già da diverso tempo, quando si accorse che la strada era completamente deserta; non aveva incrociato ancora nessuno. Se prima del crocevia la vita pulsava tra le strade di Vesnic, lì al contrario non c'era anima viva. Brendan pensò che quello fosse un altro tipo di quartiere, più tranquillo e meno mondano, dove le persone erano dedite ad una vita più distesa e rilassata e meno propense alla baldoria.

Era già un pezzo che camminava, però della piazza ancora nessuna traccia. La strada era sempre uguale a zig zag e non cambiava mai. Sempre gli stessi lampioni, le stesse cabine e gli stessi edifici, come se fosse finito in un loop senza fine. Tancredi gli aveva promesso divertimento e diletto, ma Brendan si stava annoiando atrocemente. Oltretutto continuava a non esserci anima viva e non era passata nemmeno una macchina. Il sospetto iniziò ad impadronirsi di lui. Stava immaginando quale brutto scherzo di poco gusto avesse potuto tirargli Tancredi, quando all'improvviso sentì canticchiare qualcuno. La canzoncina veniva da un parco che rimaneva alla sua destra. Finalmente il paesaggio era cambiato. Brendan doveva costeggiarlo per poter proseguire, ma si chiese se fosse una buona idea avvicinarsi. Pensò di attraversare la strada ed andare all'altro lato, probabilmente sarebbe stato più sicuro, ma la curiosità vinse. Mise quasi automaticamente la mano nella tasca dei pantaloni e si ritrovò a stringere il coltello che Lothar gli aveva regalato.

Si avvicinò a piccoli e lenti passi verso il parco. La canzone si sentiva sempre più chiara e distinta, così come le voci. Il parco era delimitato da una staccionata che lo divideva dal marciapiede. Brendan guardò di fronte a sé e non potette credere ai suoi occhi: lì a pochi passi, vicino ad un'altalena, c'erano tre bambine che stavano giocando al gioco della corda. Due bambine stringevano le due estremità e la muovevano, mentre quella al centro la saltava ritmicamente. Stavano intonando una canzone e Brendan si avvicinò per cercare di coglierne le parole:

"Nei lunghi corridoi lui cammina
Fino al sorgere del Sole la mattina
Solo è nato e solo è cresciuto
Non si sa cose le sia accaduto
Sempre in cerca di nuovi amici
Trova solo abbindolatrici
Così la sua rabbia si fa grande
Ed il suo grido d'ira si espande
Ti prende e ti cattura
Questa è l'ora di aver paura
Nella sua dimora non entrare
Se vivere a lungo vuoi sperare
Mabuz, così viene chiamato
Il Sovrano del Castello della Morte
Il Dannato"

Brendan rimase pietrificato. La canzone cantata dalle bambine era estremamente inquietante e si chiedeva oltretutto di chi parlassero. Chi era questo Mabuz? E cosa ci facevano tre bambine così piccole in un parco nel cuore della notte?

Improvvisamente, le tre ragazzine cessarono di giocare con la corda e si voltarono verso Brendan. "Vuoi giocare con noi signore?"

Brendan notò solo ora che erano vestite tutte e tre esattamente uguali: un vestito bianco e lungo, delle scarpette da ballerina nere ed un fiocco bianco sulla testa. Il colore dei capelli era però totalmente differente: una aveva i capelli neri, una biondi e quella al centro che stava saltando la corda, rossi.

"Grazie per l'invito, ma purtroppo devo rifiutare. Sto cercando di raggiungere una piazza che dovrebbe essere alla fine di questa lunga strada"

"Vuoi rifiutare, non devi" sentenziò la bambina con i capelli neri

Brendan aggrottò le sopracciglia.

"Non capisco…"

"Voi adulti fate le cose perché dovete, non perché volete" affermò la rossa

"Sì, siete noiosi e scontati" aggiunse la bionda.

- Che lingua lunga che hanno – pensò irritato Brendan

Non aveva ancora tolto la mano dalla tasca; stava ancora stringendo il coltello. Ma erano solo delle bambine…

"Sì forse avete ragione… Sapete se procedendo riuscirò ad arrivare alla piazza?"

Le bambine fecero dei passi avanti all'unisono, avvicinandosi a Brendan, che automaticamente indietreggiò.

"Certo che abbiamo ragione. Noi bambini non siamo mai nel torto" parlò la mora

"Non dovresti andare per di qua signore. E' pericolo sai?"

"Già è pericoloso…. Non vorrai incontrare Mabuz vero?"

Brendan avrebbe trovato tutto quello esilarante, se non fosse stata piena notte e non si fosse trovato da solo, in un parco di fronte a tre bambine che intonavano canzoni a proposito di un certo Mabuz, Sovrano di un Castello della Morte.

"E chi sarebbe questo Mabuz?"

"E' il Sovrano del Castello della Morte" rispose la rossa "Ovviamente però non vive in un castello è solo un modo di dire… Vive in una casetta, al fondo di questa strada, prima della piazza della quale parli"

La bionda fece un ulteriore passo verso Brendan.

"Sarebbe meglio che non andassi lì… se non vuoi ti catturi e faccia di te ciò che vuole" questa volta fu la mora a parlare.

Brendan era stanco di quella situazione; non aveva più intenzione di stare al gioco di quelle tre piccole pesti.

"Che cosa ci fate nel bel mezzo della notte in un parco, giocando con una corda?"

Le tre bambine si guardarono tra di loro con sguardo serio e lo rivolsero di nuovo verso Brendan.

"Noi viviamo qui signore"

"Sì viviamo qui. Il parco è la nostra dimora"

"Il parco è diventato la nostra casa già da molto tempo. Siamo contente, perché possiamo giocare quanto vogliamo e gli adulti non ci possono dire nulla"

Brendan sentì improvvisamente un brivido percorrergli lungo la schiena.

"Dove sono i vostri genitori. Loro sanno che siete qui?"

"Noi non abbiamo genitori. Siamo sole"

"Non abbiamo genitori già da molto tempo. E non abbiamo bisogno di loro"

"Te lo abbiamo detto, viviamo in questo parco. Siamo le regine del parco, le signore di questo posto magnifico"

Brendan non capiva se stessero scherzando o meno, ma non gli importava: voleva solo andarsene da lì.

"D'accordo davvero interessante. Adesso continuo la mia passeggiata ok? Divertitevi e non fate troppo tardi"

Adesso si trovavano vicino la staccionata, una di fianco all'altra.

"Perché non rimani ancora un po' con noi signore?"

"Già, perché tanta fretta? Rimani a giocare qui con noi"

"Non vorresti essere il nostro nuovo Re? Quello che abbiamo preso l'ultima volta si è rotto, non funziona più tanto bene"

Brendan non aveva la minima idea di quale delirio stesse facendo parte, ma in lui cresceva la sensazione che quelle che si trovava di fronte non fossero comuni bambine. Ed oltretutto si incontrava nello stesso contesto nel quale si era imbattuto con i tre tizi calvi: la strada era completamente deserta e non c'era anima viva. Si trovava a Viitorul, come era possibile?

"Gli mostriamo il nostro Re difettoso?"

"Si perché no. Magari così prova compassione per noi e si convince a diventare il nostro nuovo Re"

"Dai andiamo a tirarlo fuori tutte insieme"

Si presero per mano e saltellando, si avvicinarono ad un cilindro gigante, quello che i bambini usano come tunnel per giocare.

- Difettoso? Tirarlo fuori? - Pensò Brendan.

Qualcosa gli diceva che se ne sarebbe dovuto andare, ma di nuovo la sua curiosità morbosa lo spinse a rimanere lì ed osservare cosa sarebbe successo. Alla fine non erano altro che delle bambine. Che male avrebbero potuto fargli?

Si avvicinò cauto alla staccionata ma rimase lì; non aveva nessuna intenzione di entrare nel parco. Allungò il collo per vedere cosa le tre bambine stessero facendo. Vide che stavano armeggiando con un sacco, un sacco di tela marrone.

Le tre bambine lo presero e con forza lo trascinarono poco lontano dalla staccionata, di modo che Brendan potesse godersi lo spettacolo. Rimasero immobili a guardarlo per qualche minuto, però non successe nulla. Brendan oramai non aveva nessun dubbio: erano solo tre bambine dispettose ed un po' matte che si stavano prendendo gioco di lui.

La mora incrociò le braccia ed aggrottò le sopracciglia "Non si muove. Si sarà rotto completamente?"

La bionda tirò uno sbuffo, visibilmente frustrata "Non funziona più, ecco cosa. Ve l'avevo detto che dovevamo cambiarlo. Il nostro Re è andato"

La rossa appoggiò i pugni chiusi sui fianchi e gonfiò le guance "No, non ci sto. Re, abbiamo un ospite, mostrati e dagli gli omaggi insieme alle tue regine!" e detto questo tirò un sonoro calcio al sacco.

Brendan alzò gli occhi al cielo, stanco di quella sceneggiata "Va bene bambine, molto divertente il vostro gioco, però io ora devo davvero…"

Le parole gli morirono in gola. Il sacco iniziò a muoversi o meglio, qualcosa al suo interno… o qualcuno. Qualunque cosa ci fosse al suo interno, diede un colpo, come per potersi liberare ed uscire e poi un altro ed un altro ancora.

"Finalmente, il Re si è svegliato!"

"Avanti, mostrati al tuo successore, forza! Sei cattivo però! Perché non esci?"

"Mmm, forse è meglio se lo aiutiamo, non riesce proprio ad uscire"

L'essere dentro al sacco di tela cercava di uscire dallo stesso, però senza riuscirci. Si dimenava follemente, ma per quanto insistesse non era in grado di sgattaiolare fuori.

La bambina con i capelli biondi gli diede un calcio "Smettila di muoverti, altrimenti non riusciamo a farti uscire!"

"E niente sbobba di vermi per una settimana, siamo intesi?" sentenziò la mora muovendo il dito in segno di rimprovero.

Brendan deglutì nervoso. Si sentiva come quando aveva incontrato i tizi pelati: paralizzato ed impotente. Erano davvero solo tre innocue bambine?

La cosa, alla sgridata delle bambine rimase quieto e non si mosse ulteriormente. Le bambine annuirono soddisfatte e si chinarono per aprire il sacco. Ci fu un attimo in cui il tempo rimase come sospeso, in cui nulla accadde. E poi Brendan lo vide. Qualcosa, qualunque cosa fosse, iniziò a strisciare fuori dal sacco. In un primo momento non capì bene cosa fosse a causa anche della luce scarsa e del buio. Quando all'improvviso si rese conto di cosa si trovasse di fronte, si portò una mano alla bocca, per lo sconcerto ed il terrore che questo gli provocò. Era una persona. Un uomo. Se ancora così si poteva definire.

Quello che stava strisciando lì a terra non poteva più essere chiamato tale. Gli erano state amputate le mani, così come i piedi e cavati gli occhi, che ora erano due abissi neri e deformi. Era completamente nudo, se non per una specie di pannolone che portava a modo di mutandone ed emetteva dei versi strazianti e gutturali, come se avesse perso l'uso della parola.

"Dai Re! Mostra tutta la tua regalità al tuo ospite"

"Un po' di contegno Re! Ricorda che sei al cospetto delle tue Regine, sii un pochino più galantuomo, suvvia"

La rossa si rivolse a Brendan "Scusalo per questi versacci primitivi che produce, ma gli abbiamo dovuto tagliare la lingua. Sai, non la smetteva di chiedere pietà, di lasciarlo andare e bla, bla, bla"

L'uomo continuava a muoversi sui moncherini, procedendo a tentoni, senza una meta ed emettendo sempre quei versi terrificanti. Solo ora Brendan notò che il pannolone era terribilmente sporco ed emanava un odore nauseabondo. Sicuramente era un incubo; non poteva essere altrimenti. Ciò che stava vedendo non poteva essere reale. Come poteva essere possibile qualcosa del genere? E perché come l'altra volta nessuno passava e la strada continuava a rimanere deserta?

"Che cosa diavolo è questo scempio... siete state voi a fargli questo?"

Le bambine lo guardarono incredule.

"Certo. Perché? Cosa abbiamo fatto di male?"

"Volevamo solo un Re tutto per noi, noi che siamo delle Regine ce lo meritavamo"

"Però adesso come vedi non funziona più tanto bene. Si è rotto. Vogliamo cambiarlo. La storia lo insegna: ad ogni buon re ne segue un altro. Ed abbiamo deciso che tu sarai il prossimo"

La bionda iniziò a saltare di gioia "Si sarai tu il nostro nuovo Re. Ci piaci!"

La rossa alzò il sacco e lo mostrò a Brendan "Anzi, faremo ancora meglio! Tu sarai il nostro nuovo Re, ma avrai bisogno di un paggio che ti possa servire. Quindi condividerai il sacco con lui"

La mora alzò le braccia al cielo in segno di vittoria "Siiii buona idea! Avremo così un Re ed il suo paggio. Sì, vivrete entrambi nel sacco!"

Brendan tirò fuori il coltello regalatogli da Lothar e fece uscire la lama. Lo protese davanti a sé con fare aggressivo e provocatorio. Non ricordava di aver provato tanta paura in vita sua, nemmeno quando aveva incontrato i tre calvi poche ore prima.

"Statemi lontane, dannate bestie! Voi non siete delle bambine, siete dei demoni usciti direttamente dalle viscere dell'inferno! Solo degli esseri inumani avrebbero potuto compiere un atto simile. Siete rivoltanti!"

Le tre bambine si fecero immediatamente serie ed incrociarono le braccia all'unisono. Sembravano davvero deluse dalla reazione di Brendan e dal suo fare minaccioso.

"Il nuovo Re ci sta minacciando con un coltello, sorelle mie? Vedo bene?"

"Sì i tuoi occhi non ti ingannano sorellina, il nostro nuovo Re non si sta dimostrando collaborativo"

"Allora non rimane che una sola cosa da fare"

La bambina dai capelli rossi procedette verso la staccionata e le altre due la imitarono seguendola. Aprì il cancello che dava al parco e uscirono dallo stesso, soffermandosi sul marciapiede a pochi passi dove stava Brendan, sempre con il coltello proteso pronto a combattere per la sua vita.

"Sai una cosa? Non vogliamo più che tu sia il nostro Re, abbiamo cambiato idea. Non te lo meriti"

"Sì esatto! Non sei adatto a questo ruolo. Abbiamo deciso diversamente"

"Già, ben detto! D'ora in avanti diventerai il nostro uomo-cane! Sì esatto! Mezzo uomo e mezzo cane. Sarai il cane di tutte noi e del nostro Re. Preferiamo tenerci lui, anche se è rotto"

Iniziarono a camminare verso Brendan, che fece alcuni passi indietro.

"Non ti preoccupare, ti trasformeremo nel cane migliore di sempre! E così farai compagnia al nostro povero Re, che si sente tanto solo!"

"Ed anche noi abbiamo desiderato sempre un cane! I nostri genitori non ci hanno mai permesso di tenerne uno"

L'uomo intanto continuava ad emettere delle grida atroci e continuava a spostarsi nel parco, quando ad un certo punto perse l'equilibrio e cadde su di un lato. Cercò di rimettersi di nuovo in piedi, ma non vi riusciva a causa della mancanza dei piedi e delle mani ed agitava furiosamente i moncherini per cercare di rimettersi a gattoni, ma senza successo. Brendan era ipnotizzato da quella scena a dir poco agghiacciante. Le tre bambine iniziarono a ridere fino a piangere di fronte a quello spettacolo. La mora lo indicò con il dito, reggendosi la pancia dal ridere "Guardate, lo ha fatto di nuovo!" La rossa si tirava delle pacche sulle cosce "Sembra uno scarafaggio a testa in giù quando fa così!" La bionda si asciugava le lacrime dalle guance "E' proprio vero! Si trasforma nel Re scarafaggio! Dovrebbe vergognarsi. Non meriti delle Regine così belle e graziose"

Brendan non ne poteva più. Voleva solo uscire da quell'incubo. Approfittò di quel momento di distrazione delle tre bambine, si voltò ed iniziò a correre con tutta la forza e la energia che aveva. Qualcosa gli diceva che non avrebbe dovuto combattere contro quelle tre ragazzine. Che oramai per lui, tali non erano. Tre mostri del genere, non potevano essere considerate tali. Avrebbe voluto aiutare quell'uomo…. Ma non c'era più nulla che potesse fare per lui. Adesso, doveva pensare a salvare la propria vita ed uscire sano e salvo da quell'incubo.

"Ehi guardate! Il nostro Cane sta scappando!"

"Che sgarbato! Avanti prendiamolo e rinchiudiamolo nel sacco!"

"Siii! Giochiamo a piglia il Cane!"

Le tre bambine si lanciarono all'inseguimento. Brendan correva a mozzafiato, sperando di seminarle. Si girò un istante per vedere quanta distanza ci fosse tra di loro e rimase esterrefatto, quando notò che stavano poco a poco guadagnando terreno. Erano solo delle bambine, ma correvano come se avessero il diavolo alle calcagna. E forse era così: erano creature del demonio, non poteva essere altrimenti.

Le tre bambine gridavano, ridevano e cantavano; sembravano instancabili.

Intonarono una nuova canzone, che raggiunse le orecchie di Brendan:

"Corri corri, nulla puoi fare
In nessun luogo puoi scappare
Non pensare di fuggire
Nella notte cupa ti potrai smarrire
Andrai incontro al tuo destino
Diventerai il nostro nuovo mastino
Non piangere, non gridare, non ti affannare
Alla tua povera vita non ti attaccare
Presto ti ritroverai al buio di un telaio
L'unico tuo verso, un abbaio
Stiamo arrivando, al Re è quasi scacco
Le Regine ti metteranno… nel Sacco!"

Brendan correva e correva. Il cuore gli stava per scoppiare per lo sforzo; le gambe gli bruciavano e stavano per cedere; il fiatone si faceva sempre più intenso ed un sapore di sangue gli stava riempiendo la gola. Ma nonostante tutto questo, non cessava di correre. Il terrore che lo avvolgeva era molto più grande di qualsiasi senso di fatica che potesse attanagliarlo.

Le bambine continuavano il loro inseguimento, senza dare un solo accenno di stanchezza o di arrendevolezza. Correvano infaticabili, sempre gridando, ridendo ed intonando la stessa inquietante canzone.

"Aiuto! Qualcuno mi aiuti!" gridò disperato Brendan. La strada continuava ad essere deserta e le case sembravano come vuote. Nessuno si affacciò o si sporse per accorrere in suo aiuto.

"Aiutatemi! Qualcuno mi aiuti, vi prego!"

A nulla valsero le sue richieste di soccorso. Sembrava che in quella parte di Viitorul non vivesse nessuno; il mondo era abitato solo da lui e quei tre esseri demoniaci.

"Prendiamolo, prendiamolo!"

"Non lasciamolo scappare! Vinceremo noi il piglia-piglia!"

"Buttiamolo nel sacco! Buttiamolo nel sacco!"

Brendan continuava a correre ed a correre con la forza della disperazione, quando ad un certo punto forse a causa della stanchezza, inciampò e cadde rovinosamente. Nella caduta il coltello gli sfuggì di mano e cascò in un punto lontano da lui. Le bambine gli furono subito addosso e lo presero per i piedi ed incominciarono a trascinarlo. Brendan tentò di divincolarsi e liberarsi scalciando, ma senza successo. Avevano una forza ed una resistenza fuori dal comune.

"Ti abbiamo preso! Abbiamo vinto il piglia-piglia!"

"Abbiamo il nostro Cane, il nostro Cane!"

"Hai perso, hai perso, hai perso" lo canzonò la mora "Adesso paghi penitenza e diventi un cane docile e fedele per le tue bellissime Regine"

Brendan scalciava e si dimenava, ma per quanto si sforzasse non riusciva a liberarsi dalla loro presa. Avevano una forza sovrumana. Adesso capiva come avevano potuto avere la meglio su quell'uomo adulto e fargli ciò che gli avevano fatto. Preso dalla disperazione, si coprì gli occhi con le mani, come per cercare di svegliarsi da un incubo ed iniziò a gridare.

"Lasciatemi andare! Lasciatemi! Via! Andate viaaaaaa!"

Prima di svenire, l'ultimo suonò che udì furono le risate stridule ed agghiaccianti delle tre bambine e nuovamente l'intonare della canzone che avevano creato per lui.

IL GAGICA

Si svegliò di soprassalto, completamente sudato, non sapendo dove diavolo si trovasse. In ginocchio vicino a lui c'era un uomo vestito da contadino, che lo guardavo stranito e stupito.

"Ehi straniero, tutto bene? Che ci fai coricato qui sul marciapiede a quest'ora della notte, si può sapere?"

Brendan gridò e strisciò indietro con i gomiti, completamente terrorizzato.

"Ehi, ma che cosa ti prende? Rilassati amico, non voglio farti nulla, voglio solo aiutarti"

Brendan si guardò intorno. Si trovava nuovamente sulla strada che stava percorrendo prima di quello spaventoso incontro, ma ora tutto era diverso. Era leggermente più trafficata, con alcune macchine che procedevano sulla strada e gruppi di persone che abitavano il marciapiede. Cercò febbrilmente la presenza delle tre bambine.

"Dove sono?"

L'uomo lo guardò senza capire

"Chi?"

"Quei tre demoni, quelle dannate ragazzine uscite dall'inferno!"

L'uomo si grattò la barba incolta ed aggrottò le sopracciglia ed iniziò ad osservare Brendan come se fosse un povero pazzo.

"Demoni? Quali demoni? Sei ubriaco per caso?"

"Tre bambine, vestite di bianco, con scarpette nere ed un fiocco in testa. Hanno torturato un uomo, lo hanno mutilato e messo in un sacco! Volevano fare lo stesso con me, mi hanno seguito, bloccato e tentato di trascinarmi nel parco dove le ho incontrate per farmi fare la stessa fine di quel tizio!"

Il contadino rimase a bocca aperta, completamente incredulo e sorpreso di fronte alle parole di Brendan.

"Non so cosa tu abbia preso straniero, ma lo vorrei provare anche io"

Brendan si sollevò di scatto ed afferrò il contadino per la salopette che indossava.

"Non sto mentendo! Le ho viste in un parco qui, al lato del marciapiede. Stavano giocando con una corda ed intonando canzoni inquietanti e quell'uomo... quell'essere... Santo Dio come lo avevano ridotto..."

Il contadino lo guardò sorpreso, stupito dalla sua reazione e non seppe bene cosa dovesse fare. Gli diede delle leggere pacche sulla spalla e tentò di consolarlo.

"Non so cosa tu abbia visto amico, ma qualunque cosa fosse non c'è più ed ora sei al sicuro"

Il contadino gli porse un fazzoletto e Brendan lo rifiutò. Era ancora stordito e confuso per l'accaduto. Non poteva credere alla trasformazione che il quartiere aveva subito. Gli sembrava di essere in un posto completamente differente. Che fosse stato solo un incubo? La fervida immaginazione della sua mente? Non poteva crederlo, era stato così reale. Non poteva essere stato solo oggetto della sua fervente fantasia.

"Hai bisogno di qualcosa? Posso esserti d'aiuto?" chiese il contadino.

"Sì, vorrei raggiungere una piazza che dovrebbe trovarsi più avanti. Sapresti indicarmi il cammino corretto?"

Il contadino indicò con il dito di fronte a lui.

"La piazza che cerchi si trova in fondo a questa strada. Non puoi sbagliarti è sufficiente che tu vada sempre dritto"

Brendan fece un cenno di assenso con il capo "Ti ringrazio"

"Tu non sei di queste parti vero? Non vivi in questa zona di Viitorul"

"No, vivo a Prezent con la mia famiglia"

Il contadino incrociò le braccia.

"Mmm, allora sicuramente non sai come funziona vero?

"Come funziona cosa?"

"La strada per arrivare alla piazza che cerchi è presidiata dalla milizia di questo quartiere. Per poter passare, dovrai donargli un biglietto di platino. Possiamo considerare questo quartiere come un enclave in un enclave. Noi che viviamo qui gestiamo quasi tutto autonomamente, con il consenso del governo centrale di Vesnic. Ci hanno fatto questo favore, perché la maggior parte degli alti ufficiali della grandiosa Legiunile arrivano da qui"

Brendan non poteva crederci: un'altra complicazione. Il vecchio aveva ragione, dicendo che quello sarebbe stato un percorso maggiormente esaltante, divertente ed interessante. E già ne aveva avuto un assaggio.

"Difatti a controllare il cancello che conduce alla piazza ci sono i legionari della Legiunile. Immagino che tu sia sprovvisto del biglietto di platino vero?"

Brendan battette le mani sulle gambe, scoraggiato "Non so nemmeno che cosa sia. Però voglio assolutamente raggiungere quella piazza. Mi serve un mezzo di trasporto per arrivare a casa. Come posso fare per ottenere questo biglietto?"

"Più avanti c'è un mercato, Il Gagica, dove anche io lavoro. Lì puoi trovare davvero qualsiasi tipo di articolo e probabilmente qualcuno potrà fornirti tale biglietto. Altrimenti, l'altra soluzione sarebbe tornare indietro e prendere un'altra strada"

Brendan aveva per un momento considerato quell'opzione, ma oramai era andato troppo oltre per poter tornare sui suoi passi. Si era promesso che avrebbe vissuto Vesnic fino in fondo, perché probabilmente un'altra occasione non gli sarebbe capitata. E voleva oltretutto seguire il consiglio di Tancredi e rimanere nella strada che lui aveva definito più "Divertente e stimolante". E l'esperienza con quelle tre bambine glielo aveva dimostrato, vera o falsa che fosse. Rabbrividì nuovamente al pensiero di quei tre demoni e dell'uomo con i moncherini. Forse quel percorso era fin troppo stimolante, tanto stimolante da fargli rischiare la vita. Ma voleva mettersi alla prova e sentirsi di nuovo vivo. Perché dopotutto, pericoli e cose incredibili a parte, non si sentiva così energico da tanto tempo, un tempo tanto lungo che non si ricordava l'ultima volta che aveva provato emozioni così intense.

Il contadino notò lo sguardo pensieroso e perso di Brendan e lo incalzò "Allora straniero? Cosa hai intenzione di fare?"

"Verrò con te"

"Perfetto, seguimi allora. Ah quasi dimenticavo. E' tuo questo? L'ho trovato lì per terra, vicino a te"

Il coltello. Fortunatamente non era andato perduto durante la sua caduta. Era l'unica cosa con la quale poteva difendersi ed oltretutto era un regalo di Lothar.

"Sì è mio. Grazie mille"

Lo rimise nella tasca, al sicuro.

"Un coltello di pregevole fattura, non c'è che dire. Dove lo hai comprato?"

"Un regalo di un amico"

"Un amico molto generoso"
L'uomo fece strada e Brendan cominciò a seguirlo. Il quartiere, rimaneva sempre lo stesso. Lampioni e case in stile ottocentesco, ville a schiera, la strada che andava a zig e zag. Adesso c'era più vita; alcune persone passeggiavano, macchine che passavano, anche se non molte.
Brendan notò che le persone lì erano diverse, nei modi e negli atteggiamenti. Prima di incamminarsi per quella strada, aveva notato come in Viitorul le persone che la abitavano erano estremamente socievoli, festaiole, vestite anche in modi strani e bizzarri. In questo piccolo quartiere invece, le persone erano molto discrete, equilibrate, quasi riservate ed anche vestite a modo.
"Come ti chiami straniero?" Il contadino interruppe il silenzio, bloccando il flusso dei suoi pensieri.
"Brendan, piacere. Tu?"
"George, il piacere è tutto mio"
Brendan era incuriosito da quel luogo e decise di porre alcune domande a George.
"Dimmi George, hai detto che questo piccolo quartiere può essere considerato un enclave in un enclave… Che cosa volevi dire con questo?"
George si passò la mano sulla lunga barba, ansioso di raccontarne la storia.
"Beh, come ti ho detto, questo quartiere che alla fine non è altro che un'unica strada, ha fornito alla Legiunile gli ufficiali migliori di tutta Vesnic. Per una qualche strana e misteriosa ragione, tutti i suoi ufficiali più eccellenti arrivano da qui"
Un gruppetto di anziani passò accanto al duo, guardandoli e facendo un cenno di saluto con il capo. Alcuni di loro si tolsero il cappello che portavano al capo. Brendan e George risposero al saluto con un cenno del capo.
"Questi ufficiali di cui parlo, lottarono nella guerra contro Limitat e fu grazie al loro coraggio ed ai legionari della Legiunile se le truppe di Limitat non entrarono a Vesnic, cosa che avrebbe comportato la nostra totale sconfitta"
Una macchina delle pompe funebri passò e Brendan notò che portava una bara. Al fianco dell'autista, una donna era in lacrime, disperata.
"Da allora, Infinit e Vesnic, decisero di comune accordo di lasciare una maggiore libertà a questa parte di Viitorul, ossia la strada che inizia dal crocevia fino alla piazza che vuoi raggiungere, dando delle condizioni speciali di governo ed amministrazione. La gestiamo autonomamente, con l'aiuto di una piccola legione della Legiunile, che si incarica del controllo e della sicurezza".
Passarono di fianco ad una casa con giardino, dove un tizio stava annaffiando e potando le piante, canticchiando una canzone in una lingua che Brendan non conosceva.
"Da allora chiamiamo questo luogo "Vultur", in onore al simbolo che contraddistingue da allora la Legiunile, le aquile che hanno solcato il cielo il giorno che le legioni fermarono l'esercito di Limitat alle porte di Vesnic, impedendo il completo disastro"
Brendan ascoltava rapito il racconto di George; lo affascinava sapere di più riguardo la storia della città nella quale adesso viveva. Si rendeva conto di quanto poco si fosse interessato a tutto questo e tutto a causa della sua ossessione per il lavoro ed il denaro. Ma c'era sempre il tempo per recuperare.
"Al crocevia dove ho incominciato ad incamminarmi per Vultur ho conosciuto un vecchio di nome Tancredi. Mi ha detto di essere stato colonnello durante la guerra contro Limitat ed ha condiviso con me parte della storia"
George assentì, sorridendo "Sì, il buon Tancredi. Uno dei pochi ufficiali che hanno partecipato a quella guerra rimasti ancora in vita. Anche a lui dobbiamo la nostra salvezza. Se non fosse stato per la Legiunile, chissà cosa avrebbe fatto di noi Limitat"
Camminarono il resto del tragitto in silenzio, quando ad un certo punto di fronte a loro, sul fianco del marciapiede, si stagliò un insegna enorme, tutta illuminata, con su scritto "Gagica".
"Siamo arrivati Brendan. Questa è Gagica, il mercato più grande di tutta Vesnic, aperto anche la notte, praticamente 24 ore su 24. Seguimi, ti condurrò da una persona che probabilmente possiede il biglietto di platino"

L'entrata di Gagica sembrava quella di un Luna Park. L'insegna era completamente illuminata, come i due pali che la sostenevano. All'entrata, erano presenti due guardie armate, che fecero un cenno di assenso a George quando gli mostrò quello che sembrava un carnet. Una volta entrati, Brendan non potette credere ai propri occhi: il mercato era affollatissimo, anche a quell'ora della notte. Erano presenti numerose bancarelle, che vendevano articoli e prodotti di ogni tipo: cibo, vestiti, accessori, spezie, bevande e persino animali. Le persone andavano e venivano da una bancarella all'altra ed i proprietari urlavano per attirare l'attenzione dei potenziali clienti. Mentre camminavano tra una bancarella e l'altra, Brendan poteva sentire i clienti ed i proprietari negoziare per i vari prodotti che ognuno aveva da offrire.

"Ecco, siamo arrivati Brendan. Vieni, ti presento Mercuria, lei forse potrà aiutarti"

Brendan seguì George, facendosi strada in quella marea di persone. Si sentiva come se fosse di nuovo a Tempel. Tra una sgomitata ed una spallata e l'altra, si ritrovò di fronte alla bancarella che presumette fosse quella di questa tale Mercuria. Brendan rimase incantato. La donna vendeva delle bambole di porcellana di pregevolissima fattura. Ce n'erano disposte a decine, di qualsiasi tipo e dimensione, tutte con quell'espressione di serietà mista a tristezza che tanto le caratterizzano. Della donna non vi era traccia.

"Deve essersi allontanata un attimo" disse George che si rivolse ad un mercante che aveva la bancarella giusto di fronte.

"Ehi Porsho!" gridò George "Hai visto Mercuria?"

"No George mi spiace, non ho idea di dove se ne sia andata"

Porsho rispose con la bocca piena e sputacchiando; a quanto pareva stava gustando un pezzo enorme di carne, di un animale e di una parte del corpo non ben precisati.

George sbuffò, mettendosi le mani ai fianchi in segno di frustrazione, quando una vocina rauca li fece girare entrambi di scatto.

"Mi stai cercando George?"

Mercuria era una vecchina bassa e mingherlina, con un viso solcato dalle rughe, un foulard legato sulla testa ed un vestito lungo con un'ampia e larga sottana. Solo i suoi occhi verde smeraldo tradivano la sua veneranda età, vivi e vispi, trasmettevano astuzia, ingegno e perspicacia.

"Mercuria! Mia cara! Come stai?"

Brendan osservò che tutti i mercanti sembravano conoscersi tra di loro.

"Di cosa hai bisogno George?"

"Perspicace come sempre Mercuria, non è vero?"

Mercuria non si smosse di un millimetro.

"Il mio tempo è prezioso George. Dimmi che cosa posso fare per te"

"Ecco, questo "straniero" di nome Brendan, avrebbe bisogno di un biglietto di platino per attraversare il cancello presidiato dalla Legiunile e gli ho accennato che avresti potuto dargli una mano"

Mercuria scrutò da cima a fondo Brendan, studiandolo con grande intensità e concentrazione. Dimostrava un carattere molto forte e risoluto per essere una vecchina tanto piccina e sembra anche che tutti le portassero un forte rispetto.

"Vedrò quello che posso fare" Rispose Mercuria, andando dietro la sua bancarella "Ma non prometto nulla. Ed ora lasciaci George. Voglio rimanere da sola con lui"

George portò la mano alla fronte, come per imitare un saluto militare.

"Ai suoi ordini signora!"

Brendan afferrò George per il braccio "Grazie George per il tuo aiuto, non lo dimenticherò"

George sorrise e gli mise una pacca sulla spalla "Di nulla Brendan. Ad ogni modo aspetta a ringraziarmi. Ora inizia la parte più difficile. Mercuria è un osso duro, non sarà facile convincerla"

George si congedò con un ultimo cenno di saluto rivolto ad entrambi ed in pochi secondi si disperse in mezzo alla folla del mercato.

"Un vero matto questo George. Non fa altro che portarmi noie e guai"

Di fianco a Mercuria un pentolino pieno d'acqua ribolliva su di una piastra. Mercuria lo tolse, versò l'acqua bollente in un bicchiere e mise una busta di tè di verde al suo interno.
"Gradisci?"
"No, ti ringrazio"
Mercuria fece spallucce e lasciò la tazza a raffreddare sulla bancarella. Una moltitudine di persone continuavano a percorrere le strade del mercato, osservando gli articoli che ogni bancarella aveva da offrire. Brendan non riusciva a vedere la fine del mercato, il che gli faceva supporre che fosse davvero enorme. Il numero di bancarelle era colossale e si domandò quante potessero essere; erano disposte una di fianco all'altra, come una scacchiera.
"Impressionato straniero?" chiese Mercuria, come se gli avesse letto nel pensiero "Non capita tutti i giorni di vedere qualcosa come Gagica"
"Si, mai ho visto in vita mia un mercato tanto grande e tanto affollato, soprattutto a quest'ora della notte. Sembra una cittadina"
Mercuria toccò la tazza con le mani per saggiarne la temperatura, dopodichè soffiò con premura per raffreddare il tè ancora bollente.
"Gagica è uno dei fiori all'occhiello di Vesnic. Una tradizione che ci tramandiamo da generazioni, un luogo dove davvero puoi trovare qualsiasi cosa tu desideri"
Brendan indicò una delle bambole.
"Vedo che vendi bambole di porcellana. Le trovo bellissime"
"Sono artigianali, le fabbrico io. Quello del fabbricare bambole di porcellana è un mestiere che viene tramandato all'interno della mia famiglia dagli albori dei tempi. Mia madre le fabbricava, così come mia nonna e sua madre prima di lei. Non so quanto tempo dovrei tornare indietro per cercarne le origini"
Il tè sembrava finalmente tiepido e Mercuria ne approfittò per dargli un sorso.
"Bando alle ciance... come hai detto di chiamarti?"
"Brendan"
"Brendan sì. Dunque hai bisogno di un biglietto di platino per oltrepassare il cancello giusto?"
Brendan annuì "Esatto. Voglio raggiungere la piazza aldilà del cancello, però per farlo ho bisogno di mostrare alle milizie questo biglietto o così George mi ha detto"
Mercuria fece un altro sorso, questo volta più lungo e godette del gusto che il tè le lasciò nella bocca.
"E perché non hai semplicemente preso l'altra strada al crocevia, invece di metterti in questo pasticcio?"
Brendan si irrigidì e serrò i pugni. Non sapeva perché gli fosse così difficile condividere quell'aspetto del suo viaggio.
"Perché da quando sono qui a Vesnic, mi rendo conto di non averla vissuta fino in fondo. Mi sono sballottato tra famiglia e lavoro, senza mai veramente assaporare questa città e la sua storia, quindi ho deciso di viverla pienamente. Prima di arrivare qui ho dovuto affrontare una serie di avversità e per quanto tutto ciò sia stato difficile ed a volte anche terribile, voglio ammettere che era da tanto tempo che non mi sentivo così vivo, così... emozionato. Sentivo che probabilmente questa sarebbe stata la mia ultima possibilità di esplorare la vera Vesnic e di mettermi alla prova, scoprendo quali fossero i miei limiti ed oltrepassarli"
Mercuria bevve l'ultimo sorso di tè e posò la tazza sulla bancarella. Prese un contenitore e lo aprì; al suo interno c'erano delle mandorle che incominciò a mangiare una ad una.
"Ad ogni modo, suppongo che tu non ti sia svegliato ieri mattina con questo proposito, giusto? Ti sarà successo qualcosa che ti ha spinto tuo malgrado a prendere questa decisione o sbaglio? Non è da tutti percorrere in solitaria le strade di Vesnic durante le ore notturne"
Brendan si grattò la fronte sgranando gli occhi, ricordando l'inizio di quell'assurdo viaggio; gli creava ancora imbarazzo parlarne.

"Beh ecco… Erano le dieci ed avevo finito il mio turno di lavoro e mi diressi a la fermata dell'autobus che si trovava vicino al mio ufficio. Mi sono seduto sulla pensilina ed ho socchiuso gli occhi, giusto per riposare qualche secondo… Senza accorgermene però, mi sono addormentato ed al mio risveglio mi avevano derubato: il mio portafoglio, cellulare, le chiavi di casa… Mi hanno sottratto praticamente ogni cosa che era in mio possesso e non mi sono accorto di nulla"
Mercuria continuava a mangiare le mandorle, ascoltando interessata il racconto di Brendan. Non fece nessun commento, né si mise a ridere: semplicemente, ascoltava con attenzione ciò che lui aveva da raccontare.
"E da quel momento ho vissuto ogni tipo di situazione, più o meno assurda. Ma per quanto abbia vissuto fino ad ora dei momenti di scoramento e di terrore puro" fece una pausa ed il suo sguardo si perse in basso, nel vuoto, il suo tono di voce cambiò e si fece greve, quasi che fosse perso nel nulla e lì non ci fosse nient'altro che lui ed il suo essere "voglio ammettere che era da tanto tempo che non mi sentivo così vivo, così pieno di una esplosiva voglia di vivere… E per nulla al mondo abbandonerò questo stato d'animo, dovessi morire in una di queste strade…"
Mercuria chiuse il contenitore e lo ripose nuovamente sotto la bancarella ed incrociò le braccia.
"Interessante questo tuo punto di vista. Alla fine il tuo viaggio attraverso Vesnic non è nient'altro che un cammino all'interno di te stesso, alla scoperta di chi sei veramente… oppure dal ritrovare quella voglia vivere che avevi perso da tanto tempo, sentire che esisti e che non sei semplicemente un ingranaggio all'interno del sistema che vuole che nasciamo, produciamo, caghiamo e moriamo e tanti saluti"
Il brusio in Gagica era dirompente, il formicaio di persone al suo interno non diminuiva e tutto era estremamente animato. La notte era abitata dai desideri e dai sogni di tutti quegli individui, che si trovavano lì ognuno per un motivo, una ragione, una meta , un obiettivo e tra di loro c'era Brendan, giovane impiegato di 39 anni, che senza volerlo, era arrivato in quella notte a vivere una serie di avventure del tutto inaspettate, a volte anche terribili, che però gli avevano servite a fargli ritrovare quel senso di essere e significato che da tanto tempo aveva perso, ma che sempre aveva risieduto in lui dormiente, ansioso solo di essere risvegliato per poter essere alimentato nuovamente. Solo Brendan si chiedeva se quel modo così estremo fosse il modo giusto e l'unico, per poter sentire quelle emozioni. Zittì quella voce; oramai aveva fatto una scelta e l'avrebbe portata fino in fondo.
"Mi piaci ragazzo e per questo ti aiuterò. Ma prima ti spiegherò come funzionano le cose qui a Gagica"
"Se è per i soldi ho qui con me 100 Aur…"
Mercuria lo zittì alzando il braccio.
"E' proprio questo che volevo commentarti Brendan. Qui non usiamo soldi per vendere o comprare i nostri prodotti. A Gagica il denaro non è il benvenuto. Qui vige la regola del baratto"
Brendan aggrottò le sopracciglia "Baratto?"
"Esatto. Hai capito bene. Baratto. I soldi sono un costrutto sociale creato giustamente per renderci schiavi di un sistema malato e corrotto che ci vuole vuoti ed in ginocchio. Il baratto ha un valore maggiore: io dono qualcosa a te e tu doni qualcosa a me che può essermi utile e che possiede più o meno lo stesso valore".
Brendan si grattò la testa, sorpreso che esistesse ancora un luogo che utilizzasse il baratto come forma di scambio.
"Quindi mi donerai la carta di platino se ti porterò ciò che desideri?"
Mercuria annuì "Esattamente. E farò di più, dato che mi stai simpatico e per supportare il tuo percorso di crescita e la tua avventura che tanto coraggiosamente hai intrapreso, ti regalerò un biglietto del bus valido per una corsa. Una volta arrivato alla piazza potrai usarlo per prendere un mezzo di trasporto e tornare a casa"
Stava passando da una situazione assurda all'altra; Vesnic continuava ad essere un serbatoio ricchissimo di sorprese e mai si sarebbe aspettato che potessero esistere luoghi come Gagica, come nemmeno Tempel o un vecchietto a guardia di un crocevia…

"Di cosa hai bisogno Mercuria?"

"Una gonna per una delle mie bambole"

Mercuria tirò fuori da una scatola una bambola di porcellana, alla quale mancava la parte sotto.

"Ho finito i materiali per poter cucire la gonna a questa bambola che ho da poco creato. Qui vicino c'è un venditore di nome Netami che offre questo tipo di articoli o alla peggio avrà rocchetto e filo per poter cucire la gonna. La voglio di color cremisi d'accordo?"

Brendan annuì con il capo "Va bene"

"Non sarà per nulla facile Brendan, però non scoraggiarti, sono sicuro che un ragazzo caparbio e coraggioso come te porterà a termine questo compito"

Brendan stava per incamminarsi alla ricerca della bancarella di Netami, però si bloccò e decise di rivolgere alcune domande a Mercuria.

"Mercuria… Per quale motivo la Legiunile non permette il libero passaggio verso la piazza? Questo non crea disagio a tutta Viitorul?"

Questa volta Mercuria prese una mela ed iniziò a pelarla.

"Vogliono monitorare l'accesso a questa zona, proprio a causa della presenza di Gagica. Questo luogo fa gola a molti, soprattutto alla malavita di Vesnic, che vorrebbe prenderne il controllo e lucrarci sopra. Da qui, la creazione di una barriera che divida questo quartiere dalla piazza che vuoi raggiungere. Non vogliamo mele marce qui, sappiamo gestirci da soli e la Legiunile ci difende dall'ingresso di individui indesiderati"

La Legiunile aveva un potere molto più grande di quello che avesse pensato. Nel suo ufficio era stata nominata ben poche volte e se ne parlava come se fosse una milizia di pazzi estremisti, quando in realtà la loro era una storia gloriosa e il loro obiettivo era rendere Viitorul e Vesnic un posto più sicuro.

"Capisco. Un'altra cosa Mercuria… So che potrebbe sembrarti assurdo, infatti non so se sarebbe una buona idea raccontartelo, però qualcosa dentro di me mi dice che posso fidarmi di te"

Mercuria sorrise e diede un morso profondo alla mela "Grazie per la fiducia tesoro"

Brendan deglutì ansiosamente; il ricordo dell'evento recentemente accaduto lo terrorizzava incredibilmente.

"Tu sai qualcosa a proposito di tre bambine vestite di bianco?"

Mercuria stava per dare un altro morso, quando al nominare le tre bambine, la sua bocca rimase aperta e la mano che afferrava la mela sospesa nell'aria.

"Che cosa hai appena detto?"

"Lo so che può sembrare assurdo, ma prima di arrivare qui, durante il cammino, ho visto tre bambine vestite di bianco in un parco qui vicino giocare alla corda, tutte e tre con i capelli di colore differente: una mora, una rossa ed una bionda"

Mercuria era rimasta catturata dalle parole di Brendan, desiderosa di sapere di più a proposito.

"La cosa terribile è che non erano tre bambine comuni… erano tre demoni usciti dall'inferno… Tenevano un uomo prigioniero in un sacco… Gli avevano mozzato le mani, i piedi e la lingua. Volevano farmi fare la stessa fine e mi hanno seguito per catturarmi. Sono riuscite a raggiungermi ed hanno iniziato a trascinarmi, quando improvvisamente svenni e quando mi risvegliai, vidi George sopra di me, tentando di soccorrermi"

Mercuria aveva lo sguardo perso nel vuoto e giocherellava con le dita sul bancone, battendole ritmicamente.

"Non sei il primo ad aver avvistato quelle bambine Brendan… Esattamente nel parco di cui parli"

Brendan sgranò gli occhi "Allora non sono pazzo!"

Mercuria sospirò profondamente "No ragazzo, non sei matto… Anche se in alcune occasioni sarebbe molto meglio perdere il senno che ammettere l'esistenza di questi fenomeni…"

"Ma chi sono queste bambine? E perché dovrebbero fare delle cose così terribili? Da dove vengono? Direttamente dal ventre dell'inferno?"

Le persone continuavano a passare, i mercanti a schiamazzare, il brusio ad aumentare, ma era come se il discorso di Brendan avesse fatto sospendere il tempo e tutto andasse a rallentatore. La tensione ed anche la paura erano palpabili.

"Devi sapere Brendan che non hai scelto la notte giusta per intraprendere questa avventura. Ogni anno, in questa notte, accadono cose folli in questa città; cose terribili"

Un brivido attraversò la schiena di Brendan; pendeva dalle labbra di Mercuria, attendendo la continuazione della storia.

"Questa fu la notte dove decine di anni fa, durante la guerra tra Infinit e Limitat, la battaglia assunse i suoi aspetti più macabri. Si parla di centinaia e centinaia di vittime da una parte e dall'altra, la Legiunile che tentava di scacciare gli assedianti e quest'ultimi che premevano per entrare definitivamente a Vesnic. Il cielo si colorò di rosso sangue e le vittime cadevano fulminate dai colpi delle armi dei due eserciti"

Mercuria iniziò a giocherellare con una delle sue bambole, concentrata nella prossime parole che avrebbe dovuto proferire.

"Oltretutto, la situazione qui in città era precipitata: il lungo assedio ci aveva resi allo stremo e malattie ed inedia stavano iniziando a dilagare come un virus. Fortunatamente, la Legiunile riuscì a respingere definitivamente l'esercito di Limitat, però ad un prezzo carissimo. Il numero delle vittime era stato enorme e le nefandezze compiute da ambo le parti innumerevoli"

Mercuria sospirò e si fece come improvvisamente triste, quasi come se raccontare tutto quello l'avesse lasciata senza nessuna energia.

"Da allora, durante questa notte a Vesnic, ogni anno, accadono cose orribili, assurde, ai limiti dell'inimmaginabile… Proprio come queste tre ragazzine che hai avuto il dispiacere di incontrare. E non parlo solo di fenomeni paranormali, ma anche una serie concatenata di eventi che a prima vista possono avere dell'assurdo. Chiamiamo questa notte, La Notte del Bagno di Sangue o La Notte dell'Ecatombe"

Brendan a quelle parole ebbe come un sussulto. Forse tutta quella serie di cose che fino ad ora lo avevano coinvolto, facevano parte della notte maledetta di Vesnic e del suo legame con il bagno di sangue avvenuto decine di anni prima durante la guerra. I tizi pelati, il Gioco, la scena della Cuspide, le tre ragazzine, il furto alla pensilina…

"Quindi tutte le cose che mi sono accadute fino ad ora fanno parte di questa famigerata notte?"

Mercuria scrollò le spalle "Chi può dirlo? Forse sono solo coincidenze, forse sei stato solo sfortunato… O forse no"

"Un'ultima cosa Mercuria… Hai mai sentito parlare di un certo Mabuz, il Signore del Castello della Morte?"

Mercuria cercò di non darlo a vedere, ma si irrigidì nuovamente "E' solo una leggenda legata ad un triste evento accaduto in questa parte di Viitorul. Dall'altro lato della strada fuori da Gagica, c'è un sentiero che porta ad una casa, ora abbandonata. Diversi anni fa, viveva lì una famiglia, i coniugi ed i due figli. Un giorno il marito e la moglie litigarono ferocemente, al punto che impugnarono dei coltelli e si ammazzarono a vicenda. Il marito morì prima della moglie e quest'ultima, oramai completamente folle, con le ultime energie rimaste, sgozzò i due bambini"

Brendan ascoltava inorridito il racconto, con la vita che di fianco a lui trascorreva; il contrasto tra la tragica storia e l'entusiasmo che si viveva nel mercato era tangibile.

"Da allora nessuno volle più andare ad abitare in quella casa e le leggende e le storie raccontano di come la malvagità dei due coniugi abbia preso le sembianze di un essere maligno di nome Mabuz, che infesta i corridoi della residenza, continuando a rapire e mietere vittime"

Mercuria gettò la mela nel piccolo cestino dell'immondizia che si trovava di fronte a sé.

"Ma come ti ho detto, questa non è altro che una stupida leggenda, creata per spaventare i bambini la notte"

Brendan non ne era così sicuro dopo tutto quello che aveva visto; non aveva più la capacità di distinguere la realtà dalla fantasia. Oltretutto era stato nominato da quei tre piccoli diavoli, quindi…

"Mercuria, mi indicheresti la bancarella di questo…"
"Netami. Devi andare sempre dritto per di là, alla tua sinistra. Vende tessuti, stoffe e vestiti di ogni tipo. Ad ogni modo non è un tipo facile e non ha una grande considerazione di me. Si può dire che è molto invidioso nei miei confronti"
"D'accordo, grazie mille per il tuo aiuto Mercuria e grazie per le tue risposte"
"Aspetta a ringraziarmi Brendan. Il compito che ti aspetta non è dei più facili. Gagica sarà un buon banco di prova per te"
Brendan sorrise e si avviò nella direzione che Mercuria gli aveva suggerito. Il caos regnava sempre sovrano ed una folla enorme si muoveva per le strade di Gagica. Urli, strepiti e risa si avvicendavano, senza cessare neppure per un secondo. Ad ogni modo a Brendan questo non molestava, soprattutto dopo la terribile esperienza vissuta poco prima. Non voleva più rimanere da solo. Le parole di Mercuria gli avevano dato però da pensare. Se quella era davvero una notte particolare e maledetta, chissà quante altre cose sarebbero potute accadergli e quanti altri ostacoli avrebbero incrociato il suo cammino. Non avrebbe mai pensato che sarebbe stato così complicato tornare a casa. E non pensava che quello che aveva detto Tancredi fosse reale, che quella strada sarebbe stata la più divertente ed interessante, ma anche la più difficile e pericolosa. Avrebbe dovuto accettare l'aiuto di Waldhar e farsi chiamare un Taxi…
Eliminò immediatamente quei pensieri oscuri e negativi e si ricordò la promessa che aveva fatto a sé stesso. Tornare a vivere, provare emozioni e superare i propri limiti. Questo stava cercando ed affrontando e non avrebbe abbandonato proprio ora. Oramai era andato troppo lontano per gettare la spugna e tornare indietro.
Finalmente, tra una spallata e l'altra, arrivò alla bancarella di cui Mercuria gli aveva parlato: il banchetto di Netami. Si avvicinò e fortunatamente non vide nessuno in fila per barattare le merci del mercante, che vide lì in piedi, con un volto duro come la pietra ed un atteggiamento differente dagli altri venditori. Non cercava di attirare l'attenzione dei potenziali clienti sbracciando, urlando… Semplicemente se ne stava immobile con le braccia incrociate e la faccia completamente seria. Come Mercuria aveva accennato, il banco era adornato da vestiti, stoffe e tessuti di ogni tipo e da quello che Brendan poteva vedere, anche di pregevole fattura.
Netami era pelato, naso aquilino di enormi dimensioni, una barba nera e lunga che gli arrivava fino al petto ed indossava una tunica nera. Brendan si avvicinò e lo chiamò per nome "Il mercante Netami?"
Netami girò la testa e squadrò Brendan da capo a piedi, senza abbandonare la sua espressione seria ed inflessibile "Si sono io. Con chi ho l'onore di parlare"
"Mi chiamo Brendan piacere. Sono qui per conto di Mercuria. Vorrebbe una gonnellina per una delle sue bambole di porcellana. Me la potresti donare?"
Al nominare Mercuria, l'espressione di Netami cambiò completamente; si poteva vedere il livore disegnato sui suoi occhi.
"Mercuria? Quella vecchia dannata… Che il Diavolo se la porti nella tomba! E' solo per colpa sua se non ho abbastanza clienti, lei e la sua infima bancarella di bambole di porcellana! E si vanta anche tanto per questo, pensa! Fa tutto questo solo perché è una invidiosa e vuole mettermi in ridicolo. Ma un giorno le tornerà tutto indietro vedrai!"
Brendan trovò senza senso il discorso del mercante, che le sembrò morire di invidia nei confronti di Mercuria, una donna do cui aveva apprezzato la compagnia e che era tutto l'opposto rispetto alla descrizione superficiale che le aveva affibbiato.
"A me è sembrata una persona deliziosa…"
"E' quello che vuole farti credere!" sbottò Netami "Ma è solo una invidiosa che si crede superiore agli altri. Si diverte solo a mettermi in ombra ed a rovinare il mio lavoro e la mia reputazione. Ma vedrai, o si che vedrai"

Brendan era stanco dei deliri dell'uomo e cercò di cambiare discorso "Allora Netami, puoi aiutarmi? Mi potresti donare una gonna fatta a misura per una bambola di porcellana? Potrebbe andare bene anche solo del rocchetto e del filo"
Netami era pensieroso e non sapeva se accettare o meno.
"D'accordo accetto. Ma solo perché sei stato tu a venirmelo a chiedere. Però ovviamente dovrai darmi qualcosa in cambio. Funziona così a Gagica. Il baratto vige in questo luogo"
- Oh no, ci risiamo – pensò disperato Brendan. Un altro baratto, un'altra persona da accontentare.
"Ho fame" brontolò Netami "Portami uh maiale intero, già cotto a puntino, pronto per essere mangiato"
Brendan non poteva credere alle sue orecchie "Un maiale intero?"
"Si hai sentito bene. Ho fame e voglio una maiale intero. Portamelo, oppure Mercuria dovrà lasciare nuda la sua stupida ed insignificante bambola"
Brendan sbuffò prostrato "D'accordo"
Riprese a camminare per il mercato, alla ricerca di un banco che vendesse cibo di ogni genere. Si stava rendendo conto che Gagica era davvero enorme, mai nella sua vita aveva visto un mercato tanto grande ed esteso. Si chiedeva dove si trovasse la fine. E non poteva credere che fosse così popolato a quell'ora della notte. Ma oramai stava iniziando a non stupirsi più di nulla: Vesnic era una continua sorpresa, una città unica al mondo.
Improvvisamente, sentì un fortissimo odore di carne cotta e sorrise soddisfatto, sicuro che lì vicino ci fosse ciò che stava cercando. Seguendo l'odore, arrivò ad una bancarella, dove un uomo obeso di alta statura stava girando su un grill ciò che stava cercando: un maiale intero, cotto a puntino. Stava parlando e ridendo con una coppia di clienti, che gli stavano donando due caffettiere. In cambio, l'energumeno gli diede due hamburger giganteschi. Brendan trovava il baratto una buona forma di scambio dopotutto. Quando i due clienti di allontanarono, Brendan si avvicinò alla bancarella per guadagnare il suo turno.
"Buonasera… O buonanotte. Cosa vorrebbe in cambio del maialino che sta cucinando?"
Brendan era oramai entrato nel meccanismo e passava subito al dunque.
"Oh come siamo diretti, sai quello che vuoi vero? Non sei di questo parti si? Qui le facce sono più o meno le stesse e la tua mi sembra nuova"
L'energumeno obeso indossava un vestito ed un cappello da cuoco, completamente bianco. Nella mano destra stringeva uno spiedino che stava divorando avidamente e la sua faccia sembrava un pallone da calcio, tanto era rotonda.
"Sì, non ho mai messo piede qui a Gagica. Vivo a Vesnic da pochi mesi e risiedo a Prezent"
"Ah guarda! Beh fa sempre piacere avere dei visitatori qui. Bene! Cosa potresti portare al buon Gurdus?"
A Brendan cascarono le braccia. Di questo passo, quel dannato processo non avrebbe mai avuto una fine. Era come un cane che si stava mordendo la coda. Chiunque avrebbe voluto qualcosa in cambio e sarebbe rimasto lì per sempre, come in una eterna prigione.
"Sì, il buon Gurdus vuole una bambola gonfiabile!"
Brendan rimase a bocca aperta "Una cosa?"
"Sì" esclamò Gurdus trionfante ed orgoglioso, sventolando lo spiedino come se fosse una spada "Voglio una bambola gonfiabile, tutta per me! Mi farà compagnia in queste notti solitarie e noiose"
Brendan scosse le mani; non voleva ulteriori dettagli "D'accordo Gurdus, ti porterò ciò che desideri"
"Perfetto allora! Abbiamo un accordo straniero"
Brendan non poteva credere alle sue orecchie. Una bambola gonfiabile. Ma non aveva scelta. Si mise a cercare una bancarella che vendesse articoli erotici. Decise di seguire il suo intuito e girare a sinistra rispetto alla bancarella di Gurdus, quindi nella direzione in cui c'era l'entrata principale. Le persone in Gagica si avvicendavano, incrociava individui di qualsiasi sesso ed età. Si trovava in un ambiente eterogeneo e variegato.

Camminando e camminando ad un certo punto vide davanti a sé una bancarella differente dalle altre. Era coperta da tende rosse e nere e su di esse erano disegnati dei cuoricini e degli angeli che scoccavano frecce. Fuori da essa, c'erano due bruti muscolosi che facevano la guardia. Brendan era convinto che quello fosse il luogo che stava cercando. Si approssimò e si schiarì la gola.

"Scusate, questo è un… ecco… una bancarella di articoli erotici?"

Le due guardie si guardarono e scoppiarono a ridere.

"Si amico è proprio così. Vorresti dare un'occhiata?"

Brendan si sentiva leggermente a disagio "Sì per favore"

Una delle guardie gli fece segno con la mano, continuando a sorridere "Prego, entra pure"

Brendan aprì la tenda principale e si ritrovò circondato da ogni tipo di giocattolo sessuale esistente. Falli di gomma, vagine finte, manette, aggeggi per stimolare il clitoride, costumi sadomaso di pelle, fruste… e ciò che stava cercando, una bambola gonfiabile.

"Sono Sàtira. Posso esserti d'aiuto?"

Brendan era tanto concentrato nell'osservare la incredibile mercanzia, che non vide la donna seduta in fondo. Era di una bellezza sconcertante. Lunghi capelli neri che le cadevano sulla schiena e sul seno, un corpetto di pizzo nero e delle calze autoreggenti anch'esse nere. Anche le scarpe con l tacco che indossava erano dello stesso colore. Portava dei guanti di seta e stava fumando una sigaretta da un bocchino. Teneva le gambe accavallate ed era fortemente truccata. La sua bellezza le ricordò per un momento Adara. C'era anche una certa somiglianza tra loro.

"Allora, come posso aiutarti?"

Brendan ritornò in sé, come se fosse stato in preda a un incantesimo.

"Sì perdonami… sono qui per conto di Gurdus il cuoco. Desidera una bambola gonfiabile"

La donna non si mosse dalla sedia e fece una boccata di fumo. Non sembrò impressionarsi per la richiesta di Brendan.

"Non so chi sia questo Gurdus… Ed a ogni modo non c'è bisogno di inventarsi scuse o fantasie… Io non giudico nessuno ed è per questo che offro questo genere di articoli. Tranquillo, non lo dirò a tua moglie. Nemmeno il modo in cui mi stai guardando" Sàtira proferì questa ultima frase mostrando un sorriso malizioso.

Il viso di Brendan si fece paonazzo dalla vergogna "No, giuro che non è per me, davvero io…"

Sàtira mise il dito indice sul naso "Non ti preoccupare tesoro, tutto questo rimarrà tra me e te"

- Maledetto Gurdus – pensò Brendan. In che situazione imbarazzante lo aveva collocato.

Sàtira si alzò in piedi ed iniziò ad avvicinarsi a Brendan. Oltre che estremamente bella, era anche alta.

"Bene, come ben saprai dovrai portarmi qualcosa in cambio. Voglio una moneta antica, che rappresenti la Legiunile. Quelli della Legiunile mi fanno davvero eccitare" Dicendolo si morse il labbro ed emise un gemito, toccandosi il seno e la coscia.

"V-va bene, avrai ciò che desideri"

"Grazie tesoro"

Brendan salì precipitandosi dalla bancarella nascosta e riprese il cammino. Quando sarebbe terminato questo circolo vizioso? Avrebbe potuto continuare per sempre. Adesso capiva bene le parole di Mercuria, che no sarebbe stato per nulla semplice. Ma non si sarebbe scoraggiato. Avrebbe trovato una soluzione a quel dilemma ed a quel rompicapo.

Iniziava a sentire i sintomi della stanchezza, ma la sua determinazione era molto più forte. Non si sarebbe arreso e non avrebbe ceduto. Procedendo per quel labirinto che era Gagica, condividendo quella notte con le decine di anime che ne solcavano il terreno, arrivò ad una bancarella che le sembrò vendesse articoli storici. Di tutto era esposto: armi antiche, scudi, vestiti ottocenteschi, pipe e… Finalmente le vide! Delle monete antiche. Non aveva però idea di quelle che potessero rappresentare la Legiunile. Decise di rivolgersi al proprietario. Se ne stava seduto contando delle monete e delle banconote, disponendole in delle piccole scatole. Da quello che Brendan poteva vedere, erano degli Aur. Ma i soldi a Gagica non erano proibiti?

Quando il venditore si accorse che Brendan lo stava osservando, prese tutto ed in fretta e furia lo nascose in un cassetto.

"Che cosa cosa hai da guardare, ficcanaso!"

"Niente, niente, sono solo interessato alla tua mercanzia"

Il mercante sembrò distendersi e rilassarsi un poco.

"Mmm… che cosa stai cercando?"

Brendan indicò le monete antiche che aveva esposte in una scatola disposta su di un banco.

"Sto cercando una moneta antica che rappresenti la Legiunile"

"Mmm abbiamo un intenditore qui… Bene fammi pensare a cosa potresti darmi in cambio.."

Brendan incrociò le dita, sperando fosse qualcosa che era già in suo possesso.

"Si ci sono. Desidero dei guanti da boxe"

Una richiesta senza senso dietro l'altra.

"Vorresti dei guanti da boxe?" chiese Brendan frustrato.

"Si hai capito bene. Altrimenti niente moneta"

Brendan tentò allora di giocarsi il tutto e per tutto, puntando su ciò che aveva visto poco fa, il che le faceva supporre che il venditore fosse una avaro di prima categoria.

"Ascolta… che ne diresti se ti dessi in cambio qualcos'altro in cambio della moneta? Non so… magari qualche banconota che accidentalmente mi possa essere caduta dalla tasca?"

Brendan si stupì di sé stesso: stava trasgredendo le regole di Gagica. Poteva essere pericoloso. Ma voleva uscire da quel labirinto senza uscita nel quale era entrato, ad ogni costo. Era stanco di percorrere quel mercato avanti ed indietro come un folle.

"Stai cercando di corrompermi? Lo sai vero che qui i soldi sono proibiti? Potresti finire nei guai"

Brendan scrollò le spalle "Però mi pare di aver visto che tu stessi contando degli Aur poc'anzi, o sbaglio? Quindi io aiuto te e tu aiuti me. Che ne dici? Abbiamo un accordo?"

Il mercante incominciò a tirarsi i baffetti a spirale ed a mugugnare pensieroso. Stava valutando l'offerta di Brendan. Ad un certo punto prese una penna d'oca ed iniziò a farsela girare tra le mani, fissandola con sguardo serio.

"Mmm mio caro, lascia che ti spieghi una cosa… tu ti credi molto furbo e brillante ad avermi fatto questa proposta giusto? E pensi di avermi in pugno solo perché mi hai visto contare degli Aur, mi sbaglio?"

Brendan iniziò a gesticolare con le mani, in segno di dissenso.

"No aspetta, non è come pensi…."

Il mercante mise di lato la penna d'oca e fissò Brendan dritto negli occhi.

"Oh invece è proprio come sembra, eccome. Però devi capire che qui tu non sei nessuno, mentre io ho parecchie conoscenze, il che vuol dire che tu ti potresti ritrovare in un batter d'occhio con la gola tagliata da un orecchio all'altro… Mi spiego?"

Il venditore si alzò in piedi lentamente, sempre fissando Brendan

"Quindi, o mi porti i guanti da boxe che desidero, oppure smamma e non farti più rivedere perché altrimenti ti ritroverai in men che non si dica cadavere, quanto è vero che mi chiamo Codicio"

Brendan capì che era meglio non scherzare con questo individuo e mise le mani avanti. Non voleva problemi, né con lui, né con chi amministrava Gagica. Era meglio mantenere un profilo basso.

"D'accordo, d'accordo… Ti porterò dei guanti da boxe"

Codicio si sedette nuovamente e distolse lo sguardo, concentrandosi ancora sul suo denaro segreto. Ed ecco ancora una volta a volteggiare per le stradine di Gagica, alla ricerca dell'ennesima merce da offrire. Brendan oramai non capiva se si era destato dall'incubo che aveva vissuto con le tre ragazzine o ancora stava sognando. La situazione nella quale si trovava gli sembrava ai confini della realtà, troppo incredibile per essere vera. Ma in un contesto come quello di Vesnic, il suo discorso non aveva molto senso, lì perso nei meandri dell'impossibile, dove l'impossibile alla fine non esisteva. Era una parola desueta a Vesnic; tutto lì poteva diventare realtà ed anche la situazione più assurda e straordinaria, acquisiva un senso ed una logica, dove nel mondo "normale" al di fuori di essa, sarebbe stata valutata come alla frontiera dell'assurdo. Ma a Vesnic tutto era possibile e lo straordinario diventava consuetudine, al punto che i cittadini stessi non lo consideravano più un fatto eccezionale. E lui vagava in quel limbo, in quella notte pazzesca che mai avrebbe dimenticato per il resto dei suoi giorni.

All'improvviso sentì delle grida e degli strepiti. Seguì le voci e vide un uomo enorme e muscoloso litigare con tre tizi, che dovevano essere dei potenziali clienti. Tutti sbracciavano e strepitavano, lottando a chi aveva ragione e chi torto.

"Essilu, maledetto bastardo! La merce che ci hai dato è insulsa e di scarso valore!"

"Ci hai ingannato, lurido ladro!"

"Rivogliamo ciò che ti abbiamo donato!"

Essilu, colui che doveva essere il mercante, era un uomo mastodontico e forzuto, con fitti capelli ricci e collo taurino. Non era molto alto e le sue mani sembravano delle pale talmente erano grosse. Il suo viso era paonazzo per la rabbia e sul suo collo si potevano intravedere numerose vene pulsare incessantemente.

"I maledetti bastardi siete voi! La mia merce è di prima qualità, siete voi che mi avete rifilato spazzatura! Ed adesso levatevi di torno molluschi, non vi voglio più in mezzo ai piedi!"

"Idiota, te ne pentirai!" urlò uno dei tre "Ragazzi diamo una lezione a questo scherzo della natura!" In meno di un secondo, il gruppetto si scagliò contro Essilu. Ma quest'ultimo se lo aspettava ed era pronto alla battaglia. Uno di loro gli tirò un pugno diretto alla faccia, ma Essilu lo evito e rispose con un gancio al mento che mise al tappeto il povero malcapitato. Gli altri due non demordettero e assaltarono all'unisono il mercante, ma Essilu non si fece sorprendere e tirò una spallata con tutta la sua forza al tizio alla sua sinistra scaraventandolo a terra e tirò un potentissimo calcio allo stomaco a quello alla sua destra, che si piegò in due dal dolore.

Quello buttato giù dalla spallata si rialzò, però vedendo i suoi due compari stesi a terra privi di sensi, se la diede a gambe. Seguì un momento di silenzio, accompagnato repentinamente dall'esplosione di urla ed applausi della folla lì intorno che aveva assistito allo spettacolo.

Tuttavia Essilu sembrò non apprezzare quelle urla di gioia e gradimento. Li guardò in cagnesco e sbraitò "Che avete tanto da applaudire e schiamazzare voialtri? Vedete di levare le tende, perché altrimenti farete la loro stessa fine!"

Al che si fece di nuovo silenzio e non volò più una mosca e tutti iniziarono di nuovo a camminare ed ad andare per il proprio destino. I due tizi rimasero lì a terra e nessuno fece loro caso, ma di lì a poco arrivarono due guardie del mercato e senza fare nessuna domanda o importarsi di cosa potesse essere accaduto, presero di peso i due individui e li trascinarono via. Brendan osservò la bancarella di Essilu e vide che vendeva ogni tipo di oggetto da lotta o battaglia: spade, asce, coltelli, tirapugni... ed i guanti da boxe che desiderava Codicio!

Ad ogni modo ora, dopo aver visto la rissa e l'attitudine di Essilu, Brendan non negava di essere intimorito da quella montagna di muscoli. Avrebbe dovuto prenderlo con le pinze e parlargli con calma. Molta calma. Si avvicinò con circospezione e notò che Essilu era anche un fabbro: stava creando un'ascia nella sua fucina. I suoi muscoli erano meno tesi e sembrava più rilassato che in precedenza; non si osservavano più le vene pulsare sul suo collo. Immerse l'ascia nella vasca di acqua fredda e successivamente l'appoggiò sull'incudine, iniziando a modellarla con un martello. Brendan pensò che quei tre fossero stati dei pazzi a sfidare in una rissa un individuo come Essilu. Il mercante fabbro, martellava e martellava e Brendan stava raccogliendo il coraggio per parlargli, quando si lanciò "Essilu..."

In meno di un secondo il venditore si girò con uno scatto e guardò Brendan con occhi iniettati di sangue "Che diavolo vuoi!" esclamò con rabbia.

Brendan fece automaticamente un passo indietro e per un momento ebbe paura di fare la fine dei tre uomini che avevano affrontato Essilu poco prima. Però ricordo la sua missione e si prese di coraggio. Non doveva mostrare di avere paura o di essere intimorito, altrimenti sarebbe stato peggio.

"Vedi quei guanti da boxe lì appesi?"

Essilu girò lo sguardo verso la merce "Sì e con questo?!"

"Voglio fare uno scambio. Che cosa desideri per questi guanti?"

Essilu rimase a fissarlo per un momento, dopodiché tornò a martellare la sua ascia

"Non voglio nulla. Ed ora vattene, ne ho abbastanza di scocciatori come te"

Brendan non si diede per vinto

"Per favore è di assoluta importanza. Ti porterò qualsiasi cosa tu voglia"

Essilu tirò a terra con furia il martello e l'ascia e andò muso a muso contro Brendan. Solo in quel momento notò quanto colossale fosse il mercante. Ed anche se di altezza erano più o meno identici, lo sovrastava completamente.

"Quindi vuoi quei guanti eh?"

Brendan deglutì, pronto a ricevere da un momento all'altro uno dei suoi terribili pugni.

"S-sì esatto, hai capito bene"

Essilu ansimava come un toro pronto a caricare e la sua muscolatura si era di nuovo irrigidita.

"E va bene. Voglio una coperta di lana per quei guanti da pugilato. Torna qui solo una volta che avrai la merce che desidero, altrimenti sarà meglio per te non rivolgermi nemmeno la parola"

Brendan annuì con la testa e si allontanò immediatamente, alla ricerca dell'oggetto richiesto.

Vagava come un'anima persa nel purgatorio, alla ricerca dell'ennesima bancarella, dell'ulteriore oggetto da scambiare. Alzò la testa per osservare il cielo, una cosa che si rese conto non aveva ancora fatto durante quella paradossale notte e vide che la Luna era quasi piena in cielo e le stelle brillavano, lucenti. Non c'era quasi una nuvola e la natura dell'universo dava sfoggio della sua più infinita bellezza. Vagò e vagò, senza però incontrare quello che stava cercando ed incominciò a demoralizzarsi. Quando così per caso, vide una signora stringere una manta di lino, quelle che si utilizzano di inverno per coprirsi quando si sta vicino al camino, a godersi la sensazione di calore e di conforto.

"Signora mi scusi se la importuno, una domanda"

La signora lo guardò sorridendo

"Dimmi caro"

"Dove ha trovato quella manta?"

La signora indicò con il dito la direzione alle sue spalle

"A pochi metri da qui c'è la bancarella di Aknoia, la venditrice di coperte, lenzuoli, mante e molto altro. I suoi prodotti sono eccezionali, ma la sua bancarella andrebbe molto meglio se non fosse per il suo atteggiamento. E' talmente pigra! Non ha voglia di fare nulla è una svogliata di prima categoria"

Brendan non diede peso alle ultime parole della signora, ringraziò di cuore per l'aiuto e procedette a passo spedito verso il banco di Aknoia.

Le indicazioni della signora si rivelarono corrette: poco dopo si trovò di fronte a lui un banco ricoperto da piumoni, coperte, lenzuoli, tutto messo in disordine ed alla rinfusa. Di fronte alla bancarella, un uomo stava cercando di contrattare con Aknoia, ma sembrava che quest'ultima non stesse nemmeno ad ascoltarlo. Stava semplicemente semi coricata su di una poltrona enorme – e molto comoda a quanto sembrava – sbadigliava e sbuffava annoiata.

"Ehi, ma mi stai ascoltando o cosa? Cosa vuoi in cambio di questo lenzuolo?" chiese il cliente, un omino con uno smoking, una bombetta ed un ombrello viola, indicando la merce della quale era interessato.

Aknoia fece un altro enorme sbadiglio stiracchiando le braccia "Mmm non so, non saprei… Sono in pausa adesso"

L'omino aggrottò le sopracciglia "In pausa? A me sembra che tu non abbia voglia di lavorare, ecco cosa!"

Aknoia sbuffò fortemente "Mi spiace, siamo chiusi per lavori in corso, passi più tardi"

"Chiusi per... Ah questa poi" disse indignato "Non ti preoccupare, stai pure sulla tua poltrona a poltrire, mi rivolgerò a qualcun altro. Sicuro che andrai in malora, su questo non c'è nessun dubbio!"

L'omino con la bombetta se ne andò a passo lesto ed adirato ed Aknoia gli fece un gesto di saluto con la mano, però con una lentezza disarmante, quasi che le costasse muovere l'arto. Brendan si mise le mani nei capelli ricci castani: lo aspettava un'altra bella sfida. Si appropinquò verso la bancarella di Aknoia e notò ancora di più il disordine che la contraddistingueva: non era per nulla curata, tutto era messo a casaccio e c'erano mucchi di coperte, piumoni e lenzuoli tutti mescolati tra di loro. Insomma, un vero e proprio caos.

Brendan si rivolse alla mercante, che aveva già chiuso gli occhi. Si schiarì la gola per attirarne l'attenzione.

"Aknoia?"

Non si mosse di un centimetro. Sicuramente fece finta di non ascoltare.

Brendan non si diede per vinto e tentò di nuovo, alzando un po' la voce questa volta.

"Aknoia?"

Ed ecco un altro sbuffo, seguito da una voce con un tono infastidito, che sembrava provenisse dal fondo di una caverna.

"Mmmh si che cosa c'è?"

Aknoia aveva il corpo ricoperto di piercing e tatuaggi di ogni tipo. Capelli lunghi rasati ai lati, da un lato rossi e dall'altro tinti di viola. Le labbra erano ricoperte di rossetto nero e gli occhi erano di un azzurro glaciale. Indossava una canottiera con disegnato un teschio e dei jeans attillati a vita bassa che esibivano il piercing all'ombelico. Per completare, indossava un paio di stivali di cuoio con borchie, di stampo militare.

"Vado subito al dunque: vorrei una delle tue coperte. Con cosa la scambieresti?"

Aknoia palesò uno sguardo stizzito alzando gli occhi al cielo "Adesso sono in pausa e siamo chiusi per lavori in corso"

Brendan strinse i denti e cercò di non perdere la pazienza. Un passo falso e l'avrebbe persa per sempre.

"Si immagino che tu sia molto stanca e voglia riposare... Però davvero, ti ruberò solo un minuto del tuo tempo, giusto per sapere cosa vorresti in cambio di... questa coperta. Ecco, questa che hai di fronte a te"

Brendan indicò l'oggetto di interesse e rimase in sospeso, attendendo la reazione di Aknoia... O la sua non-reazione.

La ragazza sbuffò e sbadigliò, incrociando le braccia ed inclinando la poltrona. Dopodiché si sdraiò completamente, chiuse gli occhi e si mise a dormire. Brendan sbatté le mani sulle gambe per la frustrazione ed incrociò le mani sul collo. Aknoia incominciò persino a russare.

Scoraggiato, Brendan pensò di allontanarsi da lì, consapevole che con Aknoia non ci fosse più nulla da fare. Non era d'aiuto e gli avrebbe fatto solo perdere del tempo.

"Aspetta, torna qui"

Brendan si girò sorpreso: era stata Aknoia a chiamarlo. Si stava solo divertendo a prenderlo in giro.

"D'accordo ti darò la mia coperta" emise un enorme sbadiglio e si stiracchiò "Però in cambio voglio..."

Si mise la punta dell'indice sulle labbra ed alzò gli occhi al cielo, come per pensare.

"Vorrei, vorrei, vorrei..."

Brendan pendeva dalle sue labbra, pronto a ricevere l'ennesimo incarico. Cosa lo avrebbe atteso questa volta?

Aknoia emise un forte sbuffo di frustrazione "Ah che noia, non so che cosa voglio"

Brendan era esasperato: mai nella sua vita aveva visto una persona più indolente di lei.

"Forse ci sono: dimmi una lettera, una qualsiasi"

"Una lettera?" chiese stupito Brendan

"Sì una lettera, una qualunque. Non so cosa scegliere e pensare troppo mi stressa. Dammi una lettera e penserò ad un oggetto che inizia con la stessa"

Brendan accettò; l'unica cosa che voleva era uscire da quel vortice il più presto possibile

"D'accordo. Non so.. la S?"

"Mmm… scelta interessante. D'accordo ed S sia"

Aknoia fece lo stesso gesto ed iniziò nuovamente a riflettere su ciò che desiderava.

"Diamine è ancora più complicato e noioso di quando scrivevo la lettera a Babbo Natale. Ah trovato!"

Brendan fu lieto di ascoltare quelle parole; Aknoia si era finalmente decisa.

"Voglio uno specchio. Non uno troppo grande, di medie dimensioni, giusto per poter contemplare il mio bellissimo viso"

Brendan annuì, contento di essere riuscito a convincere quella ragazza così abulica. Pensava che non ce l'avrebbe fatta, tanto era pigra.

"Avrai il tuo specchio"

"Perfetto ed ora lasciami in pace. Mi hai fatto lavorare fin troppo, sono stanca adesso, vado a schiacciare un pisolino"

Brendan la lasciò alla sua pennichella e procedette alla ricerca del seguente oggetto da scambiare. La lista ora si stava facendo lunga e sperava di non dimenticarsi nemmeno una delle merci che avrebbe dovuto donare ai bizzarri mercanti. Continuò il suo peregrinare alla ricerca di una bancarella che vendesse specchi. Si chiese che ore fossero ormai; suppose fossero le due del mattino o qualcosa del genere. Aveva già perso da molto la cognizione del tempo. Ad ogni modo, gli sembrava fossero passati secoli da quando fu derubato alla pensilina del bus, come se avesse attraversato un'altra dimensione, che non apparteneva a quella in cui fino ad ora aveva vissuto. Un passaggio repentino, del quale non si era accorto.

Continuava a farsi strada nella folla, che non accennava a diminuire in Gagica, questo bizzarro mercato come mai ne aveva visti in tutta la sua vita. Non ne vedeva la fine e pensava che non avesse un limite o un confine, come un universo in continua espansione. Intorno a lui gli scambi procedevano, i mercanti gridavano, le persone offrivano e contrattavano. Gagica era un'esplosione di vita ed esistenza, che coinvolgeva centinaia di anime.

Stava perdendo le speranze di trovare una bancarella che fornisse il tipo di merci che stava cercando, quando ad un certo punto vide in lontananza una donna che si stava specchiando. Dietro ed intorno a lei, la bancarella era costellata di ogni tipo di orpello per quale qualsiasi donna avrebbe perso la testa: anelli, collane, bracciali, cavigliere, ogni tipo di gioiello e pietra preziosa e per sua fortuna, specchi di ogni tipo e dimensione.

La proprietaria della bancarella stava lì seduta, rimirandosi allo specchio che teneva in mano di fronte a sé, spostandosi i capelli, accarezzandosi il viso e sorridendo alla propria immagine. Era una donna di grande bellezza: capelli biondi lisci e fluenti; viso truccato delicatamente, con un rossetto di color ambra; occhi di un marrone profondo, con una luce dorata che li contraddistingueva; camicetta di color grigio con ampia scollatura; jeans a vita bassa e scarpe con tacco corto.

Brendan era pronto per una nuova contrattazione, anche se riconosceva che era quasi esausto di essere sballottato da una parte all'altra di Gagica. Sperava che la buona sorte avrebbe potuto aiutarlo questa volta e che gli venisse avanzata una richiesta a portata di mano. La donna non cessava di specchiarsi ed ora Brendan poteva udire che si stava complimentando con sé stessa.

"Sono bellissima, stupenda! Nessuno a questo mondo è più bella della sottoscritta. Ah, se solo potessi, ti sposerei!"

Brendan si schiarì la gola "Scusami, vorrei fare uno scambio"

La donna distolse lo sguardo dallo specchio e guardò Brendan infastidita "Al momento sarei un tantino occupata… Vedi, amo contemplare la mia infinita e gloriosa bellezza e non amo essere interrotta quando mi complimento con me stessa"

Brendan non aveva mai incontrato una persona tanto superba e altezzosa. Nemmeno i suoi due capi dell'azienda dove lavorava, La Smith and Brothers, erano tanto arroganti e presuntuosi. Ma Brendan ebbe un impeto di genio e pensò di usare la superbia della mercante a suo favore, così da poter raggiungere il suo obiettivo.

"Sì hai ragione, la tua bellezza è davvero rara, se non unica. Per questo mi sono avvicinato alla tua bancarella; sarebbe per me un onore poter effettuare un baratto con una donna di così straordinaria avvenenza"

La donna lo guardò fisso, non mostrando nessun tipo di emozione. Brendan rimase immobile, con una goccia di sudore che gli solcò la fronte, sperando che si fosse bevuto la sua interpretazione. Il tempo si fermò e rimase come sospeso e Brendan pensò che lo avrebbe cacciato via urlando e schiamazzando.

"Che tesoro sei! Sì è vero, come darti torto, sono fantastica, più piacevole di un sogno. Dimmi caro, come ti chiami, tu che hai elogiato la mia bellezza in maniera così fine"

"Mi chiamo Brendan"

La ragazza si alzò dalla sedia e posò lo specchio sul bancone della bancarella. Appoggiò le mani sullo stesso e mostrò così l'abbondante scollatura.

"Piacere Brendan, sono Leona. Come può la più favolosa e stupenda donna al mondo aiutarti?"

Brendan si sentì orgoglioso di sé stesso: aveva fatto centro.

"Vorrei uno specchio di piccole-medie dimensioni, simile a quello che stavi usando tu"

"Purtroppo non posso donarti il mio; è un regalo di una persona a me cara. Però posso certamente barattarne un altro senza nessun problema Brendan. Però desidero due cose in cambio"

- Addirittura due – pensò Brendan, sicuro che quell'andirivieni non avrebbe mai avuto un termine. Era finito al purgatorio, ed ancora non lo sapeva.

"Vorrei che mi portassi un bracciale di onice ed un filo rosso di un fuso, lo strumento che si usa per cucire"

Brendan cadde di nuovo nello sconforto: non possedeva quello che Leona chiedeva e questo voleva dire cercare un'altra bancarella, anzi due, che avessero avuto quello che lei desiderava. Non c'era via d'uscita; sarebbe andato avanti così all'infinito. Forse l'alternativa di tornare al crocevia e prendere l'altra strada non era alla fine una cattiva idea. Ma la promessa che aveva fatto a sé stesso? E se avesse di nuovo incontrato le tre bambine?

Fece un cenno di approvazione a Leona e si incamminò nuovamente alla ricerca dei nuovi oggetti richiesti.

"Ehi dove stai andando?" chiese Leona

Brendan la guardò stupito e sconsolato "A cercare gli oggetti che mi hai richiesto"

Leona rise soavemente "No Brendan, fermati. Mi spiace, ma non troverai mai gli oggetti che ti ho richiesto qui a Gagica"

Brendan aggrottò le sopracciglia "Che cosa vuoi dire?"

Leona incrociò le braccia sull'ampio seno "C'è un solo posto dove puoi trovare quello che ti ho chiesto: la casa abbandonata che si trova in fondo al sentiero che inizia fuori dall'entrata di Gagica"

Brendan sentì un brivido lungo la schiena "Non ti starai riferendo a…"

Leona annuì soddisfatta "Ah dunque conosci la storia! Per essere un forestiero sei ben informato. Ebbene sì, la casa in questione è quella dove si è consumata la strage della famiglia che una volta lì ci abitava, ad opera degli stessi coniugi, che si uccisero a vicenda e poi ammazzarono i due figli rimasti in vita"

Brendan rammentò la terribile storia raccontata da Mercuria, quando le nominò Mabuz, la creatura che albergava le stanze della casa in cui si era consumato quel tragico atto. Adesso si sarebbe dovuto recare lì per poter trovare gli oggetti che Leona gli aveva richiesto. Da una parte avrebbe messo finalmente fine a quel ciclo senza termine nel quale era cascato… Ma dall'altra, avrebbe dovuto mettere piede in quel luogo maledetto e la cosa non gli piaceva per nulla.

"Leona… Tu hai mai sentito parlare di un certo…" Aveva persino timore di nominarlo, come se il solo pronunciare il suo nome lo avesse fatto materializzare lì, in quel preciso istante, in mezzo a loro "Mabuz, Il Signore del Castello della Morte?"

Leona scoppiò in una risata fragorosa "Oh Brendan… Non crederai anche tu a queste sciocchezze vero? E' solo una delle tante leggende metropolitane che albergano Vesnic e che riempiono le bocche degli sprovveduti e dei creduloni che non hanno niente di meglio da fare che diffondere stupidaggini"

Leona prese nuovamente lo specchio e ammirò la sua immagine, aggiustandosi i capelli color oro e facendo i soliti commenti superbi sula sua incredibile bellezza.

"Non esiste nessun Mabuz Brendan. Le persone hanno solo ricamato una storia dell'orrore su quel tragico evento. Il male di quei due miserabili non si è reincarnato in un individuo che rappresenta la malvagità dell'essere umano o idiozie simili. Si è vero, può essere inquietante entrare in un posto del genere, dato ciò che vi è accaduto al suo interno. Ma in quella casa non vi è rimasto nulla, se non polvere, insetti e la miriade di cose interessanti che vi hanno lasciato e di cui sono particolarmente interessata"

Brendan fremeva dal farle quella domanda e decise di proferirla, gli fosse costato l'accordo con Leona. Non poteva resistere ed alla fine cedette.

"Se sei così sicura che lì dentro non ci sia nulla, che non ci sia nessun Mabuz, che sonno tutte idiozie e via dicendo… Perché non ci vai tu a recuperare quel bracciale e quel filo d'arcolaio?"

Leona fece un mezzo sorriso e mise le mani sui fianchi; chiaramente non si aspettava quella domanda da parte di Brendan e si sentì spiazzata, il che la fece irrigidire non poco.

"Io ho un'attività da portare avanti ometto, come vedi… Non posso lasciare la mia bancarella incustodita ed ogni volta che propongo questo tipo di scambio, tutti se la fanno sotto dalla paura e rifiutano con la coda tra le gambe. Ho deciso di chiederlo a te perché mi sembri tutto, fuorché un vigliacco"

- Bella mossa – pensò Brendan. L'intento di Leona era chiaro: puntare sulla sensibilità di Brendan e sul suo orgoglio affinché accettasse le condizioni.

"Ad ogni modo sei sempre libero di rifiutare, non c'è nessun problema. Chiederò a qualcun altro"

"No accetto. Hai ragione tu, non sono altro che leggende e stupide superstizioni. Così metterò anche fine a questa infinita ricerca e potrò ottenere finalmente il lasciapassare di platino. Indicami dove si trova la casa abbandonata per favore"

Leona fece un ampio sorriso, soddisfatta di aver ottenuto ciò che voleva.

"Dovrai tornare da dove sei venuto e procedere in quella direzione, fino a che non vedrai una bancarella che vende palloncini ed accessori da clown. Una volta arrivato lì, dovrai girare a destra ed andare sempre dritto: al fondo della strada troverai l'uscita di Gagica"

Brendan stava prestando attenzione, per non perdere un minimo dettaglio delle informazioni che Leona gli stava fornendo.

"Una volta uscito da Gagica, di fronte a te vedrai diverse villette a schiera, ma tra due di esse noterai un largo sentiero. Tale sentiero di condurrà alla famigerata casa. Potrai entrare senza problemi. Alla Legiunile non le importa se qualcuno tenta di entrarci e comunque hanno cose più importanti alle quali pensare"

Brendan memorizzò tutte le informazioni fornitegli da Leona.

"Ti ringrazio Leona; spero di riuscire a trovare ciò che mi hai chiesto"

"Anche io lo spero… Buona fortuna Brendan"

Leona riprese lo specchio e incominciò nuovamente a rimirarsi con la sua solita vanità e superbia. Brendan non perse ulteriore tempo e si avviò alla ricerca dell'uscita di Gagica. Se avesse trovato il bracciale ed il filo dell'arcolaio, avrebbe messo fine finalmente a quell'interminabile ricerca e sarebbe potuto arrivare alla piazza, ma l'idea di dover entrare in quel luogo inquietante non gli piaceva per nulla. E se avesse di nuovo incontrato le tre ragazzine? O qualcosa di maggiormente peggiore e terrificante?

Proseguì da dove era venuto, come Leona gli aveva suggerito. Le bancarelle a Gagica erano disposte in maniera logica ed ordinata: erano come divise in piccole sezioni e tra l'una e l'altra si creavano delle piccole strade che i clienti potevano percorrere, come se fossero disposte su di una scacchiera. La distanza che separava una bancarella dall'altra, sia di fronte che di lato era di una precisione millimetrica e lo spazio che le separava lasciava un ampio margine, sufficiente perché tutte le persone lì presenti potessero passeggiare e contrattare senza difficoltà.

Brendan arrivò finalmente alla bancarella che offriva articoli da clown e girò a destra come gli era stato detto. Ed in lontananza la vide: l'uscita. Notò immediatamente che non era altro che l'entrata da dove era acceduto con George precedentemente. Si fece strada tra la moltitudine di persone che come un'onda solcavano Gagica, desiderose di accaparrarsi i prodotti tanto desiderati, con baratti e scambi di ogni tipo. Due tizi stavano contrattando animatamente con un mercante per poter scambiare una gallina, mentre una donna era alle prese con una venditrice per accaparrarsi un set di trucchi. Brendan aveva notato come non ci fossero bancarelle che offrissero oggetti tecnologici. Probabilmente lì a Gagica questo tipo di oggetti non erano molto apprezzati o richiesti.

Brendan arrivò all'entrata/uscita e non appena fu fuori da Gagica tirò un sospiro di sollievo. Il chiasso e la folla lo avevano spossato ed ora si godeva di nuovo la tranquillità al di fuori dell'animato mercato. E lo vide di fronte a lui: il sentiero che Leona aveva nominato. Era collocato esattamente a metà tra due ville, come Leona aveva descritto e non se ne vedeva la fine. Ad occhio nudo, della casa non vi era traccia.

Brendan non aveva mai creduto a storie di mostri e fantasmi, ma non si sentiva oramai in diritto di questionare cosa fosse vero e cosa fosse falso, soprattutto in quella notte così bizzarra ed assurda. Aveva compreso a sue spese che il confine tra fantasia e realtà era molto labile e che l'una intersecava l'altra, come se trovare una differenza tra le due fosse quasi forzato. Guardò la strada da dove era venuto ed ebbe per un momento la tentazione di tornare indietro, ma si negò tale decisione. La notte del Bagno di Sangue, La notte dell'Ecatombe… le parole di Mercuria gli suonavano nella testa come un monito a non rischiare la sua vita ed a tornare sui suoi passi. Scosse la testa con veemenza. Avrebbe continuato il suo cammino, senza indecisioni né incertezze ed avrebbe affrontato tutto ciò che Vesnic gli avesse offerto. Era deciso ad arrivare fino in fondo e nulla lo avrebbe fermato o gli avrebbe fatto cambiare idea. Strinse i pugni come per darsi forza e si incamminò determinato verso la sua prossima tappa e sfida.

MABUZ

Brendan attraversò la strada ed imboccò il sentiero. Una cosa lo fece preoccupare: la strada era di nuovo deserta e non c'era anima viva, nemmeno un veicolo che stesse transitando. Non volle essere negativo e pensò che ora era davvero troppo tarda la ora, perché qualcuno potesse farsi una passeggiata. Tirò un lungo sospiro e decise di non dare adito a quei brutti pensieri. Mabuz era solo un racconto inventato per spaventare i bambini e le tre ragazzine probabilmente non erano state altro che un delirio della sua fervida immaginazione, uno scherzo della mente. Forse Lothar aveva fatto mettere qualcosa nel suo drink. O era stata colpa di Tancredi?

La Luna svettava luminosa nel cielo e varie stelle illuminavano il firmamento. I lampioni in stile ottocentesco illuminavano la strada e le varie casette e villette con simboli dell'aquila si susseguivano una dopo l'altra nel quartiere, in Vultur. Brendan imboccò il sentiero ed incominciò la sua ricerca. Il viottolo era evidentemente abbandonato da parecchio tempo e nessuno se ne era preso cura. Cespugli ed erbacce lo costellavano e piccole pietre scricchiolavano ad ogni passo. Diversi alberi sparsi si trovavano ai lati e solamente il verso di un gufo e di quella che sembrava una civetta rompevano il silenzio della notte. Brendan camminava e camminava e si addentrava nel sentiero, ma della casa nemmeno l'ombra. Si girò e vide che le ville e l'entrata di Gagica non erano che un puntino in lontananza oramai. Ai lati del sentiero, sempre alberi e vasta prateria. Il buio a quel punto era quasi totale e solo la luce della Luna permetteva a Brendan di poter vedere qualcosa. Stava perdendo le speranze, pensando che Leona gli avesse tirato un brutto scherzo, quando risaltò di fronte a lui una stacconata e più in là, una figura che si stagliava nell'oscurità della notte: la famigerata dimora, in cui quei delitti si erano consumati.

Non sapeva quanto tempo fosse passato dalla tragedia, però la casa non era decadente e non dava segni di cedimento. Ovviamente non sembrava come nuova, però allo stesso tempo non pareva fosse stata abbandonata da molto tempo. Era una casa a due piani di grandi dimensioni, con numerose stanze, da quello che si poteva vedere dall'esterno. Una cassetta della posta, vicino al cancello di entrata della stacconata, recitava "Benvenuti".

Brendan deglutì e si sforzò di fare i primi passi verso la residenza. Sentiva che era arrischiato stare lì, soprattutto dopo l'esperienza con le tre ragazzine. E se fossero riapparse? Forse erano loro Mabuz. Erano loro il male reincarnato, richiamato dall'uccisione perpetrata dai due coniugi contro i loro stessi figli. Per un momento si pentì di essere lì; forse avrebbe dovuto mandare al diavolo tutto, la sua meta, il suo obiettivo, il suo desiderio, Gagica, Mercuria, i baratti e tutti quanti. Tornare indietro e prendere l'altra strada o chiamare un qualunque taxi e pagarlo con i soldi che gli aveva donato Waldhar, sicuramente sarebbero stati sufficienti. Però non poteva vacillare proprio ora. Era andato troppo lontano, troppo oltre per tirarsi indietro. Nessuno lo stava obbligando è vero, però era una sfida contro sé stesso, una competizione contro il suo Io più profondo e non voleva continuare a nascondersi, a mentirsi che era da tanto tempo che non provava emozioni simili, che non si sentiva così vivo. Persino l'esperienza terribile con le tre ragazzine lo aveva scosso e fatto sentire come mai si era sentito prima, agghiacciato sì, però vigoroso allo stesso tempo, che non era solo un brocker che lavorava 12 ore al giorno ed il bravo maritino che accompagnava la moglie a fare shopping o il padre modello che portava la figlia a fare una passeggiata al parco. Voleva essere di nuovo lui e se questo voleva dire affrontare Signori Oscuri o fare cose assurde, allora sarebbe andato avanti, senza voltarsi indietro. Lo stato d'animo in cui si era trovato fino a quella notte, prima di incontrare Lothar, era peggio di qualsiasi Mabuz, qualsiasi trio di bambine sadiche e demoniache, di qualunque Giudice o Cuspide. Abbandonare ora, avrebbe voluto dire tornare a sentire il vuoto di prima, la non voglia di vivere, andare avanti semplicemente perché il suo corpo lo obbligava a respirare. Avrebbe fatto qualsiasi cosa per non sentirsi di nuovo così e quell'incredibile notte lo stava allontanando da tutto quello, da quella morte dell'anima. Avrebbe continuato, perché sentiva che era quello che desiderava e voleva davvero.

Si fece coraggio ed aprì il cancello di legno della staccionata. Il gufo e la civetta continuavano il loro inquietante canto e l'oscurità intorno a lui era pressoché totale; solo la Luna permetteva di avere una chiara visione dell'ambiente che lo circondava. Entrando, notò che era presente una fontana da giardino a piani, dalla quale ovviamente non sgorgava più acqua. Era di pregevole fattura, di un marmo grigio scuro con vari intarsi. Ciò che però chiamò ancora di più l'attenzione di Brendan, fu la statua di un angelo. Si avvicinò per osservarla. L'angelo si stringeva in un abbraccio ed aveva il volto rivolto verso l'alto e gli occhi semi socchiusi. Ai suoi piedi c'era una cetra, anch'essa scolpita e le ali erano dispiegate dietro la sua schiena. Brendan pensò che la statua fosse di grande bellezza. Forse era il gioco di ombre, l'oscurità, il contesto, però gli sembrò che in alcuni istanti si muovesse. Scosse la testa ed allontanò quei pensieri assurdi; tutto quello non era altro che uno scherzo della sua mente.

L'erba del giardino era stata come abbrustolita e tutt'intorno c'erano pezzetti di legno in parte carbonizzati. Dai segni, non sembrava fosse passato molto tempo da quando l'incendio era stato appiccato. Ad ogni modo non sembrava fosse stato di grandi dimensioni ed aveva interessato solo quel tratto di giardino.

Si alzò una leggera brezza, che iniziò ad accarezzare il viso di Brendan. La civetta ed il gufo continuavano il loro canto notturno, incessantemente. Giusto dietro la dimora, si stagliava un boschetto di medie dimensioni, che ad occhio nudo sembrava abbastanza fitto. Brendan salì i gradini della veranda che conducevano alla porta. Lo scricchiolio che fecero fu davvero angosciante. In quella situazione tanto snervante, qualsiasi rumore fa ansia, anche il più banale. Si fece coraggio ed appoggiò la mano sul pomello della porta d'entrata. Era freddo al tatto e ruvido in più punti, per l'usura che aveva subito a causa del lungo tempo passato senza ricevere nessun tipo di cura. Brendan fece un profondo e lungo respiro. Non voleva tornare indietro. Non ora. Era andato troppo in là ed aveva molto da dimostrare. A sé stesso, primariamente. E si sentiva vivo. Maledettamente vivo, anche se terrorizzato. Girò la maniglia. La porta si apriva verso l'interno. Di fronte a lui il buio più totale. Non poteva vedere nulla. Allora ricordò il dono che aveva ricevuto da Adara: lo zippo. Lo tirò fuori dalla tasca e ringraziò Adara in quel momento per avergli elargito un oggetto così indispensabile in frangenti come quello in cui si trovava in quel preciso istante. Fece un passo in avanti ed accese lo zippo. Di fronte a lui c'era una piccola anticamera ed una scala che conduceva al piano superiore. Al fondo scorse uno stanzino, senza porta, che doveva essere il ripostiglio. Alla sua sinistra ed alla sua destra, due porte. Prima di iniziare ad avventurarsi alla ricerca degli oggetti richiesti da Leona, pensò fosse una buona idea estrarre il coltello regalato da Lothar, cosa che fece.

Decise di andare a sinistra. Si avvicinò alla porta e l'aprì lentamente. Di fronte a lui si stagliò un enorme salone. Adesso con lo zippo tutto era molto più chiaro e poteva vedere le cose con sufficiente nitidezza. Un divano mezzo strappato e rovinato si trovava nel mezzo, mentre al fondo si poteva scorgere un camino. Una poltrona era posizionata di fronte ad un cubo di legno, che precedentemente aveva probabilmente sostenuto un televisore e vari quadri erano appesi alle pareti. Ma quello che maggiormente attirò l'attenzione di Brendan, fu un armadio che si trovava alla sua destra vicino alla parete. Si avvicinò allo stesso e lo esaminò, aiutandosi con la luce che emetteva lo zippo. Era un armadio molto antico, di pregevole fattura, con intarsi e decorato con disegni e motivi scavati nel legno stesso. Era a quattro ante e molto alto ed imponente. Probabilmente ciò che cercava si trovava al suo interno. Decise di aprire l'armadio. Iniziò dalla prima anta, sulla sinistra. Adesso il silenzio era davvero penetrante. Si sentiva solo lo scricchiolio dei suoi passi sul parquet di legno. Decise di aprire l'armadio al tre.

Uno.
Due.
Tre.

Gridò con tutta la forza che aveva in gola. Iniziò ad agitare il coltello in aria alla cieca, come lo zippo, per tentare di difendersi. Quella cosa gli volteggiava intorno e non voleva sapersene di andare . Ed eccone un altro. Non se ne andavano e Brendan continuava a gesticolare come una matto per proteggersi. Poi improvvisamente fuggirono, uscendo dalla finestra rotta della sala. Aveva il fiatone ed il cuore gli stava martellando nel petto. Puntò lo zippo verso le due creature. Erano due pipistrelli. Non sapeva come, ma erano riusciti ad entrare nell'armadio e lo avevano trasformato temporaneamente nella loro tana.
Chiuse gli occhi ed inspirò ed espirò profondamente, Non era niente, solo pipistrelli. Innocui pipistrelli, che probabilmente si erano spaventati molto più di quanto non si fosse impaurito lui. Perlustrò l'armadio: era completamente vuoto, non era rimasto nulla. Decise di farsi forza e di aprire le ultime due ante. Questa volta lo fece mettendosi ad un lato, per non incappare in brutte sorprese. Aprì l'anta, tendendo gli occhi chiusi ed il fiato sospeso. Rimase qualche secondo nascosto dietro la stessa, aspettando che accadesse qualcosa. Nulla. Solo il silenzio era suo compagno. Si sporse e allungò lo zippo per illuminare l'interno. Di nuovo niente. Non c'era nulla. Sbuffò frustrato e decise di abbandonare il salone e passare alla prossima stanza.
Per il momento, a parte i due pipistrelli, non aveva scorto nessuna presenza, né tanto meno alcun Mabuz che si aggirasse nella dimora. Tutto era tranquillo e nulla sembrava avrebbe potuto disturbare la sua ricerca. Uscì dal salone e si diresse ad aprire l'altra porta che si trovava esattamente di fronte a fianco della scala che portava al piano superiore. Notò che non era chiusa, bensì socchiusa. Appoggiò la mano sinistra, quella che sosteneva il coltello e la spinse lentamente e con delicatezza. Si trovò di fronte a quella che sembrava fosse la cucina, da quel poco che poteva vedere. Al centro si trovava un tavolo rotondo che si reggeva ormai in piedi a fatica, anche se di grande bellezza, di legno spesso lavorato, con le gambe in stile gotico; purtroppo aveva perso molto della sua antica bellezza, a causa del totale abbandono nel quale versava.
Brendan incominciò ad esplorare. Sulla sua sinistra si trovava il piano cottura, con la credenza in cima e vari cassetti e scomparti in basso. Brendan li aprì uno ad uno, ma non vi era traccia né del bracciale, né del filo d'arcolaio. Perlustrò persino il forno, ma non ebbe fortuna. Mancava il frigo. Si avvicinò e lo aprì. Uno spettacolo disgustoso gli si dispiegò. C'erano ossa di cadaveri di animali, ammucchiate una sopra all'altra; oramai non si capiva a quale tipo di animali appartenessero, ma da quello che si vedeva, Brendan poteva constatare che fossero di gatti e cani, forse randagi. Qualcuno li aveva uccisi e poi messo i loro cadaveri dentro il frigorifero a marcire. Decisamente inquietante. Non rimaneva a questo punto che scrutare il piano superiore. Brendan si allontanò dallo spettacolo ripugnante ed uscì dalla cucina, nella quale nulla aveva trovato.

Decise di dare una rapida occhiata al ripostiglio che si trovava in fondo al piccolo corridoio, di fianco alla scala. Non vi era più la porta e Brendan notò come fosse stata tolta con la forza, come divelta, in quanto in diversi punti le giunture erano state come strappate. Fece luce con lo zippo, ma l'unica cosa che vide furono vecchi vestiti e fogli strappati, ingialliti ed ormai illeggibili. Non gli restava che recarsi al piano superiore.

Ogni gradino della scala emetteva un forte scricchiolio, come qualunque cosa all'interno della casa. Brendan aveva come l'impressione di essere in una villa quasi ottocentesca. Il materiale che prevaleva era il legno, e tutti i mobili erano come antichi ed artigianali, creati a mano. Sorpassò l'ultimo gradino e si ritrovò al piano superiore. Di fronte a lui si districava un lungo corridoio. Nuovamente avrebbe dovuto scegliere se andare a sinistra o a destra. Fece luce in entrambe le direzioni e scelse di andare prima a sinistra. Anche qui, ai muri erano appesi diversi quadri. Brendan si soffermò ad osservarli. Uno di questi ritraeva dei contadini che lavoravano la terra e dei bambini che giocavano in una pozzanghera. Sembrava un normalissimo e classico quadro, quando Brendan notò qualcosa. Sul fondo era ritratto un bosco e dietro uno degli alberi, si nascondeva una figura. Non riusciva a distinguerla molto bene, ma sembrava una donna con indosso un vestito da vedova completamente nero, di pizzo. Stava semi nascosta dietro uno degli alberi, con le braccia lungo i fianchi ed il volto coperto da un velo, anch'esso nero. Ai suoi piedi c'erano una scatola, un carillon ed un neonato, seduto con lo sguardo perso nel vuoto. Nessuno sembrava fosse a conoscenza della presenza della vedova. Brendan venne scosso dai brividi e decise di procedere, senza più perdere tempo ad analizzare il quadro ed a continuare la sua ricerca.

Aveva raggiunto la fine del corridoio. Erano presenti due porte: una alla sua sinistra ed una in fondo. Pensò prima di esplorare la stanza che stava alla sua sinistra, dato che era la più vicina. Strinse forte il coltello, come per avere maggiore sicurezza e lentamente abbassò la maniglia. Aprì la porta adagio, pronto a tutto. La stanza era vuota. Entrò pacatamente e notò che, per quel poco che poteva vedere al momento, fosse entrato nella stanza dei due coniugi. Di fronte a lui si trovava un letto matrimoniale molto grande, a due piazze. Ai due lati del letto erano posizionati due comodini, con in cima due lampade, completamente rotte e distrutte. Brendan si guardò intorno ed una cosa attirò totalmente la sua attenzione: nella stanza c'era una culla. Al suo interno c'erano diversi giocattoli, rovinati dal tempo e pieni di polvere. Sospeso al di sopra della culla, un porta sonagli che normalmente vengono usati per distrarre e far giocare i neonati. Brendan rimase sorpreso. Mercuria e Leona avevano parlato di due figli già abbastanza grandi, ma nessuno aveva fatto riferimento alla presenza di un neonato... Brendan si coprì la bocca con la mano. Questo voleva dire che la madre aveva ammazzato anche il suo bebè di pochi mesi?

Si avvicinò al letto. Al di sopra di esso erano sparse diverse lettere, scritte a mano, con calamaio ed inchiostro. Si sedette sul bordo e ne prese una per esaminarla. La scrittura era ancora chiara e la carta sembrava come nuova, come se non avesse subito le intemperie del tempo. Incuriosito, Brendan iniziò a leggere.

"Giorno 1

Come è bello essere qui. Finalmente abbiamo realizzato il nostro sogno. Una casa tutta nostra nei sobborghi di Vesnic, oltretutto nel quartiere della Legiunile, Vultur. Non dovremo più subire il chaos di Viitorul e gli schiamazzi che dominano la notte o gli urli degli ubriaconi che barcollano per le strade. Hashi, il mio splendido marito è così entusiasta ed i nostri due fantastici piccolini ed il nostro meraviglioso nuovo arrivato sembrano anche loro molto felici per questo cambiamento. Tutto andrà bene, ne sono certa. Per noi è un nuovo inizio."

Brendan prese un'altra lettera tra le tante sparpagliate sul piumone. Era un diario scritto dalla moglie. Ogni lettera era firmata con il suo nome, Shiya e riportava un giorno differente.

"*Giorno 10*

Martirio e Gilda giocano sempre nel giardino di casa. Sono così felici!

Adoro guardar giocare i miei due tesori, gli amori della mia vita.

Delilo, il nostro amato bebè di tre mesi, inizia a sorridere ed a seguire tutto con lo sguardo. Ho chiesto un periodo di aspettativa dal lavoro, che mi è stato generosamente concesso, per poter passare più tempo con i bambini e soprattutto con Delilo che è tanto piccino. Il mio piccolo Delilo; è tanto bello e paffutello. Lo amo così tanto. Un dono di dio alla nostra famiglia, insieme alle altre nostre due benedizioni, il nostro orgoglio. Lo adoro con tutta me stessa.

Hashi è tornato a casa con un quadro alquanto inquietante, che ritrae sullo sfondo una vedova vestita completamente di nero. Quando gli ho detto che lo trovavo un poco angosciante si è sorprendentemente stizzito, una reazione che non ho mai osservato in lui... Anche la sua risposta mi a lasciata basita: ha affermato di aver comprato quel quadro, perché la donna ed il neonato ai suoi piedi gli ricordavano me e Delilo... Beh lo voglio capire, l'ultimo mese di lavoro è stato davvero duro per lui e lo stress lo ha influenzato parecchio. Per il resto è un amore d'uomo e lo amo con tutta me stessa"

"*Giorno 25*

Delilo si sveglia sempre nel bel mezzo della notte piangendo e non lascia chiudere occhio né a me né Hashi. Che dio mi perdoni, ma a volte non lo sopporto... Mi chiedo se io e Hashi non siamo stati troppo avventati nella decisione di avere un terzo figlio. Due non erano sufficienti? Hashi è ossessionato da quello stupido quadro. Continua a comparare me e Delilo alla donna del dipinto ed al bebè ritratto. Ho dovuto intimagli di smetterla, che quel commento non mi era più gradito. A quanto pare si è offeso, perché per tutta la sera non mi ha rivolto la parola. Non fa nulla, ci saranno giorni migliori"

"*Giorno 40*

Non riesco più a reggere quelle piccole pesti di Martirio e Gilda. Non fanno altro che gridare, litigare e fare i capricci. Gli ho detto che se avessero continuato, la donna del quadro li avrebbe presi e portati via... Sembra abbia funzionato. Non voglio più stare qui, voglio tornare a lavorare. Delilo è come se stesse diventando un peso per me... Non so perché, ma mi angoscia l'idea di dover attaccarlo al mio seno ed offrirgli il mio latte... E come se volesse divorarmi. Dio mio, ma cosa mi sta accadendo?

Ho sempre amato i miei figli ed ora è come se fossero un fardello per me, quasi come se non tollerassi la loto presenza, come se non li volessi in mezzo ai piedi...

Con Hashi litighiamo sempre più spesso, per sciocchezze senza senso. L'altra volta mi ha ripreso perché non ho lasciato un dito di spazio tra il mio asciugamano ed il suo. L'ho mandato al diavolo. Mi ha risposto che non ce n'è alcun bisogno, perché il diavolo è già tra noi. Non mi sembra più la stessa persona, lo stesso uomo che ho sposato... Al mio fianco nel letto, mi sembra ci sia un perfetto sconosciuto... E sento che anche io sto lentamente cambiando. Eppure il mio

amore per loro non cambia; li amo con tutta me stessa, con tutto il mio cuore... Ma sento che qualcosa è diverso, qualcosa è cambiato, dentro di me, dentro mio marito...
Dio mio, cosa diavolo sta succedendo?"

"Giorno 55
Una statua di un angelo ha comprato quel bastardo. Ha detto per proteggerci dalle voci, le voci di coloro che vivono dietro le mura. Li raggiungerà presto se non riporterà indietro quella schifosa statua.
Non mi esce più latte dal seno. Meglio così. La sola idea di attaccare quel verme al mio corpo mi rivolta lo stomaco. Ho dovuto chiudere a chiave nella loro camera Martirio e Gilda. La prossima volta li lascerò senza pranzo e cena. Vogliono solo giocare, non fanno altro. E chi sono io, la schiava? La sguattera?
Il bastardo non sta andando più al lavoro. Si è messo in mutua. Passa quasi tutto il giorno chiuso nella camera degli ospiti. Magari si sta scopando una delle sue troie, magari in questo preciso istante. Ha detto che non riesce più a guardarmi in faccia, che sono grassa e ripugnante.
Non ha il diritto di trattarmi così, bastardo schifoso"

"Giorno 70
Lo sento. Il suono del carillon. Che suono dolce, soave. L'unica cosa che mi porta un po' di sollievo in questo inferno di vita. Ho trovato un vestito nero nell'armadio e non faccio altro che indossarlo tutti i giorni. Mi sta così bene.
Il piccolo verme non si muove più nella sua culla. Ha la faccia gonfia e viola e le labbra spaccate. Finalmente. Martirio e Gilda mi chiedono sempre di lui. Gli ho detto che ha contratto una malattia rara e che ha bisogno di stare isolato per almeno un mese, in quanto potrebbe essere per loro mortale. Hanno paura di me. Lo vedo. Lo sento. E la sensazione mi fa sentire bene. Mi fa sentire forte.
Ho trovato un coltello in cucina, non un coltello qualsiasi, un coltello fatto a mano. La lama è di vetro, vetro soffiato e l'elsa sembra fatta di legno di frassino. Il bastardo ha portato a casa un arcolaio e ci lavora nella camera degli ospiti. Quasi non parliamo, se non con lo sguardo. Sguardi carichi d'odio e risentimento. Gli ho visto un braccialetto d'onice al polso. Un regalo di una delle sue puttane, ne sono certa.
Presto arriverà la resa dei conti, ed allora vedremo chi è la cicciona ripugnante. Non condividiamo più il letto ovviamente. La sola idea che possa toccarmi mi fa venire da vomitare.

"Giorno 80
Il carillon... L'unica cosa che mi rende felice... che suono meraviglioso, incantevole... Esiste qualcosa di più bello? Qualcosa di più sublime di questo suono?
Un odore nauseabondo stava contaminando la stanza. Ho gettato il piccolo verme nel boschetto dietro casa, durante la notte. Quando sono tornata, il bastardo mi fissava dal balcone, immobile. La musica del carillon mi ha già detto come dovrò agire, qual è il mio cammino ed io lo seguirò"

"Giorno 101

Ho vinto... l'ho sventrato come un maiale a quel bastardo di Hashi... Però mi ha ferito... Una ferita molto profonda.

Sto perdendo molto sangue.

La musica suona nella mia testa, si propaga per tutto l'universo.

So quello che voglio fare. Finire il compito. Adesso tocca alle piccole pesti.

Oh miei piccoli tesori... è arrivata la vostra ora. Ci rivedremo tutti in paradiso, nel posto che ci spetta. Il bastardo di vostro padre, io ed il piccolo verme... Non ricordo più il suo nome. Non importa.

Li ho visti. Sono abbracciati l'uno all'altro, tremanti, seduti contro alla parete del corridoio.

Terrorizzati. Non vi preoccupate tesori della mamma, tra poco tutto sarà finito.

Mi rimane poco tempo. E' ora di finire ciò che ho cominciato.

Spero che dove andrò, potrò continuare a sentire il dolce suono del mio adorato carillon."

Al giorno 101 finiva il diario. Quella era l'ultima lettera. Brendan la appoggiò sul letto, dove l'aveva trovata insieme alle altre. Era sgomento. Allibito. Inorridito. Non sapeva cosa pensare. Non poteva credere che ciò che aveva letto fosse vero. Sembrava una storia dell'orrore, invece era accaduto tutto realmente. Shiya, la madre, aveva subito una trasformazione terrificante. Era diventata una folle, un mostro senza scrupoli. La stessa cosa era successa al marito. Sembrava che solo i bambini non fossero stati colpiti da quella maledizione. E Delilo, il neonato... Non poteva essere vero. Brendan aveva la sensazione di essere entrato nell'incubo di qualcun altro e di aver scrutato dentro il suo abisso. Un abisso scuro e profondo, come non ne aveva mai visti.
Si girò di scatto. Un rumore. Come un lamento. Veniva dalla camera accanto. La camera che il marito usava per tessere con l'arcolaio. Il sangue gli si gelò nelle vene. Cosa avrebbe dovuto fare? Scappare a gambe levate finché era in tempo? O continuare la sua ricerca?
Il lamento continuava, era poco più che un sussurro, ma con il silenzio che aleggiava era facile sentirlo, come se fosse lì al suo fianco. Procedette lentamente verso il corridoio, brandendo il coltello a scatto. Ad ogni modo nemmeno l'arma che impugnava lo faceva sentire tranquillo. Questa volta, sentiva davvero di essere finito all'inferno. Rimase immobile. La porta di fronte a lui era leggermente socchiusa e della luce arrivava dalla stanza. Luci flebili e fioche, come quelle che emettono le candele. Brendan provava un terrore indescrivibile, ma quel terrore paradossalmente lo faceva sentire vivo, come da tanto tempo non si sentiva. Il suo istinto di sopravvivenza gli stava gridando di fuggire, di andarsene il più lontano possibile, ma quella parte di lui che voleva essere inebriato dalla vita, gli urlava di rimanere. Appoggiò la seconda voce, anche se dentro di lui sapeva che ciò che stava per fare era totalmente sconsiderato.
Il mormorio era cessato, però qualcuno (o qualcosa) aveva acceso quelle luci e socchiuso la porta che prima era chiusa. Brendan avanzò con cautela, dosando ogni passo. Piccole gocce di sudore gli scendevano lungo la fronte. L'accendino era proteso in avanti, dando a quel luogo lugubre un aspetto ancora più inquietante. Si ritrovò di fronte alla porta, dopo un tempo che gli sembrò durare secoli. La porta andava dall'esterno all'interno. Decise di spingerla delicatamente e pacatamente. Non sapeva cosa avrebbe trovato in quella stanza. Il silenzio adesso era così schiacciante, che poteva sentire il battito del suo cuore, ritmico ed incessante. Si prese un attimo, chiudendo per un istante gli occhi. Li aprì, insieme alla porta. Mise una mano sulla bocca, per impedirsi di gridare o fare un solo fiato.
Di fronte a lui, incatenata ad un croce, c'era una ragazza dai capelli biondi, completamente nuda. Il pavimento della stanza era cosparso di candele mezze consumate, che illuminavano il povero corpo, che Brendan notò fosse martoriato da diverse ferite, causate forse da una frusta. La testa della

ragazza era rivolta verso il pavimento ed il suo volto era coperto dai lunghi capelli biondi e sporchi e si trovava quasi in ginocchio, in quanto la croce era più bassa rispetto alla sua statura.

Brendan non capiva se la ragazza fosse viva o morta, in quanto era completamente immobile. Si avvicinò per aiutarla e liberarla, quando il suo sguardo si soffermò sulle mani della donna: la sinistra stringeva un braccialetto d'onice, mentre la destra un filo rosso d'arcolaio. Finalmente aveva incontrato i due oggetti, meta della sua ricerca. Ma adesso la priorità era aiutare la ragazza e portarla fuori da lì. Ammesso che fosse ancora viva.

Le sollevò la testa lentamente e con dolcezza. Aveva gli occhi chiusi. Mise due dita sul collo. Il cuore batteva, anche se debolmente. Era solo svenuta. Non poteva credere di essere precipitato in quell'incubo. Vesnic si stava dimostrando un vero inferno. E se quello che gli raccontato Mercuria fosse vero? Se ogni anno, in quella la notte, la notte dell'Ecatombe, il Bagno di Sangue, tutto a Vesnic fosse possibile? Che qualsiasi evento soprannaturale avesse luogo? Come se la violenza di quella guerra, in quella precisa notte, avesse creato qualcosa di malvagio, di corrotto, che non aspettava altro di manifestarsi per celebrare quel malsano anniversario?

Stava divagando. Adesso non c'era tempo per le ipotesi assurde. Voleva liberare la ragazza, salvarla e portarla fuori da quel luogo maledetto.

"Ehi, mi senti, Ehi" sussurrò Brendan.

La ragazza non si mosse.

"Ehi, svegliati, forza. Sono qui per aiutarti, ti porterò fuori da questo posto"

La scosse leggermente e con delicatezza, guardandosi però allo stesso tempo intorno, per vedere se fossero soli o evitare sorprese sgradevoli. Non c'era nessuno, anche se aveva la strana sensazione che qualcuno lo stesse osservando.

La ragazza emise un gemito. Si stava risvegliando, anche se dava l'impressione di essere molto debole.

"Grazie a dio sei viva. Non ti preoccupare, adesso ti libererò ed usciremo insieme da questa casa funesta"

Brendan gettò lo sguardo sulle catene che legavano i polsi della ragazza alla croce. Non sapeva come avrebbe potuto liberarla senza una chiave o uno strumento adatto a romperle, ma ci avrebbe comunque provato. Non l'avrebbe abbandonata lì, al suo destino.

"Vai… Via…"

Fu la ragazza a parlare. Fu appena un mormorio.

"Come? Cosa hai detto?" Chiede Brendan.

"Vattene… Salvati… Fuggi…"

"No, non vado da nessuna parte senza di te. Ti porterò con me, te lo prometto, tutto andrà bene. Adesso ti libero da queste catene"

La ragazza emise un gemito di dolore. Era visibilmente spossata.

"Prendili… Prendili e scappa… Scappa più lontano che puoi"

Brendan capì che si stava riferendo al bracciale ed al filo rosso. Era come se sapesse…

Effettivamente, perché lei ne era in possesso?

"Ci sarà tempo per questo. Adesso voglio liberarti"

La ragazza iniziò a respirare a fondo e con difficoltà.

"Non c'è più tempo… Prendili… Nasconditi… Sta arrivando… S-sta… S-sta… A-a-arrivando"

Brendan rimase paralizzato a quelle parole. Prese per le spalle la donna e la sollevò, affinché potesse guardarlo in faccia.

"Chi? Chi sta arrivando?"

"M-m…. M-m-m… Mabuz…."

Un silenzio cadde nella stanza, un silenzio che sembrò durare un'eternità, incalcolabile. La ragazza aveva appena nominato il suo nome. Il nome del Signore del Castello della Morte.

Aprì le mani e lasciò cadere i due oggetti a terra.

"Raccoglili e vattene… Oppure prenderai il mio posto… Legato alla sua croce"

Brendan raccolse prima il filo rosso ed il bracciale d'onice e li mise in tasca e poi convulsamente, tentò di sciogliere le catene che legavano la ragazza alla sgraziata croce. Nulla da fare, per quanto lo tentasse, le catene non si spostavano di un centimetro. Probabilmente era possibile aprirle con una chiave, ma non aveva idea di dove fosse, né come trovarla.

"Arriva, arriva, arriva… Fuggi, fuggi, fuggi…."

Brendan stava provando a togliere le catene con la forza della disperazione e con tutta la rabbia e la frustrazione che aveva in corpo, ma non c'era nulla da fare.

"Vai… Via…"

Passi. Passi pesanti. Qualcuno… o qualcosa stava salendo le scale. Ritmicamente. Lentamente.

"Nasconditi… Presto…"

Brendan fece un ultimo disperato tentativo per liberare la ragazza. Lacrime di avvilimento e demoralizzazione iniziarono a rigargli il viso. Non voleva abbandonarla al suo destino, ma era consapevole del fatto che se fosse rimasto lì, avrebbe condiviso la sua sorte e forse la morte.

"Qui dietro… un armadio… ti prego… ti prego… per me ormai è finita… vattene…"

Ora il suono dei passi era più vicino. Arrivavano dal corridoio. Brendan prese il volto della ragazza tra le mani ed appoggiò la sua fronte contro la sua, piangendo per l'atto che stava per compiere. Ma poteva biasimarsi? Aveva davvero scelta?

Come la ragazza aveva detto, dietro la croce si trovava un armadio, uno di quelli scorrevoli con le gelosie. Brendan lo aprì e si barricò al suo interno. Grazie alle gelosie poteva vedere cosa stava accadendo nella stanza. Si sentiva un verme ad avere abbandonato la donna. Per questo non poteva smettere di piangere per la frustrazione, ma si promise di non fare un solo fiato o sarebbe stato scoperto. I passi continuavano, ritmici e quel qualcosa o qualcuno continuava ad avvicinarsi, lentamente ma inesorabilmente. Spense lo zippo, lo ripose nella tasca ed attese. Ed allora lo vide, alla luce delle candele.

Vide stagliarsi sulla porta una sagoma retta e minacciosa. Era enorme, quanto inquietante. Brendan lo osservò sgomento, incapace di muoversi per il terrore. La creatura era un uomo alto più di due metri, un gigante, con il petto e lo stomaco scoperto entrambi scolpiti ed estremamente muscolosi, con una miriade di cicatrici che gli solcavano la pelle. Ma la cosa più strana di tutte è che indossava una sottana da donna ed il suo volto era coperto da un velo di pizzo nero, esattamente come quello che indossava la vedova del quadro. Non vi erano dubbi ormai. Mabuz. Era lui, in tutto il suo sconvolgente orrore.

La ragazza gemeva, non si capiva se di disperazione o di dolore. Brendan non sapeva come avrebbe dovuto agire. Era entrato in un incubo e non sapeva più come uscirne. Da dove era uscito Mabuz? Perché non si era mostrato poc'anzi?

Mabuz rimase immobile per un momento. Brendan poteva sentirlo ansimare, come se fosse un toro pronto alla carica. Era come gli era stato raccontato, la reincarnazione della malvagità, dell'astio, del rancore. Probabilmente la ragazza si era avventurata nella casa per cercare gli oggetti che Leona gli aveva richiesto, oppure per gioco o per sfida e Mabuz l'aveva catturata ed incatenata a quella croce. Chissà da quanto tempo si trovava lì. Forse senza cibo, né acqua.

Ed allora, all'improvviso, Mabuz iniziò ad avanzare verso la ragazza, sempre ansimando nervosamente. Più si avvicinava e più Brendan si rendeva conto di quanto fosse mastodontico. Nella mano sinistra, brandiva una mannaia da macellaio anch'essa di grandi dimensioni. Brillava alla luce delle candele. Brendan iniziò a tremare e tentò di non emettere né un singolo suono. Se si fosse accorto che si trovava lì, per lui sarebbe stata la fine. Si sentiva un vigliacco, un codardo, ma la paura lo bloccava, non riusciva a muovere un solo muscolo.

Mabuz di stagliò di fronte alla ragazza e le stinse il mento con la possente mano e le sollevò la testa. La ragazza mugugnò qualcosa di incomprensibile. Brendan non riusciva a vedere il volto della creatura dietro il velo di pizzo nero. Mabuz osservò la ragazza, rimanendo in quella posizione per un tempo che sembrò infinito, ansimando ed ansimando, sempre più intensamente. Repentinamente, sollevò la mano che brandiva la mannaia e la calò sul collo della ragazza. Una, due, tre volte. Il sangue sgorgava e zampillava dal collo dilaniato della povera donna e Mabuz colpiva e colpiva, fino a che le separò la testa dal resto del corpo. Alzò il capo e si soffermò ad ammirarlo, non facendo trasparire né una emozione, né una sensazione. Rimase lì, fissando la testa dalla quale continuava a zampillare copiosamente sangue. Dopodiché, la lanciò al lato opposto della stanza, in un angolo. Brendan non aveva mai immaginato quanto potesse essere inquietante il rumore che può produrre una testa mozzata che rotola.

Adesso Brendan temeva per la sua vita. L'unica cosa che poteva fare era rimanere lì nascosto e sperare che Mabuz se ne andasse. Non aveva potuto aiutare quella ragazza. Non aveva potuto fare niente per lei. Non aveva potuto proteggerla. Ed adesso era morta. Non sapeva nemmeno quale fosse il suo nome. Morta sola, dopo giorni di agonia, lontano da chi amava, per mano di un mostro senza scrupoli.

Mabuz se ne stava lì in piedi, sempre ansimando. Brendan stava pregando tutti gli dei del cielo perché se ne andasse e non lo notasse. Il cuore gli martellava nel petto ed aveva paura che il demone potesse sentirne il rumore. Non gli rimaneva altro che rimanere fermo, come ancorato al suolo e supplicare che la fortuna fosse dalla sua parte. Improvvisamente, Mabuz si girò ed incominciò a camminare verso la porta della stanza, come per uscire. Passo dopo passo, si stava allontanando e Brendan incominciò a sperare; forse c'era una possibilità di salvezza. La creatura allora uscì dalla camera e come era arrivata se ne andò. Brendan tirò un sospiro di sollievo (nella sua mente) e pensò che il peggio fosse passato, che il terrore fosse finito. Allungò l'orecchio per ascoltare; sentiva il suono dei passi che pian piano si allontanavano e poco a poco una sensazione di sicurezza si impossessò di lui. Però ad un certo punto, il rumore dei passi cessò. Brendan aguzzò gli occhi e le orecchie, cercando di capire cosa stesse accadendo. Rimase nascosto nell'armadio, in attesa di trovarsi al sicuro. Il silenzio più completo dominava la scena, non un rumore proveniva dal corridoio. Da dove era nascosto, alla penombra delle candele, poteva vedere la testa mozzata della ragazza, girata verso di lui. Gli occhi vitrei e senza vita sembrava lo fissassero. Brendan distolse lo sguardo e scosse la testa. Scrutava nella camera, ma nulla accadeva. Tutto sembrava tranquillo. Ed allora accadde. Fu un attimo, come un battito di ciglia. Mabuz stava di nuovo in piedi, vicino alla porta. Non si era avvicinato camminando, semplicemente era apparso lì, come se nulla fosse. Di nuovo, il cuore di Brendan iniziò a battere violentemente nel suo petto. La sudorazione si fece copiosa e questa volta sì, si maledisse per essersi cacciato in quel guaio, per essere entrato in quella casa infernale, per aver iniziato quell'avventura n quella città maledetta ed aver fatto quel compromesso con sé stesso. Ma ormai era troppo tardi. L'unica cosa che contava ora, era salvarsi la vita. Anche se non sapeva come.

Mabuz continuava a stare fisso nella stessa posizione e Brendan sperava se ne andasse di nuovo, come aveva fatto in precedenza, quando inaspettatamente, caricò come un mulo nella sua direzione, correndo con tutte le sue forze. Brendan fece appena in tempo a fare un passo indietro, prima che Mabuz distruggesse con una spallata la porta scorrevole dell'armadio. Per sua fortuna, rimase ancora in piedi, ma con la sola forza della mano destra prese ciò che ne rimaneva e la sradicò, con una facilità sconcertante. Brendan iniziò a gridare e con la forza della disperazione agitò il coltello in direzione di Mabuz, cercando di ferirlo. Fu tutto inutile. Riuscì a colpirlo una volta, ferendolo alla spalla, ma il demone non si scompose. Afferrò Brendan per la gola e lo sollevò, avvicinandolo al suo volto. Adesso si trovava a faccia a faccia con Il Signore del Castello della Morte. Mabuz ansimava e sentì allora il suo alito pestilenziale. Anche da quella distanza, non potette vedergli il volto, in quanto il velo di pizzo nero lo copriva completamente.

Brendan tempestò di coltellate la mano della creatura; il sangue fuoriusciva a fiotti, ma Mabuz non sembrava provare dolore e teneva sollevato da terra Brendan. La morsa della sua mano si strinse e Brendan non sentì più l'aria arrivargli dai polmoni. Se avesse continuato così lo avrebbe soffocato o gli avrebbe spezzato il collo. Allora ebbe un'idea. Un'idea nata dalla forza della disperazione. Con Con le ultime forze che gli rimanevano, prese lo zippo che aveva in tasca, lo accese e lo avvicinò al velo di pizzo nero che copriva il volto di Mabuz. Il pizzo allora prese fuoco ed il demone iniziò

come a grugnire ed a disperarsi. Scaraventò Brendan all'altro capo della stanza, dove si trovava l'entrata, come se fosse un giocattolo usato e per il colpo, per poco non perse i sensi.
Il velo prese interamente fuoco e Mabuz grugniva e ringhiava, incapace di togliersi il velo e spegnere le fiamme. Brendan vedeva doppio e sfocato, il colpo che aveva subito era stato violento, ma fece appello a tutte le energie che gli restavano, raccolse il coltello e lo zippo che gli erano sfuggiti durante il capitombolo e con la forza della disperazione e barcollando fuggì dalla stanza. Si trovò nel corridoio, dirigendosi verso le scale, ciondolando da una parte all'altra. Sentiva Mabuz gridare dall'altra stanza, ma l'effetto delle fiamme non sarebbe durato a lungo e presto gli sarebbe stato addosso. Raggiunse le scale. Si sentiva molto debole, ma raccolse le ultime forze che aveva per scenderle. Alle sue spalle un grido animalesco. Mabuz si trovava sulla soglia della porta, con il velo che ancora stava bruciando. Caricò come un toro in direzione di Brendan. Si scansò all'ultimo istante e Mabuz rovinò giù per le scale.
Brendan si alzò con fatica. Mabuz ora si trovava al piano di sotto, per terra, immobile. Brendan tirò un sospiro di sollievo. Era morto; finalmente si era liberato di lui. Probabilmente si era rotto l'osso del collo durante la caduta. Si sedette, spalle al muro, per riposare un momento e recuperare le forze. Adesso non vedeva più doppio, né sfocato. Era stato un miracolo che non si fosse rotto qualcosa nella caduta. Mabuz lo aveva lanciato con una violenza inaudita. Decise di rimettersi in piedi ed andarsene. Aveva riposato abbastanza. Voleva andarsene da lì il più presto possibile.
Stava per scendere il primo scalino quando lo vide. Mabuz si stava rialzando. Non era morto. Non era finita. Il demone si rimise in piedi. Il fuoco sul velo si era estinto ed adesso non era altro che un pezzo di stoffa carbonizzato e bruciacchiato. Mabuz si rialzò in tutta la sua possente statura. Iniziò a salire lentamente le scale.
Brendan lo maledì con il pensiero. Gli aveva così bloccato l'unica via di uscita. Guardò alla sua sinistra. C'erano due porte chiuse lungo la parte del corridoio che non aveva esplorato. Decise di aprire quella che era più vicina alle scale. Nuovamente, buio completo. Accese lo zippo di Adara. Due letti, due armadi, comodini, giochi, pareti colorate, uno specchio. Si trovava nella stanza di Martirio e Gilda. Chiuse la porta alle sue spalle. I letti non sembravano troppo pesanti e ne mosse uno contro la porta, per non permettere a Mabuz di entrare. Ma sapeva che era una soluzione temporanea e che presto o tardi sarebbe riuscito a crearsi un varco. Si guardò attorno. Tirò un sospiro di sollievo. La stanza dava su di un balcone. Il braccio di Mabuz attraversò la porta. Era riuscito a romperla con la forza di un pugno. Brendan spinse anche l'altro letto verso la porta, come rinforzo. Mabuz muggiva e spingeva. Per il momento la strategia di difesa funzionava, ma non sarebbe durata a lungo. Brendan uscì sul balcone e guardò in basso. Non era altissimo, ma non era un salto da poco. Se nella caduta si fosse rotto una gamba, la caviglia o il piede, per lui sarebbe stata la fine. Un altro colpo. Mabuz stava per sfondare completamente la porta. Sarebbe entrato da un momento all'altro.
Brendan si scaraventò contro di lui e lo accoltellò al braccio. Come prima, non servì a nulla. Sembrava che la sua pelle fosse fatta di acciaio. Allora ebbe un'illuminazione. Con la forza della disperazione tolse un materasso da un letto, andò sul balcone e lo buttò di sotto, nel giardino. Tornò indietro, afferrò l'altro e fece lo stesso. Fortunatamente il secondo materasso cadde sopra il primo. I materassi avrebbero attutito almeno in parte la caduta e gli avrebbero permesso di non danneggiarsi. Mabuz abbatté la porta. Prese uno dei letti e lo scaraventò ad un lato della stanza. Gli sarebbe stato addosso in pochi secondi. Era ora o mai più. Scavalcò la ringhiera del balcone e si buttò di sotto. Non si era mai lanciato nel vuoto in questo modo ed era come se il tempo si fosse fermato, come se non avesse mai più toccato terra e sarebbe rimasto sospeso nell'aria per sempre. Cadde esattamente sopra i materassi che aveva collocato. Si alzò di scatto, ancora intontito per il colpo subito da Mabuz in precedenza. Solo adesso si rendeva conto di avere un forte dolore al collo, a causa della pressione che il mostro aveva fatto prima, nel tentativo di strozzarlo.
Brendan alzò il capo. Mabuz si trovava sul balcone e lo fissava. Si sarebbe gettato anche lui?

Non sembrava ne avesse l'intenzione. Brendan indietreggiò, deciso a fuggire da quell'inferno, quando vide una figura stagliarsi al fianco dell'enorme demone. Era una donna dai lunghi capelli neri, molto alta, lo sguardo serio, labbra carnose. Da quel poco che si poteva vedere, brandiva un coltello. Sembrava che nessuno dei due avesse intenzione di seguirlo. Ad ogni modo Brendan non aveva nessuna intenzione di fermarsi per accertarsene. Non gli importava di sapere chi fosse la donna al fianco di Mabuz. Si girò e corse, corse con tutto il fiato e le forze che gli rimanevano in corpo. Di nuovo la civetta ed il gufo iniziarono il loro canto, come volendo accompagnare la sua fuga. La Luna illuminava il suo cammino. Correva e correva, senza girarsi, per la paura di ritrovarsi Mabuz alle calcagna. Poco a poco, vide di nuovo le luci dei lampioni ottocenteschi di Vultur, la fine del sentiero era vicina. Finalmente raggiunse la strada ed una volta lì, si accasciò a terra, stremato. Si sedette contro al muretto di una casa, per riprendere fiato e le forze. Non poteva credere a ciò che aveva appena vissuto, a ciò che aveva appena visto. Era vivo per miracolo. Quella era davvero una notte maledetta, una notte che ricordava in tutto e per tutto il massacro che era avvenuto decine d'anni prima, tra due eserciti che si erano scontrati tra loro. Una vera Ecatombe, un Bagno di Sangue che aveva fatto risvegliare il male all'interno di quella città e che aveva dato vita a tormenti e piaghe indicibili ed inenarrabili. E fino ad ora, Brendan era stato uno dei personaggi assorbiti dal vortice di Vesnic, da quel caos di dannazione e sofferenza che come una piaga si propagava per tutti i suoi anfratti, tutti i suoi recessi. Vesnic pulsava come se avesse una vita ed in quella notte dava ciò che di peggiore poteva offrire. Brendan si chiedeva se anche Waldhar ed i suoi sadici giochi non fossero parte di tutta questa pazzia. Per non parlare di Tancredi, che gli aveva consigliato di intraprendere quel percorso, considerandolo più "interessante", anche se Brendan non avrebbe mai pensato potesse essere tanto terribile. Qualcosa gli diceva che quel vecchio sapeva qualcosa e consciamente aveva cercato di mandarlo al macello; forse non era così buono come era sembrato ad un primo acchito. O forse no. D'altronde era quello che Brendan voleva e lui glielo aveva servito su di un piatto d'argento, prendendolo letteralmente in parola. Ma ormai non aveva più nessuna importanza. Probabilmente, non lo avrebbe mai saputo.

Si alzò in piedi ed improvvisamente gli girò la testa e gli venne il voltastomaco. Corse dietro ad un cespuglio e vomitò. Tossì e si accasciò sfinito sul prato erboso, facendo respiri profondi e lunghi. Quest'ultimo confronto lo aveva logorato fortemente; adesso tutta la tensione, lo stress e la paura provati gli erano esplosi tutti d'un tratto ed il suo corpo ne stava risentendo. Gli faceva male il braccio ed anche la schiena per la botta subita a causa del volo che Mabuz gli aveva inferto. Lo aveva sollevato e lanciato come se fosse stato un pezzo di carta appallottolato. Se non gli fosse venuta l'idea di bruciargli il velo, probabilmente ora non si troverebbe lì, ma in una cassa da morto, oppure a marcire nel prato della casa maledetta. E la donna che si era affacciata al balcone al fianco di Mabuz? Era forse Shiya?

Tormentato dalle numerose domande e dall'incredibile esperienza appena vissuta pochi attimi prima, scivolò senza accorgersene in un sonno profondo, sotto il cielo stellato e oscuro di quella Vesnic che stava mostrando a Brendan un lato di sé per lo più del tutto sconosciuto, magico e stregato, attraente e suggestivo, prodigioso ed ammaliante, quasi come se la città avesse assunto vita propria.

IL BARATTO

Si svegliò di soprassalto e si alzò in piedi di scatto, sulla difensiva, come per paura che Mabuz e la donna con il velo potessero aggredirlo da un momento all'altro ed imprigionarlo nella casa maledetta. Si guardò intorno, apprensivo. Nessuna traccia di Mabuz e la donna misteriosa. Tirò un sospiro di sollievo.

Provava nausea ed ebbe un leggero capogiro, però in generale si sentiva un po' meglio. Notò che il via vai per Vultur era diminuito, anche se c'erano ancora persone che passeggiavano lungo la via.

- Vesnic, la città che non si spegne mai – Pensò Brendan.

Un continuo via vai che non cessava mai, di cui Brendan non si era reso mai conto, a causa della sua routine, casa – famiglia, famiglia – lavoro. Vesnic era una città davvero unica nel suo genere.

Davanti a lui si stagliò l'entrata del Gagica. Diede un'occhiata prima di entrare: il flusso di persone non era diminuito per nulla. Una moltitudine di individui, ancora scambiando e commerciando e barattando in un processo che non aveva mai fine. Come un formicaio dove le attività non cessavano e dove il lavoro non aveva mai un termine. Si addentrò di nuovo al suo interno. Le guardie all'entrata gli lanciarono un'occhiata stranita; non doveva avere un bell'aspetto. Si rese anche conto che durante la colluttazione si era strappata in parte la manica sinistra della camicia. Ma ormai non gli importava più nulla. Aveva recuperato il braccialetto d'onice ed il filo rosso ed in questo modo avrebbe potuto onorare tutti i baratti che aveva in sospeso ed ottenere così il biglietto di platino che Mercuria gli aveva promesso e che gli avrebbe permesso di raggiungere la tanto agognata piazza.

Si perse di nuovo nelle stradine del Gagica, facendo zig zag tra la moltitudine di persone che lo costellavano, impegnate a trovare la mercanzia che tanto gli interessava. Brendan camminava automaticamente, come se non avesse il controllo sul suo corpo. Procedeva senza pensare, come se la sua mente ed il suo cervello già sapessero dove si trovasse la bancarella di Leona. Ed ecco che, poco a poco, la raggiunse. In lontananza vide la donna con le forme prosperose intenta ed impegnata a specchiarsi, esattamente come l'aveva lasciata poco tempo prima.

Si avvicinò alla bancarella e quando Leona si accorse della sua presenza lo guardò non senza una certa sorpresa dipinta sul volto.

"Oh ma guardate chi abbiamo qui! Brendan caro, che piacere rivederti!"

Lo squadrò da cima a fondo con lo sguardo corrucciato.

"Mmm che brutta cera che hai... Non sei ridotto molto bene. Sembra che tu te la sia passata parecchio male tesoro. La gita all'interno della casa degli orrori ti ha riservato brutte sorprese?"
Brendan tolse dalle tasche il braccialetto ed il filo rosso e li gettò sul banco di fronte a Leona.
"Ho recuperato ciò che volevi. Adesso dammi ciò che mi spetta per favore"
"Ma che atteggiamento che abbiamo signorino! Non sembri più la stessa persona, davvero. Cos'è, finalmente ti sono cresciute le palle?"
Brendan serrò i pugni e la fissò con tutto l'odio che aveva in corpo.
"Tu lo sapevi, non è vero? Lo hai sempre saputo"
"Sapere cosa?"
Brendan sbattette i pugni sul banco. Tutte le persone intorno si girarono a guardare.
"Che cosa mi avrebbe aspettato lì dentro. Era tutto vero. Mabuz esiste. Non è solo una leggenda. Per non parlare delle persone che vivevano lì prima. Qualcuno... qualcosa li ha fatti trasformare, li ha resi dei folli senza scrupoli, degli assassini macellai. Ho trovato il diario della moglie; ciò che ha scritto al suo interno e degno del peggiore degli incubi. Per non parlare della ragazza legata ad una croce che ho trovato all'interno della casa, soggetta a torture per giorni e giorni, con il corpo straziato da ogni tipo di ferita ed adesso è morta. Capisci maledetta? E' morta!"
Era calato il silenzio. Chiunque fosse nelle vicinanze si era fermato a guardare cosa stesse accadendo. Due guardie si erano avvicinate ed avevano fatto cenno a Leona. Lei sorrise e mosse la mano come per dire che tutto era sotto controllo e che potevano allontanarsi. Le due guardie annuirono e gridarono alle persone lì vicino di allontanarsi e che lo spettacolo era finito.
Leona incrociò lo sguardo di Brendan e si fece improvvisamente seria.
"Hai visto e scoperto molto più di quanto mi aspettassi Brendan"
"Che cosa vuoi dire?"
"Voglio dire che il diario che hai trovato apparteneva a mia sorella"
Brendan fece un passo indietro, tra l'inorridito ed il sorpreso.
"Vuoi dire che Shiya è..."
"Sì mia sorella, come ti ho detto. E Martirio, Gilda e Delilo i miei nipoti o meglio... erano, prima che lei li uccidesse"
Brendan appoggiò una mano sulla bancarella; quasi si sentì mancare il respiro per la rivelazione. Una marea di domande ed interrogativi gli si affollarono nella mente. Mai avrebbe pensato che Leona avesse un legame di sangue con le persone che avevano vissuto in quella casa, prima della tragica fine.
"Non ti eri mai resa conto del cambiamento che tua sorella stava subendo?"
"Vedi, noi non siamo mai andate molto d'accordo e ci vedevamo molto poco. A volte passavano dei mesi prima che ci incontrassimo nuovamente. Quello in cui avvenne la sua trasformazione e si consumò la tragedia era esattamente uno di quei periodi, dunque non venni a sapere nulla, fino a che non appresi dalle autorità cosa era accaduto"
"Perché la polizia, la milizia o la Legiunile non hanno raso al suolo quella casa infernale e portato via ciò che c'era dentro, come il diario ad esempio?"
"Per il semplice motivo che eventi del genere non sono una buona immagine né per Vesnic, né tanto meno per Vultur. Ovviamente la notizia trapelò e finì sui giornali, però con una certa attenzione e filtri vari da parte dell'autorità. Semplicemente venne proibito severamente avventurarsi da quelle parti e l'alone di terrore che iniziò a circondare la dimora aiutò parecchio a far dimenticare a tutti la terribile storia che aveva avuto vita tra le sue mura"
Brendan era assetato di conoscenza e voleva sapere di più, anche per il fatto che alcune cose non gli tornavano.
"Come eri a conoscenza del braccialetto d'onice e del filo d'arcolaio?"
"Il bracciale fu un regalo che feci a mio cognato Hashi. Più o meno due mesi dopo il loro trasloco, si presentò da me, così dal nulla. Mai lo avevo percepito tanto affascinante e seducente. C'era qualcosa di animalesco in lui che mi lasciò senza fiato. Quindi finimmo per scopare in casa mia"

Brendan rimase con la bocca aperta, sorpreso.

"Voi… cosa?"

Leona si stiracchiò e gettò uno sguardo su uno dei suoi specchi, aggiustandosi i capelli e sorridendo alla sua immagine con un volto compiaciuto.

"Sì Brendan, finimmo per farci una bella e sana scopata. E fu così fantastica e divertente che decisi di regalargli quel bracciale. Mi aveva promesso che sarebbe tornato con qualcosa cucito con il suo arcolaio, un vestito rosso tutto per me e che me lo avrebbe regalato, ma non tornò più"

"Ed in quella occasione non notasti niente di strano in lui?"

Leona alzò gli occhi al cielo come per pensare, appoggiando il dito indice sulle labbra carnose, sulle quali era presente un acceso rossetto color cremisi.

"In effetti sì. Farfugliò qualcosa a riguardo di una vedova con un vestito nero ed il suo neonato e di come fosse fantastica la statua di un angelo che aveva comprato… Nient'altro. A parte che era molto carismatico e sensuale, come ho detto in precedenza. Mai i miei occhi lo avevano visto tanto attraente. Beh di certo non bello ed attraente come me"

"Quindi desideravi riavere il bracciale che gli avevi regalato ed un filo rosso dell'arcolaio"

"Sì. Dopo che seppi della loro morte, desiderai riavere indietro ciò che era mio e ciò che mi era stato promesso… almeno in parte, anche solo un filo. Molte persone si sono avventurate tra quelle mura, cercando ciò che chiedevo, ma nessuna di loro è mai tornata… A parte te Brendan"

Brendan chiuse di nuovo le mani a pugno e la rabbia iniziò ad invaderlo.

"Ho trovato una ragazza bionda legata ad una croce all'interno della casa, nella stanza che tu cognato usava per cucire con l'arcolaio. Ne sai qualcosa?"

"Mmm… ah sì! E' l'ultima persona che avevo inviato nella casa di mia sorella a cercare gli oggetti di mio interesse, in cambio di uno dei miei preziosi specchi. Come gli altri era solo una gradassa, che pensava nulla fosse vero, che Mabuz ed i fantasmi siano solo sciocchezze e che nulla di questo esiste. Era presuntuosa ed arrogante. Ma a quanto mi sembra di capire non c'è stato un lieto fine per lei"

Brendan digrignò i denti. Non poteva credere che Leona stesse avendo quell'atteggiamento. Non le importava nulla di quella ragazza e del suo destino, né tanto meno di tutte quelle persone che aveva mandato lì dentro a morire. Mancava totalmente di empatia.

"Quel mostro le ha tagliato la testa di fronte ai miei occhi ed aveva segni di tortura su tutto il corpo. Quando l'ho trovata era in uno stato pietoso e l'unica responsabile di tutto questo sei tu, che l'hai mandata lì a morire, insieme a tutti gli altri. E per cosa? Uno stupido bracciale ed un insulso filo rosso"

Leona sbuffò, prendendo in mano uno specchio piccolo, quasi tascabile, rimirandosi in esso, sorridendo soddisfatta per la sua immensa bellezza.

"Non le ho puntato una pistola alla testa. Sai benissimo come funziona nel Gagica: se desideri qualcosa, l'unico sistema per ottenerlo è procedere con un baratto. Non ti sta bene? Smamma, aria, fuori dalle palle. Non ero sua madre. Lei sapeva benissimo a cosa stava andando incontro… o meglio no, in quanto si è burlata di tutto questo. Alla fine è come un soldato che va in guerra: sei consapevole che stai aprendo le porte dell'inferno ed è probabile che tu non ne faccia ritorno".

Brendan rimase atterrito dalla mancanza di umanità di Leona.

"Non sembra nemmeno che ti importi qualcosa di tua sorella o della sua famiglia! Era anche la tua famiglia Leona! Te ne rendi conto? Tua sorella ha lasciato morire di inedia il suo neonato di pochi mesi nella culla… nel diario c'era scritto che ha gettato il suo corpo nel boschetto dietro casa…"

Dagli occhi di Brendan sgorgarono lacrime amare. L'insensibilità di Leona lo spiazzava ed il ricordo delle cose scritte sul diario lo dilaniavano dentro.

"Te l'ho detto Brendan, non avevo un bel rapporto con mia sorella ed a malapena vedevo i miei nipoti. Tutto terribile, non lo nego… ma francamente, non mi importa"

"Come hai detto?" Brendan non poteva credere alle sue parole.

"Hai capito benissimo. Non mi importa un bel niente di cosa sia successo in quella casa. L'unica persona che per me conta sono io. Io e la mia infinita e strepitosa bellezza. Il resto non è per me di nessuna importanza"

Solo in quel momento Brendan si rese conto come la superbia di Leona superasse qualsiasi compassione, qualsiasi perdono, qualsiasi senso dell'empatia. Per lei, esisteva unicamente Leona e tutto il resto poteva andare al diavolo. E la cosa terrificante, che gli diede i brividi e lo fece sentire vuoto è che probabilmente in quella città quasi tutti erano come lei, degli egoisti, accentratori ed approfittatori, che per il prossimo non avevano nessun tipo di rispetto. Stava apprendendo più cose sull'animo umano in quella notte, che in tutta la sua esistenza. Cose che però probabilmente non avrebbe mai voluto imparare.

"Benissimo Leona... allora rimani sola, sola con la tua stupida bellezza"

"Non posso chiedere di meglio tesoro. Questa è la miglior compagnia che possa desiderare"

"Già, ma ricordati che non durerà per sempre: prima o poi invecchierai, ed il tuo viso si riempirà di rughe, il tuo copro si affloscerà, la tua schiena si curverà e ciò che vedrai in uno dei tuoi stupidi specchi, non sarà altro che una sconosciuta, l'ombra di cui sei stata e odierai quel riflesso. Detesterai l'immagine che lo specchiò ti donerà e per te sarà un infinito inferno, lo stesso che tua sorella e quella povera ragazza hanno vissuto"

Leona rimase pietrificata. Brendan aveva colpito nel segno, aveva nominato una delle sue più grandi paure, un discorso che per lei era assolutamente tabù. Ma non sarebbe mai accaduto nulla di tutto quello, lei sarebbe rimasta la più bella, la più meravigliosa e fantastica creatura che il mondo avesse conosciuto. Nemmeno l'avanzare degli anni e la vecchiaia avrebbero rovinato la sua essenza, la sua sconfinata bellezza. Prese uno specchio di lapislazzuli che aveva lì accanto a sé e lo mise sopra al banco bruscamente.

"Prendilo e vattene. Mi sono stancata di parlare con un pusillanime con te. Voglio che tu te ne vada, ora"

Brendan la guardò con sguardo sprezzante ed afferrò lo specchio, oggetto dello scambio. Leona si intascò il bracciale d'onice ed il filo rosso.

"Goditi quel braccialetto e quel filo... e tienti stretta la bellezza di cui tanto ti vanti... finché puoi"

Brendan le voltò le spalle ed andò in cerca di Aknoia, la mercante che le aveva chiesto lo specchio.

"Povero stupido!" gli gridò intanto Leona "Ti credi un eroe adesso perché sei sopravvissuto agli orrori di quel letamaio! Ma sei stato solo fortunato! Hai scelto la notte sbagliata per aggirarti tra le strade di Vesnic. Questa è la notte dell'Ecatombe, del Bagno di Sangue! Non è un gioco, stramaledetto idiota! Sei carne morta, un cadavere che cammina! Non vedrai più la tua famiglia, né la tua casa... Creperai questa notte stessa, te lo garantisco!"

Brendan la ignorò e procedette verso la bancarella di Aknoia. Il Gagica era ancora gremito di persone, sembrava non dovesse spegnersi mai. Urli, schiamazzi, risa: la vita del Gagica continuava imperterrita ed ardeva come un fuoco che veniva continuamente alimentato, duraturo e perpetuo. Il corpo di Brendan sembrava si muovesse da solo, come se sapesse già dove dovesse andare e cosa fare. Il Gagica era enorme, ma nonostante tutto Brendan era riuscito a memorizzare il tragitto che aveva effettuato per arrivare fino a Leona. Era come se i suoi sensi si fossero improvvisamente acuiti. Ed eccola, in lontananza, la bancarella di Aknoia. Dei potenziali clienti tentavano di chiederle informazioni, ma lei li ignorava, facendo finta di dormire. Frustrati dall'atteggiamento indolente della ragazza, molti di loro la mandavano a quel paese, sbracciando e maledicendola per la sua maleducazione! Ma sembra che nulla la smuovesse, che nulle le importasse. La ragazza era coricata su di un'amaca ora, con un sombrero appoggiato sul viso.

"Aknoia, sono Brendan, ti ho portato lo specchio che mi avevi richiesto"

Aknoia non reagì alle parole di Brendan e continuò a fingere di dormire.

"Aknoia! Lo specchio! Per favore, dammi la coperta che mi avevi promesso!"

Aknoia si stiracchiò, emise uno sbadiglio profondo e si stropicciò gli occhi.

"E va bene e va bene, non c'è bisogno di urlare, adesso arrivo… come ti chiamavi? L'ho dimenticato"

"Brendan" disse in tono scocciato.

"Ah si si, adesso ricordo. Fammi vedere lo specchio"

Brendan le porse l'oggetto. Aknoia iniziò ad osservarlo con svogliatezza, quasi non lo volesse più.

"Non male, uno specchio di lapislazzuli. Con chi hai fatto lo scambio?"

"Leona"

"Mmm Leona sì… Devi averla impressionata molto per aver ricevuto uno specchio di tale bellezza"

"Non puoi immaginare cosa ho passato per ottenerlo"

Aknoia scrollò le spalle, come se non le importasse ed emise un altro enorme e lungo sbadiglio.

"Ok, allora scegli la coperta che più ti aggrada e lasciami tornare a dormire in pace"

Brendan indicò una coperta di fronte a lui, ricordandosi qual era il desiderio di Essilu.

"Voglio quella coperta di lana"

Aknoia annuì, la prese gliela porse.

"Perfetto, siamo a posto allora. Finalmente posso tornare a dormire" Mise il cartello "Lavori in corso" in bella vista sul banco e si coricò di nuovo sulla sua comoda e preziosa amaca.

Brendan era più che lieto di essersi liberato di lei e della sua poltroneria. Adesso gli sarebbe toccato avere a che fare con Essilu; Brendan sperava si fosse calmato dall'ultima volta che aveva interagito con quell'energumeno. Alcuni mercanti si erano riuniti e stavano bevendo e mangiando, ridendo a crepapelle e dandosi pacche sulle spalle. Adesso il cielo era coperto da nuvole, dense e compatte e non si potevano osservare molte stelle brillare nel cielo. La Luna stentava ad uscire, come non se volesse mostrarsi al mondo. Brendan arrivò alla bancarella di Essilu, non senza difficoltà; più il tempo passava, più era difficile muoversi tra le stradine del Gagica. Il numero di persone sembrava aumentare sempre più, anziché diminuire.

Essilu stava lavorando alla sua fucina, imprecando e gridando contro l'elsa di una spada alla quale non riusciva a dare la forma che desiderava. Insultò una persona che lo stava guardando, minacciandola di darle ciò che meritava se non avesse smesso di posare gli occhi su di lui. Non sembrava che il suo atteggiamento fosse cambiato, anzi, sembrava peggiorato. Brendan gli si avvicinò con cautela, desiderando solo di concludere al più presto il baratto e liberarsi così anche di lui.

"Essilu, ti ricordi di me? Ho qui la coperta di lana che desideravi. Mi avevi promesso i quanti da pugilato"

Essilu si girò e guardò Brendan con occhi iniettati di sangue e lo sguardo corrucciato. Osservò la coperta che Brendan stava trasportando.

"Dammi qua!"

Gliela strappò dalle mani ed iniziò ad esaminarla minuziosamente. Dal suo sguardo perennemente in collera ed imperscrutabile era impossibile evincere se fosse soddisfatto oppure no. Tirò la coperta ai piedi della sua fucina ed indicò i guanti da pugilato con rabbia.

"Prendili, sono tuoi. Ed adesso sparisci"

Dopo aver affrontato Mabuz, a Brendan Essilu gli sembrava ben poca cosa. Ad ogni modo non voleva più avere a che fare con lui, prese i guanti e lo lasciò alle sue imprecazioni ed alla sua eterna ira.

Era la volta di Codicio. Anche con lui non vi era un grande feeling. Brendan sperava solo che non gli avrebbe creato nessun tipo di problema ed avesse accettato il baratto che aveva promesso.

Mentre percorreva le stradine del Gagica, Brendan si rese conto che aveva perso totalmente il senso del tempo, che trascorreva ora ad una velocità incredibile. O lentezza. Non avrebbe saputo dirlo con certezza. Il tempo aveva perso il suo significato, il suo senso sociale. Non si trovava nella situazione di dover rispettare orari, consegne o limiti. Semplicemente stava vivendo, a suo ritmo ed a suo gusto. Una sensazione che fino ad allora non aveva sentito; o meglio, era da tanto che non avvertiva. Questo senso di libertà, che lo stava liberando dalle catene del tempo, come la nostra società lo contempla.

Era ancora notte fonda, su questo non vi era dubbio, in quanto non si vedeva all'orizzonte l'albeggiare del Sole. Ed in tutto questo, Brendan provava paradossalmente una sensazione di sollievo e calma. Nonostante fosse infastidito del fatto che gli avessero rubato il cellulare, cosa che aveva dato inizio a quell'incredibile avventura, l'assenza dello stesso gli aveva permesso di concentrarsi ad ogni modo su sé stesso e non avere nessun tipo di distrazione, che fosse il lavoro o la famiglia o qualunque altra cosa. Lui era il centro ora. Esisteva solo lui. Ciò che desiderava e ciò che voleva. Gli capitava anche la notte, quando la sua compagna insonnia non gli permetteva di entrare nel reame di Morfeo, di intrattenersi con il cellulare e magari iniziare a preparare le pratiche per il giorno seguente o completare compiti che gli sarebbero aspettati sul posto di lavoro. Tuttavia, in tutto questo processo, si dimenticava di lui e del suo benessere. Non l'avrebbe mai detto, ma il furto che subì fu anche qualcosa di guadagnato, perché gli permise finalmente di vedersi da un'altra prospettiva e vedere così un altro Brendan.

Immerso nei suoi pensieri, non si accorse di aver camminato a lungo; questa volta non fu facile trovare la bancarella di Codicio. In questo frangente la sua memoria cedette, come se non volesse avere a che fare con quell'individuo. Finalmente lo adocchiò da lontano, sempre con la schiena curva ed intento molto probabilmente a contare i suoi Aur.

"Saluti Codicio"

Codicio si spaventò e fece un salto sulla sedia. Quando vide che era Brendan, si mise una mano sul cuore e sbuffò frustrato.

"Sei matto? Mi hai fatto spaventare a morte"

"Mi spiace non era mia intenzione. Ecco, ti ho portato i guanti da boxe che mi avevi richiesto"

Codicio li guardò con uno sguardo corrucciato, come se no si ricordasse di aver fatto un accordo con Brendan.

"I guanti da boxe in cambio della moneta con il simbolo della Legiunile" insistette Brendan.

"Ah sì adesso ricordo… Beh non mi interessano più"

"Come?"

"Mi hai sentito. Non li voglio più"

Brendan diventò rosso in volto dalla rabbia.

"Avevamo un accordo. I guanti in cambio della moneta"

Codicio fece spallucce.

"Ho cambiato idea. Però se sei tanto interessato alla moneta, puoi sempre portarmi un pasticcino con una ciliegina in cima" E scoppiò a ridere.

Ed allora qualcosa sorse dentro Brendan. Una sensazione fino ad allora sconosciuta, come l'esplosione di un vulcano, un fiume in piena impossibile da arrestare, un'ira ed una rabbia incontrollabili che si impossessarono di ogni parte del suo corpo. Estrasse il coltello con il teschio dalla tasca, fece uno scatto, afferrò Codicio dal colletto e glielo puntò alla gola. Codicio non ebbe il tempo di fare un fiato e sui suoi occhi si leggeva la sorpresa e la paura. Nessuno fece caso a cosa stava accadendo, in quanto la via pullulava di gente e molti erano intenti a negoziare presso altre bancarelle lì vicino.

"Ascoltami bene. Sono stato all'inferno per poter arrivare ad ottenere questi guanti. Adesso li prenderai senza fare un fiato come avevi promesso e mi darai la moneta che mi spetta. Se non lo farai ti taglierò la gola da un orecchio all'altro. Ti suona familiare questa frase? L'ha detta un'idiota"

Brendan spinse leggermente la punta sul collo ed uscì un rivolo di sangue.

"Forse se lo faccio i tuoi amici mi verranno a cercare o passerò il resto della mia vita in galera, ma non mi importa, perché vivrò con la soddisfazione di aver tolto di mezzo un pezzo di immondizia come te"

Nello sguardo di Codicio era dipinta più la sorpresa che la paura, sorpresa per una reazione totalmente inaspettata; la persona che aveva di fronte non era la stessa con la quale aveva parlato poco prima. Tutte le esperienze vissute fino a quel momento avevano cambiato Brendan, lo avevano trasformato. Non era più l'uomo timido e remissivo di un tempo. Sentiva che qualcosa si era rotto dentro di lui, soprattutto dopo ciò che aveva visto e dovuto subire nella casa abbandonata. Non sapeva se questo sarebbe stato per lui un vantaggio o qualcosa di negativo, ma percepiva in qualche modo che non sarebbe più tornato ad essere lo stesso di un tempo.

"D'accordo amico calmati. E' vero, hai ragione, abbiamo un accordo ed è mio preciso dovere onorarlo. Se mi lasci cercherò la moneta con lo stemma della Legiunile e te la donerò, va bene?" Brendan lasciò la presa senza dire una parola e permise a Codicio di prendere ciò che gli spettava. Si guardò intorno e sembrò che nessuno avesse fatto caso a quello che era accaduto. Codicio stava in ginocchio, rovistando in un cassetto di un comodino e Brendan non gli toglieva gli occhi di dosso, per timore che potesse truffarlo o peggio. Dopo vari minuti di ricerche, Codicio appoggiò una moneta sul banco. La moneta aveva i bordi rossi ed al centro un soldato armato di fucile con un'aquila appoggiata fieramente sulla sua spalla e con le ali spiegate. Era un pezzo davvero molto bello ed anche di pregevole fattura. Forse anche raro e difficile da trovare. Adesso capiva per quale motivo Sàtira lo desiderava tanto.

"Ecco a te. Ed io mi prendo i guanti. Contento adesso? Ed ora se non ti dispiace ho del lavoro da portare a termine"

Brendan lo guardò con aria incerta, come se qualcosa gli dicesse di non fidarsi di lui. E' vero che la sua minaccia aveva avuto un effetto sorpresa, ma Codicio non era persona da lasciar passare, né da perdonare un simile affronto. Il tempo glielo avrebbe detto, ma adesso voleva solo concentrarsi sul suo prossimo baratto che sarebbe stato con Sàtira. Si fece strada tra i gruppi di persone che si incrociavano il suo cammino, desiderose di barattare e trovare l'oggetto dei loro sogni. Gli urli e gli schiamazzi non terminavano, anzi, si facevano sempre più forti e dominavano tutto il Gagica da cima a fondo. Ad ogni modo, a parte qualche litigio qua e là per l'incapacità di mettersi d'accordo, il morale all'interno del mercato era molto alto e Brendan poteva vedere come sul viso di molte persone fosse stampato il sorriso e le risate serpeggiassero tra le stradine dell'enorme piazza, diffondendosi come un contagio. E dopo l'orrore del quale era stato testimone, Brendan sentiva come la necessità di udire quelle risate dense di felicità e di gioia. Ne sentiva l'estremo bisogno. Vide finalmente la bancarella di Sàtira, praticamente inconfondibile. Di fronte a lui, di nuovo le tende nere e rosse con cuoricini e angioletti che scoccavano frecce con il volto birichino. Le due guardie si trovavano sempre all'entrata della bizzarra bancarella, che a Brendan sembrava più somigliante ad una carrozza senza ruote. Fece cenno alle due guardie ed entrambe annuirono e lo fecero passare. Quando entrò, non credette ai suoi occhi: Sàtira si stava masturbando. Si trovava distesa su di un lettino e stava utilizzando un pene di gomma. Si accorse della presenza di Brendan, ma non si fermò, anzi sorrise e continuò il suo atto di autoerotismo, contenta di avere uno spettatore a godersi la scena. Sàtira mugugnava e gemeva e se in un primo momento Brendan distolse lo sguardo, subito dopo non potette fare a meno di guardare. Fu più forte di lui e non riuscì a distogliere lo sguardo. Sàtira era una donna bellissima ed affascinante e trovava tutto quello estremamente eccitante. Di tanto in tanto, Sàtira alzava lo sguardo e guardava Brendan sorridendo e con lo sguardo estasiato dal piacere. Raggiunse l'orgasmo e chiuse le gambe facendolo, mettendosi due dita nella bocca e mordendole sensualmente. Brendan osservò tutta la scena, chiedendosi se in quel frangente aveva nuovamente tradito la moglie Nada, come con il bacio che c'era stato con Adara. Pensò ad ogni modo che in quel momento, semplicemente non gli importava; quella era la sua notte ed avrebbe fatto ciò che più gli aggradava e fino a che non ci sarebbe stato un atto sessuale vero e proprio, non si sarebbe potuto parlare di tradimento.

Sàtira si alzò dal letto estremamente compiaciuta e si aggiustò i capelli. Si diresse verso Brendan e lo guardò con occhi languidi e desiderosi.

"Allora, piaciuto lo spettacolo?"

"Sì.. penso di sì"

Sàtira gli accarezzò il volto con la mano.

"Ma certo che ti è piaciuto, non hai distolto lo sguardo nemmeno per un momento. Se ti va, possiamo divertirci insieme… già dalla prima volta che hai messo piede qui ho pensato fossi molto carino e che forse avremmo potuto spassarcela".

Brendan guardò da un'altra parte, per non cedere alla tentazione che lo stava spingendo ad accettare la proposta.

"Ti ho portato la moneta della Legiunile che mi avevi richiesto. Ecco, guarda"

Brendan la estrasse dalla tasca e la porse a Sàtira. La donna la osservò compiaciuta e soddisfatta e la ripose in uno scrigno appoggiato su di un tavolino al suo fianco.

"Potrei avere la bambola gonfiabile per favore?"

"Ma certo tesoro, te la prendo subito"

Si girò e con una camminata estremamente provocatoria, andò a prendere la bambola appoggiata su di un lungo bancone. Non aveva ancora indossato le mutandine e nella parte superiore portava solo il reggiseno ed un velo rosso di seta, che gli copriva semplicemente le spalle. I lunghi capelli neri le cadevano lungo la schiena, fluenti e lisci.

"Ecco tesoro, prendi. E' stato davvero un piacere fare affari con te. E se dovessi cambiare idea su di noi, beh, sai dove trovarmi"

Gli diede un bacio sulla guancia ed iniziò ad osservarlo con uno sguardo provocatorio e profondo.

"Il piacere è stato tutto mio, addio Sàtira"

Uscì di corsa dalla carrozza-bancarella e si avviò alla ricerca di Gurdus. Dovette affrontare l'imbarazzo di dover trasportare con sé una bambola gonfiabile. Le persone intorno lo osservavano incuriosite e molti ghignavano e ridevano di lui, puntandolo con il dito. Certo doveva essere inusuale vedere qualcuno andare in giro per il Gagica con in braccio una bambola gonfiabile. Dunque, tra una risata e l'altra e commenti stupidi e fuori luogo, quasi correndo arrivò alla bancarella di Gurdus, che vide intento a cucinare spiedini, bistecche ed ogni tipo di animale esistente sulla faccia della terra. Con l'altra mano, stava divorando un'enorme coscia di pollo, che luccicava per la grande quantità di burro e olio che gli aveva spalmato sopra. Brendan non sapeva se era solo una sua sensazione, ma lo trovava ancora più grasso di quando lo aveva incontrato la prima volta, però era semplicemente assurdo, in quanto erano passate probabilmente solo un paio d'ore.

"Gurdus, ecco la bambola gonfiabile che volevi" Brendan lo disse con impeto, desideroso di liberarsi di quell'oggetto imbarazzante che lo stava facendo diventare lo zimbello del Gagica.

Gurdus si girò ed un rivolo di grasso di pollo gli colò sul grembiulone bianco da cuoco che indossava. Masticava con la bocca aperta ed a Brendan gli diede il voltastomaco.

"Ah che bello, ce l'hai fatta!" esclamò con la bocca piena, sputacchiando pezzettini di carne ovunque "Finalmente potrò godere di un'adorabile e preziosa compagnia nei prossimi giorni. Mi divertirò un sacco!"

Brendan cedette la bambola, che Gurdus ripose sotto il banco della bancarella.

"Stavo giusto finendo di cucinare il tuo porcellino, adesso vado a prenderlo"

Si spostò su di un'altra griglia sulla quale era appoggiato il porcellino che Romaji aveva richiesto a Brendan. Gurdus lo impacchettò per bene, lo mise in una borsa e lo donò a Brendan.

"Ecco, il porcellino più delizioso di tutta Gagica. Non troverai un'altra bancarella dove il cibo è tanto squisito. E' stato un piacere fare affari con te!"

Brendan fu investito dall'odore dell'animale e riconobbe che il profumo era davvero gradevole; sicuramente anche il gusto doveva essere ottimo. Procedette a cammino lesto verso la bancarella di Netami, l'ultima che gli rimaneva e poi sarebbe potuto andare vittorioso da Mercuria e riscattare la carta di Platino e raggiungere finalmente la piazza che gli avrebbe permesso di tornare a casa. Era stanco del Gagica, del mare di persone al suo interno, delle urla e degli schiamazzi, di essere stato sballottato a destra e sinistra come se fosse una pallina di un flipper. Quel circolo vizioso stava arrivando alla sua conclusione. Si fece strada tra le varie persone che si mettevano sul suo cammino e non gli importava più delle buone maniere; spintonava, sgomitava e non dava la precedenza a nessuno. Il suo unico obiettivo era uscire di lì al più presto.

Trovò la bancarella di Netami. Il mercante stava con sguardo torvo a fissare il vuoto, parlottando da solo, seduto con le braccia conserte.

"Netami, ecco il porco che mi avevi richiesto. Cotto a puntino e di ottima qualità a quanto sembra dall'odore che emana"

Netami guardò Brendan come se fosse appena venuto dalla Luna, con uno sguardo sbalordito e perso.

"Ti senti bene?" Chiese Brendan con lo sguardo corrucciato.

"No che non mi sento bene! E' tutta colpa di quella dannata Mercuria! E' solo una invidiosa. Si crede migliore di me. Pensa di avere la migliore bancarella, i migliori prodotti, di poter offrire la migliore qualità. Ma non è nient'altro che una falsa, una nessuno! Quando gli altri scopriranno quello che realmente è, allora avrà la fine che si merita. Fallirà e la butteranno fuori di qui, con tutte le sue stupide bambole!"

Brendan era allibito dal livello di invidia che Netami provava nei confronti di Mercuria. Era ossessionato dalla sua figura, sembrava incapace di pensare a qualsiasi altra cosa al mondo. Mercuria era il suo chiodo fisso.

"Bah, ad ogni modo era ora che tornassi, ormai non ti aspettavo più" Netami si leccò i baffi e per un momento si dimenticò di Mercuria "Emana un profumo meraviglioso. Ho una fame incredibile, nemmeno te lo immagini!"

Netami strappò il sacchetto dalle mani e guardò dentro allo stesso, con aria soddisfatta.

"Mi potresti dare la gonnellina per la bambola di Mercuria?"

A sentire quel nome, il sorriso dalla faccia di Netami sparì e un'ombra si addensò sul suo viso.

"Ah già è vero, quasi dimenticavo. La gonna per quella dannata"

Aprì un cassetto e ci rovistò dentro. Dopo una luna ricerca, trovò ciò che cercava. La gonnellina di color rosso. La allungò a Brendan.

"Ecco prendila e portala a quell'invidiosa, superba e arrogante. Spero che vada a fuoco con la sua bancarella e tutte le sue schifosissime bambole. Dille che mangerò questo maialino alla faccia sua!"

Brendan non disse nulla, afferrò la gonna e se ne andò di fretta, stanco di sentire le malignità di quel personaggio. La fretta era anche dettata dalla voglia di compiere la sua missione ed era elettrizzato all'idea di essere riuscito a portarla a termine e finalmente poter dirigersi verso il suo obiettivo, la piazza tanto agognata. Camminò con foga, quasi correndo, avendo quasi come la sensazione che nel Gagica fosse rimasto solo lui, che non ci fosse nessun altro; l'emozione era tanta che non quasi non sentiva più né gli schiamazzi, né le urla, né le risa, né null'altro. C'erano solo lui ed il suo successo personale.

Ed eccola in lontananza, come un miraggio, Mercuria e la sua bancarella. Era impegnata e concentrata a cucire una bambolina di pezza, facendo attenzione ad ogni gesto, con grande delicatezza e dolcezza. Amava costruire bambole e lo faceva con grande passione e amore.

"Mercuria!" gridò Brendan pieno di gioia.

Mercuria alzò il capo e quando lo vide sorrise con gusto.

"Ce l'ho fatta! Ho recuperato la gonna che desideravi".

Mercuria annuì soddisfatta "Immagino che non sia stato facile, vero Brendan?"

"Per nulla" sbuffò avvilito "Ho dovuto portare a termine sette baratti prima di poter ottenere la gonna da Netami. Ed un'altra cosa…"

Il sorriso sul viso di Mercuria si spense, vedendo la preoccupazione sul volto di Brendan.

"Che cosa Brendan? Cosa stai cercando di dirmi?"

Brendan rabbrividiva al solo pensiero e non avrebbe voluto ricordare la terribile esperienza, però sentiva che voleva condividerla con Mercuria.

"Non so se la conosci, ma una certa Leona, l'ultima mercante con la quale ho portato a termine il baratto, mi ha chiesto di andare a recuperare due oggetti nella casa abbandonata dove si è consumata la tragedia tra i due coniugi ed i loro figli"

Mercuria si alzò in piedi, sconcertata.

"Sei andato lì? Figlio mio, perché questa follia? Che cosa è successo? Cosa hai visto?"

Brendan rabbrividì al solo ricordo, che a quel punto desiderò fosse stato solo un terribile incubo.

"Non avevo scelta Mercuria. Ero entrato in un loop dei baratti dal quale non riuscivo più ad uscire. Inizialmente la casa sembrava abbandonata; solo inquietante, come possono essere spaventose le case abbandonate dove si sono consumati omicidi come questo. Però…"

Mercuria aguzzò le orecchie. Aveva gli occhi spalancati.

"Dimmi Brendan, continua"

"Cose terribili sono accadute. Al piano di sopra ho trovato una ragazza legata ad una croce con evidenti segni di torture. Ed il colpevole di tutto questo…. Era Mabuz"

Mercuria aggrottò le sopracciglia incredula

"Cosa? Brendan, Mabuz non è altro che una leggenda, uno stupido racconto dell'orrore"

"Te lo giuro Mercuria, giuro di averlo visto! Ha ucciso quella ragazza con una mannaia da macellaio proprio di fronte ai miei occhi e per poco non ha ammazzato anche me. Mi sono salvato per miracolo"

Brendan sapeva quanto tutto quello poteva sembrare assurdo, ma aveva anche bisogno di raccontarlo per poterlo esorcizzare e per non sentirsi completamente matto. Mercuria lo ascoltava con attenzione, rapita dal suo racconto.

"Nella casa ho trovato un diario. E' appartenuto a Shiya, la donna di cui mi hai parlato. Prima di mettere piede in quella casa erano una famiglia come tante, con i suoi progetti ed i suoi desideri. Poi però le cose sono degenerate… Ha iniziato ad odiare suo marito, i suoi figli. Qualcosa in quella casa era malvagio, maligno. Ha anche…" voleva parlare del neonato Delilo, ma le parole non gli uscivano. Il terribile ricordo delle frasi scritte su quel diario gli impediva di esprimersi come voleva.

"Cosa Brendan? Cosa stai cercando di dirmi?" lo incalzò Mercuria.

Brendan si fece forza e sospirò "Nel diario c'era scritto che la madre ha lasciato morire di inedia il suo bebè Delilo di pochi mesi e che ha gettato il suo corpo nel boschetto dietro quella maledetta casa. Non si ricordava nemmeno più il suo nome, lo chiamava "il piccolo verme".

Mercuria all'ascoltare quelle parole, si mise una mano sulla bocca e sul suo volto si dipinse un'espressione di sgomento e turbamento.

"Dio mio… Nessuno aveva mai parlato della presenza di un terzo figlio. Era stata divulgata la notizia della morte dei due figli, un maschio ed una femmina, ma nessuno ha mai parlato di un terzo, addirittura neonato"

Mercuria era evidentemente sconcertata dal racconto di Brendan e non poteva quasi credere alle sue parole, tanto spaventosa era la sua storia.

"Brendan… Perché hai messo piede in quel posto infernale? Questa è la notte dell'Ecatombe, del Bagno di Sangue. Non è saggio avventurarsi in luoghi nefasti come quello, soprattutto in giorni come questo"

"Non ho avuto scelta Mercuria. Era l'unico modo per interrompere il circolo vizioso degli scambi ed ottenere questo maledetto lasciapassare di platino"

"Mi sento colpevole ragazzo. Avrei dovuto consegnartelo subito ed al diavolo le regole del Gagica. Ma dentro di me non potevo trasgredirle. Questo mercato esiste qui a Vesnic da secoli, da quando Infinit era un glorioso impero. E' uno dei fiori all'occhiello della nostra bellissima capitale.. ma da quando Vesnic è ridotta ad essere la capitale di un enclave… Però andare contro le tradizioni… Non me la sentivo proprio"

Brendan vedeva nella vecchia Mercuria l'orgoglio che gli abitanti di Vesnic ancora provavano per quello che Infinit una volta era stato, con lo sfoggio della sua bellissima capitale Vesnic. Nonostante le sofferenze patite, Brendan non ce l'aveva con lei, né provava rancore. Alla fine la vita lo aveva inspiegabilmente spinto quella notte a vivere quella serie di avventure e ovviamente doveva esserci un significato in tutto quello. Ancora non lo aveva trovato, ma era sicuro che l'Universo gli avrebbe portato la risposta tanto desiderata. L'unica cosa che voleva era continuare a fluire ed a seguire il flusso degli eventi, senza controllare nulla ed accettare ciò che quella notte gli stava portando.

"Mi spiace che tu abbia rischiato la vita Brendan. Spero ad ogni modo che tu ti senta bene"

"Non ti preoccupare Mercuria. E' stato orribile, ma allo stesso tempo sono contento di aver portato a galla i segreti di quella casa. Dovrebbero raderla al suolo e cospargere il sale affinché nulla più cresca in quel terreno"

"Mabuz… Pensavo fosse solo una leggenda, invece tu lo hai visto, esiste davvero… dio mio è semplicemente terribile"

"Dentro di me desidero che tutto quello che mi è accaduto poco fa sia solo un sogno, ma purtroppo non è così. Ad ogni modo, non mi pento della mia scelta. Semplicemente vado avanti per il cammino che ho deciso di intraprendere, vada come vada. Questa notte è mia e la voglio vivere fino in fondo, come meglio credo, costi quel che costi"

Porse alla donna la gonnellina rossa. Mercuria la prese con un gesto meccanico e lento della mano e la ripose in una scatolina dove teneva gli indumenti per le sue bambole. Prese un'altra scatola, l'aprì e tirò fuori dalla stessa una tessera simile ad una carta di credito ed un biglietto dei trasporti di Vesnic.

"Te li sei meritati Brendan, per essere entrato nelll'abisso ed essere uscito da esso, sano e salvo"

Ed eccola, la famosa tessera di platino. Al centro era disegnata l'onnipresente aquila e brillava di un colore dorato. L'altro invece era un semplice biglietto del trasporto di Vesnic, ma che per Brendan in quel preciso momento, valeva più di tutto l'oro che esistesse sulla faccia della terra.

"Aspetta, prendi anche questo: è un porta documenti. Così non dovrai temere di perdere la carta di platino ed il biglietto"

Brendan mise la tessera ed il biglietto nel porta documenti e se lo infilò nella tasca.

"Grazie di tutto Mercuria"

"No, grazie a te Brendan. Grazie per avermi reso al corrente dell'orrore che continua a vivere in quella casa maledetta. Il Gagica non rimarrà a guardare. Ci uniremo per radere al suolo quel luogo funesto"

Mercuria protese la mano a Brendan "Buona fortuna ragazzo. Che tu possa tornare a casa dalla tua famiglia sano e salvo. Ricordatelo sempre: questa è la notte dell'Ecatombe. Occhi aperti e fidati solo di quello che ti dice il cuore. Torna a casa il più rapidamente possibile ed abbi cura di te"

"Lo farò Mercuria. E' stato un piacere fare la tua conoscenza"

"Il piacere è stato tutto mio Brendan"

Le loro mani si divisero e Brendan si incamminò verso l'uscita del Gagica. Sentì Mercuria iniziare a parlare con un potenziale cliente, che era interessato ad una delle sue bambole e voleva sapere cosa desiderava in cambio. La vita del Gagica sarebbe continuata, mentre per Brendan iniziava una nuova tappa del suo viaggio. Sentiva che ad ogni modo quel luogo gli sarebbe mancato. Nonostante la grande fatica che aveva sofferto per mettere insieme tutti gli oggetti per effettuare gli scambi ed arrivare ad ottenere la tessera di platino, sentiva che quel luogo era magico e speciale. Quasi si poteva percepire nell'aria quella sensazione di antico, la storia che per secoli lo aveva caratterizzato, le varie vite che aveva ospitato, clienti e mercanti, gli oggetti e le merci continuamente scambiate, come se anche loro avessero una vita. Non avrebbe mai dimenticato quel luogo, anzi lo avrebbe portato nel cuore, davvero uno dei fiori all'occhiello di Vesnic.

L'uscita era davvero vicina. Mancavano pochi passi quando sentì la punta di un coltello premere contro la sua schiena.

"Un solo fiato e ti perforo un polmone. Il mercato è affollatissimo e prima che tu possa fare un solo lamento io sarò già sparito nella folla e tu morirai dissanguato a terra come un cane rabbioso"

Brendan fece un leggero movimento con la testa, come per annuire.

"Eh bravo, vedo che hai capito. Adesso mi metterò al tuo fianco e mi accompagnerai in un posticino privato dove potremmo parlare con più calma. Non fare scherzi, altrimenti il mio amico vicino alla bancarella del tabacco ti ammazzerà prima che tu abbia il tempo di gridare o scappare"

Un uomo di media altezza con capelli e barba rossa si voltò verso di loro e tirò uno sguardo torvo ed aggressivo in direzione di Brendan.

"Forza andiamo"

L'aggressore si mise al suo fianco e Brendan iniziò a seguirlo. L'uomo era di media altezza, leggermente tarchiato però ben piazzato, di colore, con una folta barba nera e calvo. Camminarono per quello che a Brendan sembrò un'eternità, quando arrivarono a quello che dava l'impressione fosse una specie di magazzino. In quella zona non erano presenti molte persone; Brendan vide solo degli individui vestiti da contadino che stavano accatastando una serie di sacchi di cemento. Il tizio avvicinandosi, gli fece un deciso cenno con il capo e senza pensarci due volte, lasciarono perdere l'attività che stavano eseguendo e si dileguarono. Brendan si girò e vide che il socio del tizio che prima era vicino alla bancarella del tabacco li stava seguendo a debita distanza e di fianco a lui c'era un altro brutto ceffo.

"Forza muoviti! Vai verso quel magazzino ed entraci. Cammina con calma e tranquillità"

Brendan eseguì l'ordine senza fiatare. Adesso si trovava in un altro bel pasticcio e non sapeva come uscirne; un altro ostacolo tra lui e la piazza tanto agognata. Oltretutto, temeva nuovamente per la sua vita e non prevedeva nulla di buono. Il magazzino era un casamento di medie dimensioni, che da fuori assomigliava più ad una stalla che ad un deposito. Brendan si trovò davanti alla porta e tergiversò un momento.

"Avanti aprila. Non lo ripeterò due volte"

Brendan fece quello che il tizio di colore gli disse ed aprì la porta. Quando entrò, si ritrovò in uno grande spazio vuoto, circondato unicamente da montagne di sacchi di grano. Al centro del deposito c'era un uomo girato di spalle. Tonaca nera e lunga, capelli folti e neri, pelle bianca cadaverica... Codicio. Era il mercante della moneta. In quel momento Brendan capì ogni cosa. Codicio voleva vendicarsi su di lui per l'affronto subito.

"Mmm... Bene, bene, bene, guarda chi abbiamo qui. Il temerario straniero che pensa di sapere tutto, invece non sa un bel niente di niente"

Codicio stringeva un bastone tra le mani. Brendan iniziò a sudare freddo. Si trovava nuovamente in pericolo e stava pensando ad una possibile via d'uscita.

"Portate quel vigliacco qui, di fronte a me"

I tre scagnozzi di Codicio presero Brendan di forza e lo accompagnarono di fronte al venditore. Gli occhi profondi e neri del mercante si posarono su di lui, feroci e desiderosi di vendetta.

"Pensavi davvero di passarla liscia? Dopo avermi puntato un coltello alla gola? Ti avevo avvertito la prima volta che ci siamo visti che se avessi sbagliato con me, saresti diventato cadavere e che nessuno si sarebbe reso conto della tua scomparsa. Me tu hai voluto fare il duro, sfidare la sorte, comportarti da eroe ed ora avrai la giusta punizione"

Brendan stava pensando febbrilmente a cosa avrebbe potuto fare per uscire da quella situazione, ma non aveva idea di come tirarsene fuori.

"Noi avevamo un accordo! I guanti di boxe per la moneta! Quando si accetta uno scambio nel Gagica lo si porta a termine è la regola!"

Codicio scoppiò in una fragorosa risata.

"Me ne sbatto delle regole del Gagica! Faccio ciò che più mi aggrada e non volevo più quegli sciocchi guanti da boxe. Ed oltretutto, cosa ne vuoi sapere tu del Gagica e delle sue regole se fino ad ieri non sapevi nemmeno della sua esistenza? Sì, l'ho capito immediatamente appena ti ho visto in faccia che era la prima volta che ci entravi, riconosco i novellini lontano un miglio. Un luogo secolare dove non abbiamo bisogno di sbruffoni come te"

Si avvicinò a Brendan minaccioso, brandendo il bastone.

"E non ti dimenticare che hai osato minacciarmi puntandomi un coltello alla gola, tu maledetto bastardo, come hai osato! Nessuno minaccia Codicio! Nessuno!"

I tre scagnozzi circondarono Brendan ed impugnarono anche loro dei bastoni, come quello che brandiva Codicio. Era in trappola.

"Parli del Gagica come se lo conoscessi, quando sei il primo a mancargli di rispetto. Ho visto che stai utilizzando del denaro per i tuoi sporchi affari e che sei solo un truffatore da quattro soldi che non mantiene la parola data e non effettua i baratti come da qui si usa da tanto tempo. "

Codicio strinse forte il bastone che impugnava e fissò con ferocia Brendan. Quest'ultimo, continuò ad inveire contro di lui, sorpreso della sua stessa audacia.

"Sei solo un vigliacco. Quattro contro uno. Non sei capace nemmeno di portare a termine una vendetta da solo" Brendan gli ghignò in faccia, con scherno "Mi ricordo poco fa come tremavi, quando ti ho puntato il mio coltello alla gola... sei un codardo ed un fallito. Questo posto non ha bisogno di immondizia come te"

Brendan sapeva che quelle parole sarebbero state la sua certa condanna a morte, ma non gli importava; lo avrebbero ammazzato comunque. Si sorprese oltretutto del coraggio che ebbe a proferirle e del suo cambio di atteggiamento; ormai ne era certo, non era più lo stesso. Vesnic e quella notte, lo stavano incredibilmente cambiando.

"Parli davvero tanto ed a sproposito per essere nella posizione nella quale ti trovi" Codicio sputò a terra e guardò Brendan con disprezzo ed un ghigno spregevole sulla faccia "Ti farò pentire di essere nato bastardo!"

Codicio sollevò il bastone per colpire Brendan, ma il colpo fu lento e prevedibile. Brendan lo scansò e veloce come una saetta prese il coltello che aveva in tasca: gli uomini di Codicio si erano dimenticati di perquisirlo. Premette il pulsante sull'elsa, la lama uscì e tirò un fendente in direzione di Codicio con tutte la sua forza. Codicio tentò di evitare il colpo, ma fu troppo lento; Brendan gli colpì l'occhio. Il mercante iniziò a gridare dal dolore e si coprì la ferita con le mani. Brendan si girò per affrontare gli scagnozzi di Codicio, ma a causa della superiorità numerica, questi lo soverchiarono e non ebbe modo di colpirli con il pugnale. Il tizio nero tarchiato lo colpì con ferocia alla testa e Brendan cadde steso a terra. Fortunatamente non perse i sensi, ma il colpo fu forte e potente. Il coltello gli scappò dalle mani, così che perse la sua unica arma. Gli uomini di Codicio cominciarono a tempestarlo di colpi e Brendan non potette fare nulla se non coprirsi la testa con le braccia. Il dolore era lancinante: lo colpirono sulle braccia, le gambe, la schiena.

"Basta così! Fermatevi" Fu Codicio a dare l'ordine "Bastardo maledetto... il mio occhio... mi hai reso cieco da un occhio... Me la pagherai!"

Codicio aveva strappato un lembo della sua tunica nera e si era fasciato la ferita alla belle e meglio. Brendan era stordito dal colpo alla testa e dal dolore dei colpi ricevuti e non era nemmeno in grado di alzarsi.

"Legatelo a quella sedia!" ordinò Codicio

Gli sgherri lo sollevarono e lo trascinarono alla sedia indicata da Codicio e lo legarono con delle spesse corde. Brendan era completamente stordito e sentiva le voci come ovattate. Perdeva sangue dalla bocca. Codicio raccolse il coltello che Lothar gli aveva donato.

"Volevo concederti una morte veloce e indolore, ma ora ho cambiato idea. Ti torturerò e supplizierò fino a che non mi chiederai pietà, fino a che non mi supplicherai di fermarmi. La tua sarà una lunga e lenta agonia e godrò nel vedere il tuo enorme patimento"

Codicio avvicinò il coltello all'occhio di Brendan e lo fece roteare.

"Inizierò dall'occhio, dato che tu me ne hai portato via uno. Poi ti strapperò la lingua, le unghie, ti taglierò le dita e ti manterrò in vita in modo che tu possa continuare a farmi divertire".

Codicio gli afferrò i capelli e gli alzò il volto. Allora era davvero finita. Per lui non c'era scampo. La sua avventura finiva lì. Non avrebbe portato a termine il suo proposito e la sua meta sarebbe morta insieme a lui. Questa volta nessuno sarebbe corso in suo aiuto. Non ci sarebbe stato Lothar, né nessun altro. Questa volta era solo e solo sarebbe morto. In quel tetro e disgustoso magazzino. Il suo pensiero andò a Nada e Lucia. Le aveva viste fino a questo momento come una delle cause della sua infelicità, ma ora si rendeva conto di essere stato ingiusto nei loro confronti. E' vero che aveva speso tanto tempo ed energie per loro ed in questo si era dimenticato di sé stesso, si era come cancellato. Però non aveva nemmeno mai avuto il coraggio di comunicare quale fossero i suoi sentimenti, le sue emozioni e come si sentisse in quel momento così delicato della sua vita. Aveva tenuto quel dolore solo per lui e non aveva voluto condividerlo. Dunque la rabbia che aveva provato nei loro confronti sapeva che era ingiusta, perché si rendeva conto che era una rabbia che non aveva voluto esprimere e far uscire alla luce del Sole. Aveva dato solo a loro la colpa delle sue disgrazie, della sua tristezza e della sua enorme apatia, però il responsabile, alla fine dei conti, era solo lui ed ora se ne rendeva conto. In quel momento capì che le amava e che avrebbe voluto vederle, per un'ultima volta. Per poter mettere tutto a posto, per dirle quello che sentiva e quello che provava, ma non ci sarebbe stata la possibilità di farlo purtroppo. Si sarebbe afferrato a loro per resistere al patimento che Codicio voleva provocargli. Brendan sorrise; sorrise, pensando a quanto amava Nada e Lucia.

"Ridi? Perché ridi maledetto? Trovi tanto divertente morire?"

Brendan alzò la testa e sputò in faccia a Codicio, con le ultime forze che gli rimanevano. Il mercante rimase esterrefatto del gesto di Brendan e si asciugò il viso. Strinse ancora più forte i capelli di Brendan e sollevò il coltello.

"Hai firmato la tua condanna a morte inutile bastardo!"

Brendan chiuse gli occhi ed il tempo rimase sospeso. Pensò a quella notte incredibile e allucinante, alla sua vita, il trasferimento a Vesnic, il lavoro con Smith and Brothers, Nada e Lucia. Era pronto a seguire il suo destino.

La porta del magazzino esplose in mille pezzi. Soldati della Legiunile fecero irruzione e puntarono pistole e fucili contro Codicio ed i suoi sgherri.

"Gettate le armi a terra e mani in alto! Subito! Non lo ripeteremo due volte!"

Gli uomini di Codicio non ci pensarono due volte e gettarono i bastoni a terra. Codicio non fu dello stesso avviso.

"Getta il coltello! Ho detto: getta il coltello! Ora!"

Codicio rimase immobile con il coltello sollevato. Il suo sguardo era rivolto a Brendan, come se i soldati della Legiunile non esistessero. Il suo odio e astio per il ragazzo erano enormi. E vinsero sul suo istinto di conservazione.

"Non mi importa se mi ammazzeranno. Tu mi seguirai all'inferno!"

Calò il coltello verso la gola di Brendan. Venne sparato un colpo che con precisione colpì la mano di Codicio. Il mercante iniziò di nuovo a gridare dal dolore e si accasciò, tenendosi la mano che aveva sofferto il colpo. Il sangue usciva copioso.

"Faccia a terra e mani dietro la testa! "

Gli scagnozzi di Codicio eseguirono l'ordine, mentre il mercante ancora gridava per il colpo ricevuto. Due soldati della Legiunile gli furono addosso e lo gettarono a terra, incuranti della ferita che gli avevano arrecato. Brendan era ancora stordito e confuso e non si era reso ancora del tutto conto di ciò che era accaduto. Era consapevole che era stato salvato, ma il tutto era avvenuto così rapidamente, che pensava stesse sognando.

"Brendan! Ragazzo! Come ti senti?"

Una voce amica. Era Mercuria. Brendan si chiese perché si trovasse lì.

"Brendan! Riesci a sentirmi? Ti hanno ferito?"

Si sentiva molto debole, ma lieto di essere stato tratto in salvo. Ancora qualche secondo e per lui sarebbe stata la fine.

"Si Mercuria, ti sento… Mi hanno preso a bastonate, mi fa male ovunque, ma in generale mi sento abbastanza bene… vivo perlomeno"

Mercuria sospirò e tentò di sciogliere le corde che tenevano legato Brendan.

"Come sono contenta che tu stia bene… Siamo arrivati appena in tempo… Diavolo, questi bastardi ti hanno legato davvero bene, maledizione!"

Un soldato della Legiunile, quello che aveva dato l'ordine di lasciar cadere le armi, si avvicinò a Brendan.

"Lascia fare a me Mercuria"

Estrasse un coltello e tagliò le corde che tenevano legato Brendan. Lo aiutarono a sollevarsi dalla sedia, sostenendolo dalle braccia.

"Brendan, sono Melvil il capitano delle truppe della Legiunile. Come ti senti? Puoi camminare?"

Brendan fu preso da un capogiro e barcollò leggermente "Insomma… più o meno…"

"Ti sosteniamo noi, tranquillo" disse con tono dolce Mercuria.

Intanto, Codicio sbraitava e gridava come un forsennato.

"Lasciatemi andare bastardi! Lasciatemi! Non avete nessun diritto di arrestarmi! Nessuno! Non sapete chi sono io"

"Oh invece lo sappiamo benissimo… Codicio, mercante di cianfrusaglie storiche… provo disgusto a pensare che tra le tue mercanzie ci siano delle monete che rappresentano la Legiunile"

Codicio si agitava tentando di liberarsi, ma i legionari lo avevano ammanettato e per lui non c'era via di scampo.

"E da un po' che ti stiamo tenendo d'occhio. Utilizzo di denaro fisico, gli Aur all'interno del Gagica, dove è severamente proibito. Ed altri loschi affari tra commercio di droga, armi e quant'altro all'interno di tutta Vultur. Ed ora anche questo. Volevi anche macchiarti di omicidio?"

Codicio si divincolava, e guardò Melvil con scherno.

"Capitano Melvil… Capitano fallito di un esercito che ormai è l'ombra di sé stesso. Voi della Legiunile non avete nessun diritto di dirci quello che possiamo e non possiamo fare! Non siete nessuno, siete feccia! Non siete nient'altro che un corpo decadente che si sta lentamente decomponendo e morendo. Siete solo un putridume, ben lontani dai fasti di un tempo che avevano portato Infinit ad essere un glorioso Impero. Voi non avete più nessun diritto di decidere! Meritate di sparire, perché ormai non servite più a nulla, branco di falliti!" E dicendo questo sputò a terra.

Melvil si avvicinò a Codicio e si collocò naso a naso di fronte a lui, osservandolo con aria minacciosa.

"Può darsi che tu abbia ragione. Può darsi che la Legiunile stia lentamente morendo. Ma la nostra consolazione è che non ci ridurremo mai ad essere un escremento maleodorante come te e che l'unico che d'ora in poi marcirà sarai tu, all'interno di una gelida e schifosa cella, per il resto dei tuoi giorni"

Codicio iniziò a gridare ancora più forte. Melvil fece un cenno con il capo ed uno dei due soldati che lo tenevano per le braccia gli diede un colpo con il calcio della pistola; Codicio svenne sul colpo.

"Portateli tutti via. Conduceteli direttamente a Tullus e chiudeteli in una cella. A loro penserò dopo"

"Tullus?" mormorò Brendan

"E' il carcere di Vultur, adibito dalla Legiunile. Si trova di fronte al cancello che divide il nostro quartiere dalla piazza verso la quale vuoi dirigerti"

Brendan annuì con la testa. Fece segno di lasciarlo andare.

"Sei sicuro ragazzo? Ti hanno ridotto parecchio male"

"Sto bene Mercuria, davvero. Mi gira solo un po' la testa, ma in generale mi sento meglio"

Melvil e Mercuria lo lasciarono delicatamente e Brendan provò a fare qualche passo. Era ancora debole, ma si sentiva meglio e cosa ancora più importante, era vivo. Era stato un miracolo che la Legiunile fosse intervenuta. Ancora qualche secondo e Codicio lo avrebbe fatto a pezzi. Sembrava che l'Universo volesse aiutarlo nel portare a termine la sua impresa. Stava sopravvivendo a qualsiasi ostacolo gli si presentasse di fronte, anche se per poco. Queste non potevano essere semplici coincidenze, né la divina provvidenza. Qualunque cosa fosse, se la stava sempre cavando ed era grato per questo. Poteva solo immaginare cos'altro gli avrebbe riservato quell'assurda notte.

Ad ogni modo non si lamentava: era stata una sua scelta. Ed era fiero di questo, perché per la prima volta, dopo tantissimo tempo, nel bene o nel male, si sentiva di nuovo padrone della sua esistenza e quello gli dava una sensazione di libertà e di autonomia che pensava oramai fosse morta in lui.

"Grazie per avermi salvato Capitano" disse Brendan

"Non ringraziare me, ringrazia Mercuria. E' stata lei a guidarci qui"

Sul volto di Brendan si disegnò un'aria interrogativa.

"Come sapevi?"

"Quando ci siamo salutati e ti sei allontanato dalla bancarella, ho continuato a seguirti con lo sguardo e vidi quel tizio calvo di colore avvicinarsi a te e puntarti un coltello alla schiena. Eravate parecchio lontani, ma io ho l'occhio di una lince"

Mercuria aveva avuto un brutto presentimento, una sensazione di quasi malessere fisico ed è per questo che non aveva perso d'occhio Brendan.

"Qualcosa mi disse immediatamente che quello doveva essere uno degli uomini di Codicio, quell'individuo sgradevole, un taccagno di prima categoria che però non pensavo fosse tanto idiota da mettere in piedi tutto questo. Così sono corsa ad avvertire la milizia del Gagica e loro hanno messo in moto la Legiunile, che ha inviato una truppa agli ordini del Capitano Melvil"

Il Capitano annuì verso Brendan, che solo in quel momento notò la sua divisa: pettorale e pantaloni rossi e grigi; al centro del pettorale era disegnata l'immancabile aquila e sulla sinistra vicino al cuore, erano presenti tre piccole aquile che rappresentavano il suo grado di Capitano.

"L'uomo della milizia mi raccontò ciò che gli aveva riportato Mercuria ed abbiamo ipotizzato che ti stessero accompagnando qui, nel magazzino dove vengono smistati cibo e merci. E' stato un azzardo, ma fortunatamente ci abbiamo visto giusto. Ed a quanto pare, siamo arrivati appena in tempo"

Per fortuna, pensò Brendan. A quanto pare non erano del tutto sicuri che gli uomini di Codicio lo avessero portato lì. Ad ogni modo non importava, perché gli avevano salvato la vita. Ed adesso si sarebbe potuto dirigere alla famosa piazza. Cercò di muoversi ,ma fece una smorfia di dolore.

"Ehi piano amico, piano. Dovresti riposare. Ti hanno dato una bella ripassata"

"Non posso, voglio continuare il mio viaggio. Voglio dirigermi alla piazza a Nord e prendere un bus che mi porterà a casa"

"Ti riferisci a Centrum Mundi? L'accesso è controllato da noi e solo se sei in possesso di una carta di platino puoi accedervi"

Brendan infilò la mano in tasca e tirò fuori il porta tessere che gli aveva regalato Mercuria. Mostrò la carta di platino- Melvil non nascose il suo stupore.

"Ma guarda, sei una persona piena di sorprese Brendan. Non tutti hanno il privilegio di poter possedere questa carta. Ed immagino anche che tu l'abbia ricevuta da una persona di mia conoscenza, giusto?"

"Si è meritato questa carta Melvil. Non immagini nemmeno cosa ha dovuto passare per ottenerla. Glielo l'ho donata con tutto il cuore. E dopo essere sopravvissuto anche a questo, posso dire con certezza che se non è degno lui di averla, allora non lo è nessuno"

Melvil posò lo sguardo su Brendan, iniziando a studiarlo. Il suo intuito gli stava dicendo che c'era qualcosa di speciale in lui e che probabilmente Mercuria non si stava sbagliando sul suo conto. Ad ogni modo possedeva la carta, pertanto aveva il diritto di passare il Portale e recarsi a Centrum Mundi.

"Ti faremo passare Brendan. Ma prima è meglio se il nostro medico ti dia un'occhiata e solo dopo sarà un bene per te procedere alla tua destinazione. D'accordo?"

Brendan pensò che fosse una buona idea effettivamente. Codicio ed i suoi uomini lo avevano malmenato pesantemente, ed il parere di un medico riguardo la sua condizione fisica sarebbe stata più che apprezzata.

"Grazie Capitano, lo apprezzo molto"

"Bene Brendan. Credo che questa volta le nostre strade si dividano ufficialmente"

Mercuria si avvicinò a Brendan per offrirgli un abbraccio che ricambiò calorosamente.

"Grazie Mercuria. Mi hai salvato la vita. Se non avessi allertato la Legiunile a quest'ora sarei già cadavere"

"Non ringraziarmi Brendan. Non avrei mai potuto lasciarti in balia di quei criminali maledetti" Brendan si stava rendendo conto che nel viaggio che aveva intrapreso, c'erano le due facce della medaglia. Stava incontrando sì il male, però anche il bene. Ciò che era male aveva incrociato più volte il suo cammino ed a causa di tale male la sua vita era stata messa più volte in pericolo. Ma non c'era solo l'oscurità, bensì anche la luce. Molti lo avevano aiutato, in molti lo avevano supportato e protetto e senza il loro aiuto, probabilmente non sarebbe arrivato tanto lontano. Lothar, Tancredi, Adara, Mercuria, George, il Capitano Melvil… Tutti questi personaggi erano stati essenziali per lui ed hanno illuminato il suo cammino ed eliminato l'oscurità che a volte ha cercato di ottenebrare i suoi passi e fargli perdere la strada. Riconosceva anche il suo spiccato istinto di sopravvivenza, abilità che fino a quel momento non sapeva di possedere, ma tutti quei personaggi erano stati per lui come una benedizione e non li avrebbe mai dimenticati, perché in qualche modo erano stati vicini a lui nell'avventura che aveva deciso di intraprendere. E li avrebbe portati sempre con sé, in un piccolo spazio del suo cuore e della sua mente.

Si divisero dall'abbraccio e Mercuria gli strinse le braccia.

"Fai attenzione e non abbassare la guardia; la notte dell'Ecatombe non è ancora finita. Non mi stancherò mai di ripetertelo Brendan. Oramai ti sarai reso conto che tutto in questa notte è possibile. Quindi in guardia ed occhi anche dietro la schiena"

"Lo farò Mercuria, non ti preoccupare e tornerò qui nel Gagica, raccontandoti il resto del mio viaggio"

"Ti aspetterò Brendan. E' una storia questa, che sarei davvero curiosa di ascoltare"

"Seguimi Brendan. Ti condurrò al Portale e ti farò visitare dal nostro medico. Una macchina della Legiunile ci sta aspettando fuori dal Gagica" lo incalzò Melvil.

Brendan annuì ed iniziò a seguire Melvil lentamente. Era ancora dolorante per i colpi subiti e per questo si muoveva a rilento, zoppicando a tratti.

"Te la senti di camminare Brendan?" chiese il Capitano

"Sì, anche se per il momento non posso andare più veloce di così"

"Non importa, vai a al tuo ritmo. Non c'è nessuna fretta"

Seguiti da Mercuria, uscirono dal magazzino, dove li stavano aspettando due soldati della Legiunile.

"Codicio ed i suoi uomini sono stati condotti a Tullus?"

"Si signore, come avevate ordinato!" rispose il soldato semplice.

"Bene. Torniamo al Castra allora"

I due soldati annuirono e si apprestarono a seguire Brendan e Melvil

"Buona fortuna Brendan e ricordati ciò che ti ho detto"

Brendan alzò la mano è salutò Mercuria, sorridendole.

Lui il Capitano ed i due soldati attraversarono l'ultimo tratto del Gagica che li divideva dall'uscita. Il mercato pullulava ancora di persone e non si sarebbe spento se non all'alba. Brendan era sicuro che sarebbe tornato lì, un luogo che per lui adesso aveva un significato affettivo profondo, per tutto ciò che era accaduto. Tutta Vesnic, nel bene e nel male, gli stava lasciando qualcosa, un senso ed un significato. Non avrebbe più guardato quella città con gli stessi occhi… come non avrebbe guardato più sé stesso allo stesso modo, questa volta con gli occhi del cuore, della mente e dell'anima.

Un pick-up militare li stava aspettando, tutto rosso con il simbolo dell'aquila stampato sulla portiera. Uno dei due soldati aprì la portiera posteriore e fece salire Brendan sul veicolo. Il Capitano Melvil si accomodò nel sedile anteriore mentre gli altri due soldati si sistemarono nei sedili posteriori insieme a Brendan. Il pick-up era molto grande e non c'era problema di spazio.

Il soldato al volante mise in moto e si diressero al Castra. Brendan si voltò e diede un ultimo sguardo al Gagica che poco a poco si allontanava dalla loro visuale, diventando un puntino sempre più piccolo. Fino a quel momento, Brendan non si rese conto di quanto fosse esausto. Chiuse gli occhi e si addormentò. Sognò che stava seduto nel mezzo di una strada enorme ed ampia. Esattamente in mezzo alla strada, stava divampando un grande incendio, un incendio che bloccava l'entrata ad un tunnel oscuro e nero, di cui all'interno non si poteva vedere nulla. All'improvviso, vicino all'incendio vide Nada e Lucia, che gli stavano facendo un gesto di saluto con la mano. Brendan avrebbe voluto dire ad entrambe di allontanarsi, che era pericoloso, ma le parole non gli uscivano dalla bocca. Nada e Lucia gli sorridevano, ma l'incendio divampava e si allargava sempre di più, sempre di più. Brendan cercava di raggiungerle ma non vi riusciva, una forza invisibile lo bloccava. All'improvviso, un vento formidabile incominciò a soffiare e fece diventare l'incendio gigantesco, talmente grande che investì Nada e Lucia. Brendan iniziò ad urlare per la disperazione.

LA LEGIUNILE

Si svegliò di sobbalzo. La macchina era ferma.
"Ehi Brendan, stai bene? Sembra che tu abbia avuto un incubo" chiese Melvil
"Sì è proprio così... un incubo terribile"
"Beh, sai come si dice, gli incubi peggiori sono quelli che facciamo ad occhi aperti"
- Non ne sono così sicuro – pensò Brendan – anche se fino ad ora ne ho vissuti di terribili -
"Ad ogni modo siamo arrivati, puoi scendere dall'auto"
Non doveva essere rimasto addormentato per molto, in quanto il viaggio non era durato a lungo. Scendendo dal pick-up lo vide profilarsi davanti a sé: il Castra. Era mastodontico, una vera e propria fortezza. Di fronte a loro si stagliava un cancello enorme, con due torri ai lati presidiati da vari cecchini. Davanti all'entrata principale era stesa una bandiera enorme con raffigurata il simbolo della Legiunile, l'immancabile aquila. Due carri armati presidiavano l'entrata e vari uomini erano lì dislocati. Uno di loro fece un saluto militare al Capitano Melvil.
"Bentornato Signore. I prigionieri catturati la stanno attendendo a Tullus"
"Grazie dell'informazione Sergente. Andrò dopo a fargli visita. Prima ho alcune faccende di cui occuparmi. Fai aprire il cancello principale del Castra per favore"
"Sarà fatto signore"
Il Sergente alzò il braccio e chiuse la mano a pugno; pochi secondi dopo, il cancello principale cominciò ad aprirsi lentamente.
"Da qui procederemo a piedi. Il laboratorio medico è qui a due passi, non è necessario muoversi con il veicolo"
Melvil si voltò verso i due soldati semplici "Tu vieni con me. Acta, porta il pick-up verso l'uscita del Castra e cambia il turno di guardia con uno dei tuoi compagni che stanno di vedetta"
"Sarà fatto Signore"
Il cancello si era aperto totalmente e Brendan ed il Capitano si incamminarono verso il cortile interno dell'accampamento. Il cortile era costellato di tende, casolari, uffici e magazzini. Sembrava di essere nuovamente nel Gagica. I soldati della Legiunile camminavano in ogni dove senza fermarsi, ognuno volendo portare a termine un compito differente. Gli urli e gli ordini dei superiori di grado assordavano l'aria e tutto era in costante e continuo movimento. Diverse truppe si stavano

addestrando in delle aree e spazi adibite per questo tipo di attività; altri si allenavano nello sparare ai dei bersagli mobili.

"La Legiunile non cessa mai di addestrarsi" disse Melvil, quasi leggendo nel pensiero di Brendan "Non sappiamo se riceveremo un altro attacco da Limitat. Abbiamo stipulato una pace, che si è dimostrata davvero duratura però… vogliamo stare sempre pronti, non si può mai sapere cosa gli passa per la testa a quegli esaltati. Non hanno mai digerito che a causa nostra non sono riusciti a conquistare tutta Infinit. Conosci la storia della guerra tra Infinit e Limitat Brendan?"

"Sì e so anche che questa notte ricorre l'Ecatombe, il Bagno di Sangue e che a causa di quella terribile e feroce battaglia ogni anno, durante questa notte a Vesnic accadono cose fuori dall'ordinario"

Melvil alzò gli occhi al cielo e sbuffò frustrato.

"Sono solo fantasticherie e nulla più, racconti e credenze popolari. Anche se il Legato non è d'accordo"

"Chi è il Legato?" chiese Brendan

"E' il comandante supremo della Legiunile. Suo padre ha combattuto nella guerra contro Limitat" Brendan si rendeva sempre più conto di conoscere ben poco della storia di Vesnic e dell'Enclave nel quale stava vivendo. Non conosceva niente di più che la punta dell'iceberg, però quello che stava in profondità era una mare di informazioni e aneddoti di cui non aveva nemmeno lontanamente immaginato l'esistenza. Ed in quella notte, stava anche imparando a portare una sorta di rispetto reverenziale verso Vesnic e la sua storia, una storia gloriosa e piena d'onore.

Arrivarono di fronte all'ospedale del Castra e Melvil aprì la porta. Il contrasto con il trambusto della fortezza era evidente: all'interno della struttura tutto era calmo e tranquillo. Alcuni infermieri erano seduti a dei tavoli, parlottando tra di loro, mentre altri stavano lavorando a delle provette ed a dei campioni. L'ospedale da campo era molto grande e comprendeva varie stanze per le urgenze e gli interventi ed attrezzato con laboratori di ricerca all'avanguardia. La Legiunile era molto avanti sia ovviamente nell'area militare che in quella medica. In fondo alla stanza era seduto ad una scrivania un uomo abbastanza anziano, con i capelli brizzolati ed il camice bianco, intento a scrivere a penna su di un foglio varie formule ed informazioni mediche.

"Ecco il nostro uomo" disse Melvil "Medeor, vecchio mio, abbiamo bisogno del tuo aiuto" Medeor alzò appena la testa per guardare in faccia il suo interlocutore

"Capitano Melvil, qual buon vento. Siamo di nuovo in guerra con Limitat?"

"Per dio no! Anche se troverebbero pane per i loro denti"

"Su questo non ho nessun dubbio. Come posso aiutarti Capitano"

"Il nostro Brendan qui è stato selvaggiamente malmenato da un gruppo di loschi individui, che lo hanno ridotto parecchio male. Potresti dargli un'occhiata per vedere se è tutto a posto?"

Medeor guardò Brendan da cima a fondo, come se già stesse prendendo nota della sua condizione fisica.

"Ma certamente, per me sarà un onore. Coricati sul lettino per favore"

Brendan eseguì l'ordine e si distese sul lettino che si trovava al fianco della scrivania.

"Dottore, quando ti deciderai ad usare un computer per immagazzinare le informazioni delle tue ricerche? Scrivendo su dei fogli sparsi perderai tutto"

Medeor chiese a Brendan di togliersi camicia e pantaloni, per poter osservare meglio le contusioni subite.

"Odio la tecnologia Capitano. Ci sta facendo perdere il contatto con le nostre anime e la nostra saggezza innata, oltre che con il nostro intuito. Mettere su di un foglio le proprie idee, per mezzo di una penna che non è nient'altro che l'estensione del nostro braccio, permette di creare una connessione maggiormente profonda con la nostra essenza e con quelle che sono le nostre idee istintuali. Un ritorno al primordiale, come il contatto con la natura che ci sta intorno"

"Sono un soldato Medeor e questi discorsi non fanno parte delle mie corde vocali"

Medeor iniziò a chiedere a Brendan il livello di dolore che sentiva nel momento in cui faceva pressione sulle contusioni, le zone dove lo avevano colpito.

"Essere un soldato non ti esime dall'avere una maggiore connessione con la tua anima ed il tuo personale Universo. Anzi, ti renderebbe maggiormente saggio ed anche più efficace ed astuto in una possibile guerra"

"La guerra è infatti l'unico linguaggio che conosco"

"Gli uomini entrano in guerra, perché non hanno individuato ancora una pratica che sia ancor più emotivamente trascendentale. L'attrazione della morte, l'emozione atavica complessa ed intensa che dà la guerra non ha eguali, nonostante sia qualcosa di atroce e lontano dall'umano. Ma l'uomo per il momento non ha scoperto qualcosa che sia più trascendentale dello scendere in battaglia e dichiarare lotta eterna al proprio nemico e rivale, nel connettere la vita e la morte e fino a che non scoprirà qualcosa che sia migliore in questi termini, allora continuerà ad esprimerla, fino alla fine dell'esistenza"

"Farò la guerra se sarà necessario, perché amo Vesnic, adoro Infinit e cadrei per loro"

"E sono sicuro che lo farai, perché è anche ed a volte solo nella guerra che si trovano il significato della gloria e dell'onore. E forse del coraggio. Anche se possono essere espresse in altri modi ed in altri ambiti"

Brendan ascoltava affascinato le parole di Medeor e la saggezza che trasmettevano. Si era tanto concentrato nella conversazione tenuta dai due uomini, che aveva persino dimenticato il dolore delle ferite subite.

"Allora ragazzo, non sei ridotto bene, ma puoi rallegrarti che avrebbe potuto essere anche peggio di così. Da quello che vedo hai sofferto diversi colpi da parte di un'arma contundente, ma fortunatamente non c'è nulla di rotto; sei ben ammaccato, questo sì, ma perlomeno non ti hanno arrecato un grave danno ad un organo vitale o altro ben più serio. Quello che mi preoccupa maggiormente è il colpo che hai subito in faccia, sullo zigomo. Miracolosamente non ti ha lasciato né tagli né ferite, però una grossa contusione, questo sì"

Medeor aprì un cassetto della sua scrivania e prese un tubicino di colore azzurro scuro.

"In questo tubicino c'è estratto di Artiglio del Diavolo, una pianta molto rara che cresce nel sud di Infinit. Ha un effetto miracoloso contro le contusioni e gli ematomi come nel tuo caso. Ora te la applicherò, ti metterò una bella benda ed in poco tempo, ti sentirai di nuovo meglio. Per gli altri colpi ricevuti, posso darti dell'Arnica sotto forma di pastiglia, che ha anche un effetto sensazionale nel far riassorbire le ecchimosi"

Infatti Brendan sentiva lo zigomo sinistro molto gonfio a causa del colpo ricevuto da uno degli uomini di Codicio che lo aveva colpito in piena faccia. Medeor iniziò a spalmare la crema di Artiglio del Diavolo sul viso di Brendan e quest'ultimo incominciò a sentirne gli effetti benefici. Gli applicò una benda e gli porse tre pastiglie di Arnica sul palmo della mano. Brendan le inghiottì tutte d'un colpo. L'effetto di alleviamento del dolore fu quasi immediato.

"Eccezionale" commentò Brendan

"Fantastico vero? Uno degli altri motivi per i quali Limitat ha tentato di invaderci decine di anni fa, per appropriarsi delle zone nelle quali queste piante crescono. Fortunatamente, sono ancora all'interno dei nostri confini; l'armistizio non ce le ha portate via"

Gli infermieri e le infermiere continuavano a chiacchierare tra di loro ed a portare a termine le loro mansioni. L'ambiente era accogliente e confortevole e trasmetteva a Brendan tranquillità e serenità.

"Ti consiglierei anche qualche ora di riposo, ma ho come l'impressione che tu sia qui solo di passaggio vero?" Domandò Medeor.

"Esatto Dottore, non si sbaglia. Ho un viaggio da continuare, ma ormai credo che sono quasi al suo capolinea"

"I viaggi non finiscono mai ragazzo. Sono solo il passaggio da un'era ad un'altra della nostra esistenza, che ci permettono di evolvere… ed a volte di retrocedere. Questo sempre dipendendo da cosa si appreso durante il cammino che abbiamo percorso"

"Nel mio caso sto apprendendo parecchio; le esperienze che ho vissuto questa notte mi stanno permettendo di ampliare il mio bagaglio personale, sia che esse siano state positive che negative"

"Ed allora questo è il viaggio che forse la vita ti stava riservando, in modo che tu comprendessi determinate cose piuttosto che altre. Ma da ciò che ho compreso non è ancora terminato, dunque attenzione, che la lezione non è ancora conclusa"

"Sono davvero curioso di vederne l'evoluzione di questa storia e cosa ancora mi aspetta"

"Sono sicuro che ti sorprenderà. Ecco prendi"

Medeor porse a Brendan un altro tubetto, però questa volta di colore violaceo.

"Questo piccolo contenitore tiene al suo interno due scomparti: in uno c'è la crema di Artiglio del Diavolo, mentre nell'altro qualche pastiglia di Arnica. Non è molto, ma in caso tu subisca delle ferite ti potrà essere molto utile"

Brendan la prese e la ripose nella tasca, insieme agli altri oggetti che gli erano stati donati.

"Grazie mille Dottore"

"Ti prego Brendan, chiamami Medeor"

Il medico allungò la mano in segno di saluto e rispetto. Brendan gliela strinse.

"Grazie di tutto Medeor. Adesso mi sento molto meglio e posso continuare il mio viaggio"

"Ti auguro ogni fortuna Brendan, davvero. E fai attenzione là fuori. Sai che giorno è oggi vero?"

"Sì, lo so. Mi è stato raccontato nel Gagica"

"Per questo motivo, dovrai avere anche due occhi sulla nuca"

Melvil sbuffò spazientito "Un altro che crede in queste stupide leggende e dicerie. Quello dell'anniversario dell'Ecatombe è solo una leggenda, un mito"

"Solo una leggenda Capitano?"

Una nuova voce riecheggiò nell'ambulatorio. Proveniva dall'entrata. Una voce dura, profonda ed autorevole.

"Legato Draco!" esclamò Melvil facendo immediatamente il saluto militare; il soldato semplice al suo fianco lo imitò.

Il Legato indossava un lungo ed ampio mantello rosso e portava un'armatura completa di cuoio con disegnata sopra un'aquila, in procinto di lottare contro un leone. Alla cintola, pendevano una spada ed un pugnale. Non mostrava nessuna arma tecnologicamente avanzata; sia ciò che indossava, sia il suo portamento, appartenevano ad un lontano passato, di cui il Legato, lo si notava, andava fiero. Sul volto, era presente una grande cicatrice, che sicuramente si era procurato sul campo di battaglia. Incuteva rispetto e autorevolezza solo con la sua semplice presenza.

"Non era mia intenzione mancare di rispetto a questa notte Legato, solo che…."

"Solo che Capitano? Sai benissimo che ognuno nella Legiunile è libero di esprimere le proprie opinioni, senza nessuno tipo di freno o restrizione"

Melvil non era del tutto convinto se continuare il suo discorso, ma alla fine si decise.

"Signore, con tutto il rispetto, io credo siano solo sciocchezze. Rispetto il ricordo di quella notte, dove la Legiunile ha dato il proprio sangue per difendere la nostra libertà, ma pensare che ogni anno, precisamente nell'anniversario di quella notte, succedano cose al di là del soprannaturale? Ne dubito fortemente Legato"

Il Legato si avvicinò lentamente al Capitano, con un fare solenne ed autorevole.

"Grazie per la sua onestà Capitano, ma vede… ci sono cose a questo mondo che semplicemente vanno al di là della ragione e della semplice logica e non possono essere spiegate con le mere parole, teorie o tesi scientifiche. Semplicemente lo straordinario accade, perché è parte del nostro mondo ed ha una maniera più intelligente e sottile di manifestarsi, che non tutti sfortunatamente possono cogliere; non tutti possono cogliere la profondità che sta dietro un significato che si cela il più delle volte ai nostri occhi. Non è così Medeor?"

Il medico annuì con il capo.

"Sono totalmente d'accordo Legato"

Inaspettatamente il Legato Draco si mise di fronte a Brendan. Non era molto alto, ma incuteva deferenza e devozione. I suoi occhi verdi smeraldo erano penetranti e trasmetteva timore solo con la sua presenza. Notò solo ora la lunga cicatrice che gli solcava il viso.

"E cosa ne pensa invece il nostro ospite? Pensi che ci sia del vero in tutto questo?"

"Penso che sarei stato scettico se qualcuno mi avesse raccontato questa storia solo qualche giorno fa. Ma ora, dopo tutto ciò che mi è accaduto, non posso davvero dire se sono ancora in grado di distinguere la realtà dalla fantasia, se mai è davvero esistito un confine netto tra di esse"

"Quindi da quello che mi sembra di comprendere, sei stato testimone di alcune esperienze che ti fanno pensare che l'Ecatombe abbia una qualche influenza su questa notte in particolare?"

"Non so più a cosa voglio credere Signore. Sento solo che a volte è come se si fossero aperti i cancelli dell'inferno"

Brendan capì che l'uomo che si trovava di fronte non era un semplice generale ignorante e buzzurro, un uomo solo dedicato alla guerra ed alla vita militaresca. Era anche un uomo di cultura, di conoscenza, al quale piaceva comprendere per quale motivo il mondo a volte funzionava in un certo modo. Era sempre stato abituato a vedere individui inetti ed incapaci nei ruoli di comando; per la prima volta, sentiva che un gruppo era guidato da un vero leader, una persona che sapeva realmente quello che stava facendo e che meritava di coprire quella posizione.

"Vieni Brendan, andiamo a fare due passi nel cortile del Castra"

"Come conosce il mio nome?"

"Le voci corrono veloci come il vento qui nel Castra della Legiunile Brendan. E' impossibile tenere un segreto qui, figurarsi il nome di un individuo che non fa parte del nostro gruppo"

Brendan aveva fretta di procedere con il suo viaggio, però era anche incuriosito dal Legato Draco e pensò che sarebbe stato interessante poter scambiare due parole con lui.

"Capitano Melvil, Medeor, grazie di tutto... mi avete salvato la vita"

"Dovere Brendan! E' stato un onore servirti" esclamò Melvil

"Lo stesso per me giovanotto" disse Medeor

Gli fece un ultimo cenno di saluto con la mano e seguì il Legato che lo stava attendendo. Furono di nuovo fuori nell'enorme cortile. Nulla era cambiato nel frattempo. Simulazioni di battaglie, addestramento, lotta corpo a corpo, tiro al bersaglio ed ogni altro tipo di attività venivano svolte nel Castra. Due guardie accompagnavano il Legato, ma quest'ultimo gli fece cenno di andarsene.

"E' sempre così qui" commentò Draco, come leggendo nella mente di Brendan "Ci addestriamo continuamente perché vogliamo essere pronti, nel caso Limitat o un altro nemico ci attacchi nuovamente"

"Sapevo ben poco della storia di Vesnic e della Legiunile. Questa notte mi sta aprendo gli occhi riguardo molte cose Legato"

"Da quanto tempo vivi qui Brendan?"

"Pochi mesi. Non lo sufficiente per sapere tutto di una città questo è vero, ma c'è anche da dire che non mi sono impegnato molto nel processo di conoscenza di questo luogo"

"Mi è stato detto che hai ottenuto la Tessera di Platino"

"Esatto Signore è proprio così"

Giusto in quel momento, tre auto auto attraversarono il Castra. Si stavano dirigendo verso il cancello principale, quello che conduceva a Vultur.

"Come puoi vedere, altri individui che possiedono la Tessera. Non è facile ottenerla. Non permettiamo a chiunque di entrare a Vultur... e di uscirne"

Brendan aggrottò le sopracciglia, confuso.

"Però al Crocevia sono riuscito ad entrare nel quartiere senza nessun problema... non c'era nessun controllo"

"C'erano eccome. Ma il nostro Colonnello in pensione Tancredi ci ha comunicato che gli avevi fatto una bella impressione e che fosse il caso di lasciarti entrare a Vultur e permetterti di vivere appieno il tuo viaggio"

Quindi lo avevano tenuto d'occhio da quando era entrato nel quartiere ed era riuscito a passare solo perché glielo avevano permesso, altrimenti avrebbe avuto bisogno già da allora della Tessera di Platino. Tancredi era stato fondamentale. Il vecchio Colonnello era molto più rilevante di quanto sembrasse tra i ranghi della Legiunile. Non di meno era stato protagonista durante la guerra con Limitat ed aveva combattuto durante il Bagno di Sangue, riuscendo anche a sopravvivere. Brendan gli fu estremamente grato e lo ringraziò con il pensiero.

"Ma dimmi Brendan, che cosa ti ha spinto ad intraprendere questa camminata notturna? Avresti potuto semplicemente prendere un taxi e tornare a casa o chiedere aiuto alla polizia o alla milizia. Per quale motivo stai facendo tutto questo?"

L'ultima macchina della colonna passò al loro fianco. In lontananza, Brendan vide il cancello dal quale si accedeva al Castra dell'altro lato, anch'esso enorme e possente. Alla sua destra, un plotone di soldati si stava sfidando in un asserragliato corpo a corpo, con in compagni in circolo che facevano il tifo per uno o per l'altro. La domanda del Legato risvegliò in Brendan tutta una serie di emozioni e sentimenti che giravano al suo interno come un vortice senza fine, forte ed intenso. Emozioni che aveva provato dal momento in cui era stato derubato alla pensilina e che avevano avuto un'intensa evoluzione a causa di tutte le esperienze fino a quel momento vissute. A volte gli sembrava di star vivendo all'interno di un sogno… o di un incubo. Gli sembrava ancora incredibile come la sua vita fosse cambiata nel giro di poche ore.

"Tutto è iniziato poche ore fa. Mi sono addormentato alla pensilina di un bus, mentre stavo aspettando il mezzo per tornare a casa. Quando mi sono svegliato, mi avevano derubato di ogni cosa: portafoglio, cellulare, chiavi. Da allora, si sono concatenati una serie di eventi che hanno e stanno tuttora cambiando la mia esistenza e soprattutto me stesso e che mi hanno condotto fino a qui"

Draco ascoltava guardando avanti, senza battere ciglio e senza interrompere il discorso di Brendan. Il tutto era contornato dal frastuono del Castra, dove i soldati continuavano a svolgere le loro mansioni ed addestramenti. Di nuovo, il cielo era scuro e senza stelle.

"Dopo aver affrontato una prova di sopravvivenza, dalla quale sono uscito vivo per miracolo, ho compreso che ero completamente insoddisfatto della mia vita, che agivo come se avessi il pilota automatico, che vivevo per il semplice motivo che il mio cuore batteva ed il respiro gonfiava il mio petto. Ed allora ho deciso di mettermi alla prova e di sentirmi di nuovo vivo, esattamente come mi ero sentito durante quella prova di sopravvivenza. Volevo di nuovo essere ebbro di quelle sensazioni, di quell'adrenalina e tornare quello che ero una volta; non importava dover affrontare la Vesnic di notte e tutto ciò che essa celava, volevo semplicemente sentirmi di nuovo vivo, assaporare l'esistenza e provare a me stesso che avrei potuto tornare a casa senza nessun tipo di aiuto esterno o supporto. E fino ad ora ho vissuto qualunque tipo di esperienza, alcune atroci e terribili ai limiti del spaventevole, ma non importa perché sono ancora qui più vivo che mai, e sto dimostrando a me stesso solo una volta di più che sono in grado di fare qualsiasi cosa se lo voglio"

Il Legato Draco seguiva il racconto di Brendan e non se ne perdeva una sola parola. Non una sola emozione traspariva dal suo volto, non una espressione tradiva il suo portamento. Il suo sguardo era posato in avanti ed il suo alone di mistero e rispetto non era calato né per un momento. Degno del comandante supremo della Legiunile.

"Una motivazione più che onorevole Brendan. Ognuno ha la sue ragioni e tutte sono ugualmente valide e rispettabili. Sono felice che tu senta che stia ritrovando te stesso e che tu lo stia facendo alla tua maniera, con le tue regole, prendendo il rischio che pensi sia necessario. Forse quel furto subito non è avvenuto per una coincidenza è avvenuto per una ragione, un motivo. La vita ti voleva dare una spinta a ritrovare te stesso ed a scoprire nuove parti di te di cui nemmeno conoscevi l'esistenza. E guarda dove ti trovi ora: nel Castra della Legiunile, un luogo dove non tutti i civili hanno la possibilità di entrarvi. Però penso che tu te lo sia meritato, in qualche modo"

Brendan ed il Legato erano sempre più vicini all'altro cancello principale. In quella zona il Castra era più tranquillo, in quanto la Legiunile doveva stare più vigile nel controllare l'entrata ed il via vai che ne era la conseguenza.

"Hai avuto a che fare con qualcosa di strano fino ad ora Brendan?" chiese il Legato.

A Brendan gli si formò un nodo in gola pensando alle bambine ed a Mabuz.

"Sì ed anche parecchie Legato"

"Anche questo è curioso. Il tuo personale viaggio sta avvenendo nella notte dell'Ecatombe, una notte nella quale non è generalmente indicato muoversi da soli per le strade di Vesnic"

"Non ero consapevole di ciò, fino a che non me lo ha riferito una donna che lavora nel Gagica come mercante, una certa Mercuria"

Il Legato si fermò e finalmente guardò Brendan negli occhi e quest'ultimo sentì il suo sguardo d'acciaio su di lui e ne fu in parte intimorito. Ebbe la sensazione che se c'era una persona che non voleva assolutamente come nemica, questa era esattamente il Legato Draco. I suoi occhi mostravano cosa realmente celava la sua anima: un uomo forgiato da diverse battaglie e che suo malgrado aveva dovuto prendere decisioni difficili che avevano cambiato la sua vita. Era esattamente questo che Brendan poteva leggere nel comandante.

"Rispetto immensamente la tua decisione Brendan. Ti stai semplicemente mettendo alla prova e non stai solo mostrando coraggio, se non anche voglia di crescere, migliorare e conoscere ed esplorare te stesso. Vuoi comprendere realmente chi sei e forse cercare di fare un passo in più verso la migliore versione di te stesso e lo stai facendo a modo tuo, attraversando una città per te per lo più sconosciuta, saltando nel vuoto e nell'ignoto non sapendo cosa ti attenderà o aspetterà lungo il cammino. Stai cercando di superare le tue paure e i tuoi limiti in questo viaggio e non posso che ammirare tutto questo ragazzo"

Brendan era impressionato. Aveva sempre convissuto con lo stereotipo secondo il quale i soldati erano individui estremamente superficiali, solo dediti alla guerra, ignoranti, arroganti ed autoritari, soprattutto tra i ranghi superiori. Ma non era affatto così. Riconobbe che il suo era solo un pregiudizio e che aveva dimostrato lui ignoranza e superficialità, per aver affibbiato un'etichetta ad un gruppo di individui dei quali alla fine dei conti, non conosceva nulla.

"Grazie Legato, le vostre parole mi danno un immenso piacere. E' un uomo estremamente saggio e colto e la Legiunile non poteva avere un comandante migliore di voi"

Draco gli strinse forte la mano, con una presa degna di un Legato.

"Buona fortuna ragazzo e stai allerta: a Centrum Mundi troverai i mezzi per poter tornare a casa, ma ricordati che il tuo viaggio non è finito ed in questa notte tutto può accadere"

"Me lo ricorderò Signore, grazie mille"

Prima che potesse dirigersi verso il grande cancello, sentì il Capitano Melvil chiamarlo a gran voce.

"Brendan, quasi mi stavo dimenticando. Questo è tuo"

Melvil gli allungò il coltello con il teschio. Lo aveva perduto durante la colluttazione con Codicio e la sua banda.

"Grazie Capitano, pensavo di averlo perduto"

"Brendan, prima che tu vada, c'è una cosa che voglio donarti"

Il Legato prese dalla tasca un cofanetto e lo aprì. Dentro c'era un anello con il volto di un'aquila.

"Signore, ma quello…"

Draco lo zittì con un gesto della mano. L'anello sembrava fosse d'argento. Gli occhi dell'aquila erano rosso cremisi.

"Nessuno più di Brendan si merita questo anello. Lo merita solo per il fatto di essere sopravvissuto con le sue sole forze a Mabuz"

Brendan ebbe un sussulto. Rimase totalmente sorpreso quando il Legato proferì il nome del demone. Come poteva esserne a conoscenza?

"Legato, come…"

"Mabuz è sulle bocche di tutti coloro che vivino vicino a Vultur. Anche chi no vi crede, ad ogni modo lo teme. E le voci qui corrono più veloci del vento. Ci è arrivata voce che sei riuscito ad uscire sano e salvo dalla casa dei due coniugi che si sono tolti la vita, il luogo dove Mabuz si manifesta"

Brendan notò con la coda dell'occhio lo scetticismo del Capitano Melvil, ma riconobbe anche un'altra emozione, che il soldato stava mal celando: paura. Mabuz, quel nome, che si credesse o no, creava terrore nelle persone che vivevano nel quartiere di Vultur, persino in un ufficiale della Legiunile. Brendan si chiedeva se in realtà non fosse conosciuto in tutta Vesnic e che qualche stolto avesse tentato una sortita nella casa abbandonata e non fosse più tornato vivo. Si domandava oltretutto se il Legato sapesse qualcosa delle tre bambine... quei tre mostri. Brendan non sapeva chi fosse peggio tra loro e Mabuz.

"Questo anello è a noi molto caro. Rappresenta l'animale che solcò i cieli durante il giorno del Bagno di Sangue e che ci portò fortuna nella battaglia, che vincemmo con grande gloria ed onore. Ogni volta che ti sentirai perso, gli occhi dell'aquila ti indicheranno la via"

Brendan lo prese e se lo infilò all'indice della mano sinistra. Osservò la fede che portava all'anulare. Non nascondeva che aveva voglia di rivedere Nada e Lucia. Sentiva che era stato troppo duro con loro. Le aveva dato la colpa di tutte le sue disgrazie ed i suoi mali. Se si sentiva triste, miserabile, inetto in quel momento della sua vita, la responsabilità era sua e di nessun altro. Dare la colpa al lavoro, alla sua famiglia era solo un modo per sfuggire dalla verità che tanto lo affliggeva: che per poter migliorare le cose, per poter migliorare la sua vita, avrebbe dovuto innanzitutto cambiare lui e modificare la sua stessa vita. Prendere delle decisioni ed agire di conseguenza. Lo aveva finalmente compreso; mettersi nel ruolo di vittima, non fare nulla e lamentarsi non avrebbe risolto nulla. Avrebbe agito e non solo pensato e avrebbe fatto ogni cosa per migliorare finalmente la sua esistenza. Sarebbe tornato a casa dopo quella incredibile notte ed avrebbe dato un giro di centottanta gradi alle cose, così da poterle vedere anche da un'altra prospettiva. Era da ultimo, pronto per il cambio del quale aveva avuto fino a quel momento paura. Ed era grato a tutto quello che quella notte gli era accaduto, perché gli aveva permesso di raggiungere quella consapevolezza.

"Grazie mille Legato, non so davvero come ringraziarvi. Avete fatto molto per me, forse più del dovuto"

"La Legiunile è qui per servire i cittadini di Infinit e Vesnic e sempre lo farà. Con onore e gloria"

Il Legato Draco fece un segno con la mano ai soldati che stavano di vedetta sulle torrette del cancello e subito dopo, lo stesso incominciò ad aprirsi, lento ed inesorabile. Imponente e maestoso, apriva il cammino a Brendan perché il suo viaggio potesse continuare, perché una nuova tappa del suo destino fosse disegnata. Oltre il grandioso cancello, ad aspettarlo era ancora Vesnic e tutte le prove alle quali lo avrebbe sottoposto. Forse sarebbe tutto finito... o forse no. Oltre il confine del Castra il percorso continuava e Brendan non sapeva cosa lo avrebbe aspettato. Il sentiero sarebbe stato in discesa questa volta o irto di pericoli ed ostacoli che avrebbero testato ancora una volta le sue capacità?

Si stava gettando di nuovo nell'ignoto, nel non conosciuto. L'unica cosa che sapeva è che tutto ciò di cui aveva bisogno era dentro di lui; possedeva tutte le risorse per farcela e raggiungere il suo obiettivo. Se lo era ripetuto più volte: avrebbe dato la vita per mettere alla prova sé stesso e tornare a casa con le sue forze. Ed ora, anche la curiosità lo spingeva. La curiosità di quali sfide Vesnic gli avrebbe gentilmente e dolcemente riservato. La stessa curiosità e desiderio di conoscenza che possiede un bambino. Ed era anche ciò che stava alimentando quella notte: quel bambino che aveva abbandonato e tralasciato e del quale ora si stava prendendo nuovamente cura ed al quale stava permettendo emergere. Attraversò il cancello, ma fu come attraversare un confine. Il confine dell'incredibile e dell'inaspettato. Lo aspettava una nuova nascita ed una nuova crescita. Era pronto.

SHAMAT

Adara si stava muovendo sopra di lui, veloce e con foga. Il suo ansimare non faceva che far eccitare ancora di più Lothar, che si trovava completamente perso in lei. Il loro desiderio, il loro fuoco, la loro eccitazione aveva preso forma in questo atto. I loro corpi di nuovo uniti, una cosa sola. In quel momento non esisteva null'altro, il tempo fermo intorno a loro, ai loro corpi in movimento. Entrambi si parlavano e si sussurravano trasformando in parola il loro piacere, in atto la loro attrazione viscerale. Ed ecco, sazi del loro godimento, raggiunsero insieme l'apice, il punto più alto. Adara si coricò lentamente e dolcemente al suo lato e Lothar l'abbracciò e le baciò la fronte. Nudi, veri uno di fronte all'altro, accettandosi nel loro ultimo confine, i loro corpi che si toccavano, il loro respiro che andava ritmicamente, come se fossero uno.

"Per aver ricevuto un colpo di pistola non te la sei cavata niente male" commentò Adara

"Lo sai che sono fatto di acciaio signorina. Per me questo non è nulla"

"Il solito modesto"

"Uno dei miei numerosi pregi"

"Ed il solito presuntuoso"

Si guardarono negli occhi e Lothar le accarezzò il viso. Si baciarono intensamente, con tutta la dolcezza e la tenerezza che entrambi provavano uno per l'altro.

Lothar appoggiò la testa sul cuscino ed iniziò a fissare il soffitto. Nonostante la dolce presenza di Adara, qualcosa lo inquietava e non riusciva a stare del tutto rilassato. Pensieri oscuri affollavano la sua mente e non gli permettevano di stare sereno. Una sensazione torbida lo dominava e non abbandonava il suo stato d'animo.

"A che cosa stai pensando Lothar? C'è qualcosa che ti turba?"

"No, non è nulla, non preoccuparti"

"Stai mentendo. Conosco molto bene quello sguardo. Sai che puoi aprirti con me"

Quando erano soli, tutto era differente. Senza Waldhar, il Gioco, la maschera che montavano all'interno di quel malsano ambiente che era Tempel e tutto ciò che girava intorno ad esso. Quando erano soli, erano realmente loro due, senza maschere, senza menzogne, senza sotterfugi. Non c'era la foschia, bensì una fulgida luce.

"Sono preoccupato per Brendan. Ho un brutto presentimento"

"Ti sei affezionato a quel ragazzo. Vedo che lo hai preso a cuore"

"Non so come spiegarlo, ma dal primo momento che l'ho visto su quel taxi, ho compreso che c'era qualcosa di speciale in lui. E quel qualcosa faticava a manifestarsi per il fatto che in lui vivevano una serie di paure, false credenze e limiti che gli impedivano di essere sé stesso e di brillare di luce propria. Ma il Gioco ed il Giudice lo hanno cambiato e finalmente, in quel preciso istante, ha di nuovo preso in mano la sua vita"

Lothar si fermò un momento e si perse negli occhi castani di Adara. Non c'era posto migliore in quel momento al mondo; sarebbe rimasto accanto a lei per sempre.

"Tuttavia… sento una sensazione di inquietudine ed apprensione. Non saprei dare un nome a questa mia percezione. So solo che tengo un terribile presentimento. Ho timore che qualcosa di terribile gli stia per accadere"

Adara gli accarezzò i capelli. Nella stanza nella quale stavano arrivava in parte il rimbombo della musica della sala di Tempel. La festa continuava e non sarebbe terminata fino alle prime luci dell'alba.

"Non devi preoccuparti. Sono solo tuoi turbamenti e paure, nulla di più. E' normale che tu sia preoccupato per lui. Sta camminando da solo, per Vesnic ed oltretutto oggi è…"

Quasi le parole non uscirono dalla bocca di Adara. Aveva timore a pronunciarle.

"L'anniversario dell'Ecatombe, il Bagno di Sangue. Mi sento così in colpa per non averlo avvertito. Avrei dovuto parlargli di questo dettaglio di estrema importanza e farlo desistere. Avrebbe potuto provare questo viaggio in un'altra occasione"

"Non sentirti in colpa Lothar. Volevi solo dargli una spinta ed oltretutto ricordi la determinazione che stava mostrando? Non c'era nulla al mondo che gli avrebbe fatto cambiare idea. Anzi, forse questo non gli avrebbe dato che ancora più determinazione a seguire il suo obiettivo. E nulla accade per caso. Doveva essere questa notte e nessun'altra. Il destino ha così voluto e sicuramente c'è un significato profondo in tutto questo, che ora a noi sfugge"

Lothar le prese la mano e l'appoggiò sul suo petto. Adara riusciva sempre a farlo stare meglio. Nessun altro era in grado di tranquillizzarlo e fargli vedere le cose da un'altra prospettiva, esattamente come riusciva lei.

"Si Adara, forse hai ragione è esattamente come dici tu"

"Ovvio, io ho sempre ragione"

"E poi sono io il modesto eh?"

Risero insieme e si baciarono di nuovo. Adara si abbandonò al suo abbraccio.

"D'altro canto… so che non mi hai ancora detto tutto vero? C'è ancora qualcosa che mi stai nascondendo e della quale non mi vuoi parlare"

Adara riusciva a leggerlo come un libro aperto. Non c'era nulla che le potesse occultare. Il suo cuore iniziò a battere più forte. Il suo sguardo di nuovo fisso sul tetto. Il silenzio interrotto solo dal rumore della musica della sala disco di Tempel.

"Lothar, parlami ti prego"

"Farò visita a Shamat"

Adara si sedette di soprassalto, mostrando un'espressione tra il terrorizzato e lo sconcertato.

"Shamat? Lothar, sei completamente uscito di senno? Non starai parlando sul serio spero!"

"Non sono mai stato così serio in vita mia Adara. Shamat è l'unica persona che sicuramente sa dove si trovano quei tra pazzi bastardi che stanno terrorizzando Vesnic"

"Questo non è compito tuo Lothar! La milizia e la polizia se ne occuperanno. Forse anche la Legiunile si farà avanti. E poi per l'amor del cielo, guardati! Ti hanno sparato Lothar! Come pensi di muoverti in queste condizioni?"

Lothar sapeva che da una parte Adara aveva ragione, ma il suo intuito gli diceva che era arrivata l'ora di recarsi da Shamat. Sapeva che sarebbe stato pericoloso, che era un grande rischio soprattutto nelle sue condizioni, ma sentiva ad ogni modo che al momento era la cosa migliore da fare.

"La polizia e la milizia stanno brancolando nel buio e la Legiunile ha altro a cui pensare Adara. Noi che siamo dentro questo torbido mondo possiamo fare la differenza e Shamat avrà sicuramente delle informazioni preziose ed essenziali per trovare quei tre figli di puttana. Stanno seminando vittime in tutta Vesnic, hanno ammazzato dei nostri amici torturandoli a morte! Non hanno pietà per nessuno, nemmeno per dei bambini, che hanno massacrato senza pietà. Voglio che tutto questo finisca una volta e per tutte"

Adara si accasciò impercettibilmente, rassegnata alla decisione di Lothar. Sapeva che una volta che si metteva qualcosa in testa, era quasi impossibile fargli cambiare idea. Tuttavia aveva il terrore che qualcosa di terribile gli sarebbe potuto accadere ed avere a che fare con Shamat... Era una scheggia impazzita, un folle. Lo chiamavano il Re Giullare. Ed era molto peggio di Waldhar, estremamente peggio. Più brutale, più inumano, più spietato e con quella vena di pazzia che incuteva timore in tutti coloro che lo circondavano.

"E come farai con la ferita?"

"Chiederò al Dottor Akila se mi somministrerà l'Adrene, il farmaco di sua invenzione. Dice che fa dei miracoli per eliminare il dolore, anche rispetto a ferite profonde come questa"

Una lacrima solcò la guancia di Adara e Lothar la asciugò con una carezza.

"Non ti preoccupare Adara, tutto andrà per il meglio. Ad ogni modo non andrò solo, Waldhar mi assegnerà due dei suoi uomini migliori che mi accompagneranno nel covo di Shamat. In men che non si dica sarò di nuovo qui, immerso nei tuoi dolci abbracci e potrai farmi ciò che vuoi"

Adara rise e gli tirò uno schiaffo bonario.

"Stupido! Promettimi che tornerai"

"Tornerò Adi, te lo prometto"

Si abbracciarono e baciarono nuovamente. Lothar aveva adesso una motivazione per tornare sano e salvo. C'era molto di più del Gioco, della droga, del semplice sesso effimero, del gioco d'azzardo, dell'alcol. Era stato in grado finalmente, dopo tanto tempo, di creare un legame profondo, significativo, magico, potente. E non l'avrebbe abbandonata, né avrebbe rinunciato a lei per nulla al mondo. Per il momento, quando erano di fronte al pubblico o ai clienti di Tempel montavano una maschera; ma quando rimanevano soli, non esisteva nessun altro, se non solo il mondo che insieme avevano costruito, la loro personale dimensione. Ma tutto ciò non sarebbe durato a lungo. Stavano parlando di andarsene, cambiare aria. Ma non prima di aver risolto questo problema. Non prima di aver preso quei maledetti criminali.

Lothar si alzò con qualche difficoltà ed Adara lo aiutò. Il dottor Akila gli aveva fasciato la ferita, però il dolore era ancora abbastanza accentuato, mitigato solo dagli antidolorifici che gli aveva dato e ovviamente dalle coccole di Adara. Avrebbe avuto bisogno dell'Adrene per poter completare la sua missione. Stava per andare nel covo di Shamat e non sapeva cosa lo avrebbe atteso ed oltretutto, anche una volta uscito da lì ed ottenuto le sue informazioni, sarebbe andato alla caccia di quei maledetti ed avrebbe avuto bisogno di ogni goccia di energia per affrontarli. E quella sensazione. Quella sensazione di morte e sangue, che non lo abbandonava. Aveva un brutto presentimento. Sapeva che se non fosse intervenuto quella notte stessa, qualcosa di orribile sarebbe accaduto a Brendan. Avrebbe fatto tutto ciò che era in suo potere per evitarlo.

Adara prese Lothar sotto braccetto ed insieme si diressero verso l'ufficio-appartamento di Waldhar. Usciti dalla stanza percorsero un lungo corridoio e scesero una scala a chiocciola che conduceva verso la sala principale. La porta che dava alla discoteca era presidiata da due guardie che riconoscendoli li fecero passare. Una volta attraversata la porta, furono di nuovo investiti dalla musica di Tempel e dalla folla che era ancora lì a fare festa. Vari gruppi ballavano come forsennati nel centro della pista, mentre chi era ai tavolini beveva, prendeva droga o faceva sesso senza importarsene di chi gli stava intorno. Uomini e donne completamente nudi ballavano su dei cubi, mentre altri si versavano a vicenda da una bottiglia fiumi di alcol. Adara e Lothar si fecero strada in mezzo a quella bolgia, cercando di raggiungere il più rapidamente possibile l'ufficio di Waldhar. Il DJ, dalla console scatenato interagiva con il pubblico, chiedendogli di alzare le braccia al cielo e dire che Limitat era una merda acerba.

Finalmente arrivarono alla loro destinazione e nuovamente due guardie aprirono loro la porta. Quando entrarono, Waldhar stava fumando il suo sigaro e stringeva nell'altra mano dei documenti, seduto tranquillamente su di uno dei numerosi sofà disponibili. Dato inquietante, due orecchie appartenute ad un costume di coniglio erano state inquadrate ed appese al muro. Sapevano benissimo a chi erano appartenute, una persona che aveva fatto una dolorosa e brutta fine.

Waldhar alzò gli occhi dalla lettura alla quale era concentrato e salutò i due nuovi venuti.

"Miei cari, qual buon vento vi porta qui? Lothar, perché sei già in piedi? Non ti era stato consigliato assoluto riposo?"

"Waldhar andrò dritto al punto, perché come sai, non mi piace girare intorno alle cose"

Waldhar gli fece cenno di sedersi accanto a lui.

"Avanti vecchio mio, siediti e dimmi cosa ti inquieta. Anche tu Adara mia cara per favore, siediti qui con noi"

Entrambi si accomodarono e sentirono il forte odore acre del sigaro che Waldhar stava fumando. Quest'ultimo chiese al suo barista privato di preparargli un gin tonic senza ghiaccio.

"Volete qualcosa?"

"No Waldhar, ti ringrazio"

La cameriera, con indosso una veste di avventuriera dello spazio sexy, gli portò il cocktail richiesto e dopo aver dato qualche sorso, si concentrò sullo sguardo di Lothar.

"Avanti ragazzo, dimmi perché sei qui"

"Voglio continuare le investigazioni riguardo quel trio di esaltati assassini e per fare ciò ho deciso di fare visita a Shamat"

Waldhar fece un ultimo tiro e spense il sigaro nel posacenere.

"Sei sicuro della tua scelta Lothar? Ti stai gettando nella fossa del leone. Stiamo parlando di Shamat, non dimenticarlo"

"Sì lo so benissimo. Correrei un rischio enorme. E' un pazzo ed un lunatico. Ma è anche vero che è una miniera di informazioni ed è sempre a conoscenza di tutto ciò che accade qui a Vesnic. Se c'è una persona che di sicuro ci può condurre a quei tre bastardi, questa è proprio Shamat"

Waldhar bevve tutto di un sorso ciò che rimaneva del suo gin tonic. Si alzò dal divano e portò il bicchiere sul bancone del suo bar personale. Indossava ancora la vestaglia rosso cremisi, la stessa che portava durante il Gioco. Iniziò a camminare avanti ed indietro per la stanza, pensando e rimuginando sul da farsi.

"Forse hai ragione Lothar. Ma come la mettiamo con la tua ferita da arma da fuoco. Non puoi affrontare Shamat e ciò che ti attenderà nel suo covo in queste condizioni. Dovrai essere al massimo delle tue capacità"

Lothar sorrise beffardo.

"Ed è qui che entra in gioco Akila. Il medicinale che ha creato, l'Adrene. Mi aiuterà di sicuro a tenermi in piedi tutta la notte ed affrontare qualunque insanità mi proporrà Shamat"

Waldhar si voltò di scatto, non credendo alle sue orecchie. Il silenzio che ne seguì fu interrotto solo dalla musica che arrivava dalla sala principale di Tempel.

"Sei impazzito Lothar? L'Adrene è solo alla sua versione Beta e non ne conosciamo totalmente gli effetti collaterali! Potresti morire assumendolo!"

Lothar si alzò in piedi facendo una smorfia di dolore. Adara allungò la mano per aiutarlo, ma lui rifiutò con dolcezza.

"Waldhar, non c'è altro modo. Mi sono scervellato, ho pensato di tutto, ma in questo momento Shamat rimane la soluzione migliore. Ed oltretutto, sono stanco che quei tre vermi continuino a derubare, ammazzare e torturare i cittadini di Vesnic e i nostri amici maledizione! Non posso più sopportare tutto questo"

Ad Adara scesero delle calde lacrime sulle guance, al pensiero di Jimmy e della sua famiglia, trucidata senza pietà, compresi i bambini…

"Inoltre Waldhar, ho una brutta sensazione, un oscuro presentimento che riguarda Brendan… sento che è in pericolo e penso che questa mia audace mossa possa fare la differenza tra la sua vita e la sua morte… anzi non solo la sua, ma quella di molti"

Waldhar fece un mezzo sorriso e si sedette su uno degli alti sgabelli vicini al bancone. Chiese al barman di prepararagli un gin con ghiaccio questa volta. Sapeva benissimo che quando Lothar si metteva in testa qualcosa era quasi impossibile fargli cambiare idea. Ed in fondo, sapeva che aveva ragione: il tempo correva e più avrebbero atteso e maggiori sarebbero stati i danni che quei farabutti avrebbero compiuto. E non potevano attendere i comodi delle milizia e della polizia e soprattutto, non avrebbero potuto contare sulla Legiunile. L'avrebbero risolta a modo loro. E forse era meglio così.

"D'accordo Lothar, mi hai convinto, faremo a modo tuo. Ma sei un pazzo se pensi che ti manderò da solo nelle fauci della bestia"

"Ovviamente avevo tenuto in considerazione il fatto che mi avresti assegnato almeno un paio dei tuoi uomini migliori Waldhar"

"Ormai mi conosci come le tue tasche figliolo"

"Anche meglio"

I due si guardarono per un momento e scoppiarono in una fragorosa risata. L'unica persona che non si stava divertendo era Adara. Sapeva che andare nel covo di Shamat era una follia, però condivideva le parole di Lothar: non potevano permettere che qualcuno facesse la fine di Jimmy e la sua famiglia. Non poteva succedere di nuovo. Se avevano l'opportunità di proteggere i cittadini di Vesnic, allora era giusto utilizzare qualsiasi asso che era nella loro manica. O in questo caso, era meglio dire il Jolly…

Waldhar chiese ad una delle sue guardie di andare a chiamare il Dottor Akila e di portare con lui tutto l'Adrene che aveva disponibile. Si sedettero nuovamente sul divano ed attesero l'arrivo del Dottore. Lothar guardò Adara, ma nel suo sguardo vide solo tristezza e preoccupazione.

"Verrò con te Lothar" disse Adara improvvisamente

"Non se ne parla"

"Sì invece! Non sei il mio padrone! Non decidi per me! Posso decidere liberamente di venire o meno e fare ciò che più mi aggrada!

Lothar le prese le mani e le strinse con forte dolcezza. La guardò intensamente negli occhi, empatizzando con il suo stato d'animo. Sapeva benissimo a cosa era dovuta la sua reazione.

"Adara è estremamente pericoloso e lo sai. Se venissi, Shamat avrebbe l'opportunità di usarti contro di me e io sarei in svantaggio. Se invece vado da solo, avrò molte più chance di uscirne vivo. E come ti ho detto non sarò solo, ci saranno due guardie di Waldhar con me"

Adara non aveva il coraggio di guardarlo negli occhi e dirigeva il suo sguardo all'altro lato. Sapeva che aveva ragione, ma il solo pensiero che Lothar avrebbe dovuto essere alla merce di quel pazzo la atterriva.

"Lothar ha ragione Adara. Se andassi anche tu dovrebbe preoccuparsi anche per te e questo lo renderebbe estremamente vulnerabile. E come Lothar ha appena accennato, non sarà solo: gli fornirò i miei due uomini migliori. Stai pur certa che con loro al suo fianco tutto andrà per il meglio"

Finalmente Adara si girò e guardò Lothar negli occhi. Annuì con le lacrime che le rigavano le guance e non disse nulla. Prima che Lothar potesse dire qualcosa, il Dottor Akila fece il suo ingresso nella stanza.

"Eccoci qui di nuovo Waldhar" disse Akila.

"E' sempre un piacere vecchio mio" rispose i padrone di Tempel.

Akila spostò una delle poltrone libere e si sedette di fronte al gruppetto. Portava con sé una valigetta di color argento.

"Ho bisogno di un tavolino Waldhar"

"Tesoro, portaci quel tavolino di vetro per favore" chiese alla cameriera che prima lo aveva servito. La ragazza vestita da avventuriera dello spazio eseguì l'ordine e portò il tavolino come le era stato richiesto.

"Grazie dolcezza"

Akila appoggiò la valigetta sul tavolino e digitò un codice alfanumerico sulla stessa, al che si aprì di scatto. La aprì e mostrò il contenuto ai tre che gli stavano di fronte. Al suo interno c'era una boccetta con un liquido blu elettrico. Al suo interno delle bollicine si muovevano senza sosta.

"Questo è l'unico esemplare stabile di Adrene che sono riuscito a creare fino a questo momento. Dovrai assumerlo a piccoli sorsi. Farà sparire completamente il dolore della ferita che hai subito e ti farà sentire come nuovo, come se nulla fosse successo. In questa boccetta sono disponibili un massimo di 5 sorsi, non di più"

Lothar allungò la mano per afferrare la boccetta, ma Akila lo bloccò.

"Ma ci sono delle cose che dovrai tenere in considerazione Lothar. Il corpo di un adulto può sopportare fino a tre sorsi, dopodiché ci possono essere delle conseguenze"

"Che tipo di conseguenze?" chiese Adara

"Arresto cardiaco, emorragia, ictus e chissà cos'altro. Purtroppo non ho avuto il tempo di testarlo a sufficienza. Ad ogni modo, essendo tanto instabile è possibile che allo stesso tempo non ti accada nulla, nonostante che arrivi ad utilizzare tutti i cinque i sorsi disponibili"

Akila prese la boccetta e la porse a Lothar, che la prese e la infilò nella tasca dei pantaloni.

"Grazie Dottore, la userò con saggezza.. Ah un'ultima cosa, su chi ha testato l'Adrene fino ad ora?"

Akila fece un'espressione imbarazzata, che si spostò da Lothar a Waldhar, diventando tutto rosso in volto.

"Ecco… è stata una gentile concessione del Signor Waldhar.. Persone che potevano essere un pericolo per noi e per Vesnic, sapete…"

"Nulla di importante, non c'è di che allarmarsi" tagliò corto Waldhar.

Già, nulla di cui allarmarsi. Persone indesiderate. A volte Lothar si chiedeva che differenza ci fosse tra Waldhar e Shamat. E' vero, il Gioco era volontario, nessuno era obbligato a parteciparvi, ma le altre attività in cui Waldhar era implicato ed il suo atteggiamento sadico… sapeva che prima o poi si sarebbe rivoltato contro di lui e Adara. Sapeva che in segreto, Waldhar desiderava Adara, che la ragazza era il suo sogno proibito. Ma il grande errore di Waldhar era che quest'ultimo credesse che Lothar fosse come uno dei suoi uomini, un cane al guinzaglio. Ma non era così; Lothar era libero ed indipendente, agiva a modo suo. E presto o tardi si sarebbe affrancato con Adara, che a lui fosse piaciuto o meno.

"D'accordo, non indagherò oltre, anche perché adesso ho altre cose alle quali pensare. Vado, non voglio perdere altro tempo, che è quanto mai di più prezioso in questo momento"

"Ti faccio preparare l'auto con i miei due uomini migliori. Sarai in buone mani Lothar, vedrai"

"Non ne dubito Waldhar. Grazie del supporto Dottor Akila"

"Dovere" rispose Akila

Ed il suo sguardo cadde su Adara. La ragazza aveva uno sguardo decisamente preoccupato; stringeva il braccio destro con la mano, affondando le unghie per l'estrema tensione che stava provando. Lothar le si avvicinò e la strinse in un forte abbraccio.

"Tornerò, te lo prometto"

"Ti aspetterò"

Le diede un lungo bacio e si separò da lei. L'abbraccio di Adara lo faceva sentire al sicuro, protetto, difeso. Il calore che gli trasmetteva lo faceva sentire in pace, tranquillo, sereno. Ma adesso stava andando all'inferno. E lì di serenità, tranquillità e calma ne avrebbe trovata ben poca. Solo sperava che Shamat non fosse di cattivo umore o in uno dei suoi atteggiamenti… stravaganti. Altrimenti le cose per lui si sarebbero complicate fortemente. Non avrebbe voluto ricorrere all'aiuto del Re Giullare, ma in quel momento di urgenza, non aveva davvero altra scelta.

Lothar si recò all'altro portale dal quale si poteva entrare a Tempel; ad ogni modo questo portale era davvero segreto e nemmeno gli invitati o le persone all'interno di Tempel sapevano della sua esistenza. L'entrata "ufficiale" era quella che aveva mostrato a Brendan, mentre di questa ben pochi ne erano a conoscenza. Le due guardie a controllo di tale accesso aprirono la pensante porta di ferro e Lothar la attraversò, ritrovandosi sotto il cielo notturno di Vesnic. Come promesso una macchina lo stava attendendo, con due uomini al suo interno, nei due sedili anteriori. Lothar fece una smorfia per il dolore della ferita causata dall'uomo coniglio. Jack gli aveva lasciato proprio un bel ricordo prima di diventare un vegetale. Ma non era ancora il momento di bere il primo sorso si Adrene; lo avrebbe preso in seguito, quando si sarebbe trovato al cospetto dell'antro di Shamat.

Gli mancava però un ultimo compito prima di recarsi dal rivale di Waldhar. Avvisare le due guardie del corpo di una cosa molto importante.

"Buonasera Stangaci, buonasera Dreapta… o forse dovrei dire, buonanotte"

I due uomini di Waldhar risero di gusto.

"Buonasera Lothar. Dunque prossima fermata Shamat?"

"Prossima fermata Shamat…. Ma non per voi ragazzi"

I due si guardarono l'un l'altro, increduli rispetto a ciò che avevano appena ascoltato.

"Non crediamo di aver capito Lothar"

"Credo che abbiate capito benissimo. Andrò da solo, senza di voi"

Stangaci e Dreapta lo guardarono come se fosse un alieno, totalmente increduli delle sue parole.

Solo un pazzo si sarebbe recato da solo nell'antro di Shamat; sarebbe stato come gettarsi di propria volontà nelle fauci di uno squalo.

"Tu non hai ben presente le implicazioni della tua decisione. Ti farai ammazzare come uno stupido Lothar!" Fu Stangaci a parlare

"E' possibile. Però questo è un compito che voglio portare a termine io, personalmente. E poi conoscete benissimo Shamat: se ci vedrà arrivare in tre inizierà a diventare paranoico ed ossessivo e penserà che stiamo tentando qualcosa alle sue spalle, un tiro mancino. E questo comporterà che non ci accetti e che non mi fornisca così le informazioni di cui ho bisogno"

Stangaci e Dreapta non erano per nulla convinti e non avevano nessuna intenzione di lasciare andare da solo Lothar in quel terribile posto.

"Senti Lothar, capiamo benissimo, però tu non puoi…"

"Questo è un ordine ragazzi! Non voglio che nessuno mi accompagni! E' un compito che solo io voglio affrontare! Non c'è alcun bisogno di mettere in pericolo anche le vostre vite. Fate come vi ho detto. Ascoltatemi, vi prego"

Le due guardie di Waldhar si guardarono l'un l'altro, dopodiché rivolsero lo sguardo a Lothar. Avevano sempre avuto un grande rispetto per lui e non avrebbero voluto lasciarlo solo nel momento del bisogno. Però sapevano anche quanto fosse determinato ed incrollabile e che non avrebbe facilmente cambiato la sua decisione. Erano ben consapevoli che non sarebbe tornato sui suoi passi e non avevano altra scelta che desistere e rispettare la sua decisione.

"D'accordo Lothar, come tu desideri. Non ti accompagneremo. Però sappi che sei un povero pazzo a fare qualcosa di tanto avventato. Stai mettendo a rischio la tua vita"

"Grazie per comprendere… e sì, so benissimo a cosa sto andando incontro, però credetemi è meglio così"

Stangaci e Dreapta scesero dall'auto e fecero come gli era stato ordinato.

"Ragazzi, un ultimo favore: se doveste incontrare Adara, ditele che mi avete visto andare via con due degli uomini di Waldhar, d'accordo? Non voglio che sappia assolutamente che sono andato da solo ad affrontare Shamat, sarebbe capace di seguirmi lì e non voglio che questo accada"

"Sarà fatto Lothar. Non le diremo nulla a proposito, puoi stare tranquillo"

Lothar sapeva che se Adara fosse venuta a sapere della sua decisione, sarebbe corsa a cercarlo e nemmeno Waldhar sarebbe stato in grado di fermarla, la conosceva molto bene. Sperava che non avrebbero rivelato il loro segreto e che sopratutto che lei non si sarebbe accorta di nulla. Sapeva che la sua decisione era folle, andare nel "regno" di Shamat completamente solo era un rischio enorme, ma allo stesso tempo necessario, se voleva ottenere le informazioni che desiderava e liberare finalmente Vesnic dal morbo di quei tre criminali assassini.

Entrò nella macchina e chiuse la portiera. Il mezzo era già in moto. Pigiò sull'acceleratore e con un un ultimo saluto a Stangaci ed a Dreapta, si dileguò nella notte.

"Che cosa pensi Stangaci, abbiamo fatto bene ad assecondarlo?"

Stangaci sospirò e si accarezzò la folta barba

"Non lo so Dreapta, non so cosa pensare. Andare nell'antro di Shamat completamente solo equivale ad un suicidio. D'altro canto conosci Lothar. Raramente si sbaglia e se il suo intuito gli ha detto che era meglio così, allora dobbiamo avere fiducia in lui. Oltretutto è di Lothar che stiamo parlando. Se c'è una persona che può sopravvivere in quel luogo funesto, quello è proprio lui"

Guardarono la macchina allontanarsi nella notte, ancora pensierosi sulla scelta di Lothar e se fosse stato saggio procedere in quel senso. Presto lo avrebbero saputo. Forse.

Lothar guidava con tranquillità tra le vie di Viitorul. Il quartiere era ancora attivo e pieno di vita, con persone che schiamazzavano, ridevano e bevevano per la strada. Piccoli bar e discoteche erano ancora aperti ed al di fuori di essi c'erano lunghe ed interminabili code per poter entrare al loro interno. La dimora di Shamat non si trovava molto lontana da lì e quest'ultimo non si era nemmeno preoccupato di nasconderla o renderla il meno visibile. Semplicemente chiunque poteva raggiungerla. Il problema era, una volta dentro, il riuscire a tornare. Nemmeno la polizia e la milizia osavano metterci piede. Shamat aveva creato uno stato nello stato e lui ne era il padrone incontrastato.

Una serie di pensieri attraversarono la mente di Lothar. Aveva preso la decisione giusta? Andare completamente solo? Sarebbero riusciti a tenerlo nascosto ad Adara? Ma soprattutto, ne sarebbe uscito vivo?

Quello che sapeva era che, nonostante tutti i suoi dubbi, non sarebbe tornato sui suoi passi. Almeno avrebbe messo a rischio solo la sua vita. Ed oltretutto lui e Shamat erano vecchie conoscenze, il che sarebbe stato un punto a suo vantaggio nel riuscire a negoziare ed a ottenere ciò che voleva.

Intravide la strada che lo avrebbe condotto alla residenza di Shamat. Si fermò, dando precedenza a due macchine di fronte a lui e successivamente imboccò la strada alla sua sinistra. Anche in quel punto di Viitorul, i vari edifici e le case portavano il simbolo della Legiunile, l'aquila volando su sfondo azzurro. Le strade erano ancora illuminate e la notte era ancora profonda. Ma Lothar sapeva che sulla residenza di Shamat non avrebbe trovato nessuna aquila rappresentata, perché quest'ultimo disprezzava la Legiunile più di ogni altra cosa.

Iniziò a procedere lentamente e cosa che non lo sorprese, la strada che lo avrebbe portato alla sua destinazione era totalmente deserta. Tutti a Viitorul, anzi tutta Vesnic conosceva il famigerato Shamat e tutti se ne tenevano saggiamente alla larga. In poco tempo, si ritrovò di fronte ad un posto di blocco; erano le guardie di Shamat. Tutti erano vestiti allo stesso modo: divisa e giubbotto antiproiettile blu, pantaloni verdi, scarponi antisommossa neri e pesanti. Imbracciavano fucili semiautomatici e portavano coltelli alla cintura. Lothar era disarmato, anche perché sapeva che lo avrebbero perquisito e non gli avrebbero lasciato nulla addosso. Prima che si avvicinassero, prese il primo sorso del Adrene; da lì in avanti, ne avrebbe avuto bisogno.

Una delle guardie si avvicinò all'auto e fece alle altre il gesto di stare ferme e tranquille. L'uomo si abbassò leggermente per guardare chi c'era alla guida.
"Che cosa stai cercando da queste parti? Hai sbagliato strada? Questo non è posto per te. Fai retromarcia e torna da dove sei venuto finché sei in tempo"
Lothar cercò di mantenere la calma; ne andava del buon esito della missione.
"Dite a Shamat che Lothar si trova qui e che vuole parlare con lui"
"Lothar?" fece eco la guardia
Lothar annuì con la stessa.
La guardia si mise di nuovo a schiena dritta e lo fissò per un momento.
"Aspetta qui e non ti muovere di un solo centimetro"
La guardia si diresse verso i suoi compagni ed iniziarono a parlottare tra di loro. Lothar cercò di carpire qualche parola, ma parlavano troppo piano ed era impossibile capire qualcosa. Una di loro prese una ricetrasmittente ed iniziò a parlare all'apparecchio. Dopo qualche minuto che sembrò un'eternità, la guardia ripose la ricetrasmittente nella cintura e si diresse verso Lothar. Il cuore gli martellava nel petto ed era pronto a difendersi a costo della vita.
"Puoi passare, però ad una condizione: dovrai andare a piedi fino al cancello principale che dà alla villa"
Lothar capì immediatamente che c'era lo zampino di Shamat in quell'assurda decisione; acconsentì, perché non aveva altra scelta. Lothar conosceva Shamat: non prendeva decisioni casuali e non faceva le cose per nulla. Se desiderava che Lothar si avvicinasse alla villa a piedi era perché voleva mostrargli qualcosa. Passò a fianco delle guardie del posto di blocco ed i loro sguardi si incrociarono. Sui loro volti era disegnato un ghigno famelico e maligno. Lothar li guardò con aria di sfida, facendogli capire che non aveva paura di loro, né del loro capo. Fecero alcuni commenti sottovoce ai quali Lothar non fece caso. Non era lì per i litigare con le guardie di Shamat, bensì compiere il suo obiettivo.
Passato il posto di blocco, la strada che conduceva alla villa cambiò. Non c'era più asfalto, bensì puro marmo, di un colore grigio brillante. Ai due lati, il viale era costellato di statue di ogni tipo in ferro battuto. Statue di ragni, ma in uno stile fantasioso e surreale, con fili in ferro ed acciaio intrecciati tra di loro, con motivi quasi irreali. Statue di golem e gargoyle; statue di ballerine; statue di fauni e ninfee; statue di folletti, diavoletti e gnomi. Ed ecco che tra una e l'altra statua, c'erano delle rocce di granito, sulle quali erano scolpite delle frasi. Incuriosito, Lothar sostò su una di esse e lesse la frase sopra riportata:

"Gli incubi peggiori sono quelli che facciamo ad occhi aperti"

Lothar fu percorso da un brivido lungo la schiena. Eccolo, lo stile di Shamat. Una frase che era come un avvertimento, un monito a non proseguire oltre. O per i più audaci, cosa li attendeva se avessero osato continuare il loro cammino in quella direzione. Lothar passò oltre, ma non riuscì a resistere alla tentazione di leggere gli altri messaggi disseminati sulle rocce di granito che costellavano il viale:

"La morte è solo l'inizio... di un'esistenza peggiore della vita stessa"

"La guerra e la malattia, sono le manifestazioni più dolci della realtà"

"Speranza è desiderare la morte, quando quest'ultima è la cosa migliore che ti possa accadere"

"L'amore non è altro che un antro oscuro, dal quale è impossibile uscire"

"I deboli soccombono, i forti sopravvivono"

"Supplicare e chiedere pietà, sono le chiavi che aprono le porte dell'inferno"

Lothar continuava a leggere i vari messaggi sparpagliati per il viale e si rendeva lentamente conto di quanto quell'individuo fosse maniacale e pericoloso, molto di più di quanto avesse lontanamente immaginato. Non erano solo i messaggi che avevano certamente qualcosa di macabro e sadico ma anche la mente malata che stava dietro a tutto quello e che li aveva in qualche modo partoriti. Lothar si chiedeva fino a dove era in grado di spingersi quell'individuo. Quanto fosse pericoloso e fino a che punto dovesse temerlo. Solo una cosa lo stava facendo sentire tranquillo: l'Adrene aveva fatto effetto ed il dolore della ferita provocatagli da Jack era completamente sparito. Oltretutto si sentiva vigile, forte e pieno di energie. Si chiedeva però per quanto sarebbe durato l'effetto. Non voleva essere costretto ad assumere la quarta o addirittura la quinta dose. Ma se non avesse avuto scelta…

Vedeva ormai il cancello che dava al cortile dell'enorme villa di Shamat; pochi passi e l'avrebbe raggiunto. Ma qualcosa attirò la sua attenzione. Alla fine del viale c'erano due torri, una per lato, dalle quali ciondolava qualcosa. Da quella distanza Lothar non riusciva a distinguere che cosa fossero. Dondolavano da una parte all'altra senza sosta, come pupazzi di uno spettacolo di burattini. Si avvicinò con cautela ed allora comprese. Strinse i denti e chiuse le mani a pugno. Erano due corpi; erano stati impiccati. Un uomo ed una donna. Le mani legate e gli occhi fuori dalle orbite; il volto paonazzo e viola e le labbra gonfie per la mancanza d'ossigeno. Oscillavano da una parte all'altra e sbattevano contro alla parete della torre, emettendo dei suoni sordi e violenti. Lothar fu inorridito dall'immagine davanti ai suoi occhi, ma allo stesso tempo incredibilmente non ne fu sorpreso. Shamat dava sempre vita a questo circo degli orrori ed anzi, godeva nel farlo. Impiccare due persone nel bel mezzo del centro di Vesnic? Lothar sapeva che Shamat aveva delle amicizie estremamente potenti, individui che stavano nella vetta del governo dell'Enclave e che gli permettevano di avere il suo stato nello stato e di compiere le peggiori efferatezze in cambio di vari favori, che Shamat era più lieto che fornire. Lothar continuò a guardare i corpi senza vita che venivano mossi dal vento e che sbattevano violentemente contro le due torri, come due marionette attaccate ad un filo. Si chiese chi fossero e che cosa avessero fatto di male per meritarsi quella sorte. Forse nulla di grave; erano solo le vittime del capriccio di un folle che si comportava come un dio. Il filo dei suoi pensieri venne interrotto dall'apertura del cancello che dava sul cortile di fronte alla villa. Un anziano vestito di tutto punto con uno smoking nero si avvicinò e fece un medio inchino per salutare Lothar.

"Il signor Lothar immagino"

Lothar annuì.

"Il signor Shamat la sta aspettando dentro. La prego di seguirmi"

Il maggiordomo, del tutto non curante dei due corpi impiccati a qualche metro di distanza, fece strada a Lothar, facendogli cenno di seguirlo. Adesso Lothar capiva perché Shamat aveva desiderato farlo arrivare fino alla villa camminando, perché potesse leggere le frasi sulle rocce e vedere i cadaveri impiccati con i suoi occhi. Ma se pensava di averlo impressionato si sbagliava di grosso. Lothar si aspettava una mossa del genere e durante la sua vita aveva visto ed assistito a cose ben peggiori.

Il cortile era presidiato da quello che era un esercito. Decine di uomini armati fino ai denti, con la stessa divisa di quelli che lo avevano accolto al posto di blocco, camminavano per il cortile, con sguardo minaccioso e torvo. Il potenziale bellico di Shamat era molto più grande rispetto a quello posseduto da Waldhar, anche come numero di uomini ed in uno scontro diretto forse Shamat avrebbe avuto la meglio. Il cortile era disseminato di piccoli appezzamenti d'erba, ognuno dei quali aveva un cespuglio che rappresentava un animale differente. Chi aveva fatto quell'opera doveva essere stato un genio; ritagliare dei cespugli affinché prendessero la forma di un animale. Lothar si chiese se l'autore fosse ancora vivo.

Il maggiordomo continuava a fargli strada, noncurante della moltitudine di guardie intorno a loro e che guardavano Lothar in cagnesco e con fare minaccioso. Il cortile era in penombra e non ben illuminato quasi a giorno come il viale, il che rendeva il tutto ancora più inquietante. Arrivarono alla porta principale ed ai suoi piedi vide un tappeto rosso che arrivava fino alla porta d'entrata. Ai lati della passerella, c'erano due aiuole con delle rose di colore rosso scarlatto. Shamat sembrava molto attento a questi elementi estetici e tutto il cortile ed anche il viale percorso in precedenza ne erano cosparsi. Finalmente si trovarono di fronte al portone principale ed il maggiordomo bussò usando una combinazione segreta, in una particolare cadenza. La villa aveva tre piani ed in ogni piano tutte le stanze erano illuminate, nessuna esclusa. Delle ombre si muovevano senza sosta nelle abitazioni, movimenti agitati e burrascosi, come se stessero mettendo in atto un ballo con movenze assurde e sconclusionate.

Qualcuno dall'interno aprì la porta ed ancora una volta il maggiordomo gli fece segno a Lothar di seguirlo. E così Lothar si trovò catapultato nell'atrio della villa di Shamat. Il colore rosso dominava su qualunque altro. Anzi, ben presto si rese conto che non c'era nessun altro colore, a parte il rosso ed ogni sua tonalità: rosso cremisi, rosso scarlatto, rosso sangue, rosso ciliegia, rosso mattone, rosso mogano. Qualunque cosa, dalle sedie, i tavoli, le poltrone, i lampadari della luce, persino le finestre possedevano un colore rosso di una differente tonalità. Anche le persone che vi erano all'interno, quelli che Lothar presumette fossero gli invitati di Shamat, erano vestiti di rosso con diverse graduazioni. Gli uomini erano tutti vestiti in un modo, mentre le donne in un altro. Gli uomini portavano uno smoking, camicia e cravatta, mentre le donne camicia, gonna e tacchi. Persino le scarpe di ognuno di loro erano rosse. Tutto quel rosso stava iniziando a dare la nausea a Lothar. Ma ciò che era peggio, erano le attività nelle quali erano impegnati. In un angolo del grande e maestoso atrio, un gruppetto stava lanciando dei coltelli in direzione di un uomo, tentando di colpire la mela che aveva sulla testa. L'uomo era completamente nudo e bendato e supplicava pietà e che venisse liberato. Aveva già parecchie ferite sul corpo, per i lanci falliti. Gli invitati emettevano risate stridule e non gli importava nulla delle sue suppliche. In un altro punto della sala, una donna era su di una piattaforma; sotto la stessa, c'era un letto di scorpioni che si muovevano nervosi e frementi. Un altro gruppo di invitati tentava di colpire un cerchio che era posizionato al di sopra della donna, affinché una volta bersagliato, si fosse aperto e lasciasse cadere la donna in preda agli scorpioni. Anche in questo caso la donna era completamente nuda e chiedeva pietà per la sua vita, ma nessuno di loro le faceva caso ed anzi, più lei gridava ed implorava, più gli invitati di Shamat provavano gusto e divenivano ancora più forsennati. Esattamente alla destra dell'atrio, un altro gruppo di questi individui in rosso assisteva ad una lotta all'ultimo sangue tra due di questi prigionieri, costretti a lottare tra di loro. Chi avrebbe vinto avrebbe avuto salva la vita e sarebbe stato lasciato andare, mentre l'altro sarebbe andato incontro alla sua morte.

Lothar aveva appena oltrepassato le porte dell'inferno. Sapeva quanto sadico fosse Shamat, ma era peggiorato ancor di più in quegli anni. Dopo che Infinit si era trasformato in un Enclave, le cose non avevano fatto che peggiorare di anno in anno e Vesnic aveva partorito individui di quella risma. Ma quello era come un universo a sé stante. Quando arrivava il giorno tutto tornava alla normalità e quelle serate e quelle feste si volatilizzavano con il sorgere del Sole, come incubi lontani e nebulosi. Chi aveva partecipato a quelle feste tornava alla vita di tutti i giorni, come se nulla fosse accaduto. Ed i corpi delle povere vittime venivano fatti sparire, volatilizzare, come se quelle persone non fossero mai esistite. E chi, come Brendan, aveva una vita al di fuori di Viitorul, non si sarebbe mai reso conto dell'esistenza di luoghi del genere, perché esistevano solo tra i circoli di determinate persone, di un determinato rango e posizione politica e sociale. Chi era fuori da quel mondo, non avrebbe mai saputo della sua esistenza, a meno che non lo avesse cercato di sua spontanea volontà o non ne avesse udito qualcosa al riguardo; o non ci fosse incappato in maniera casuale, come era accaduto a Brendan con Tempel. Vesnic era una città a due facce: la Vesnic di giorno e la Vesnic di notte; la buona e la cattiva; quella del Sole e della Luna; la del bene e del male; della luce e dell'oscurità. Tutto era possibile nella Vesnic di notte e soprattutto se avevi conoscenze altolocate ed importanti come quelle che possedeva Shamat. Conoscenze che a volte erano parte dei suoi festini. Per tale motivo la Legiunile non era riuscito ancora ad abbatterlo. Ma le cose, si sa, hanno prima o poi una loro fine ed anche quello scempio avrebbe incontrato la sua.

"Debole di cuore e vigliacco come sempre"

Lothar si girò di scatto e davanti a lui apparve una vecchia e sgradita conoscenza.

"Il solito sensibile senza palle. E sempre portando quel ridicolo papillon"

Dylan, il braccio destro di Shamat, accompagnato da due suoi amici.

"Dylan" disse Lothar sprezzante "Vedo che non ti sei ancora stancato di essere il cane scodinzolante di Shamat"

Dylan fece un gesto di stizza con il labbro superiore.

"Belle parole, considerando che arrivano da un altro cane, servo devoto di quel vecchio rivoltante di Waldhar"

Lothar si irrigidì a quelle parole i suoi occhi di ghiaccio posati sul rivale di fronte a lui.

"Io non sono il cane di nessuno. Agisco per conto mio. Ed ora, se vuoi scusarmi, vorrei andare a parlare con il tuo padrone"

Lothar fece qualche passo verso il maggiordomo che fino a lì lo aveva condotto e girò le spalle a Dylan, che lo osservava con odio e rancore.

"Dove hai lasciato la tua piccola prostituta?"

Lothar si fermò di scatto a quelle parole; stava parlando di Adara.

"Oh non avrei dovuto chiamarla così? Suvvia, davvero ti importa? Eppure pensavo che le prostitute non avessero il diritto di amare"

Lothar si girò e camminò lentamente verso Dylan. Ora si trovavano faccia a faccia, uno di fronte all'altro. Dylan era vestito completamente di rosso, però di un rosso cremisi. Era alto e forte come Lothar e ben piazzato, capelli lunghi raccolti all'indietro ed occhi marroni scuri, scuri come la notte. I due individui che lo stavano accompagnando si avvicinarono con fare minaccioso.

"Lo so benissimo sai? La desideri, la desideri da sempre. Probabilmente non cessi mai di pensare a lei e non sopporti l'idea che lei abbia scelto me"

Dylan fu colto nel segno ed il suo sguardo fu ancora più carico di astio. Le attività intorno a loro si erano fermate e tutti si erano messi ad osservarli, avvicinandosi per godersi lo spettacolo.

"Ma è inutile che ti crucci tanto Dylan: lei non avrebbe mai potuto provare interesse per un cane lecca culo senza dignità come te"

La faccia di Dylan si deformò in una smorfia d'ira. Immediatamente, il suo braccio destro si mosse e tentò di colpire Lothar in piena faccia. Ma quest'ultimo fu lesto, scansò il colpo, bloccò il braccio e con tutta la forza che aveva tirò una gomitata al braccio disteso del suo avversario all'altezza del gomito, rompendolo. Dylan cadde in ginocchio gridando dal dolore e reggendosi il braccio con la mano sinistra. Subito i due accompagnatori di Dylan gli furono addosso e cercarono di sopraffarlo con la superiorità numerica. Uno di loro gli tirò un calcio che Lothar schivò efficacemente, mentre l'altro tentò di colpirlo con un gancio al mento, che bloccò con la guardia sollevata. Lothar reagì rapidamente, tirando un violentissimo calcio sulla parte destra del ginocchio del tizio che si trovava di fronte; l'impatto fece muovere la gamba in un modo inconsulto. L'uomo si accasciò a terra, sostenendosi la stessa ed urlando come un ossesso. L'altro ebbe ancora il tempo per tentare un attacco, tirando due pugni in serie, ma Lothar li evitò entrambi, si posizionò sul fianco del suo avversario dove era vulnerabile e tirò con tutta la forza che aveva in corpo, prima un pugno sul fianco ed in rapida successione uno sul mento. Il suo rivale cadde a terra a peso morto, svenuto, senza muovere un solo muscolo o emanare un fiato.

Lothar si mosse lesto e rapido e tirò un calcio in faccia al tizio al quale aveva rotto la gamba, che a causa dell'impatto perse conoscenza. Dylan si trovava ancora in ginocchio, gemendo ed inviando improperi di ogni tipo in direzione di Lothar. Quest'ultimo si avvicinò ed afferrò Dylan per i capelli e lo scaraventò a terra. Il braccio dell'uomo si trovava in una posizione del tutto innaturale a parte dell'osso fuoriusciva dallo stesso. Lothar sollevò il pantalone ed afferrò un piccolo coltello che aveva nascosto in una cintura che aveva agganciato alla caviglia. Gli uomini di Shamat non lo avevano perquisito adeguatamente e non avevano trovato l'arma bianca che portava con sé. Ghermì nuovamente Dylan dai capelli, gli levò leggermente la testa ed appoggiò la lama sulla gola del ragazzo. Ormai ogni gioco si era fermato e tutto il mondo aveva gli occhi puntati su di loro. Nessuno mosse un muscolo per andare in aiuto di Dylan e dei suoi uomini.

"Maledetto bastardo, te la farò pagare cara, puoi starne certo"

Lothar fece pressione con la lama ed un rivolo di sangue uscì dalla ferita provocata.

"No Dylan, non credo. Adesso ti spedirò all'inferno tagliandoti questa maledetta gola e da lì non potrai fare proprio nulla, se non soffrire per il resto della tua insulsa e schifosa esistenza"

Dylan tentò di scacciare Lothar con il braccio integro, però quest'ultimo fu lesto e lo bloccò appoggiandogli sopra il ginocchio.

"Giuro che ti ammazzerò verme! Ti ucciderò, farò il tuo corpo a pezzi e lo tirerò ai cani!"

"Sognare non ha mai fatto male a nessuno, povero idiota. Torturate persone, le togliete la dignità, li usate come se fossero oggetti" Lothar parlava con gli occhi fuori dalle orbite, come se fosse posseduto "Create sofferenza e dolore. Forse non posso cambiare le cose, però posso almeno iniziare a fare un po' di pulizia, iniziando da un escremento come te"

Lothar sollevò il coltello, pronto a colpire.

"Ed adesso crepa"

La lama stava per calare inesorabilmente, quando qualcuno applaudì. Suono di passi che spezzò il silenzio mortale che si era creato nella stanza. Un uomo, non molto alto si fece strada tra la folla che si stava godendo lo spettacolo. Tutti coloro che si trovarono sulla sua strada si allontanarono e si fecero da parte, abbassando il capo. L'ometto applaudiva senza smettere ed un ghigno strafottente era presente sul suo volto. Lothar, che stava per affondare il colpo, si fermò di colpo e si voltò nella direzione dalla quale proveniva il suono. Allora lo vide e capì. Shamat.

"Bello spettacolo, davvero bravi, complimenti. Sono quasi commosso dall'intensità ed il livello di violenza che avete mostrato. Non posso dire altro che: Chapeau"

E fece un inchino, che aveva come unico obiettivo schernire i contendenti.

"Detto questo Lothar, posa il coltello, altrimenti ti farò schiacciare come un insetto"

Il suo tono di voce ed espressione cambiarono completamente, quasi come se fosse un'altra persona. Nella sala nessuno osava parlare né fare un fiato. Governava il silenzio totale. Lothar si alzò in piedi e tirò il coltello verso Shamat. Quest'ultimo fece un gesto con la mano ed improvvisamente un energumeno uscì a lo scoperto e raccolse l'arma.

"Portalo nel magazzino" ordinò Shamat.

L'energumeno annuì con il capo e si avviò verso l'uscita.

"Allora Lothar. Manesco e testa calda come sempre si?"

Lothar sapeva che era necessario fare un poco di teatro per poterselo ingraziare. Il dover fingere gentilezza nei confronti di quell'essere rivoltante gli dava il voltastomaco, ma per il momento avrebbe dovuto fare buon viso a cattivo gioco se avesse voluto guadagnare le informazioni tanto agognate.

"Shamat" rispose Lothar "Non era mia intenzione arrecare danno ad uno dei tuoi uomini, né creare scompiglio all'interno della tua dimora, ma non ho avuto altra scelta che difendermi"

Shamat si avvicinò lentamente verso Lothar. Il modo in cui era vestito era davvero bizzarro. Nella parte sinistra del corpo era vestito come un Re. Portava una corona spezzata a metà, che svettava nella parte sinistra del capo ed un vestito sontuoso color panna, pieno di pietre preziose lucenti. Al piede sinistro portava una scarpa stile ottocentesco con un alto e rettangolare tacco, di pelle vera di animale. Ma ciò che era più inquietante era nella parte destra del corpo indossava vestiti completamente differenti, come se fossero due persone in una. Nella parte destra del capo portava un cappello da giullare, anch'esso diviso a metà come la corona. Il lato destro del viso era truccato come quello di un clown, con cera bianca e la bocca ingigantita di colore rosso. Anche il vestito che indossava era quello di un giullare, con pom poms e sonagli appesi alla maglia ed al pantalone ed una scarpa enorme che terminava con una punta a spirale. Il vestito era di colori sgargianti e pastello: rosso, verde, viola, rosa, tutti mescolati tra di loro come un luccicante arcobaleno. Nella mano sinistra stringeva uno scettro d'argento, mentre nella destra una sfera di bronzo.

Lothar rimase impressionato. Era come se di fronte a lui ci fossero due persone completamente diverse; due persone che condividevano lo stesso corpo. Shamat, il Re ed il Giullare. Si chiese che significato avessero i due oggetti che portava con sé. Notò solo ora che entrambi gli occhi del suo interlocutore avevano colori diversi: il sinistro era verde, mentre il destro era azzurro.

"Cosa c'è Lothar? Sembra che tu abbia visto un fantasma"

"No non è questo, stavo solo…"

"Chiedendoti perché mostro due differenti personaggi?"

Lothar non proferì parola, attendendo che Shamat desse la sua spiegazione. Nella sala, continuava a regnare il silenzio più assoluto.

"Bene, chi tace acconsente. Il Re ed Il Giullare sono due figure che nel Medioevo ebbero un enorme potere. Il Re ovviamente lo si conosce bene: guida di un regno, padrone di un impero, la sua parola era legge, il potere terreno, tutti lo temevano"

Shamat camminava intorno a Lothar, toccando il pavimento con lo scettro ad ogni passo e giocherellando con il globo di bronzo.

"Ed il Giullare? Si pensa che erroneamente che il Giullare fosse solo un semplice buffone, un idiota qualunque che facesse il ridicolo raccontando storie e ballando per le strade. Ma non c'è nulla di più falso"

Lothar ascoltava, resistendo dalla tentazione di saltargli addosso e porre fine alla sua sciagurata esistenza. Ma si promise di stare calmo e non fare nessuna mossa azzardata. Dylan era ancora a terra, gemendo e lamentandosi per il dolore, ma Shamat non gli faceva caso.

"Il Giullare era un individuo di estrema intelligenza ed arguzia, rispettato a corte e tra il popolo, per la grande capacità di memoria, di conoscenza e di improvvisazione, oltre che mastro delle arti, del canto e della capacità di utilizzare vari strumenti musicali. Persino la chiesa, nella sua infinita ignoranza e limitatezza, inizialmente minacciata dal Giullare per ciò che rappresentava, dovette riconoscerne le capacità ed iniziò ad utilizzarlo per diffondere le idee del cattolicesimo"

Shamat continuava a girare intorno a Lothar, che rimaneva immobile osservandolo. Si sentivano solo i gemiti di Dylan ed i pianti degli sciagurati che erano sottoposti ai terribili giochi degli invitati di Shamat, che ora si erano andati a nascondere ai vari angoli della grande sala. Il colore rosso dominava e stava incominciando ad infastidire Lothar. Solo Shamat faceva contrasto, con i suoi colori panna e sgargiante pastello.

"Perché mi sono travestito da entrambi, ti starai chiedendo? Perché io li rappresento. Io sono un Re, ma allo stesso tempo un Giullare. Possiedo il potere incontrastato, ma allo stesso tempo la saggezza, l'acume e la conoscenza. Comando con lo scettro della potenza e con la sfera della consapevolezza"

Adesso Shamat si trovava di fronte a Lothar ed i due si fissarono negli occhi.

"Ed è proprio per questo motivo che odio, detesto la stupidità. Non è vero Dylan?"

Dylan alzò il capo e guardò verso Shamat, con gli occhi pieni di terrore.

"Shamat, signore, Lothar è venuto qui per mancarvi di rispetto, lo conosco benissimo. E' solo un doppiogiochista, un bugiardo ed un vigliacco!"

Shamat si inginocchiò e accarezzò i capelli di Dylan.

"Oh caro Dylan, avrai anche ragione, ma questo sono io a stabilirlo, mio giovane stupido ignorantello. Oppure stai cercando di sfidarmi? Pensi che io non sia abbastanza colto ed astuto per capire se qualcuno venga qui con doppie intenzioni, sottoposto Dylan?"

Dylan deglutì ed incominciò a sudare copiosamente.

"Signore Shamat, mai oserei pensare questo di voi. Conosco Lothar da molto tempo e so quanto può essere pericoloso per Regat e sopratutto per voi. E' un individuo senza scrupoli, come quel verme di Waldhar"

Shamat continuava ad accarezzargli i capelli e lo fissava con aria compassionevole, allo stesso modo con il quale si guarda un bambino che ha compiuto una marachella. Ed era come se lo stessero fissando due persone: il Re dall'occhio verde ed il Giullare dall'occhio azzurro.

"Oh mio caro ingenuo Dylan. Anche se così fosse, sono io che decido chi è il benvenuto a Regat. Sono stato io a dare l'ordine di far entrare Lothar qui. Lothar è un nostro ospite e per quanto egli possa essere un lascivo figlio di puttana, tu non avevi nessun diritto di aggredirlo qui, sotto il mio tetto, dopo aver ricevuto un invito da parte mia"

Shamat afferrò i capelli di Dylan e li strinse con tutta la sua forza. Dylan gemette di dolore, scuotendo la testa.

"Sai quali sono le regole, vero Dylan? Sai cosa accade agli stupidi come te, non è vero?"

Dylan scosse la testa, piangendo lacrime amare.

"Signore vi prego, l'ho fatto solo per proteggerci, vi prego abbiate pietà…"

Shamat lasciò andare i capelli di Dylan e ritornò a stringere nuovamente la sfera di bronzo.

"Avresti dovuto pensarci prima. Se c'è una cosa che detesto a questo mondo è la stupidità. Sei un individuo insulso e non ti voglio più tra i piedi"

Dylan allungò la mano buona, facendo gesto a Shamat di fermarsi.

"Vi prego Signor Shamat, non lo fate, datemi un'altra possibilità, vi supplico"

Shamat sollevò lo scettro e sul suo viso si disegnò un'espressione carica di ferocia.

"Non esistono seconde possibilità per i vermi come te"

"No! La prego no!"

Lo punta dello scettro calò sull'occhio di Dylan che venne perforato nell'immediato impatto. Shamat non era molto alto ma aveva una grande forza. Dylan non si muoveva più. Solo la testa dava dei piccoli sussulti, i classici spasmi post mortem.

"Uff, mi ha sporcato il vestito con il suo lurido sangue" si lamentò Shamat.

Fece di nuovo segno con la mano e dal nulla questa volta sbucarono non uno, bensì due bestioni.

"Scolo portami un asciugamano per pulirmi da questi schizzi. Mastiff, getta il cadavere di Dylan ai cani ed anche i suoi due amici svenuti, così che possano fargli compagnia all'inferno"

I due annuirono senza dire una parola. Mastiff dimostrò una forza incredibile, caricandosi sulle spalle il corpo inerte di Dylan, più uno dei suoi compagni. Agguantò l'altro per il colletto e lo trascinò con se. Ancora non si erano ripresi dai colpi ricevuti. Scolo tornò con l'asciugamano richiesto e lo porse a Shamat. Lothar notò solo ora che gli energumeni erano tutti uguali; anche quello che aveva preso il suo coltello, tutti era esattamente identici. Grossi, muscolosi, con la schiena un po' curva, le spalle enormi, il viso ottuso e gli occhi leggermente chiusi. Labbra spesse senza colore sopracciglia sporgenti. Tutti indossavano una canottiera rossa e dei pantaloni anch'essi di colore rosso, però tendenti al violaceo. Non portavano scarpe e sembravano muti, perché nessuno di loro aveva spiccicato una sola parola fino a quel momento. Sapevano solo annuire e far mezzi inchini.

"Gli Energumeni sono una mia invenzione Lothar" disse Shamat, come se gli avesse letto nel pensiero.

"Una tua invenzione?" chiese Lothar, aggrottando le sopracciglia

"Sì, una delle tante. Erano dei ragazzini adolescenti che ho imbottito con ormoni della crescita in quantità smisurate ed alla fine ho ottenuto questi giganti che ho chiamato "Energumeni""

Shamat porse l'asciugamano a Scolo e con un brusco gesto della mano gli indicò di sparire.
"In realtà non sono affatto energumeni, sono estremamente docili e pacifici, ma a me piacciono i contrasti"
Riprese lo scettro d'argento e la sfera di bronzo, i simboli tanto a lui cari.
"Ero curioso di vedere cosa sarebbe accaduto imbottendo qualcuno con degli ormoni della crescita, ma non avrei mai immaginato di poter ottenere un risultato tanto eccellente"
Lothar provava disgusto per ciò che Shamat gli stava raccontando e lui lo sapeva benissimo. Lo stava provocando per indurre in lui una reazione, ma non si sarebbe fatto trarre in inganno. Avrebbe resistito fino a che non avrebbe ottenuto le sue informazioni.
"Signori e signorine, miei cari ospiti, sono estremamente spiacente per l'accaduto. Sono mortificato per il deplorevole spettacolo al quale siete siete stati obbligati ad assistere. Vi prego, tornate alle vostre attività e divertitevi. La notte è ancora giovane. Per farmi perdonare offrirò ad ognuno di voi un bicchiere del mio speciale Absinthium Maggiore, così che la vostra notte sarà allietata da questo nettare degli dei"
Gli ospiti di Shamat applaudirono all'unisono ed alcuni di loro si dilettarono in un inchino, ringraziando a gran voce, dopodiché tornarono alle loro attività di tortura nei confronti di quei poveri malcapitati che per un momento almeno avevano trovato un attimo di pace.
Lothar li guardò con tristezza e compassione, desiderando poter fare qualcosa per loro. Ora non avrebbe potuto agire in alcun modo, ma di una cosa era certo: una volta che si fosse occupato di quei tre assassini, avrebbe cercato di togliere dalla circolazione anche Shamat.
"Seguimi" disse Shamat tagliente "Tu puoi andare" ordinò al maggiordomo che aveva accompagnato Lothar.
Mentre seguiva Shamat, Lothar si girò, dando un'ultima occhiata ai poveri individui vittime dei sadici giochi ai quali gli ospiti di Shamat li stavano sottoponendo.
"So che non approvi" sentenziò Shamat improvvisamente "Ma non mi aspetto che tu capisca"
Shamat appoggiava lo scettro ad ogni suo passo e lo faceva con atteggiamento arrogante ed altero, come se la terra stessa dovesse mostrare rispetto al suo passaggio.
"Questa che vedi Lothar è una forma d'arte. L'uso di corpi per comprendere qual è l'ultimo confine, fin dove possiamo spingerci, un'attività ludica che non coinvolge oggetti, bensì individui. Qui amico mio siamo andati oltre. Qui è sperimentare, uscire dalla zona di comfort, uscire dalla mediocrità. Gli Energumeni sono il risultato della mia curiosità, così come i giochi che vedi non sono torture, bensì esplorare la vita sotto nuovi aspetti e punti di vista. Dio in confronto, non era altro che un povero dilettante"
Ed allora Lothar si dimenticò della sua missione, del suo proposito e si lasciò andare, non sopportando più le parole di Shamat.
"Non sei altro che un povero pazzo"
Shamat si fermò e fissò Lothar con i suoi due occhi di colore differente, nei quali Lothar poteva vedere uno degli abissi più profondi che vide in tutta la sua vita e lo ammise a sé stesso, ne ebbe paura.
"Si può darsi" rispose gelido Shamat, guardando Lothar con un viso privo di qualsiasi emozione o espressione "Ma solo gli invidiosi e gli stupidi non riescono a vedere nel meraviglioso la genialità e l'atto divino che si cela. Quello che tu chiami follia, non è altro che l'evoluzione dell'essere umano ad uno stato superiore di coscienza ed onniscienza"
Lo guardò ancora per un secondo e procedette, imboccando un lungo ed ampio corridoio, dove ovviamente dominava il rosso in tutte le sue sfumature.
"Ma come ho detto, non mi aspetto – ahimè – che tu capisca, amico mio. Però apprezzo la tua sincerità ed il fatto che finalmente abbia detto ciò che pensi. Odio i bugiardi ed i lecca culo"
In Lothar stavano crescendo una serie di emozioni contrastanti e la volontà di mettere fine all'esistenza di quel pazzo si faceva sempre più forte. Ma non poteva correre quel rischio. Si concentrò sul suo proposito e si promise di mantenere la calma. Oltretutto, se avesse tentato di fare

qualcosa contro Shamat, non sarebbe uscito di lì vivo. Cosa peggiore, stava iniziando a sentire nuovamente segni di debolezza: l'Adrene stava terminando. Avrebbe dovuto prenderne un nuovo sorso al più presto.

Arrivarono alla fine del lungo corridoio, dove era presente un'enorme porta. Altri due Energumeni erano presenti a fargli da guardia ed appena videro Shamat, la aprirono con le loro mani grandi e pesanti, come sempre senza battere ciglio né dicendo una sola parola. Una sala enorme si presentò agli occhi di Lothar.

"Benvenuto nella sala del trono. La mia sala del trono"

La sala era era gigantesca. Tuttavia qui non dominava il rosso; era presente qualsiasi colore (di color pastello come il vestito di giullare di Shamat) meno che il rosso stesso. Il pavimento intero era ricoperto da un tappeto verde chiaro; ai due lati alte e grandi colonne di colore blu si innalzavano fino al tetto. Al fondo dell'enorme sala era presente il trono di Shamat. La sala era ben illuminata, ma alle pareti ed alle colonne erano appese delle torce. Nella sala erano presenti delle panche dove era possibile sedersi, di colore viola; ma ciò che attirò l'attenzione di Lothar fu una statua, posta esattamente al centro della sala, nera ed oscura come la notte, che andava a contrastare con i colori pastello che dominavano il luogo.

Senza attendere Shamat, Lothar si avvicinò alla statua per osservarla meglio. Rappresentava un uomo accovacciato, che nella mano sinistra stringeva un libro e con il braccio destro abbracciava una donna morente. Lo sguardo dell'uomo era un misto tra tristezza, rabbia e rassegnazione. Delle lacrime solcavano il suo volto.

"Bella vero?" chiese Shamat, interrompendo il corso dei suoi pensieri.

"Di pregevole fattura, non c'è che dire"

"La statua rappresenta Anpulceste, l'uomo che cercò di appropriarsi dei segreti dei due più grandi misteri dell'esistenza umana: l'amore e la morte. Nella sua ricerca, si innamorò perdutamente della donna che sta sostenendo, Agapeya. Inizialmente, anche Agapeya amò profondamente Anpulceste, però un giorno l'amore che provava per lui scemò, finì, ma Anpulceste non lo accettò. Dunque, invaso dal dolore e dalla collera, colpì Agapeya con il libro dove aveva raccolto tutto ciò che aveva appreso fino a quel punto sull'amore e sulla morte e la ferì gravemente, lasciandola in fin di vita. Ed allora, in quel preciso istante, Anpulceste capì qual era il segreto di questi due grandi elementi. Amore e morte non sono altro che due facce della stessa medaglia, due sorelle eternamente legate, ma allo stesso tempo distanti tra loro. Dove è presente una, allora c'è anche l'altra. L'immenso amore che provò per Agapeya fu come una rinascita, una nuova vita, emozioni forti ed indimenticabili, forti come una fiamma che arde. Ma la morte dell'amore di Agapeya per Anpulceste, fu anche una morte per Anpulceste stesso, che ancora provava un amore sconfinato per la fanciulla. Il dolore che provò fu per lui come una morte dopo la rinascita, con il paradosso di provare ancora amore per la persona che non lo desiderava più. Allora non solo per rabbia, ma anche per disperazione, colpì Agapeya, senza l'intenzione di ucciderla, ma il colpo fu più forte del previsto e la fine di tale amore, portò alla morte fisica della donna. Uno scherzo del destino, volle che la morte di Agapeya fosse decretata per mano del libro dove Anpulceste aveva raccolto tutte le informazioni che fino a quel momento aveva trovato sull'amore e la morte. Ciò che però Anpulceste non aveva compreso è che la fine di un amore, pur essendo una morte è anche rinascita, perché porta alla ricerca di un amore più maturo, più evoluto. Dunque è necessaria una morte, per una comprensione completa di un amore. Un amore che dopo verrà, migliore di quello precedente. Abbiamo bisogno di morire varie volte nella vita, affinché possiamo comprendere il significato profondo e reale dell'amore. Ma anche l'amore così può farci comprendere quanto la morte dell'animo e non solo quella fisica, possono portarci ad un livello successivo di crescita senza il quale non sarebbe possibile il cambiamento. Anpulceste ha provocato in questo caso la morte fisica di Agapeya, ma ha condannato lui stesso alla sua morte, una doppia morte: vivere nel desiderio di una persona che oramai non voleva più corrisponderlo ed alla condanna del martirio di essere l'assassino di Agapeya. Sarebbe stato di nuovo capace di amare, dopo averla uccisa?

Una morte la sua spirituale, però senza salvazione, perché poi incapace di amare nuovamente, dopo un simile gesto, tanto efferato. Alla fine, possiamo amare, accettando di morire, ma è da questa morte, che possiamo amare di nuovo. E quando arriverà la morte fisica, quest'ultima sarà il regalo della vita, per averla amata e vissuta, con infinito amore".

Lothar rimase sorpreso dal discorso di Shamat. Non poteva credere che un discorso tanto profondo fosse uscito dalle labbra di un simile sadico. Ma la vita gli aveva insegnato che non obbligatoriamente un folle fosse allo stesso tempo fosse anche uno stupido. Le due cose potevano andare a braccetto e viaggiare all'unisono, come se fossero un'unica e dolce sinfonia. Ed era proprio questo che rendeva Shamat così pericoloso: il fatto che fosse sagace ed astuto.

"Anpulceste non seppe affrontare ed elaborare il dolore della morte di un amore. Tuttavia, qui a Regat io sono la sana evoluzione di Anpulceste. So quando è il momento di regalare amore e quando invece è il momento di diffondere la morte. La morte data con raziocinio e saggezza, una morte meritata, non come quella trovata dalla disgraziata Agapeya, per mano della rabbia incontrollata del suo uomo. Io qui, dirigo con mano e cuore l'amore e la morte, togliendo ad ognuno la responsabilità di tale scelta"

I due rimasero in silenzio per un momento, osservando la statua, ognuno con i suoi pensieri, prospettive, modi differenti di vedere l'esistenza. Due estremi, due visioni, due contrapposti.

"L'importante è che tu ne sia convinto" sentenziò tagliente Lothar.

Shamat lo guardò con quella sua aria inespressiva, quell'espressione seria ed autorevole dalla quale non trapelava nessun tipo di emozione. Nemmeno quando aveva ammazzato Dylan era cambiata. Era come se nulla lo scalfisse. Sembrava fosse fatto d'acciaio. Freddo e gelido.

"Così mi piaci. Non trattenerti, dì quello che senti, Lothar il Falco"

Lothar si girò di scatto a guardarlo e sentì un brivido lungo la schiena. Era passato tanto tempo dall'ultima volta che qualcuno lo aveva chiamato in quel modo.

"Quel nome oramai appartiene al passato, non mi rappresenta più. Non sono più quella persona"

"Oh ma tu sei stato, sei e sempre sarai Lothar il Falco, amico mio. Nessuno dimenticherà mai le tue prodezze durante l'epoca del Rastrellamento. Hai dato il meglio di te in quel periodo, non c'è che dire. E proprio tu, che ti sei spinto così lontano, osi criticare le mie scelte e le mie azioni? Abbastanza ipocrita da parte tua mio giovane amico"

"Il mio passato sarà anche oscuro, ma non mi sono mai spinto tanto lontano"

Ai lati del trono due pendoli rintoccavano in cadenza il passare dei secondi: tic, tac, tic, tac, tic, tac. Dalla sala si sentiva arrivare forte il vociare degli ospiti che ancora non avevano terminato i loro sadici giochi. Tutto sembrava surreale, quasi onirico.

"E' inutile che menti a te stesso Lothar. Io e te non siamo poi così diversi. So per certo che nel tuo profondo, sono presenti un Re ed un Giullare che vogliono prendere il sopravvento, ma per paura e timore di cambiare non gli permetti di emergere. Non ti permetti di fluire e cerchi di controllare tutto e questo ti rende debole e vulnerabile, incapace di vivere la vita per la quale sei realmente destinato"

"Se il mio destino è ammazzare gente innocente solo per dimostrare a me stesso che non sono una nullità, allora aborro il cambiamento di cui tu parli"

L'angolo destro della bocca di Shamat si alzò leggermente, quasi impercettibilmente, disegnando quello che sembrava fosse un sorriso.

"Bene, bene, bene… così mi piaci Falco, senza paura né timore. E' da tanto tempo che non avevo una conversazione così stimolante con qualcuno. Nessuno ha il coraggio di parlarmi in un modo così diretto… anche perché lo farei uccidere seduta stante. Ma tu sei mio ospite ed i miei ospiti è come se fossero i miei figli: mi prendo cura di loro, delle loro esigenze e gli permetto di esprimere ciò che pensano, senza filtri. Anche se sono io a decidere il limite che le parole possono o non possono superare. Ma tu, Lothar il Falco, sei un ospite speciale e d'onore e ti tratterrò di conseguenza… almeno per il momento"

Quel soprannome risvegliava in lui ricordi penosi ed oscuri. Il Rastrellamento, uno dei periodi più bui che Vesnic avesse vissuto. E lui visse quel periodo e peggio ancora come protagonista. Aveva fatto cose terribili, cose di cui non andava fiero. Scosse la testa, obbligandosi a non portare la sua mente a quell'epoca, bensì salda nel presente. Si rendeva conto di come Shamat gli stesse entrando nella testa, che la sua opera di manipolazione stesse avendo effetto. Non poteva lasciargli questo potere su di lui; avrebbe dovuto rimanere firme e saldo. Andava su di un filo molto sottile e non doveva assolutamente perdere l'equilibrio.

Avvicinandosi al trono, scorse quattro figure alle quali non aveva fatto caso, talmente era stato ammaliato dalla scultura di Anpulceste e Agapeya. Due erano al lato del trono ed erano estremamente inquietanti, uno in piedi sulla sinistra e l'altro sulla destra. Indossavano una tunica con cappuccio, che impediva di vedere i loro volti. La tunica arrivava a toccare il pavimento ed era un mosaico di colori. Tra le mani, stringevano una lunga e mastodontica falce. Ma le mani non erano più tali. Sembravano fatte di metallo e le dita erano dei lunghi artigli di color scarlatto. I due esseri erano completamente immobili e non si muovevano. Invece, ai piedi del trono, coricate su di un letto di cuscini, c'erano due donne bellissime, completamente nude, tranne per il reggiseno ed il perizoma. Lothar rimase paralizzato, quando notò che alla donna alla sua destra le era stata cucita la bocca, mentre a quella alla sua sinistra le erano stati cuciti gli occhi. Non seppe perché, però il suono dei due pendoli si fece ancora più forte.

Shamat superò Lothar e si sedette sul trono, sempre tenendo ben stretti il suo scettro e la sfera. Le due ragazze si avvinghiarono alle sue gambe ed iniziarono ad accarezzarlo. I due incappucciati armati di falce invece, non si mossero.

"Ti presento gli Ucigasch Lothar, i miei assassini privati, nonché fedeli guerrieri al mio servizio. Ho effettuato anche su di loro alcune modifiche come puoi vedere. Le loro mani sono meccaniche e le dita fatte con acciaio rosso, importato dalle montagne al confine tra Infinit e Limitat. Questo gli permette di usare le falce con grande maestria, forza e velocità. Nemmeno tu potresti avere il meglio su di loro"

Le mani di Shamat si posarono sui capelli delle due ragazze che continuavano a massaggiargli sinuosamente le gambe. Iniziò ad accarezzarle dolcemente ed un leggero sorriso si disegnò sul suo volto.

"E queste due ragazze beh... non ricordo il loro nome, si è perduto nel tempo, però da come puoi vedere con i tuoi occhi, le ho dovute punire. Lei parlò troppo, dicendo cose che non avrebbe dovuto dire ed invece lei vide oltremisura, cose che non avrebbe dovuto vedere. Però non so perché, non ebbi la forza di toglierle la vita. Vedi Lothar? Potente come un Re, ma anche saggio come un Giullare. A volte un sovrano vuole anche essere capace di mostrare pietà e clemenza, nell'infinità non solo del suo potere ma anche della sua sapienza"

I due pendoli continuavano a ticchettare ed accompagnavano la cadenza del silenzio che aleggiava intorno a loro. Il ticchettio era amplificato dalla grandezza della sala, che da lì dove ora Lothar si trovava, sembrava infinita. Si poteva dire tutto su Shamat, ma non che non avesse stile e buon gusto.

"Dunque Lothar, ti do ufficialmente il benvenuto a Regat, il mio umile ma meraviglioso regno. Cosa ti ha portato qui e cosa vuoi da me? Ed ancora una cosa: per quale motivo Waldhar ha permesso al migliore dei suoi cani di gettarsi così da solo, nella fossa del leone?"

Lothar strinse forte i pugni. Sembrò che il ticchettio dei due pendoli si facesse più forte e rapido.

"Due cose Shamat. In primo luogo, io non sono il cane di nessuno. Decido io chi aiutare e con chi stare. Secondo, credo che ora sei tu che stai passando un limite che non dovresti superare"

Le ragazze smisero di coccolare Shamat ed i due Ucigasch finalmente si mossero, facendo dei piccoli passi in direzione di Lothar. Shamat alzò il braccio bruscamente ed i due assassini con la falce si fermarono. Il sovrano di Regat si appoggiò allo schienale del trono, mostrando calma e tranquillità, accarezzando lo scettro che teneva tra le mani.

"Touchè mio vecchio amico. Forse hai ragione, mi sono spinto troppo oltre. Effettivamente non meriti che ti dia del cane. Sei mio ospite e voglio che tu ti senta apprezzato ed a tuo agio. Dimentica le mie parole"
Lothar ebbe come la sensazione che nel tono della sua voce ci fosse qualcosa di falso e di ipocrita, ma non volle dargli peso. Per quanto fosse importante la sua missione, non gli avrebbe mai permesso di dargli del cane scodinzolante e rognoso. Il ritmo dei pendoli era tornato normale e la loro cadenza era quella consueta.
"Andrò subito al dunque Shamat. Sono qui per avere delle informazioni da parte tua"
"Che tipo di informazioni?" Chiese Shamat senza scomporsi.
"Tre tizi stanno mettendo a ferro e fuoco tutta Vesnic. Scelgono le loro vittime in maniera casuale, le derubano e poi con le informazioni che trovano nei loro portafogli o nei cellulari, si recano nelle loro case o appartamenti e gli sottraggono qualsiasi cosa sia di valore"
Shamat ascoltava non tradendo nessun tipo di emozione. Le due ragazze stavano nuovamente massaggiandogli le gambe. Adesso, oltre al ticchettio dei pendoli, si udiva anche lo scoppiettare del legno delle torce.
"Purtroppo, questi tre bastardi non si limitano a rubare tutto ciò che è presente negli appartamenti o nelle case. Se disgraziatamente i proprietari si trovano in casa al momento della loro visita, quest'ultimi diventano vittime delle loro torture e tormenti ed una volta stanchi dei supplizi e delle sevizie perpetrate, mettono fine alle loro vite nel peggiore dei modi. Sono dei sadici, che si divertono ad uccidere uomini, donne ed anche bambini. Non hanno un codice etico, non gli importa nulla, non mostrano nessun tipo di empatia o pietà. La milizia e la polizia brancolano nel buio e nel frattempo stanno continuando a mietere vittime, una dopo l'altra ed a derubare chiunque gli si trovi di fronte. Non possiamo più sopportare che feccia simile possa fare ciò che vuole nella nostra Vesnic. Voglio che tutto questo finisca, una volta e per tutte"
Shamat incominciò a fissare la sfera di bronzo che stringeva nella mano destra. Non sembrava che né una parola di Lothar lo avesse anche minimamente scalfito.
"Ed io che ruolo avrei in tutto questo? Perché mi dovrei interessare di questi tre individui?"
"Sei una fonte inesauribile di informazioni Shamat. Non desidero che tu faccia nulla e nemmeno lo desidero, se è a questo che stai alludendo. Risolverò questa situazione per conto mio. Voglio solo che tu mi dica dove si trovano quei tre in questo momento. Sono sicuro che lo sai. Sei a conoscenza di ogni cosa che accade in questa città e sono convinto che tu sappia ogni cosa di loro. Condividila con me e questa sarà l'ultima volta che ci vedremo"
Shamat si sporse leggermente sul suo scranno ed i suoi occhi si spostarono dalla sfera a Lothar. E la sua espressione cambiò. Sembrò stesse abbandonando l'austerità del Re e stesse emergendo la personalità ludica del Giullare. C'era divertimento e diversione sul suo volto adesso.
"Lothar, Lothar, Lothar... come bene mi conosci sì? Beh sì, si da il caso che io sappia dove si trovino quei tre birichini. Non che non li rispetti in qualche modo, stanno facendo un lavoro eccellente, però sono delle schegge impazzite e odio ciò che è fuori dal mio controllo"
Lothar fece un passo avanti.
"Dove si trovano?"
"Calma vecchio amico, calma. Come ben sai non do nulla per nulla. Vuoi questa informazione vero? La desideri giusto? Allora dovrai darmi qualcosa in cambio"
"Che cosa vuoi Shamat?"
La personalità di Shamat era cambiata adesso. Sembrava come eccitato, emozionato, entusiasta.
"Dovrai battermi ad una partita a scacchi"
"Scacchi?"
Il pendolo iniziò a ticchettare di nuovo velocemente.
"Si hai capito bene Falco, una partita a scacchi. Se mi sconfiggerai, allora avrai ciò che tanto desideri. Invece se perderai…" strattonò i capelli della ragazza con la bocca cucita, che mugugnò per il dolore "Se perderai, diventerai il mio paggio per 1 anno. Mi servirai da bere, mi farai i

massaggi, parteciperai a combattimenti e magari fotterai una delle mie donne davanti ai miei occhi, per deliziarmi, come se fossi il mio schiavo e la mia puttana privata. Accetti?"
Lothar non ci pensò due volte. E d'altro canto non aveva altra scelta.
"Va bene, accetto"
Shamat si alzò di scatto sorridendo.
"Eccellente! Seguimi. Voi due, venite con me"
Fece cenno ai due Ucigasch di seguirlo ed i due eseguirono l'ordine senza fiatare.
Dietro al trono c'era un'ampia sala che terminava con tre porte, tutte molto distanti l'una dall'altra.
"Entreremo nella porta di sinistra"
"Dove conducono le altre due?"
"In nessun luogo di tuo interesse"
Lothar sentiva che Shamat lo stava per mettere di fronte ad un'altra delle sue follie. Percepiva che quella non sarebbe stata una partita a scacchi comune. D'altronde è di Shamat che si stava parlando. Si sarebbe aspettato di tutto. Ma gli avrebbe dato filo da torcere. Sapeva che Shamat era molto forte a scacchi, ma anche lui sapeva il fatto suo. Anche perché in gioco c'era la sua vita e la sua dignità. Se avesse perso, lo avrebbe atteso un destino peggiore della morte stessa.
Shamat aprì la porta. Non era chiusa a chiave. Entrò e fece cenno a Lothar di seguirlo. I due assassini incappucciati si accodarono. Si ritrovarono tutti e quattro in un corridoio lunghissimo, illuminato con dei neon blu. Pareti, tetto, persino il pavimento era illuminato con i neon. Shamat avanzò deciso e Lothar ed i due Ucigasch lo accompagnarono. Le luci non erano statiche, bensì si muovevano ed in alcuni istanti rimanevano completamente al buio. Dopo aver camminato per un tempo che a Lothar gli sembrò infinito, arrivarono di fronte ad una parete. Era un vicolo cieco. Lothar stava per obiettare, quando Shamat mise le palme delle due mani sulla parete di fronte a lui e la luce blu si fece accecante. Dopodiché, la luce si affievolì nuovamente e la parete si aprì, scorrendo verso un lato. Shamat la attraversò e Lothar e gli altri con lui. Lothar non poteva credere ai suoi occhi. Si trovavano in un giardino enorme, con alberi fiori ed uccellini che volavano cinguettando. Un prato erboso di estrema bellezza di estendeva per tutto lo spazio e tutt'intorno la natura dominava con tutto il suo estremo incanto. Era anche presente un fiumiciattolo, che percorreva dolcemente il suo cammino.
"Incredibile vero? Degno della mia magnificenza. Una perfetta espressione del mio potere e della mia onniscienza"
Lothar odiava ammetterlo, però Shamat aveva realizzato davvero qualcosa di sensazionale. Un microclima, con la sua flora e la sua fauna, lì al chiuso.
"Siamo avanzati molto dal punto di vista tecnologico qui a Regat e non ci è stato difficile creare questo paradiso"
Lothar aggrottò le sopracciglia "Giocheremo qui?"
"Non lo hai ancora notato? Ci sfideremo laggiù"
Ed allora la vide. Esattamente al centro di quel paradiso verde, c'era una scacchiera. Una scacchiera gigantesca, formato uomo. Ad attenderli presso la stessa, c'era un altro maggiordomo. Era esattamente uguale a quello che aveva accolto ed accompagnato Lothar.
"Porta qui le pedine presto. E spegni le luci ed attiva il cielo mattutino"
"Ogni suo desiderio è un ordine signore"
"E' lo stesso maggiordomo che mi ha ricevuto all'entrata?"
"No. O meglio, sì. Li ho clonati"
Lothar non potette evitare di strabuzzare gli occhi "Clonati?"
"Sì corretto. L'originale è morto nell'intento, mentre il suo clone è sopravvissuto. Ho utilizzato lui per creare altri quattro maggiordomi, per un totale di cinque. Ne avrei creati altri, se non fosse stato che, non so per quale oscuro motivo, dal sesto in poi hanno iniziato a morire. Qualcosa non quadra nel processo di clonazione. Mi sono fermato al tredicesimo; era diventato noioso"

Lothar non comprendeva più se era più inquietante l'aspetto di Shamat, questo corpo diviso nel temperamento e nell'aspetto tra un Re ed un Giullare, le cose che faceva o l'indifferenza e la mancanza di empatia con le quali le esternava. Era un mostro. E quello era l'abisso più buio e più profondo nel quale avesse messo piede in tutta la sua vita.

"Ti credi Dio non è vero?" chiese improvvisamente Lothar. Nella sua voce c'era astio.

La bocca dipinta da giullare si deformò in un osceno sorriso.

"Dio? In confronto a me, non è altro che un povero dilettante. E qui non sarebbe il benvenuto. Non ammetto perdenti a Regat"

Lothar stava per replicare, quando le luci si spensero e sul tetto e le pareti apparve un finto cielo, azzurro e primaverile, con qualche nuvola diradata.

"Fantastico vero? Sembra di essere immersi nella natura più profonda dei monti Padure"

Lothar stava ammirando il finto cielo ed osservò la scacchiera sulla quale stavano sostando, immersa in mezzo a tutto quello splendido verde. Non credeva che tale opera potesse essere opera di Shamat; qualcosa di così bello, così dolce. All'improvviso sentì una porta aprirsi; il rumore venne dalla parete che si trovava alla loro destra, la parte opposta rispetto a dove erano entrati.

"Eccoli finalmente" commentò Shamat.

Una lunga coda di individui fece il suo ingresso nel grande giardino. Erano legati con delle catene l'uno con l'altro ed indossavano dei vestiti neri e bianchi. Guardavano in basso, con sguardo perso e rassegnato. Ed allora, Lothar incominciò a capire.

"Che cosa significa tutto questo Shamat? Che cosa rappresenta questa tua nuova insensata pazzia?"

Shamat come sempre non si scompose, ma una nuova luce brillava nei suoi occhi di colore differente. Il suo sorriso da Giullare si fece ancora più grande ed esteso.

"Che domande mio vecchio amico. Sono i nostri pezzi della scacchiera. Senza di essi non potremmo giocare, ti pare?"

Diverse guardie armate scortavano il grande gruppo di individui. Lothar li contò velocemente ed ammontavano a 32, esattamente come il numero dei pezzi degli scacchi.

"Vuoi dirmi che giocheremo con delle persone reali?"

"Ovvio! Cosa pensavi, di fare una partita convenzionale? Sarebbe stato estremamente noioso. Con tutti questi signorini e signorine ci divertiremo molto di più"

Le guardie disposero in due file separate i bianchi ed i neri. Ognuno era travestito in maniera differente e rappresentava un pezzo diverso del gioco. Le guardie gli dissero che li avrebbero sciolti dalle catene e gli intimarono di non fare scherzi, altrimenti avrebbero pagato con la loro stessa vita. Non sembrava fossero ad ogni modo molto guerriglieri; mostravano docilità ed arrendevolezza.

"Ti spiegherò velocemente le regole Falco. Dopo aver scelto il colore, disporremmo come di consueto i pezzi sulla mia bellissima scacchiera. Dopodiché, ognuno procederà facendo la sua mossa. Le regole sono le stesse ed i movimenti dei pezzi anche. Comanderemo al pezzo interessato dove andare e lui eseguirà. Tuttavia è presente una variante. Il pezzo che verrà mangiato o perso a causa della mossa d'attacco dell'altro avversario perderà la vita, in dei modi molto creativi. Lo vedrai durante la partita vecchio mio"

Lothar non poteva credere alle sue orecchie. Si trovava suo malgrado di fronte ad un'altra delle idee infernali ed insensate di quell'assassino di Shamat.

"Non starai parlando sul serio?"

"Mai stato così serio in vita mia"

Lothar spostò lo sguardo su ognuna delle 32 persone che aveva di fronte. Donne, uomini, ragazzi e ragazze, con lo sguardo terrorizzato, piangenti, arresi al loro destino. L'ira montò dentro di lui ed esplose come un vulcano.

"Brutto bastardo, malato di mente io ti…"

Gli Ucigasch sollevarono le falci e si collocarono di fronte a Shamat, come per proteggerlo, in posizione di combattimento. Lothar si mise in posizione di difesa.

"Calmi miei Ucigasch, calmi"

I due assassini abbassarono immediatamente le falci.

"Sei sempre stato un maniaco ed un esaltato, ma questa volta hai davvero superato te stesso. Solo un malato di mente può perpetrare le cose che stai facendo qui e solo un esagitato può proporre una partita a scacchi dove le persone interpretano pedine che perdono la vita realmente. Non accondiscenderò a questa tua pazzia. Mi rifiuto di giocare a queste condizioni"

Lo sguardo di Shamat si fece di nuovo improvvisamente serio ed ora era il Re che parlava; il Giullare era di nuovo nel suo stato dormiente.

"Allora vattene. O accetti di giocare e vinci la partita ed ottieni le informazioni che tanto aneli, oppure levati dai piedi. Questo è il mio regno e si procede alle mie condizioni. Le mie scelte non ti aggradano? Allora sparisci"

Lothar strinse forte i pugni dalla rabbia. Pensava di aver già visto la fine dell'abisso in quel luogo infernale, ma era lontanissimo da toccare il fondo. La creatività distruttiva di Shamat non aveva limiti ed ora gli si poneva una scelta dal punto di vista morale difficile da gestire. Se avesse continuato avrebbe avuto sulla coscienza delle vite umane. Non era un ingenuo: era impossibile finire una partita con un individuo abile come Shamat senza farsi mangiare nemmeno un pezzo. Avrebbe potuto trovare il trio in un altro modo, ma gli avrebbe richiesto più tempo e non era sicuro della buona riuscita della sua ricerca. E nel frattempo avrebbero mietuto altre vittime. Invece era certo che Shamat possedesse tutte le informazioni di cui aveva bisogno per stanare quel gruppo di esaltati assassini.

"Allora, cosa vuoi fare? Accetti le condizioni?" lo incalzò Shamat.

Lothar guardò la fila di persone travestite da pezzi degli scacchi. Vide la loro disperazione, la loro paura, la loro mancanza di speranza. Ma sapeva di non avere altra scelta.

"Va bene, accetto" rispose Lothar a malincuore.

"Fantastico! Sapevo che avresti preso la decisione giusta, mio vecchio amico"

Shamat andò a parlare con le guardie e Lothar ne approfittò per prendere un altro sorso di Adrene, in quanto stava iniziando nuovamente a sentirsi stanco e debole. La lotta con Dylan ed i duelli verbali con Shamat lo avevano spossato e la ferita di arma da fuoco stava iniziando a farsi sentire. Iniziò a sentirsi improvvisamente meglio. Gli rimanevano tre sorsi; li avrebbe usati saggiamente. Senza dimenticare che il suo corpo avrebbe retto fino a tre sorsi. Dal quarto in poi, ciò che sarebbe accaduto al suo corpo sarebbe stato un mistero. Sperava che il dottor Akila non avesse ragione a proposito degli effetti collaterali.

"Potete andare" ordinò Shamat e le guardie eseguirono, uscendo da dove erano entrate e chiudendo la porta nel muro. Solo i due Ucigasch rimasero, come ombre a protezione del loro padrone. Il contrasto tra il suono degli uccellini, del vento artificiale e del fiumiciattolo e dei pianti e singhiozzi degli schiavi di Shamat era davvero inquietante.

"Allora mio vecchio amico, quale colore preferisci? Il nero o il bianco?"

"Non posso credere che questo stia realmente avvenendo. Giocare a scacchi con delle persone che verranno realmente uccise nel caso vengano "mangiate". Solo tu avresti potuto creare un simile incubo"

Shamat giocherellava con la sfera di bronzo e lo scettro d'argento. Il suo cappello da giullare tentennava e la sua corona brillava.

"Sai la cosa che trovo più divertente Lothar? E' che proprio tu, il Falco, ti faccia tutte queste remore morali su cosa è giusto e su cosa è sbagliato, su cosa dovrebbe essere fatto e cosa no. Eppure durante il Rastrellamento non hai mostrato tutta questa compassione e questa pietà. Eri come una macchina: senza sentimenti, senza emozioni, non guardasti in faccia a nessuno. Cosa che mi inebriò alquanto: tutta quella malvagità e quella malignità signori, forse nemmeno io sono riuscito a fare tanto"

Lothar digrignò i denti.

"E' stato tanto tempo fa e non sono più la stessa persona. Mi porterò sempre il rimpianto per le mie azioni e per ciò che feci e pagherò per questo, però successivamente non passò giorno nel quale non ho cercato di migliorarmi e di essere una persona con dei principi. Non paragonarci: io non sono mai stato come te, non lo sono e non lo sarò mai. Quindi smettila di tentare di fare questi giochetti mentali con me ed esci dalla mia testa una volta e per tutte"

Shamat incominciò ad applaudire e fece un enorme inchino in direzione di Lothar.

"Bravo! Bravissimo! Chapeau! Quasi mi commuovo. Le lacrime stanno per solcarmi le guance"

E la sua espressione cambiò, ritornando ad essere quella inespressiva e senza emozioni che aveva mostrato al loro primo incontro dopo lo scontro con Dylan.

"Perfetto Lothar, perfetto. Continua a ripeterti questa litania, giorno dopo giorno. Può essere utile con tutti gli stupidi, ingenui ed inetti che stanno là fuori, che non sanno chi sei e vedono solo la figura del bravo ragazzo, il paladino della giustizia, il playboy da strapazzo, ma tu ed io sappiamo chi sei. Chi sei realmente. E non è molto lontano da ciò che io sono, la persona che tanto disprezzi. Alla fine non siamo che due facce della stessa medaglia Falco"

Lothar finì per chiedersi se anche lui non avesse come una doppia identità, come quella mostrava Shamat, non solo nell'aspetto bensì anche nel portamento. Scacciò improvvisamente quei pensieri. Shamat stava riuscendo ad entrare poco a poco nella sua testa, come una termite penetra lenta ma implacabile nel legno. Sapeva che recarsi lì, nel regno di Shamat, avrebbe avuto un significato profondo per lui. Shamat era legato al suo passato, questo suo passato che aveva più volte tentato di scacciare perché sentiva che nel suo presente non lo rappresentava più, ma che nonostante tutto era rimasto una marca indelebile nella sua esistenza. Stare a contatto con il suo rivale, non faceva altro che riaprire vecchie ferite che solo superficialmente si erano rimarginate.

"Scelgo i neri" disse tagliente Lothar.

"Favoloso!" il Giullare prese di nuovo il sopravvento "Quindi mi farai iniziare per primo. Molto nobile e cavalleresco da parte tua"

Si girò, rivolgendosi ai "pezzi" bianchi "Forza, disponetevi sulla scacchiera in base al pezzo che rappresentate e vi avverto: se tentate di scappare o provate a fare una qualsiasi sciocchezza, siete carne morta"

Il gruppo di individui che rappresentava i bianchi, eseguì l'ordine di Shamat senza battere ciglio, continuando a singhiozzare ed a disperarsi.

"Suvvia, non siate così negativi. Sono molto forte a questo gioco e probabilmente solo pochi di voi perderanno la vita. Quindi basta con questo atteggiamento così disfattista e dimostrate un minimo di dignità"

Ogni persona aveva un costume che effettivamente rappresentava i pezzi degli scacchi. I pedoni avevano come una sfera in testa; quelli che raffiguravano le torri, avevano una piccola torre segmentata; l'alfiere un elmo tagliato; il cavallo, un piccolo cavallo che stava su due zampe; il re una corona con una croce e la regina una corona grande con diverse punte. Erano vestiti completamente di nero e di bianco e solo il viso rimaneva esposto.

"Vi prometto che cercherò di vincere senza perdere nemmeno uno di voi" gli promise Lothar, che odiava sé stesso per aver accettato la proposta di Shamat.

"Perché ci state facendo questo?" disse piangendo l'uomo che rappresentava il re nero "non lo meritiamo"

Lothar non sapeva cosa dire. Quella situazione era diventata assurda, ai confini della realtà.

"Avete pienamente ragione, non meritate tutto questo. Ma ve lo giuro, ve lo prometto, farò il possibile perché nessuno di voi perda la vita"

Lothar si sentì ancora peggio, perché sapeva benissimo che non avrebbe potuto mantenere quella promessa. Finire una partita a scacchi senza perdere un pezzo era impossibile ed ancor di più se l'avversario era nientemeno che Shamat. Tutti gli individui che rappresentavano i neri (per Lothar) ed i bianchi (per Shamat) si disposero sulla scacchiera. Quel luogo paradisiaco avrebbe conosciuto dolore, sangue e morte, cose che erano onnipresenti a Regat.

"Chi sono queste persone Shamat? E quelle che venivano torturate all'entrata dai tuoi ospiti? E questi esseri che sono i risultati dei tuoi esperimenti di laboratorio? Chi soprattutto ti permette tutto questo, qui a Vesnic?"

Gli uccellini continuavano a cantare intorno a loro ed il cielo fittizio era chiaro e limpido, come solo in una giornata favolosa di primavera o estate avrebbe potuto essere.

"Se tanto ti interessa saperlo, queste persone non sono nessuno. Vagabondi, senzatetto, ingenui che adeschiamo nei piccoli e dimenticati borghi di Infinit, promettendogli ed offrendogli ricchezza e prosperità qui a Vesnic, la capitale. Altri ancora sono condannati delle carceri dei confini che invece che scontare lì la loro pena si rendono utili qui a sollazzare me ed i miei ospiti. E per quanto riguarda chi permette di fare tutto ciò è meglio per te che tu non lo sappia, se non vuoi diventare cadavere nel giro di poche ore".

Lothar aveva immaginato che persone molto potenti stessero dietro a quelle atrocità; a qualcuno faceva comodo avere Shamat come uno dei leader di Viitorul, insieme a Waldhar. Forse alcuni di loro erano nell'altra sala, torturando quei poveretti.

"E' così che funziona il mondo Lothar: i deboli muoiono ed i forti comandano e sopravvivono. Siamo troppo ipocriti per ammettere che questo è il naturale stato delle cose e che il resto non è altro che ipocrisia, falso buonismo. Siamo esseri primitivi, ci sono alcuni che comandano ed altri che obbediscono. Siamo troppo vigliacchi ed impauriti per confessare che sono in realtà queste parti più ataviche quelle che realmente ci rappresentano; che questo è ciò che realmente siamo".

La filosofia di Shamat non fece altro che aumentare la determinazione di Lothar. Gli avrebbe dimostrato che il suo modo di vedere le cose non era altro che il delirio di un pazzo.

"Ti dimostrerò che ti sbagli. Tu e tutti quelli che ti stanno intorno, proteggendoti. Senza di loro non saresti nulla"

"Ed è qui che stai errando vecchio amico. Sono loro ad essere in mio potere e non il contrario"

Shamat si collocò di fronte alle sue pedine e puntando lo scettro verso Lothar pronunciò le parole che il ragazzo aspettava con trepidazione "Ed ora basta blaterare! Si dia inizio alle danze!"

L'Adrene aveva già fatto effetto e Lothar si sentiva forte e vigoroso per poter affrontare la partita e la genialità di Shamat. Lì non era solo in gioco l'informazione che desiderava, o le vite delle persone che rappresentavano i pezzi degli scacchi, ma anche la sua libertà. Se avesse perso, sarebbe stato il paggio o meglio lo schiavo personale di Shamat per un anno intero. Non lo avrebbe permesso per nulla al mondo. E c'era anche una persona che lo stava aspettando. Il pensiero di Adara gli dava la forza per vincere quella partita, che oramai sembrava più una guerra e quella scacchiera sulla quale stava posando i piedi, un campo di battaglia.

Shamat aveva i bianchi, quindi toccava a lui cominciare la partita.

Rimase qualche secondo a pensare e decretò la sua prima mossa.

"Pedone E4"

Il maggiordomo che prima era uscito dal paradiso verde per eseguire l'ordine di Shamat, mosse la donna che rappresentava il pedone nella casella prescelta.

Lothar iniziò a passeggiare studiando la scacchiera, completamente concentrato nella mossa da effettuare. Prese una decisione.

"Cavallo C6"

Un altro maggiordomo, identico all'altro, si offrì di muovere l'uomo, ma Lothar gli fece segno con la mano di fermarsi e fu lui stesso ad accompagnarlo.

"Sempre di buon cuore il nostro Lothar. Si prende cura dei suoi agnelli sacrificali. Ma ricordati che non sono altro che carne morta"

Shamat non esitò né un secondo.

"Pedone C3"

Il pezzo fu accompagnato al suo posto.

Lothar sapeva che l'unico modo per battere Shamat sarebbe stato giocare in una maniera non convenzionale. Avrebbe dovuto sorprenderlo e metterlo in crisi.

"Cavallo F6"

Shamat rimase leggermente interdetto.

"Interessante"

Shamat unì lo scettro e la sfera e fissò la scacchiera.

"Alfiere D3"

Il maggiordomo spostò la persona che personificava l'alfiere, un ragazzino gracile e tremante.

Per il momento nessuno era stato ancora mangiato e la tensione si tagliava con un coltello. A Lothar gli sembrava di star vivendo nuovamente il Gioco, con il Giudice pronto a decretare la morte dei partecipanti. C'erano in gioco delle vite umane e la loro morte sarebbe potuta avvenire da un momento all'altro.

"Molto meglio di quel insulso giochino che fate a Tempel, non è vero Lothar?"

Sembrava che Shamat gli avesse letto nel pensiero.

"So che vuoi concludere la partita senza perdere nemmeno un pezzo, ma non ti illudere mio vecchio amico: con me questo è impossibile. Qui qualcuno morirà ed anzi, saranno molti a perdere la vita" Lothar fece finta di non ascoltarlo, ma in cuor suo sapeva che aveva ragione; completare una partita a scacchi illeso era un'impresa quasi impossibile. Ed arrivò a comprendere che se avesse voluto vincere avrebbe dovuto sacrificare qualcuno. Volente o dolente. Altrimenti si sarebbe trovato presto alle corde. Non avrebbe mai perdonato Shamat per questo.

"Pedone… in D5..." sussurrò.

Lothar accompagnò il pezzo al suo posto. Era solo una ragazzina.

Shamat non trattenne la sorpresa.

"Davvero? Non ci posso credere. Hai sacrificato un pezzo? Proprio tu? Alla fine avevo ragione: io e te siamo due facce della stessa medaglia. Solo che tu giochi a fare il buono per convenienza. Ma un giorno troverai il coraggio di mostrarti alla luce del sole, per quello che realmente sei. E quel giorno troverai una spalla sulla quale potrai sostenerti"

Shamat sollevò lo scettro in direzione della ragazzina – pedone. I suoi occhi di colore diverso, verde ed azzurro, brillavano d'eccitazione.

"Pedone in D5, pedone bianco mangia pedone nero; però non fare nemmeno un passo, altrimenti farai una brutta fine insieme a lei. Non che m'importi qualcosa, ma a quest'ora non saprei come rimpiazzarti"

Lothar sentiva un nodo in gola. Aveva capito che era necessario adottare uno stile in attacco e maggiormente aggressivo. Tuttavia questo non toglieva la rabbia che provava per aver sacrificato quella povera ragazzina. Shamat percepiva il suo dolore e ne andava fiero. Godeva della sua sofferenza.

Il maggiordomo porse un telecomando a Shamat il quale pigiò un pulsante sopra di esso.

"Addio pedone, fai buon viaggio"

La ragazzina tremava terrorizzata. L'urina le macchiò i pantaloni e scese fino alla caviglia. Fu un istante. La casella bianca sulla quale sostava si aprì repentinamente ed ella cadde nel vuoto, gridando a squarciagola. In qualche istante il suo grido si perse e non si sentì più nulla. Sembrava fosse caduta in un pozzo senza fondo. La casella bianca si sollevò nuovamente.

"Adesso puoi occuparla tu mio caro"

Il pedone non si muoveva.

"Maggiordomo? Portalo al suo posto per favore e informalo che se mi disobbedirà nuovamente lo getterò in pasto ai cani"

"Ehm Signore, con tutto il rispetto, credo che l'interessato l'abbia sentita"

Shamat lo fulminò con lo sguardo bicolore ed il maggiordomo fece immediatamente ciò che gli era stato ordinato.

Il pedone bianco si posizionò in D5.

"Allora Lothar? Hai visto? Ingegnoso non è vero? Questo rende la partita decisamente più emozionante"

"Un giorno, presto o tardi, pagherai per tutto il male che stai perpetrando"
"Io sono il Male, mio vecchio amico. Ed essendo io il Male, sono anche utile all'equilibrio di questo universo. Non c'è il male senza il bene giusto? Se tutto fosse bene e tutto fosse male, questa esistenza sarebbe estremamente noiosa. Le due dimensioni coesistono e servono per portare un bilanciamento senza il quale il mondo stesso non avrebbe ragion d'essere. Quindi sì, sono un male necessario e non devo essere biasimato per questo, bensì ringraziato e benvoluto"
Dunque, la prima morte. E molte altre purtroppo sarebbero giunte.
Era il turno di Lothar. Sapeva cosa fare, ma tergiversava. Ma non aveva altra scelta.
Fece la sua mossa.
"Cavallo… in D5..; cavallo nero mangia pedone bianco"
Shamat alzò le braccia estasiato.
"Eccolo il Falco! L'eroe del Rastrellamento! Che orgoglio, che gioia!"
Shamat non era affatto affranto per la perdita del suo pezzo, anzi ne sembrava lieto e felice. Non gli importava nulla del dolore che stava provocando o che la mancanza di tale pezzo avrebbe potuto compromettere la sua vittoria.
Premette il pulsante.
"Au revoir mon ami"
Il pedone bianco, un uomo sulla sessantina, implorava per la sua vita. Pregava a Shamat perché lo lasciasse andare.
Non successe nulla. La casella non si spalancò nel vuoto.
L'uomo smise di tremare e si guardò intorno. Tirò un sospiro di sollievo.
Si sentì come un rumore sordo. Un liquido cadde dal cielo finto ed investì l'uomo pedone. Iniziò a gridare furiosamente. Si stava raggomitolando su sé stesso, come se si stesse sciogliendo. Si poteva vedere la sua carne viva, il suo corpo emanava odore di carne bruciata e una cappa di fumo era rilasciata da ogni parte del suo corpo. In pochi secondi, di lui non rimase nulla, nemmeno un lembo del costume che indossava.
"Ti è piaciuto Lothar? Acido. Ma non ti preoccupare, le caselle sono fatte di un materiale che non impedisce la corrosione delle stesse. Il tuo cavallo può posizionarsi su D5"
Lothar rettificò il suo pensiero: quel luogo era peggio dell'inferno. Non aveva altra scelta che procedere per inerzia ed accettare quello scempio. Pensò alle vite che avrebbe salvato se avesse vinto quella sfida a scacchi, togliendo di mezzo il trio di assassini. Era l'unico pensiero al quale poteva aggrapparsi in quel momento. Accompagnò il suo cavallo su D5.
"Bene bene è il mio turno"
Shamat studiò la scacchiera con attenzione e fece una mossa che Lothar non si sarebbe aspettato.
"Regina in F3"
Il maggiordomo accompagnò il pezzo sulla casella selezionata.
Lothar ebbe un'illuminazione e seppe cosa voleva fare.
"Cavallo in E5"
Prese per le spalle con gentilezza il cavallo e lo portò nello spazio scelto. Con questa mossa minacciava così contemporaneamente l'alfiere e la regina. La sete di sangue di Shamat lo aveva portato a fare una mossa troppo avventata.
"Buona mossa. Ma non permettere che la tua arroganza ti accechi mio vecchio amico"
"Stai parlando di me o di te Shamat?"
Shamat restò immobile analizzando la scacchiera. I suoi occhi di colore differente non distoglievano lo sguardo dai pezzi di fronte a lui. La sua metà Giullare e l'altra metà Re sembravano stessero collaborando per cercare di effettuare la mossa migliore e così vincere la partita.
Si decise.
"Regina in E4" ordinò perentorio.
Il maggiordomo eseguì l'ordine e portò il pezzo al suo posto.

Nella faccia delle persone che stavano partecipando al gioco si poteva leggere il terrore, lo sgomento della paura della morte che poteva arrivare in qualsiasi momento. Nessuno osava fare un passo, perché sapevano che gli sarebbe aspettata la morte o un tormento peggiore della stessa. Se invece uno dei due avesse vinto, avrebbero avuto una qualche speranza di sopravvivere.

"Cavallo in D3" disse Lothar, accompagnando la sua pedina. Fu la fine dell'alfiere bianco. Ogni volta che era costretto a mangiare un pezzo, sentiva che una parte della sua umanità stava scomparendo. Continuava a ripetersi che era per un bene maggiore, trovare quel trio di folli assassini. Ma non serviva a molto. Aveva preso parte consapevolmente al sadico gioco di Shamat e si stava rendendo complice della morte di quelle persone, che per Shamat non avevano nessuna importanza. Non erano altro che cose, oggetti. Lo stava aiutando a divertirsi a godere della sofferenza altrui. Ed a lui invece sarebbe rimasto un grande solco nel cuore.

Shamat cliccò un pulsante del telecomando ed una freccia scoccata dal nulla colpì in piena testa l'alfiere, che cadde a peso morto in un istante.

"Toglietelo da lì" ordinò Shamat con tutta calma. Non tradiva nessuna emozione quando il Re emergeva, lasciando in ombra il Giullare.

Il secondo maggiordomo , che si trovava al lato della scacchiera, spostò il corpo dell'alfiere e lo ripose sull'erba. Il cinguettio degli uccellini ed il suono dello scorrere del fiume facevano da sottofondo alla sfida.

"Conosci la storia degli scacchi Falco?"

Lothar non rispose.

"Questo gioco nacque a causa della guerra combattuta tra due fratelli per la successione al trono, trono che gli era stato promesso dalla madre. Uno dei due perse e morì nella battaglia decisiva, permettendo l'ascesa al trono dell'altro. La madre era inconsolabile per aver perso uno dei suoi amati figli, ma alla fine un pensiero la consolò. In una guerra, non ci possono essere né due vincitori, né due perdenti. In una guerra, uno perde, mentre l'altro vince. Uno vive, mentre l'altro muore. Dunque, il figlio e fratello vincitore e sopravvissuto, creò il gioco degli scacchi in onore del fratello morto e del suo valore in battaglia, anche per ricordare come a volte una guerra può essere necessaria, per fornire il significato ed il senso estremo della vittoria e della sconfitta, della vita e della morte. Noi siamo come due fratelli Lothar. Non tanto diversi, combattiamo per obiettivi differenti, ma accettiamo gli stessi mezzii per raggiungerli. Non importa chi perderà o vincerà questa guerra; ognuna lascerà un ricordo alle spoglie dell'altro, proprio come il fratello vincitore fece con il fratello sconfitto. La guerra dà senso alla vita ed è nella vittoria di uno e nella sconfitta dell'altro che si trova la gioia e l'emozione del vivere, di ciò che facciamo e perché lo facciamo. La morte di queste persone è necessaria ed un giorno accetterai ed ammetterai questo fatto"

"La guerra è un abominio, l'omicidio è ripugnante e dividere il mondo in vincitori e sconfitti è una visione molto ristretta ed ignorante della vita" rispose Lothar

"Ed è qui che ti sbagli, vecchio amico. Anche tu nascondi una doppia identità, che non tarderà nuovamente ad emergere"

Shamat ripose di nuove la sua concentrazione sul gioco e studiò la scacchiera. Conosceva già la sua prossima mossa.

"Regina in D3" Sibilò.

Il cavallo nero di Lothar era stato mangiato. La morte lo attendeva.

Anche lui iniziò ad implorare di avere salva la vita, supplicò, chiese pietà. Ma nulla distolse Shamat dal suo proposito. Premette nuovamente un pulsante sul suo telecomando.

Un nugolo di lance uscì improvvisamente dalla casella della scacchiera e trapassò da parte a parte l'individuo che rappresentava il cavallo. Lothar distolse lo sguardo. Non sapeva per quanto sarebbe riuscito a sopportare tutto quell'orrore.

Le lance si abbassarono ed il corpo dell'uomo cavallo si accasciò senza vita.

Nuovamente, il maggiordomo sosia spostò il cadavere e lo collocò di fianco all'altro, sull'erba. I corpi senza vita giacevano con gli occhi spalancati, mirando il finto cielo che faceva parte della grande commedia messa in piedi da Shamat, quel luogo che sembrava un piccolo paradiso, ma che in realtà non era altro che un luogo maledetto dove si stava consumando la morte.

"Ogni volta che uno di loro perde la vita e come se una parte di te morisse con loro, non è vero?" Lothar rispose con il suo silenzio ed odiò Shamat, perché sapeva che aveva ragione.

"Sì è così Lothar, ti conosco troppo bene. Sei come un libro aperto per me. Non ti preoccupare, il dolore finirà presto ed alla fine gioirai dell'opera d'arte che è insita nella morte"

"E' il mio turno ora" disse Lothar perentorio.

Studiò il campo di battaglia e solo una mossa gli parve sensata.

"Cavallo in F4"

Accompagnò il suo pezzo e Shamat fu scosso da un tremito. Adesso il cavallo di Lothar minacciava allo stesso tempo un pedone e soprattutto la regina. Con un solo pezzo era riuscito ad arrivare quasi a minacciare il re e teneva sotto scacco la regina.

"La tua sete di sangue è stata la tua rovina. Ti sei concentrato troppo nell'uccidere e far massacrare più pedine possibile e così ti sei dimenticato di porre tutta la tua attenzione nel gioco. E soprattutto credo che tu mi abbia sottovalutato"

Shamat lo osservò con la sua espressione priva di qualunque emozione.

"Non è ancora finita! Regina in F3" esclamò Shamat.

Uno dei due maggiordomi si affrettò a portare il pezzo nella casella scelta dal loro padrone. In questo modo evitò che il cavallo mangiasse il pedone.

"Cavallo D3" Lothar portò nuovamente l'uomo travestito da cavallo sulla casella sulla quale aveva optato. Si aggiustò il papillon. "Scacco"

Shamat strinse con tutta la sua forza lo scettro e la sfera. Aveva sottovalutato Lothar ed aveva giocato con eccessiva superficialità. Ma non si sarebbe dato per vinto.

"Re in D1" disse senza scomporsi. Il re adesso era salvo, ma gli sarebbe toccato adottare una strategia del tutto difensiva. Lothar lo aveva messo alle corde.

Lothar tornò sui suoi passi e si diresse verso il suo alfiere, rappresentato da una signora anziana, tremante e spaventata.

"Ho bisogno di te per concludere questa partita e vincere, mi spiace enormemente" le disse Lothar piangendo. Ella annuì, dandogli la mano ed accennando un sorriso "Poniamo fine a tutto questo" sussurrò la signora a Lothar.

"Alfiere in G3" e la condusse alla sezione della scacchiera.

La sete di sangue di Shamat vinse sull'ingegno. Abboccò all'amo.

"Regina in G3" disse con lo sguardo diabolico del giullare. L'alfiere era stato mangiato. Il dito di Shamat si posò inesorabile su un altro pulsante. Dal cielo cadde un masso enorme che colpì in pieno la signora alfiere, riducendola a poltiglia.

"Ehm… Signore, non saremo mai in grado di spostare un simile macigno…" borbottò il maggiordomo.

"Non importa! Lasciatelo lì dov'è!"

La regina si mise nell'angolino lasciato vuoto dal masso. Adesso il suo costume bianco era ricoperto di sangue. Lothar non riusciva ancora a capacitarsi della malvagità di quell'essere. Aveva ragione lui. In quel gioco stava perdendo pezzi della sua umanità. Sentiva che l'effetto dell'Adrene stava svanendo. Avrebbe dovuto concludere in fretta.

"Cavallo in F2" e stavolta fu la volta del pedone bianco di Shamat. Quest'ultimo non schiacciò nessun pulsante stavolta. Frustrato, si diresse verso il suo pedone e con la parte affilata del suo scettro lo trapassò da una parte all'altra, all'altezza del cuore. L'uomo gridò dal dolore ed il suo corpo senza vita si afflosciò a terra. Uno dei due maggiordomi, senza che gli venisse ordinato, ammassò il corpo sopra gli altri.

Lothar si aggiustò di nuovo il papillon.

"Scacco"

Shamat scrutò la scacchiera di fronte a lui. Il cavallo di Lothar adesso teneva sotto scacco il re. Ma muovere quest'ultimo non avrebbe cambiato molto la situazione. Lothar avrebbe sicuramente mangiato la regina ed a quel punto Shamat avrebbe perso il suo pezzo migliore. C'era la possibilità di muovere il suo cavallo e minacciare quello di Lothar, ma alla sua prossima mossa il suo rivale avrebbe spostato la regina e messo in un angolo il re, che non avrebbe avuto molte chance di sopravvivere a lungo ed in due o tre mosse, con l'ausilio della regina, avrebbe subito Scacco Matto. Non aveva più alcun dubbio al riguardo.

Aveva perso.

"Molto bene Falco. Le abilità che hai mostrato durante l'epoca del Rastrellamento non si sono sopite. Mi hai messo alle corde. Ammetto la sconfitta. Mi arrendo" commentò Shamat senza scomporsi.

Lothar tirò un sospiro di sollievo. Era finita. Aveva vinto. Tante persone avevano perso la vita, ma era riuscito a salvarne molte di più di quante pensasse. Aveva giocato una partita molto aggressiva e le varie distrazioni di Shamat gli avevano permesso di concluderla in una decina di mosse. Il suo avversario lo aveva sottovalutato.

"Riconducete gli schiavi nella miniera"

"Lasciali andare Shamat" protestò Lothar "Dato che ho vinto, il giusto premio sarebbe lasciarli liberi"

"Il premio che gli sto offrendo è lasciarli in vita. Avrai ciò che mi avevi richiesto, non calcare la mano, altrimenti te ne pentirai"

Lothar guardò i pezzi rimanenti, poveri individui catturati dagli uomini di Shamat e portati lì a soddisfare il suo sadismo e la sua follia. Era riuscito a salvare alcuni di loro, ma a che scopo? Sarebbero ritornati a vivere nell'inferno di sempre. Ma di una cosa era certo. Regat avrebbe ricevuto presto delle visite e la prossima volta non sarebbe tornato da solo. Il regno di Shamat sarebbe caduto. Era una promessa.

"Incredibile, nessuno era mai riuscito a battermi agli scacchi. Il mio errore è stato sottovalutarti. Ad ogni modo tutte queste belle morti sono state per me una vittoria. Mi sono divertito parecchio, dovremo rifarlo qualche volta"

"Dammi l'informazione che mi avevi promesso Shamat" tagliò corto Lothar.

Shamat ripose la sfera di bronzo nella tasca dei pantaloni della metà giullare e si appoggiò allo scettro. I due erano ancora sulla scacchiera, insieme ai due Ucigasch. I due maggiordomi stavano riaccompagnando i prigionieri.

"Come andiamo di fretta. Nemmeno un per favore? Dove è finita la tua educazione?"

Lothar lo osservava con i suoi occhi di ghiaccio, sfidando il vuoto che si rifletteva da quelli di Shamat. In quei occhi si vedeva la volontà di distruggere l'ordine che teneva in piedi il mondo.

"Come siamo silenziosi. D'accordo, ritorniamo alla sala del trono. Lì ti dirò tutto ciò che so sui tuoi tre amici. D'altro canto te lo meriti; hai vinto la partita giusto?"

A passo lento ritornarono alla porta che conduceva al paradiso verde creato da Shamat. Lothar si chiedeva come potesse essere tanto avanzato tecnologicamente. Aveva compiuto esperimenti genetici, creato quel luogo, una scacchiera con trappole interattive. Poteva essere crudele e spietato, ma era da riconoscere che avesse un grande ingegno.

Attraversarono di nuovo il lungo corridoio di colore blue neon. Gli Ucigasch seguivano il loro padrone. Fino a quel momento non avevano detto una sola parola, ma Lothar dubitava potessero parlare. Imbracciavano sempre i loro falci, pronti a lottare ad un qualsiasi ordine del loro sovrano. Sicuramente non sarebbe stato facile abbatterli in un corpo a corpo. E chissà cos'altro teneva nascosto Shamat a Regat. Lothar aveva i brividi al solo pensiero.

Si trovarono di nuovo nella sala del trono. Si udiva il ticchettio dei pendoli, che ritmicamente battevano lo scorrere dei secondi. Le ragazze si trovavano ancora ai piedi del trono, coricate sul loro letto di cuscini. Anche uno dei maggiordomi di Shamat si trovava lì, in piedi di fianco al trono.

Shamat prese nuovamente posizione sul suo scranno ed i due Ucigasch si misero al suo fianco, sempre brandendo le loro falci. Lothar si collocò di fronte al trono, attendendo il premio di Shamat, l'informazione che tanto anelava.

"Ebbene Falco, di nuovo le mie congratulazioni. Ti sei meritato ampiamente ciò che mi hai chiesto"

"Che ne sarà delle persone che hai usato nella partita a scacchi?"

"Abbiamo Lothar, abbiamo. Per quanto tu lo possa negare, anche tu hai le mani sporche di sangue e non c'è nulla che tu possa fare per poter cancellare questo meraviglioso ricordo, che condivideremo fino alla fine dei nostri giorni"

Lothar sapeva che Shamat in fondo aveva ragione e lo avrebbe sempre odiato per questo.

"Non avevo scelta" si giustificò.

"C'è sempre una scelta, una via d'uscita mio vecchio amico. Ma tu hai scelto la più rapida e la più facile"

"In questo modo ho salvato decine di vite che non finiranno tra le mani di quei pazzi"

"Già, ma hai dovuto sacrificarne delle altre, quindi ne è valsa realmente la pena? Anche tu sei un omicida Lothar... Oh scusa, già ti sei macchiato di questo crimine, tempo fa"

Lothar lo fulminò con i suoi occhi color ghiaccio.

"Dammi ciò che mi spetta e non farmi perdere altro tempo"

Shamat non si scompose e non mostrò come sempre nessun tipo di emozione.

"D'accordo, ti darò il tuo premio. Dubla Unu, informa le guardie di portarlo qui" ordinò al maggiordomo.

"Subito mio Signore Shamat" disse facendo un mezzo inchino.

Il maggiordomo estrasse dalla tasca una specie di walkie talkie e ripetette il comando dato da Shamat. Non passò molto tempo, che il grande portale che portava alla sala del trono si aprì. Due guardie entrarono, trascinando con forza un ometto che piagnucolava e pregava che lo lasciassero andare. Lothar notò che gli mancava la mano sinistra.

Le due guardie lo spinsero ai piedi del trono e lo misero in ginocchio. Shamat fece segno alle guardie di allontanarsi ed entrambe eseguirono l'ordine. Il piccoletto continuava a piagnucolare ed a pregare che lo liberassero.

"Lothar, ti presento il Monco. O almeno e così che lo chiamano nel suo giro di assassini e ladri"

Lothar lo scrutò da cima a fondo, incredulo che potesse sapere realmente qualcosa.

"Chi è quest'uomo e dove lo hai trovato?" chiese Lothar.

"Ha tentato di derubare uno dei miei ospiti non lontano da qui. Ma non è stato molto fortunato. Dico bene?"

Il Monco non rispose, continuando a piagnucolare.

"Nessuno può toccare i miei ospiti, nemmeno con un dito. Ed oltretutto questo è il mio territorio e sono io l'autorità qui. Decido io chi può essere ucciso e chi no, chi può essere derubato e chi no. Nessuno si metterà a fare Dio al mio posto. Tanto meno un essere così ripugnante"

Shamat scese dal trono ed accarezzò lascivamente le due ragazze, con gli occhi e la bocca cucite. Si mise di fronte al Monco, osservandolo con quel suo sguardo privo di commozione, con gli occhi di colore differente che lo fissavano intensamente.

"Adesso racconterai a Lothar tutto ciò che sai a proposito del trio che sta compiendo torture, omicidi e rapine qui per Vesnic. Non che lo cosa mi interessi, ma voglio mantenere una promessa, dunque parlerai ed in fretta anche"

Il Monco sembrava non ascoltasse quello che Shamat gli stava ordinando. Continuava a piagnucolare e chiedeva pietà per la sua vita.

"D'accordo come vuoi" disse Shamat sospirando "Ucigasch?"

Una delle due guardie incappucciate si avvicinò brandendo la falce. Quando il Monco lo vide, si fece completamente pallido in viso. Il terrore si disegnò sul suo volto.

"Va bene, va bene! Parlerò, parlerò!"

Shamat sollevò una mano per bloccare l'Ucigasch "Bene, vedo che adesso stai ragionando. Avanti, racconta tutto al ragazzone che ti sta qui di fronte"

Il Monco guardò Lothar con occhi languidi, come un cucciolo abbandonato che sta cercando riparo.

"Tu lavori per quei tre mostri che stanno terrorizzando tutta Vesnic?"

"Sì esatto. Io sono la loro avanguardia, il loro ladruncolo. Rubo gli averi alle persone distratte per strada, nel bus, nel metro o che si trovano in coda di fronte ai bar, alle discoteche. A volte entro di nascosto in uno di questi luoghi e derubo più persone possibili. Sono molto bravo in questo; nessuno si è mai accorto dei miei furti. Quando raccolgo abbastanza mercanzia, gli porto tutto il maltolto nel loro nascondiglio segreto e lì inizia lo smistamento"

"Smistamento?" domandò Lothar aggrottando le sopracciglia.

"Sì, Capo, Charlie e Willy mettono da una parte i cellulari, in un altro gruppo i portafogli ed in un altro ancora le banconote, le monete, le carte di credito e le chiavi delle residenze. Mi danno sempre una percentuale per il lavoro svolto. Una volta fatto questo, pescano due o tre portafogli a caso e controlano se è presente l'indirizzo della persona derubata. Se è così, la notte stessa gli fanno visita e le saccheggiano la casa e nel caso trovino qualcuno nell'appartamento…"

"Torturano ed uccidono i proprietari" Lothar completò la frase.

Il Monco annuì con il capo.

Il ticchettio dei pendoli adesso si era fatto nuovamente più rapido ed ossessivo, accompagnato dallo scoppiettio delle torce appese al muro dell'enorme sala.

"Dove si trovano adesso?"

Il Monco esitò un momento "Non lo so…"

Lothar si avvicinò minaccioso.

"Lo sai invece. Lo sai benissimo"

Il Monco guardava verso destra ed ansimava. Iniziò a mordersi nervosamente il moncherino.

Lothar capì che la violenza con lui non avrebbe funzionato e che sarebbe stato un metodo del tutto inutile.

"Ascolta, quei maledetti stanno lasciando una scia di morte per tutta Vesnic. So che tu non sei coinvolto negli omicidi e che in qualche modo non sei d'accordo con ciò che loro stanno facendo. Sono dei mostri, dei demoni. Vanno fermati, altrimenti uccideranno ancora ed ancora. Tu li conosci molto bene, non si fermeranno mai. Lo fanno per puro divertimento, perché sono dei sadici. Dammi l'opportunità di fermarli, una volta e per tutte"

Il Monco tergiversò un poco, guardando Lothar nervosamente.

"Se parlerò, mi libererete?"

Lothar osservò Shamat. Il sovrano di Regat annuì.

"Sì hai la parola di Shamat, ti lascerà andare. Adesso dimmi dove sono"

Il Monco deglutì nervosamente ed annuì tremante.

"Poche ore fa mi sono recato nel loro ufficio per consegnargli l'ultimo colpo. Una rapina piuttosto facile. Era un tipo addormentato nella pensilina di una fermata del bus. E' stato un gioco da ragazzi derubarlo"

Lothar a sentire quelle parole, si irrigidì.

"Beh gli ho consegnato il cellulare ed il portafogli di quell'uomo e fin qui tutto nella norma, ma quando Capo ha aperto il portafoglio ed ha visto la foto del tizio che avevo derubato, il suo sguardo è cambiato. Ha detto che quel tipo aveva la priorità e che questa notte gli avrebbero fatto una visita speciale"

Lothar prese il Monco per le spalle e lo scosse.

"Ti ricordi se hanno detto il nome della persona alla quale avrebbero fatto visita?"

"N-non m-mi r-ricordo…" balbettò il Monco.

"Avanti, fai uno sforzo, concentrati, pensa!" urlò Lothar.

"Non lo hanno chiamato per nome" rispose terrorizzato "Però lo hanno chiamato damerino"

Idee oscure si susseguivano nella mente di Lothar, che stava cercando la risposta, ma ne aveva paura allo stesso tempo.

"Almeno ti ricordi che aspetto aveva il tizio che hai derubato?"

"Sì questo sì… capelli ricci castani, sulla quarantina, occhiali da vista, camicia bianca…."

Lothar iniziò a sudare freddo.

Brendan.

Il tempo era contro di lui. Avrebbe dovuto agire ed in fretta anche.

"Perfetto, grazie per le informazioni"

"Ci abbandoni? Di già?" chiese Shamat, con falsa voce affranta.

"Ho finito qui. Ho ottenuto ciò che volevo. Me ne vado da questo inferno"

"Paradiso Falco. Questo è il paradiso. E tra non molto anche la nostra Madre Vesnic, essa tutta, ne conoscerà i vantaggi ed i mirabolanti miracoli"

"Lo vedremo"

Lothar voltò le spalle a Shamat e corse verso l'entrata principale. Quanto tempo gli rimaneva prima che i tre arrivassero alla casa di Brendan?

Forse era già troppo tardi. Ma non avrebbe dato nulla per perso. Fortunatamente aveva seguito il suo intuito ed era a conoscenza dell'indirizzo di Brendan. Si sarebbe catapultato lì. Avrebbe salvato la vita del suo amico e della sua famiglia e l'avrebbe finita una volta e per tutte con quei tre assassini.

Si chiese dove si trovasse Brendan ora. Se stesse bene. Se fosse ancora vivo. Però qualcosa dentro di lui gli diceva di sì. Che il suo amico era ancora in vita e stava trovando il modo per tornare a casa. Che sarebbe sopravvissuto a quella folle notte ed agli orrori e le stranezze che Vesnic gli avrebbe messo di fronte. Nulla era perduto. C'era ancora speranza. Avrebbe protetto lui e la sua famiglia. E quella notte di sangue e perdizione non sarebbe stata altro che un lontano e terribile ricordo.

"Signore Shamat, con tutto il rispetto, se posso…" chiese servilmente uno dei sosia maggiordomi.

"Parla" Shamat armeggiava con la sfera e lo scettro.

"E' saggio lasciarlo andare? Sembra il tipo di individuo che potrebbe crearci dei problemi in futuro"

Shamat si sedette nuovamente sul suo trono, accarezzando i capelli delle sue due schiave. Gli Ucigasch stavano sempre al suo fianco, onnipresenti e minacciosi.

"Avevo dato la mia parola che se avesse vinto agli scacchi avrebbe avuto l'informazione che tanto cercava e con questo era sottinteso che se ne potesse andare via da qui illeso. Sono un uomo di parola e mantengo sempre le mie promesse"

Guardò il maggiordomo con il suo sguardo inespressivo, ma allo stesso tempo ricco di violenza e promessa di morte.

Il maggiordomo si inchinò spaventato "Certamente mio Signore, non ho mai osato pensare il contrario".

Il Monco si trovava ancora lì, impaurito e tremante.

"Ho detto ciò che volevate. Adesso mi lascerete andare?"

Shamat lo fissò con aria indifferente.

"Volevamo? Era il mio vecchio amico che era alla ricerca di delucidazioni, io non volevo proprio nulla. Ad ogni modo, in questo momento mi sento particolarmente buono, quindi sì, ho deciso di lasciarti libero"

Il Monco fece un sorriso a sessantaquattro denti, congiungendo le mani come se stesse pregando ed inchinandosi più volte "Grazie, grazie, grazie!"

Stava per alzarsi, quando Shamat diede un colpo secco con lo scettro.

"Si dà il caso che ti lascerò andare, però voglio qualcosa in cambio"

Il Monco si fece pallido in viso.

"Ucigasch, tagliategli un piede"

"No! Vi prego no! Ho parlato, ho fatto ciò che mi avete detto! Abbiate pietà!"
Gli Ucigasch avanzarono brandendo le loro enormi falci e Shamat si godette lo spettacolo, con i suoi occhi azzurri e verdi, in fondo ai quali lampeggiava un male che sempre ardeva e non si spegneva mai.

IL BUS

Le porte del Castra si chiusero dietro Brendan. La strada era di nuovo deserta. Non c'era nessuna colonna di auto o civili ad attendere per attraversare il Castra e passare dall'altro lato.
Brendan vedeva dinanzi a sé il suo obiettivo: Centrum Mundi, la piazza per la quale fino a quel momento aveva lottato strenuamente. Di lì poteva osservare le luci della grande piazza ed un vago via vai. Incominciò ad incamminarsi, eccitato per aver raggiunto il suo traguardo. Si sentiva ormai vicino a casa ed al conseguimento della sua missione: sopravvivere con le sue sole forze alla notte di Vesnic. E' vero, non era ancora finita, ma sentiva che ormai era arrivato al capolinea. Che la sua avventura era finita. Era spossato e stanco. Ma aveva ancora le forze per reggere un altro po'.
La strada che conduceva a Centrum Mundi era posta su di una collinetta. Intorno non c'erano edifici, se non una grande prateria immersa nel buio. Brendan sentiva il canto delle cicale ed ogni tanto il frusciare di un cespuglio al bordo della strada. La vegetazione in quel punto era quasi desertica. Era mesi che viveva lì e non era mai stato a Centrum Mundi. Per lui Viitorul era tutta una sorpresa, un mondo, un universo inesplorato. Come un'isola persa in un sogno. Si era talmente dedicato al lavoro ed alla famiglia che non aveva dato nessuna importanza alla città nella quale viveva, al punto da non conoscerne un punto tanto importante e nevralgico. Ed anche Nada non si era importata di Vesnic. Avevano vissuto nella loro zona di comfort, nella loro bolla fatta di sicurezze e certezze senza rendersi conto di quanto di bello si stessero perdendo riguardo a ciò che gli stava intorno.
Si rese conto che Nada e Lucia gli mancavano. Era cambiato da quando aveva iniziato il suo viaggio in quella bizzarra notte. All'inizio voleva scappare da entrambe, da quella sua vita che lo

faceva sentire insoddisfatto e la quale voleva addirittura terminare con un triste suicidio. Ma ora le cose erano cambiate. Aveva capito che fuggire non serviva a nulla. I problemi vanno affrontati, non evitati. Che li puoi nascondere sotto un tappeto per un tempo, però poi la vita ti chiede il conto. E come prima cosa, avrebbe messo a posto le cose con Nada, le avrebbe detto ciò che pensava e sentiva. E che l'amava moltissimo. Ma un'altra lezione di grande importanza stava apprendendo nella sua avventura. Ad amare innanzitutto sé stesso. A capire chi fosse. Ad esplorarsi. A conoscersi realmente. E sarebbe arrivato anche alla fine di quel suo viaggio interiore. Capire davvero chi fosse Brendan.

Finalmente arrivò alla piazza. Era illuminata a giorno. Nonostante l'ora tarda c'era un grande via vai di persone e di veicoli. Centrum Mundi era come un enorme quadrato con diversi parcheggi, nei quali sostavano taxi e bus. La strada che Brendan si era lasciato alle spalle, quella che portava al Castra della Legiunile era deserta e nessuno sembrava la volesse imboccare per il momento.

Si addentrò nella grande piazza; il suo obiettivo era trovare il bus che lo avrebbe riportato a casa. Ad ogni modo non si voleva rilassare e nemmeno abbassare la guardia. Non aveva dimenticato la notte famigerata nella quale si trovava e che i pericoli si trovavano dietro l'angolo. Sembrava che anche lì ci fossero gruppi di persone di ogni età facendo festicciole, bevendo, fumando e ballando, completamente indifferenti al fatto che quella notte fosse l'anniversario del Bagno di Sangue. Aveva ad ogni modo appreso che non tutti credevano in quella storia e che la maggior parte delle persone pensavano fosse una frottola o una baggianata da quattro soldi. Ma Brendan aveva appreso a sue spese che non era così.

A parte i vari gruppi impegnati in balli e baldoria, la piazza era solcata dagli autisti e gli addetti ai lavori. Vesnic era la città che non si spegneva mai. Centrum Mundi aveva varie uscite, tutte strade che adducevano in diverse direzioni e che naturalmente conducevano in diverse zone della città. I bus erano molteplici e Brendan non aveva la minima idea di quale avrebbe dovuto prendere. Infilò la mano nella tasca e strinse forte il biglietto che Mercuria gli aveva regalato; il suo biglietto di ritorno. Non aveva idea di che ore fossero, ma la notte era ancora fonda e oscura. Una notte senza fine. Sembrava che non dovesse finire mai e che il Sole non sarebbe mai più sorto.

Si avvicinò a quello che sembrava fosse un'autista per chiedere informazioni. L'uomo stava fumando una sigaretta, con sguardo perso nel vuoto.

"Scusami un'informazione. Voglio recarmi a Prezent. Quale di questi bus mi porterebbe a destinazione?"

L'autista rimase in silenzio per qualche momento. Fece un tiro talmente forte che consumò la sigaretta fino al filtro.

"Il numero 1713. Si trova laggiù in fondo. Non puoi sbagliarti" rispose, senza guardare Brendan negli occhi.

Brendan ringraziò e si allontanò, continuando a guardare l'autista intento ora a fumare il filtro della sigaretta.

Si avvicinò al bus numero 1713, come l'autista gli aveva indicato. Non c'era nessun potenziale passeggero ad attendere l'apertura del mezzo. Nemmeno il conducente era nei paraggi. Era solo. Ebbe una fortissima sensazione di deja vu quando vide la pensilina. Il luogo dove il suo viaggio e le sue avventure incredibili ebbero inizio. Lo inquietava sedersi lì. Aveva timore di addormentarsi nuovamente e di essere giocato da qualcuno. Decise di rimanere in piedi.

"L'autista credo sia andato un attimo a pisciare. Tornerà tra poco"

Brendan si voltò di scatto, verso il suono da dove provenne la voce.

"Ahahah ehi tranquillo, non voglio farti nulla. Scusa non volevo spaventarti"

Brendan abbassò lo sguardo. Era un vecchio appoggiato contro la parete, un senzatetto. Tutti i suoi averi erano lì intorno a lui: un carrello con dentro cianfrusaglie di ogni tipo; un materasso; dei barattoli per chiedere l'elemosina; dei cartoni per ripararsi dal Sole; una piccola chitarra; ed un gatto, che gli girava intorno.

"Si chiama Max. Da un giorno all'altro si è trovato in mezzo alla strada, proprio come me"

Brendan lo fissava, non sapendo cosa dire. Una parte di lui stava pregando perché il conducente arrivasse e non sapeva dare un motivo a questo suo impellente desiderio.

Il vecchio sollevò una bottiglia di Cognac e la mostrò a Brendan.

"Vuoi un goccio?"

"No grazie"

Il vecchio scrollò le spalle "Tanto meglio; ne avrò più per me" e bevve direttamente dalla bottiglia, sorseggiando il Cognac come se fosse acqua. Quando finì di bere, emise un potente rutto e si asciugò la bocca con la manica della maglietta.

"Se non sai cosa fare vieni qui e siediti qui con me giovanotto. Chissà quando tornerà quello scansafatiche dell'autista"

Brendan si mosse quasi automaticamente, diviso tra il rifiuto e la curiosità. Per quale motivo si sentiva così?

La curiosità e soprattutto l'empatia vinsero, oltre la gentilezza che il vecchio stava mostrando, che lo spinse ad avvicinarsi senza timore. Chissà da quanto tempo si trovava lì, tutto solo, senza che nessuno gli rivolgesse la parola.

Brendan si accovacciò e si sedette vicino al vecchio che nel frattempo stava trangugiando il Cognac come se fosse acqua.

"Allora giovanotto, cosa ti porta da queste parti?"

"Sto tornando a casa dalla mia famiglia. A quanto pare questo è il bus che mi porterà nel quartiere nel quale vivo"

"E sarebbe?"

"Prezent"

"Oh sì sì sì, lo conosco molto bene. Vivevo lì una volta, prima di perdere casa e poi il lavoro"

"E cosa è accaduto, se posso chiedere…"

Il vecchio si attaccò di nuovo alla bottiglia, questa volta sorseggiando ancora più a lungo.

"Fu la Smith and Brothers. Mi convinsero ad investire tutto il mio denaro nelle loro azioni, promettendomi ricchezza e stabilità economica, ma era solo una trappola. In poco tempo le azioni iniziarono a precipitare e mi ritrovai senza il becco di un quattrino. Persi anche il lavoro, perché la micro impresa per la quale lavoravo era socia in affari con Smith and Brothers ed avevano comprato anche loro una bella fetta delle loro azioni. Morale della favola: la mia compagnia fallì, ci licenziò tutti ed a me non rimase più nulla. Loro si arricchirono, mentre noi finimmo in un profondo buco oscuro. E dunque eccomi qui, vivendo in Centrum Mundi e mendicando qualche spicciolo per comprarmi da mangiare"

Brendan si sentì ardere dalla rabbia e dalla vergogna. Gli Smith and Brothers, coloro per i quali lavorava, quelle sanguisughe, approfittatori senza scrupoli né pietà. Di fronte a lui si trovava una delle sue vittime, una delle tante. Un uomo che aveva una vita, un lavoro e che a causa dei loro inganni e delle loro manipolazioni, era finito in mezzo alla strada, senza più né un futuro né un avvenire. Il senso di colpa lo invase, perché si sentiva in parte colpevole per ciò che era accaduto a quell'uomo ed ai tanti altri che avevano incrociato la strada con quegli avvoltoi.

"Ti senti bene giovanotto? Sei diventato pallido come un cadavere. Forse anche tu sei stato una vittima di quei maledetti?"

"Sì… sì in un certo senso lo sono stato… e lo sono tuttora"

"Povero ragazzo… beh ti capisco sai? Nessuno ti può capire meglio di me. Mi faccio un goccio alla faccia loro ed alla tua buona sorte"

Il vecchio stava quasi per finire la sua bottiglia di Cognac. Brendan si chiese come non potesse essere già completamente ubriaco.

"Ad ogni modo non so se sei più coraggioso o stupido giovane. Camminare da solo in questa notte, l'anniversario del Bagno di Sangue"

Brendan fu sorpreso dal commento del vecchio signore "Anche tu sei a conoscenza di questa storia?"

"Io l'ho vissuta quella guerra. Ho combattuto nelle milizie che perderono miseramente contro l'esercito di Limitat. Se non fosse stato per la Legiunile, non esisterebbero più una Vesnic né un Infinit"

Una leggera brezza si alzò ed accompagnò le parole del vecchio. La notte era stellata e tranquilla ed in quel punto della piazza non c'era molto movimento. Dell'autista non vi era ancora traccia.

"E' incredibile che tu abbia combattuto in quella battaglia, che l'abbia vissuta… è ingiusto che dopo aver combattuto con onore tu sia finito così, in mezzo ad una strada"

"Ragazzo mio, molte cose sono ingiuste in questa vita. Non sempre i meritevoli raccolgono ciò che seminano, mentre chi non dimostra nulla ricopre le più alte cariche ed ha tutti gli onori. L'unica cosa che possiamo fare è essere consapevoli del fatto che siamo totalmente responsabili del nostro destino e non possiamo colpevolizzare nessuno per le scelte che compiamo. Dunque abbiamo anche le capacità per raddrizzare le nostre brutte sorti e vivere il nostro reale destino, scoprire il mistero che si cela in noi"

Brendan guardava il vecchio uomo e si sorprese della saggezza che mostrava. Si sentì ancora più triste, considerando che fosse ancora più ingiusto che una persona del suo calibro si trovasse in una situazione tanto miserabile.

"E qual è il tuo mistero?" chiese Brendan.

Il vecchio fissò le stelle, collocate lassù nel cielo. Brillavano di una luce sfolgorante, ancor di più di quando Brendan si recò al Gagica.

"Il mio mistero fu lottare per questa patria e tentare di salvarla. Non ho nulla contro di lei. Mi sta continuando ad ospitare, mi dà un luogo dove stare, non mi respinge, né mi insulta, né mi fa del male. Sono coloro che vivono al di sopra di lei che mi hanno giocato un tiro mancino. Ma non mi arrendo: sono sicuro che le cose gireranno e tutto per me andrà per il verso giusto, presto o tardi. Ad ogni modo sì: entrare nell'esercito di Vesnic ed addestrarmi a difenderla è stato mostrare il mistero che si celava in me. O forse non l'ho ancora trovato del tutto? Chi lo può sapere. Ed il tuo ragazzo? Qual è la tua missione?"

Brendan si fissò le mani. Si rese conto solo ora della grande quantità di ferite e graffi che aveva riportato. Non erano più le delicate mani di un impiegato d'ufficio, solo abituato a spostare scartoffie e battere le dita si di una tastiera.

"Non ho idea di quale sia il senso della mia esistenza e forse non ne sono ancora cosciente… tuttavia, questa notte il mio obiettivo è superare i miei limiti e conoscere chi sono in realtà"

"E ti stai conoscendo?"

"Più di quanto non avessi mai fatto… o meglio, mi ero perso da tanto tempo. In questa strana notte, mi sto ritrovando"

"Ti auguro che tu possa diventare il migliore amico di te stesso ed a conoscerti completamente giovanotto e possa concludere il tuo viaggio con successo"

"Ti ringrazio"

Brendan si ricordò del denaro che Waldhar gli aveva donato. Porse i soldi al vecchio.

"Ecco, questi sono 100 Aur. Voglio donarteli"

Il vecchio strabuzzò gli occhi "E tantissimo denaro giovanotto. Sei sicuro di volertene separare? Potresti averne bisogno"

"Credo che il mio viaggio sia finito. Questo bus mi porterà a casa; la mia avventura è conclusa. Ti voglio regalare questo denaro, tu ne avrai certamente più bisogno di me"

Brendan allungò nuovamente i soldi ed il vecchio li prese, mostrando uno sguardo carico di riconoscenza.

"Grazie giovanotto, grazie davvero"

"Grazie a te. Mi hai aperto gli occhi su tante cose e su di una in particolare. Ho preso una decisione riguardo ad una cosa e domani la metterò in atto"

Si sarebbe licenziato da Smith and Brothers. Era stanco di quel lavoro. Non gli apparteneva, non si sentiva parte di esso. Non gli importava più nulla. Né dei soldi, né della stabilità. Di nulla. Quegli avvoltoi sarebbero potuti marcire all'inferno. Avrebbe trovato la sua strada.

Il conducente arrivò. Aprì la porta del bus e salì al posto di guida.

Brendan allungò la mano ed il vecchio gliela strinse.

"Buona fortuna" commentò il vecchio

"Grazie, anche a te" rispose Brendan.

Si accorse che non si erano detti quale fosse il loro nome. Ma a volte questa informazione era del tutto superflua. Puoi conoscere qualcuno profondamente a prescindere dal nome che porta. Brendan si stava stupendo della quantità di personaggi interessanti che stava conoscendo durante la sua avventura, buoni o cattivi che fossero. Ognuno di loro gli stava insegnando qualcosa. Insegnamenti dei quali avrebbe fatto tesoro.

Brendan salì sul bus ed obliterò il biglietto che Mercuria gli aveva regalato. Si sedette in prima fila, alla destra della cabina del conducente. Altre due persone, una donna ed un uomo salirono sul bus e si sedettero negli ultimi posti. Non salì nessun altro. Brendan osservò la piazza e vide il via vai che non terminava. Una nuova colonna di macchine, cinque in totale, si stava dirigendo al Castra della Legiunile. L'autista chiuse le porte del bus e mise in moto il veicolo. La vettura si pose in una delle strade che conducevano fuori dalla piazza, verso la zona Est di Vesnic, destinazione Prezent.

Brendan guardò fuori dalla finestra e fece un ultimo cenno di saluto al vecchio, che ricambiò. Non lo avrebbe dimenticato.

In men che non si dica si ritrovarono in autostrada. Sulla strada c'erano diversi veicoli, ma allo stesso tempo non c'era tantissimo traffico, così che il viaggio scorreva fluido e senza intoppi. Improvvisamente gli occhi di Brendan iniziarono a chiudersi, pesanti come macigni. Era stravolto. Ci sarebbe voluto un po' per arrivare al suo quartiere, quindi decise di chiudere gli occhi e riposare. Un sonno senza sogni lo colse e lo abbracciò. Il rumore del bus lo cullava. La luce della luna, sua fedele compagna.

Si svegliò improvvisamente. Per un momento ebbe timore che il bus avesse superato Prezent, però fortunatamente non era così. Erano usciti dall'autostrada e si trovavano nuovamente in mezzo alla città. La strada qui era pressoché vuota, a parte qualche auto ed alcune persone che camminavano sul marciapiede. Gli edifici illuminati, i lampioni anche lì, stile ottocentesco che creavano giochi di luce ed ombre. Dopotutto, Vesnic di notte aveva il suo fascino, questo mix di mistero e di arcano, che nonostante i suoi pericoli tu spingeva a esplorarla e conoscerla profondamente. Brendan, nonostante il buio, vide che tutto era familiare; si trovava a Prezent, stava tornando a casa finalmente. Dalla sua famiglia che lo stava aspettando. Ce l'aveva fatta. Era sopravvissuto. Chissà com'erano preoccupate Nada e Lucia. Non aveva avuto modo di contattarle in nessun modo. Probabilmente erano ancora in piedi, attendendo il suo ritorno. Probabilmente solo Nada. Lucia doveva trovarsi già nel letto, dormendo. Brendan decise di appisolarsi nuovamente, in quanto mancava ancora un tratto per arrivare al suo quartiere, quando l'autista iniziò a borbottare, visibilmente alterato.

"Maledetta puttana. Perché? Perché mi stai facendo questo?"

Brendan seguiva il discorso, cercando di capire di cosa stesse parlando.

"Io qui lavorando come un matto per mantenere la nostra famiglia e tu scopandoti quel bastardo alle mie spalle… Maledetta puttana!!"

Questa volta gridò ferocemente, tanto forte da far sussultare Brendan. Gli altri due passeggeri si guardarono con aria interrogativa, cercando di capire cosa stesse accadendo.

"Ti scopi tutta la città, lurida troia… Sempre tradendomi e lasciandomi solo con nostro figlio… ed io ho fatto tutto per te, tutto!! Ti ho dato il mondo e tutto me stesso e tu in cambio nulla, se non la sofferenza!!"

L'autista incominciò a pigiare sull'acceleratore ed aumentare la velocità del mezzo. Il cuore di Brendan iniziò a battere velocemente. Si avvicinò alla cabina di guida per tentare di calmarlo.

"Che cosa sta accadendo? Posso aiutarti in qualche modo? Non stiamo andando un po' troppo velocemente? Forse è meglio se ci fermiamo per parlare un momento e rilassarci, cosa ne pensi?" La velocità del bus aumentava e l'autista non accennava a rallentare. Brendan tentò di aprire la cabina, ma non vi riuscì. Era saldamente bloccata dall'interno. Il contachilometri segnava più di 130, in una strada dove il limite era 70. Gli altri due passeggeri urlavano in una lingua sconosciuta a Brendan, una lingua che non capiva, come se fosse un dialetto.

"Per favore, rallenta! Così ci ammazzerai tutti!"

"Maledetta stronza, puttana! Perché mi stai facendo questo, perché? Perché non mi ami come ti amo io!?"

La velocità aumentava ed aumentava. Di fronte a loro non c'era nessuno, la strada era deserta, ma non sarebbe durato a lungo. Prima o poi avrebbero incrociato qualcuno e sarebbe stato il disastro. Brendan iniziò a tirare calci alla cabina per cercare di sfondarla, ma sembrava fatta d'acciaio, non si scalfiva.

"Qualsiasi cosa, parliamone! Da quello che sto capendo stai soffrendo terribilmente, ma morire non è la soluzione! Fermiamoci e parliamone. Sono disposto ad ascoltarti, ma ti supplico, frena per favore, frena!"

L'autista non faceva caso a Brendan. Ed il bus andava sempre più rapido. Il conducente premeva sempre di più sull'acceleratore.

150.

160.

170.

180.

Gli altri due passeggeri iniziarono a gridare terrorizzati.

"Frena!!"

Brendan guardò la strada. Davanti a loro si trovavano due furgoncini. L'autista gli ci stava andando contro, senza curarsi di nulla. Voleva farla finita, questo era certo.

"Ti ammazzerò maledetta troia! Te la farò pagare!"

Brendan tentò un ultimo disperato tentativo per aprire la cabina, ma fu del tutto inutile. La collisione sarebbe avvenuta da lì a poco. Non avrebbe potuto fare nulla. Pensò rapido. Corse al fondo del bus e si accucciò tra un sedile e l'altro, sperando che questo avrebbe potuto attutire la collisione. La situazione era di nuovo disperata. Alzò lo sguardo. Mancavano pochi secondi all'urto.

"Abbassatevi!" urlò agli altri due passeggeri, ma non capirono. Erano bloccati dal panico e dal terrore e continuavano ad urlare in quella lingua incomprensibile.

"Muori stupida troia! Muoriiiiiii!"

Lo scontro fu violentissimo. Brendan non sapeva quale velocità avesse già raggiunto il bus. Investì il primo furgoncino con tutta la sua mole che venne sbalzato contro l'altro che si trovava esattamente di fronte. Come se fossero due giocattoli usati, i due furgoni vennero scaraventati al lato della strada e ciò che seguì fu relativamente rapido, ma a Brendan sembrò che passarono secoli, come se la vita stesse procedendo al rallentatore. In seguito al colpo ed a causa della velocità elevata, l'autista perse il controllo del mezzo, che si ribaltò sul lato sinistro. Tutte le finestre esplosero in mille pezzi ed il bus incominciò a strisciare per moltissimi metri. Brendan si trovava sul lato destro e si aggrappò ai manici dei sedili per non cadere. Rimase sospeso. Gli altri due passeggeri non furono altrettanto fortunati. Caddero terribilmente e vennero investiti dai vetri infranti che li dilaniarono in più parti. Fecero come da scudo a Brendan. Il bus continuava a strisciare e non cessava la sua terribile corsa. A Brendan sanguinavano le mani ed il dolore era insopportabile, ma il suo istinto di sopravvivenza stava avendo la meglio. Mollare la presa significava morire.

Un altro colpo. Avevano colpito un'altra vettura. Il mezzo sbandò nuovamente e diede un colpo formidabile contro il guard rail che si trovava a bordo strada. Il bus diede un altro giro e questa volta si ritrovò sottosopra, adagiato sul tettuccio. Finalmente quella corsa mortale era terminata.

Brendan si trovava aggrappato ancora al manico del sedile, ora più che mai sospeso nel vuoto. Non resistette più al dolore e si lasciò andare, cadendo sul tettuccio semidistrutto del bus. Si ferì con alcuni frammenti di vetro; fortunatamente erano solo schegge. Guardò davanti a sé. Uno dei due passeggeri si trovava di fronte a lui con gli occhi vitrei. Era morto. Della donna non vi era traccia, probabilmente era stata sbalzata fuori, Brendan non sapeva in che momento.

Il panico lo avvolse. Odore di benzina e di bruciato. Fumo. Il bus sarebbe esploso da un momento all'altro. Si sforzò di mettersi in piedi, ma non ci riuscì. Si sentiva come spossato, gli mancavano le forze. Incominciò a strisciare il più velocemente che poteva. Non gli importava nulla dei frammenti di vetro che gli si stavano conficcando nel corpo e nella pelle. Voleva arrivare alla porta ed al più presto, prima che finisse in cenere. Scavalcò il cadavere dell'uomo. I suoi occhi vitrei erano fissi su di lui, lo sguardo perso nel vuoto, il corpo immobile e pesante.

La cappa di fumo aumentò e l'odore di benzina si fece più forte. Alcune fiammelle incominciarono ad accendersi nel fondo del bus. Se avesse continuato a strisciare non ce l'avrebbe mai fatta. Si fermò un attimo ed iniziò a respirare a fondo. Raccolse tutte le sue forze, tutta l'energia che aveva e si sforzò di mettersi in piedi. Con uno scatto ed una grande forza di volontà riuscì nell'intento. Barcollò ed andò a sbattere contro la parete del bus. Frammenti della finestra caddero nel suolo che una volta non era altro che il tetto del veicolo. Brendan ansimava cercando di recuperare le forze. Il fumo si stava facendo nero e denso e l'odore di benzina ora era talmente forte che gli stava facendo venire il voltastomaco. Incominciò a camminare verso la porta principale del bus, zoppicando.

Passo dopo passo, la meta di avvicinava. Finalmente arrivò al traguardo. Fortunatamente la porta era aperta, ma avrebbe dovuto saltare per raggiungerlo ed una volta fatto ciò, scavalcarla. Ad ogni modo, in quelle condizioni era come se quella soglia si trovasse sulla Luna. Non aveva le forze per saltare ed arrivare ad aggrapparsi. Delle fiamme iniziarono a ricoprire il retro del bus. Non mancava nulla all'esplosione. Sarebbe morto lì dentro, avvolto dalle fiamme. Rifiutava di morire in quel modo. La sua ora non era ancora giunta. Si guardò intorno. Il corpo dell'autista si trovava fuori dalla cabina di guida, disteso in una pozza di sangue. Il braccio era collocato in maniera scomposta e la faccia era maciullata a causa dell'impatto devastante che avevano avuto. Brendan si illuminò: avrebbe usato il corpo dell'autista come piedistallo per raggiungere la porta ed uscire da quella trappola mortale sano e salvo.

Si avvicinò zoppicando ed afferrò l'autista per le grasse spalle. Lo tirò con tutte le sue forze. Pesava una tonnellata; sarebbe stato un'impresa spostarlo. Tirò ancora ed ancora e centimetro per centimetro, riuscì a metterlo dove desiderava. Riprese fiato, lo sforzo era stato immane. L'aria ormai era irrespirabile; il bus era avvolto quasi totalmente dal fumo nero e le fiamme lo stavano per raggiungere. Il calore era insopportabile. Non aveva tempo da perdere. Stava per mettere i piedi sopra al corpo dell'autista, quando sentì qualcosa.

"Aiutami…"

Fu quasi un sussurro, un mormorio impercettibile.

"Ti prego… aiutami…"

Era l'autista. Era ancora vivo. Non era morto nell'incidente. Era messo molto male, ma era ancora in vita.

"Non lasciarmi… qui…"

Brendan cominciò a sudare ed a disperarsi. Non aveva le forze necessarie per trasportarlo fuori dal bus; se lo avesse tentato, sarebbe morto nell'impresa. Ma non poteva lasciarlo morire lì, in preda alle fiamme ed al delirio. Oppure sì?

Dopotutto era stata colpa sua. Se non fosse andato fuori di matto non si sarebbero trovati in quella situazione. Quel disastro era causa sua. Però non meritava di morire. Era un essere umano. Aveva fatto tutto quello perché la moglie lo stava tradendo.

"Ti supplico… aiutami…"

Le parole dell'autista gli stavano perforando il cervello e scavando nell'animo. Le fiamme erano sempre più vicine, il fumo ormai stava ricoprendo ogni cosa. Non poteva lasciarlo lì, al suo destino. Ma tentare di aiutarlo avrebbe decretato la sua morte.

"Ti scongiuro… non voglio morire…"

C'era poco tempo per pensare ed ancora meno per agire. Ed allora, prese una decisione. Una decisione che forse lo avrebbe perseguitato per il resto dei suoi giorni. Lo avrebbe abbandonato lì. Non aveva altra scelta. Sapeva che non se lo sarebbe mai perdonato, però in quel momento il suo istinto di sopravvivenza ebbe la meglio.

"Aiutami… aiutami…"

Lo guardò ancora una volta. Si voltò dall'altro lato chiudendo gli occhi. Gridò. Gridò per farsi forza, gridò per la disperazione, gridò per la frustrazione. Si appoggiò sul corpo dell'autista. Lo sentì gemere e disperarsi, ma fece finta di non sentirlo. Adesso l'uscita era a portata di mano. Con tutte le forze che gli rimanevano, spiccò un salto ed agguantò il bordo della porta scorrevole. Le fiamme stavano quasi per raggiungerlo. Il calore era diventato insostenibile ed il fumo lo stava facendo tossire terribilmente. L'odore di benzina era diventato nauseabondo. Con un altro grido atavico, si sollevò e si scaraventò fuori dal bus. Si rimise di nuovo in piedi e zoppicando iniziò a prendere distanza dal bus, per non essere coinvolto nell'esplosione. Le fiamme divamparono anche all'esterno e fecero esplodere le poche finestre che erano rimaste intatte.

Un boato.

Brendan venne catapultato qualche metro più avanti. Non si era allontanato abbastanza e venne parzialmente coinvolto dalla deflagrazione. Fortunatamente fu solo l'onda d'urto a farlo sbalzare. Ad ogni modo si trovava disteso al suolo, senza più una goccia di energia. Non aveva sentito le urla dell'autista. Non era nemmeno sicuro che avesse avuto le forze per poter urlare. Era morto in silenzio. Nella sua mente echeggiavano ancora le sue suppliche, la sua richiesta di soccorso e di aiuto. Aveva pregato di salvarlo. E lui lo aveva usato come piedistallo per riuscire a fuggire. Cosa era diventato. In cosa lo stava trasformando quella città, quel viaggio. Ma d'altronde, se non avesse agito in quel modo sarebbe sicuramente morto, carbonizzato dalle fiamme di quel bus maledetto. Istintivamente si portò le mani alle tasche. Non aveva perso nulla. Il coltello di Lothar, la carta del folle di Tancredi e gli unguenti curativi della Legiunile erano ancora al loro posto. Sì, purtroppo aveva perso qualcosa. Lo zippo di Adara. Probabilmente gli era scivolato dalla tasca durante la caduta. Gli occhi gli si stavano chiudendo; sentiva che gli mancavano le forze. Stava per svenire. Prima che i suoi occhi si serrassero, l'ultima immagine che lo accompagnò, fu quella del bus avvolto dalle fiamme, in una strada completamente deserta. Trovò buffo come il bus che avrebbe dovuto portarlo a casa era quasi divenuto la sua tomba ed ora si trovava lì di fronte a lui come una cometa splendente. Aveva ragione il Legato Draco: il suo viaggio non era finito e nell'anniversario dell'Ecatombe, ci si poteva aspettare ogni cosa. Il traguardo era ancora lontano.

Brendan cadde in un sonno senza sogni, con le brillanti fiamme che stavano illuminando la più buia delle notti.

"Ehi Depremo, guarda cosa abbiamo qui! Incredibile, assurdo, inammissibile, inattendibile, inconcepibile!"

"Non mi interessa… cosa vuoi che me ne importi… la vita non ha senso Melaschole"

"Al bando le baggianate mio compare, amico, compagno, complice, connivente. Abbiamo un nuovo amico per la nostra Casa dei Matti! Non sei contento?"

"La felicità è per chi se la merita, non per i falliti come me…"

"Avanti su con il morale! Basta con queste sciocchezze, idiozie, stupidità, scempiaggini, imbecillità ed aiutami a sollevarlo. Sembra che sia ancora vivo"

"D'accordo ti aiuterò…. Ma questo non toglie che la vita sia uno schifo"

"Suvvia fammi un sorriso! Prendilo dalle gambe forza! Gli altri saranno contenti di avere un altro membro all'interno della nostra famiglia"
"E quel bus in fiamme?"
"E chi se ne importa? Non è un problema, quesito, incognita, dubbio, incertezza, nostra. Avanti portiamolo alla nostra casetta!"

"E la notte, la notte, non è ancora finita
Sembra che debba durare tutta una vita
Di tutte le notti lei è la regina
Non permetterà più al Sole di sorgere la mattina
E con la corona sulla testa, la notte del Bagno di Sangue
Che ti spinge in ginocchio e ti fa sentire esangue
Vesnic la grande madre, la città della rinascita
Che tutti prende nel suo grembo, che tutti affascina
Ma attraverso la notte dell'Ecatombe dovrai passare
se una volta per tutte ti vorrai trasformare
Dolore, violenza ed il non sense imperversa
Ogni speranza sembra inesorabilmente persa
Ma dietro l'oscurità della notte si cela un segreto
Nessuno lo conosce, gli Dei vi hanno posto il veto
Ma attraverso queste madri vorrai passare
Se un un uomo nuovo desideri diventare
Eccola la regina delle notti è lì che ti aspetta
Accoglila e abbracciala, nella sua perfezione imperfetta"

Lothar corse come mai corse in tutta la sua vita. Non fece caso agli invitati che continuavano a torturare i poveri schiavi di Shamat, né alle guardie che lo osservavano con sguardo torvo ed ammonitore. Arrivò alla sua macchina con i polmoni ed il cuore che quasi gli stavano scoppiando. Si sentiva di nuovo estremamente debole e spossato. Prese la terza dose di Adrene. Era l'ultima che il suo corpo avrebbe potuto tollerare. Se avesse preso la quarta non avrebbe saputo che tipo di effetti avrebbe potuto avere. Probabilmente avrebbe decretato la sua morte. Gli rimanevano due dosi. Si sforzò di non pensare a questo per il momento. Il suo obiettivo era salvare Brendan. Forse era ancora in tempo. Sperava che quei folli non fossero arrivati già a a casa sua e avessero fatto scempio di lui e della sua famiglia. Strada Speranța 312. E' lì che Brendan viveva. Mise in moto l'auto e fece retromarcia. Voleva salvare Brendan e la sua famiglia. A tutti i costi. Ed avrebbe ucciso quei maledetti una volta e per tutte e messo fine all'incubo in cui Vesnic stava versando a causa loro. Anche a costo della sua vita.

NADA, CAPO, CHARLIE, WILLY

Erano già passate un paio d'ore da quando i tre erano entrati in casa ed avevano preso in ostaggio Nada e Lucia, ma di Brendan non vi era l'ombra. Non riusciva a mettersi in contatto con lui in nessun modo e già stava pensando al peggio. Ad ogni modo Capo, Charlie e Willy non sembravano per nulla spazientiti, anzi sembrava si stessero godendo l'attesa. Non vedevano l'ora che Brendan tornasse per potergli fare quello che loro avevano chiamato "Un regalo personale". Comunque avevano dato un ultimatum: se al sorgere del sole non fosse tornato, avrebbero fatto a pezzi lei e Lucia, senza nessuna pietà.

Gli avevano concesso di mettere Lucia a letto a dormire. La bambina era estremamente impaurita e non capiva cosa stesse accadendo. Si trovavano sempre in cucina, lei seduta vicino al tavolo e loro consumando tutte le bevande ed il cibo che si trovavano all'interno del loro frigo. Li trovava disgustosi, ripugnanti… ed inquietanti.

Capo stava tagliando la buccia di una mela con un rasoio, mentre Willy e Charlie stavano bevendo due birre. Sghignazzavano e ridevano come se tutto quello per loro non fosse nient'altro che un gioco.

"Il damerino si fa attendere. Però già avevo dubitato che fosse un vigliacco. Probabilmente sa che siamo qui e non torna perché se la sta facendo sotto dalla paura"

"Oppure è morto" aggiunse Charlie

"Sì, morto stecchito" lo accompagnò Willy

Nada sapeva che stavano solo tentando di provocarla, perciò non disse nulla e continuò a fissare il vuoto. Guardarli gli dava il voltastomaco.

Capo iniziò a tagliare la mela a fette con il rasoio e porse un pezzo a Nada che rifiutò girando il volto dall'altro lato.

"Mogliettina carina, ricordati che se entro l'alba il tuo maritino damerino non rientrerà a casa, noi cinque, la tua figlioletta compresa, inizieremo una bellissima festa tutti insieme"

Charlie e Willy sghignazzarono con sguardo malevolo.

"Oh sì, ci divertiremo un sacco"

"Sì sì, sarà bellissimo, straordinario!"

Nada non resistette più e si voltò guardandoli con odio e livore. Le lacrime gli solcavano il viso.

"Per quale motivo state facendo tutto questo? Possibile che non abbiate pietà nemmeno per una bambina di cinque anni? Cosa vi spinge ad avere una vita così miserabile? E' possibile che per voi la vita umana non abbia nessun valore?"

Charlie e Willy iniziarono a ridere ed a scimmiottare Nada, imitando la sua voce strozzata dalle lacrime e facendo il gesto delle lacrime con le mani chiuse a pugno. Capo tirò la mela contro entrambi, che esplose in mille pezzi contro al muro. I due si ammutolirono all'istante, cambiando immediatamente atteggiamento.

"Perché Capo…"

"Che abbiamo fatto per far esplodere la tua ira Capo…"

Capo iniziò ad armeggiare minacciosamente con il rasoio.

"Perché ci sono momenti in cui non è necessario essere ridicoli. La mogliettina ha fatto una domanda legittima ed io le risponderò. A volte fate i pagliacci per nulla"

"Perdonaci Capo" disse sconsolato Charlie

"Con umiltà Capo" fece eco Willy.

Capo prese una sedia e si sedette di fronte a Nada, osservandola con sguardo serio e per la prima volta compassionevole. Le sue dita ticchettavano sulle cosce, mentre squadrava la donna da cima a fondo.

"Non c'è un motivo per il quale lo facciamo. A noi piace. Punto e basta. Per noi è come respirare. E' la nostra essenza. Uccidiamo e torturiamo le persone. Sì. E lo facciamo perché ci piace. Perché ci da gusto. Perché proviamo piacere nel farlo. Non stiamo facendo altro che mettere in atto uno stile di comportamento che fino a migliaia di anni fa era socialmente accettato e condiviso. Ci sono predatori e prede. E noi cacciamo. E non cacciamo animali, bensì persone. Perché lo facciamo? Perché siamo maledettamente bravi nel farlo. Ad ogni modo non lo mettiamo sempre in pratica. A volte rubiamo e basta e non facciamo nessuna visita. Ma questo è ciò per cui siamo nati e che tutto il mondo desidererebbe fare ma non fa, semplicemente perché è troppo vigliacco e troppo ipocrita per ammettere che gli piacerebbe farlo: uccidere, rubare, fare del male. Ritornare ad uno stato primordiale, la vera essenza dell'essere umano. Non è nemmeno il male così come si considera è semplicemente il risveglio di uno stato che sempre ci è appartenuto e che solo pochi eletti come noi hanno il coraggio di mostrare al mondo e mettere in pratica".

Le lacrime scorrevano sulle guance di Nada ed il suo sguardo era inorridito e colmo di sdegno.

"Voi non siete altro che… dei mostri senz'anima. Arriverà un giorno in cui pagherete per tutto il male che avete fatto e le vostre putride anime marciranno all'inferno"

Capo avvicinò il rasoio all'occhio di Nada, che ebbe un sussulto.

"Può darsi mogliettina bellina… ma non sarà questa la notte, puoi starne certa"

Willy e Charlie sghignazzarono, ma ben presto si bloccarono.

Il campanello suonò.

Tutti rimasero bloccati ed in ascolto.

Il campanello suonò di nuovo.

"E' lui, è arrivato il damerino" disse eccitato Capo.

"Sì è arrivato!" esclamò Charlie.

"E' qui, E' qui. Che la festa abbia iniziò!" strepitò Willy.

"Non urlate duo di idioti! Potrebbe sentirci ed allarmarsi ed addio piano e festa"
Willy e Charlie abbassarono la testa.

"Scusaci Capo"
Passò un momento di silenzio quando il campanello suonò nuovamente.
Capo strattonò con forza Nada per il braccio che gemette di dolore.

"Adesso andrai alla porta e lo farai entrare come se niente fosse. Se cercherai di fargli capire che siamo qui taglieremo la gola alla mocciosa di tua figlia in un istante. Sono stato chiaro mogliettina?"
Nada annuì con la testa e Capo la spinse via.
Si incamminò verso la porta principale a passo lento. Nel frattempo i tre si stavano appostando in luoghi dove avrebbero potuto prendere di sorpresa Brendan e catturarlo. Capo ordinò a Willy di rimanere in cucina, mentre disse a Charlie di nascondersi nella camera da letto. Capo seguì Nada per controllarla affinché non facesse scherzi.
La donna arrivò di fronte alla porta. Stava vivendo un assurdo paradosso. Avrebbe provato felicità se fosse stato Brendan alla porta, perché questo avrebbe significato che stesse bene; d'altro canto, se ci fosse stato suo marito dietro quella porta, allora sarebbero tutti morti. Stava tentando di inventarsi qualcosa, ma non sapeva cosa. Era disperata. Ed aveva paura per Lucia. Le avrebbero fatto del male, lo sapeva. Erano tre demoni senza scrupoli.
Girò la chiave nella toppa. Abbassò la maniglia. Aprì lentamente la porta. Capo brandì il coltello, pronto a saltare addosso a Brendan non appena avesse varcato la soglia. Nada stava tremando ed era sull'orlo delle lacrime. Non sapeva cosa escogitare. Sarebbe stata la fine per loro. Sarebbero diventati pasto per le molestie e le sevizie di quei tre criminali.
Aprì la porta quel tanto che gli permettesse di vedere chi fosse.
Il cuore batteva a mille.
Si affacciò per guardare.
Nada non potette credere ai suoi occhi.
Di fronte a lei c'era Gildos, l'anziano signore suo vicino di casa. Si trovava in pigiama con un'espressione preoccupata sul volto. Nada tentò di dissimulare il più possibile e non far trasparire il terrore che fino a poc'anzi aveva provato.

"Gildos, tutto bene? Sono quasi le 4 del mattino. E' successo qualcosa? Hai bisogno di aiuto?"

"Nada, mia cara, mi dispiace tantissimo venirti a disturbare a quest'ora della notte. Lo so che è tardissimo e che sembra inusuale, però ho sentito dei rumori strani provenire dal tuo appartamento e mi stavo chiedendo se tutto fosse a posto e se tu stessi bene"
Nada continuò con la sua scena teatrale, tentando in tutti i modi di non far trasparire nulla.

"No Gildos, non ti preoccupare sto bene ed anche Lucia. Sicuramente sarà stata la TV sai... la bambina non riusciva a dormire, così le ho messo un cartone animato e devo aver alzato il volume più del dovuto, mi spiace tantissimo averti molestato davvero. La prossima volta farò più attenzione"
Capo era rimasto immobile dietro la porta socchiusa, continuando a brandire il coltello. Capì che non era Brendan e si sentì frustrato. La rabbia stava montando in lui.

"D'accordo Nada, mi allegro che sia solo questo. Sai, con quello che sta accadendo per Vesnic in queste settimane... hai sentito parlare di quei tre matti che stanno uccidendo quelle povere famiglie?"
Nada si irrigidì immediatamente a sentirli nominare. Avrebbe dovuto mandarlo via, ed in fretta.

"Sì Gildos, ne ho sentito parlare. Una vera piaga, terribile... stanno terrorizzando tutta Vesnic"

"Si che dio ci aiuti. Di folli a questo mondo ce ne sono tantissimi. Purtroppo sono le persone buone e gentili a scarseggiare, come la mia dolce moglie, che Dio l'abbia in gloria, pace all'anima sua"

"Hai pienamente ragione Gildos, sono d'accordo con te. Ora ritorno a letto, sto morendo dal sonno"

"Si certo, torna pure a dormire. Perdona questo povero vecchio Nada e le sue paranoie"

"Non ti preoccupare Gildos. Grazie per il tuo interessamento. Se i vicini fossero tutti come te, dolci ed attenti"

Gildos fece un ampio sorriso e si voltò per tornare al suo appartamento, quando inavvertitamente Willy urtò un vaso nella cucina e lo fece cadere, mandandolo in mille pezzi. Con il silenzio della notte, il fragore fu netto ed assordante. Gildos si girò di scatto verso Nada.

"Che cos'è stato?"

Nada iniziò a sudare freddo.

"Nulla Gildos… deve essere Brendan che dalla cucina ha fatto cadere qualcosa, un piatto, chissà…"

Gildos corrugò la fronte "Nada perché improvvisamente sei diventata così nervosa? Cosa stai nascondendo? Cosa succede?"

"Nulla Gildos, nulla. Ora è meglio che tu vada è tardi, sono stanca…"

"Forse è meglio che entri a dare un'occhiata"

Prima che Nada potesse fermarlo, Capo con uno scatto felino spinse di lato la donna, spalancò la porta e strattonandolo per la camicia del pigiama, tirò dentro il povero Gildos scaraventandolo per terra.

Prima che l'anziano signore potesse fare un solo fiato, Capo gli fu addosso e con un colpo netto gli tagliò la gola. Un fiume di sangue uscì dalla ferita e Gildos incominciò a rantolare ed ad avere spasmi.

"Perché non muori sudicio vecchio schifoso!"

Capo affondò con tutte le sue forze il coltello nel cuore di Gildos che smise improvvisamente di muoversi. Estrasse la lama e la pulì sul pigiama della vittima.

Nada rimase lì a terra con gli occhi sgranati e la bocca spalancata. Era accaduto tutto così velocemente che non aveva avuto il tempo di rendersi conto che ora Gildos giaceva morto sul tappeto del suo salone. Una pozza di sangue si allargò sotto il corpo esanime, macchiando tutto il tappeto. La disperazione si impadronì di Nada, che solo in quel momento capì con chi avevano a che fare. Questi individui uccidevano per il semplice gusto di farlo. Non provavano né empatia, né alcun tipo di pietà, nemmeno un briciolo, un barlume. Immaginò Brendan accasciato al suolo, sgozzato ed il petto squarciato. In quel momento, ogni speranza si spense, ogni possibilità di salvezza offuscata. Non poteva immaginare nessuna via d'uscita per loro, se non la morte.

"P-perchè lo hai fatto?" chiese Nada singhiozzando.

Capo la guardò con occhi iniettati di sangue e le si scaraventò addosso, puntandole il coltello alla gola. A Nada sembrò che il cuore gli stesse per esplodere.

"Avrebbe potuto farsi gli affari suoi, invece si è voluto impicciare a tutti costi. Se ne sarebbe potuto andare, invece ha voluto fare l'eroe. Ma gli eroi esistono solo nelle favole mia cara mogliettina. Ma gli ho fatto solo un favore, non era altro che un vecchio inutile"

Nada non riusciva a staccare gli occhi da Gildos. Gli occhi immobili, lo sguardo spento, che sembrava la scrutasse. Quello era l'inferno.

"Adesso concentrati mogliettina: il vecchio viveva solo o c'è la sua famiglia che lo sta felicemente ed allegramente aspettando con caloroso amore?"

Nada rispose senza togliere gli occhi dal cadavere di Gildos.

"No… era vedovo"

Capo la guardò un momento, cercando di comprendere se dovesse crederle o no.

"D'accordo. Ed ora alzati"

Capo la strattonò per un braccio e la sollevò a forza.

Willy e Charlie entrarono nel salone, sorridendo alla vista del cadavere, come bambini felici scartando i loro regali il giorno di Natale.

"Ehi Capo, che capolavoro, eccellente!" commentò Charlie

"Si però non è giusto, ti sei divertito solo tu" disse Willy sconsolato.

"Fate silenzio ed aiutatemi a spostare questo inutile vecchio! Mi è venuta un'idea geniale"

"Si adoriamo le tue idee Capo"

"Adesso sono curioso, chissà cosa ti sta passando per la testa… Oh ma certo! Prepareremo la stessa sorpresa che abbiamo messo in piedi con l'ultima famigliola alla quale abbiamo fatto visita giusto?"
Sul volto di Capo apparve nuovamente quel ghigno diabolico e feroce.
"Esatto Willy, hai indovinato"
Willy e Charlie si guardarono ed eccitati si batterono il cinque. Lucia iniziò a chiamare a gran voce la madre dalla camera da letto. Nada guardò Capo.
"Vai e fai stare zitta la mocciosa. Rimani nella camera da letto fino a che non saremo noi a chiamarti nuovamente. Ho come la sensazione che il tuo damerino ci farà visita molto presto"
Nada annuì esausta, senza commentare.
Si trascinò nella camera di Lucia, che si era svegliata e la chiamava a grande voce, impaurita.
"Mamma, mamma, ho avuto un brutto incubo…"
Nada l'abbracciò e la baciò con amore.
"Non ti preoccupare tesoro, la mamma è qui con te, l'incubo è finito".
Quando in realtà era appena cominciato.
"Mamma, quei signori se ne sono andati?"
"No, non ancora amore"
"E quando se ne andranno?"
"Presto tesoro mio… presto"
Odiava mentirle, ma cosa avrebbe potuto dirle?
"Mamma, voglio papà. Quando torna?"
"Tornerà presto tesoro mio. Adesso dormi. Ti canto una canzoncina"
Nada le cantò la ninna nanna che sempre gli intonava per farla dormire. Lucia rimase addormentata tra le sue braccia in pochi minuti. Nada le baciò la fronte e rimase lì con lei, incominciando a versare lacrime amare. Desiderava più di ogni altra cosa che quello non fosse altro che un incubo e che si sarebbe potuta svegliare da un momento all'altro per porvi fine. Ma non era così. Tutto ciò che stava accadendo non era altro che la terribile realtà. Non sapeva se Brendan stesse bene e se fosse ancora vivo. In poche ore sarebbe sorto il Sole e quei maledetti avrebbero ammazzato lei e Lucia. Non vedeva nessuna via di scampo. Si strinse Lucia forte al petto. Ed allora un'idea illuminò la sua mente. Era la sua vita contro la loro. Non avrebbe lasciato in pasto sua figlia a quei mostri. E quando sarebbe arrivata l'ora, si sarebbe difesa a costo della sua vita. Appoggiò delicatamente la bambina sul cuscino ed aprì il primo cassetto di fianco al letto. Tra i giochini della figlia c'erano cose che le sarebbero potute tornare utili. Non era molto, ma avrebbe potuto nasconderle nelle tasche, per potersi proteggere al momento opportuno. Non avrebbe permesso che facessero del male a Lucia. Se doveva morire, allora avrebbe portato almeno uno di loro con lei. All'inferno.

LA CASA DEI SETTE MATTI

Brendan si svegliò, completamente intontito. Era seduto su di una sedia. Si guardò intorno. Si trovava in un giardino di fronte ad una casa abbandonata, seduto ad un tavolo lungo ed imbandito. Si rese immediatamente conto che non era solo: altre persone erano sedute al tavolo insieme a lui. Gemette di dolore; una forte fitta gli investì la testa. Si portò le mani alla fronte. I ricordi erano offuscati e confusi e stavano ritornando come un vortice di un fiume in piena. L'autista pazzo. Il bus che sbanda e che si rovescia. L'odore della benzina, il mezzo che prende fuoco. Lui che riesce a salvarsi per un soffio, usando l'autista come supporto. Il veicolo che esplode. Lui per terra, accasciato e sfinito sulla strada e poi il buio. Ed adesso si trovava in quel luogo sinistro, con delle persone alquanto bizzarre sedute a quella tavola.

"Signore e signori! Il nostro ospite si è finalmente svegliato, ridestato, smosso, manifestato"

Tutti i presenti fecero un piccolo e stentato applauso. L'uomo che aveva parlato era di statura molto alta, esile con i capelli tutti arruffati. Indossava un gilet e dei pantaloni eleganti entrambi viola, con una camicia bianca con bottoni neri.

"Benvenuto alla casa dei matti, mio giovane amico! Io sono Melaschole e quelli che vedi qui sono i miei compagni nonché super matti abitanti di questo magico luogo! Possiamo sapere il tuo nome nostro gradito, benaccetto, apprezzato, gradevole, benvoluto ospite?"

Brendan era consapevole di essere di nuovo finito in un covo di pazzi. Se però questa volta fossero anche pericolosi, lo avrebbe stabilito a breve.

"Brendan"
"Brendan! Ma che nome fantastico! Ti presenterò ad ognuno dei matti qui presenti mio caro Brendan"
Stava per nominare la prima persona alla sua sinistra, quando improvvisamente Melaschole si bloccò ed iniziò a guardare verso il basso. Era come se si fosse spento. Era immobile e guardava fisso per terra, con uno sguardo carico di tristezza e nostalgia.
"Non ti preoccupare, fa sempre così. E' il disturbo di cui soffre, che cosa ci vuoi fare"
a parlare era stata una vecchietta, la donna seduta al suo fianco. Doveva essere estremamente anziana, a giudicare dalla quantità di rughe che mostrava sul volto.
"Io sono Mimnesca giovanotto, piacere"
Portava un foulard legato al capo, esattamente come le anziane signore del secolo precedente ed indossava un vestito lungo e leggero, rosso con pallini bianchi.
Melaschole continuava a fissare il prato, senza muovere un muscolo e con sguardo triste perso nel vuoto; nessuno ci faceva caso.
"Sta bene?" domandò Brendan
"Si non ti preoccupare. Fa sempre così. Adesso si riprende. Sta a guardare"
Brendan lo osservava. All'improvviso, Melaschole alzò la testa, spalancò le braccia ed emise un piccolo grido soddisfatto.
"Dove ero rimasto? Ma certo! Alle presentazioni!"
"Avevi ragione Mimnesca è tornato come prima"
Mimnesca guardò Brendan confusa, come se non lo riconoscesse.
"E tu chi sei? Ci conosciamo?"
Brendan rimase confuso.
"Abbiamo… conversato un secondo fa. Mi hai detto il tuo nome e mi hai parlato del comportamento bizzarro di Melaschole"
"Non so chi tu sia.. e cos'è questo posto… voglio tornare a casa… non so chi siete, non vi conosco, lasciatemi andare!"
Melaschole mise le mani sulle spalle di Mimnesca che si tranquillizzò immediatamente.
"Suvvia Mimnesca, non far spaventare, intimorire, intimidire, sgomentare, atterrire il nostro ospite. Non vorrai che scappi vero? E' il nostro invitato speciale, trattiamolo con riguardo!"
Mimnesca abbozzò un sorriso e si raggomitolò su stessa. Brendan rimase completamente sorpreso: non era la stessa persona con la quale aveva parlato poc'anzi.
"Continuiamo con le presentazioni" proferì Melaschole schioccando le dita.
"Questo omaccione qui si chiama Depremo. E' la persona che mi ha aiutato a portarti fin qui, quando eri completamente privo di sensi"
Melaschole diede una pacca bella forte sulla schiena di Depremo, il quale abbozzò una debole reazione ed un verso di lamentela. Salutò Brendan timidamente, mantenendo la testa abbassata e lo sguardo verso terra.
"Depremo ti sembra questa la maniera di salutare il nostro rispettabile, degno, stimabile, ragguardevole, esimio ospite?"
Depremo fece un grugnito di sdegno, senza sollevare la testa "La vita è una terribile menzogna è tutta una bugia. Nulla ha senso e nulla ha significato. Cosa vuoi che mi importi salutare il nostro "esimio" ospite?"
Melaschole lo abbracciò, baciandolo sulla testa, non ottenendo nessuna reazione.
"Suvvia Depremo, suvvia! Non vorrai attaccare la depressione al nostro illustre visitatore? Non essere così triste, angosciato, demoralizzato, sconsolato, addolorato. La vita è un arcobaleno di mille colori che va vissuta al suo massimo"
"La vita è un inferno e spero che la mia finisca presto" rispondette Depremo.
Melaschole non fece caso alle ultime parole di Depremo e gli diede un altro bacio, al quale il ragazzo reagì debolmente.

Melaschole passò questa volta ad una donna, che stava spingendo avanti ed indietro un passeggino, cantando una indistinguibile ninna nanna al suo bambino. La donna era elegantemente vestita con un lungo abito rosso, con i capelli biondi ordinati e raccolti con un foulard bianco ed un trucco delicato e non troppo pesante sul viso.

"Ti presento la nostra bellissima dama di cortesia, la favolosa Lugera"

Lugera discostò per un momento lo sguardo dal passeggino e fece un ampio sorriso ed un mezzo inchino nei confronti di Brendan.

"Melaschole, come posso dirigermi al nostro ospite?"

"Il suo nome è Brendan, Madame"

"Oh un bellissimo nome ed anche il significato che porta. E' una delizia averti qui con noi Brendan, è un piacere conoscerti"

"Il piacere è tutto mio" disse Brendan incerto.

"Oh ma… Melaschole che sbadato che sei. Ti sei dimenticato di presentare il mio bellissimo bambino, nonché primogenito"

Un impercettibile espressione di disagio si disegnò sul volto di Melaschole.

"Ma certo mia cara! Hai proprio ragione, sono uno sbadato, distratto, disattento, scriteriato. Brendan, lascia che ti presenti il figlio di Lugera, Vocito"

Lugera girò il passeggino verso Brendan, per poter mostrare il figlio.

"Ha solo 9 mesi ed è tutto in carne e paffutello. Non è un amore il mio Vocito? Sì è l'amore della mamma. Fai ciao a Brendan, fagli ciao con la manina tesoro"

Brendan guardò all'interno del passeggino. Era vuoto. Non c'era nulla.

Lugera continuava a parlare… al niente. Brendan rimase paralizzato. Stava per dire qualcosa quando sentì afferrarsi per il braccio destro. Era Mimnesca.

"Non fare né un fiato ragazzo, altrimenti qui salta in aria il mondo. Fingi, per l'amor della pace" proferì tutto questo sussurrando, di modo che Lugera non potesse sentirla.

Ma prima che potesse parlare, Brendan notò che Lugera iniziò ad innervosirsi.

"Perché avete quelle facce? Cosa state confabulando? Non vi piace il mio bambino? Cosa avete contro Vocito?"

"Nulla Lugera, nulla. Mimnesca mi stava solo dicendo di dire qualcosa di bello al tuo bambino ed essere rispettoso. Lo trovo un bebè fantastico, esattamente come la madre. Siete adorabili insieme"

"Sì il santo dio ti ha benedetto, consacrato, santificato, tutelato con un grande dono!" esclamò Melaschole, poi girandosi all'altro lato ed alzando gli occhi al cielo.

Lugera si tranquillizzò improvvisamente, mostrando un sorriso solare e congiungendo le mani in segno di gratitudine.

"Grazie, grazie a tutti! Il mio Vocito è stupendo e crescerà sano e forte, portando gloria a questa casa!"

"Ne siamo certi Lugera!" dichiarò Melaschole.

"Andiamo avanti mio caro Brendan"

Stava per passare al prossimo, quando Melaschole rimase nuovamente immobile, come se avesse esaurito le batterie.

"Di nuovo?" commentò frustrato Brendan.

Mimnesca scrollò le spalle "Bisogna abituarcisi, non c'è altro da fare. Tra poco non ci farai nemmeno più caso"

Brendan notò che L'anziana signora era tornata esattamente come prima.

"Cosa mi sai dire riguardo… Lugera" sussurrò Brendan.

Mimnesca scosse il capo con aria triste "Una storia dolorosa quanto incredibile. Lugera stava facendo una passeggiata con Vocito, adagiato nella sua carrozzina. Fin qui tutto normale, con l'unico problema che mentre stava camminando, Lugera allo stesso tempo stava utilizzando il cellulare"

Brendan osservò Lugera, intenta ad interagire con un bambino che esisteva solo nella sua mente.

"Distratta dallo stesso, Lugera non si rese conto che stava attraversando la strada con il rosso. Fu un attimo. Una macchina passò in quel preciso istante, non fece tempo a frenare e prese in pieno il passeggino con una violenza inaudita; la carrozzina, con dentro Vocito, venne sbalzata per metri, cadendo con un tonfo assordante. Lugera accorse in aiuto del bambino, come le persone che stavano lì intorno, ma non c'era più nulla da fare. Vocito era morto sul colpo"

Brendan cercava di immaginare l'orribile e straziante scena: il colpo ricevuto dall'auto; Lugera che si rese conto di cosa fosse accaduto; il corpo senza vita e martoriato di Vocito. E tutto solo per poter guardare uno stupido cellulare. Poteva solo immaginare il senso di colpa che stava provando.

"Non riuscì mai a perdonarsi per l'accaduto e per poter vincere il senso di colpa e non cadere in un vortice di follia, creò un bambino fittizio, un Vocito che esiste unicamente nella sua testa. Dopo il terribile incidente, venne portata qui da Melaschole, che aveva assistito al tutto"

Lugera stava cantando una canzoncina al suo bambino inesistente, sorridendo come se fosse di fronte alla cosa più bella del mondo. Brendan pensò quanto potesse essere devastante perdere un figlio, soprattutto a seguito di un comportamento tanto sconsiderato ed incosciente come lei aveva avuto. Dopo un evento simile, le cose non possono, anzi non vogliono tornare le stesse. Un eterno oblia di colpa e sofferenza che si può estinguere solo con la fantasia e l'immaginazione, esattamente come Lugera aveva fatto.

"Melaschole fa spesso queste sortite fuori da questa magione?"

Mimnesca guardò Brendan aggrottando le sopracciglia.

"Perché mi stai dando tutta questa confidenza? Ci conosciamo?" Al che si voltò, gli diede le spalle ed incominciò ad ondeggiare da una parte all'altra, ripetendo parole senza senso.

Nel frattempo, Melaschole si era ripreso dal suo stato di apatia ed aprì le braccia sfoggiando un immenso sorriso.

"Brendan ti presento Phrensch!"

Phrensch era seduto al tavolo e parlottava tra sé e sé. Aveva i capelli tutti arruffati ed un baffetto appena accennato. Portava una maglietta a maniche corte con colori sgargianti, come se addosso avesse l'arcobaleno stesso.

"Phrensch è un po' timido, ma quando prende confidenza può diventare il più grande e fedele, devoto, affezionato, fido, pio amico del mondo. Non è vero Phrensch? Dillo al nostro nuovo compagno Brendan!"

Phrensch continuava a parlottare; Brendan cercò di aguzzare l'orecchio per cercare di capire cosa stesse dicendo.

"Cosa dici, dovremmo rivolgergli la parola?"

Stava parlando con qualcuno. O meglio, stava parlando da solo.

Phrensch attese un attimo, poi riprese la parola.

"Sì hai ragione, ma potrebbe essere un azzardo. Cosa? E chiediglielo tu no, perché vuoi che faccia sempre tutto io! Ok, ok hai ragione, mi ero dimenticato che hai il mal di gola e che è difficile parlare per te. Come? Già però sempre che te ne approfitti!"

Brendan rimase allibito e si chiedeva per quale motivo ancora non se ne fosse andato. Forse la sua solita curiosità o forse il fatto che la sua intuizione gli stesse dicendo di attendere. Dietro quella maschera di simpatia e gentilezza, Brendan sentiva che ci fosse dell'altro, qualcosa di più oscuro. Decise di stare al gioco per il momento.

"Izoen si sta chiedendo perché hai un così mal gusto nel vestirti"

"Phrensch, Phrensch, mio caro vecchio Phrensch! Ti sembra il modo di trattare il nostro illustre, stimato, eminente, esimio ospite?"

"E' stato Izoen, sai com'è lui! Vuole sempre fare domande assurde, non lo sopporto più!"

"Andiamo Phrensch, cerca di far calmare Izoen e di non fargli offendere il nostro Brendan si?"

Phrensch si mise le mani nei capelli, come disperato e ne strappò una ciocca.

"Hai visto? Ci hai fatti rimproverare di nuovo! Sei malvagio, non ti sopporto, voglio che te ne vada! Come? No, bugiardo. E solo grazie a me se siamo riusciti a diplomarci. Tu mi stavi dando tutte le risposte errate. Ok, ma che sia l'ultima volta d'accordo?"

Phrensch si mise composto con le braccia conserte.

"Brendan, Izoen vorrebbe ballare con te dopo. E' possibile?"

Brendan rimase interdetto dalla proposta.

"Ne possiamo parlare…"

"Hai sentito Izoen? Sì lo so, la vita è ingiusta. No, non è ancora ora di mangiare, abbi pazienza!"

Melaschole diede un'energica pacca sulla spalla a Phrensch, che continuò ad interagire con Izoen.

"Dunque passiamo ai nostri due ultimi compagni, nonché amici"

Le movenze di Melaschole erano molto teatrali, con ampi gesti delle braccia e del corpo, quasi come se stesse ballando.

"Abbiamo qui nientemeno che Obsidera Compilera, per gli amici Obsi".

Anche Obsidera era seduta al tavolo. Era una donnina minuta, con i capelli rossi e le lentiggini e occhi azzurro celeste. Era intenta a mettere in ordine il piatto, le posate ed il tovagliolo che si trovavano di fronte a lei, ma non sembrava mai soddisfatta. Spostava il tutto di pochi millimetri, per poi cambiare nuovamente di posizione. Imprecava e sbraitava, senza mai riuscire a trovare una regola.

"La nostra Obsi è un tantino ossessionata con l'ordine" commentò Melaschole, appoggiando una mano sulla spalla della donna.

"No Melaschole! Cosa stai facendo! Guarda, hai fatto una piega sul mio vestito! Adesso mi toccherà stirarlo di nuovo perché rimanga perfetto, senza nessuna inadeguatezza. E lo hai spostato! Era ben appoggiato tra la giuntura del collo e la spalla, con un buon angolo acuto. Che disastro!"

Melaschole fece una faccia truffaldina, come da bambino birichino ed in punta di piedi si spostò verso l'ultima persona che mancava all'appello.

"E' ora di scappare, fuggire, dileguarsi, sgattaiolare, congedarsi dall'ira della Obsi"

"Vai al diavolo" imprecò Obsidera, che si mise a cercare il giusto angolo per collocare il vestito che Melaschole le aveva spostato impercettibilmente sulla spalla, in un loop senza fine.

"Non ci rimane che l'ultimo ma non ultimo: Chondros!"

Brendan si chiese come non fece a notarlo prima. Chondros aveva addosso quella che sembrava una tuta da sub, con guanti spessi, stivali antinfortunistici, un casco ed una mascherina sul volto.

Melaschole fece per avvicinarsi, tuttavia Chondros fece un immediato passo indietro.

"Non ti avvicinare Melaschole! Chissà quanti batteri hai addosso dopo aver toccato tutti quanti! Potresti uccidermi con la quantità di virus che ora contaminano il tuo corpo!"

Melaschole mise le braccia di fronte, come per acchiappare Chondros ed iniziò ad avvicinarsi lentamente.

"Non fare il cretino Melaschole! Non un passo in più! O mi avrai sulla coscienza tutta la vita. Magari stai coltivando una nuova malattia che ci ucciderà tutti"

Chondros mise la mano sinistra sulla fronte e la destra sullo stomaco.

"Ecco… sento già un dolore alla testa… nausea… e lo stomaco… mi fa male.. ah no, peste forse, tifo, tubercolosi? Ah no, me tapino, vengo meno…"

E prima che cadesse al suolo svenuto, con rapidità e prontezza Melaschole mise una sedia dietro Chondros che evitò la sua caduta. Ansimava e tossiva e di disperava per la malattia che lo avrebbe sicuramente ucciso.

"Sempre ad esagerare, ingigantire, accentuare, esasperare, gonfiare le cose Chondros, vecchio mio! L'unica cosa di cui potrai morire sarà per noia… o di fame se non conquisti il tuo posto alla tavola insieme agli altri".

Melaschole lasciò Chondros alle sue lamentele e piagnistei e si stava dirigendo danzando verso Brendan, quando ebbe improvvisamente un'altra delle sue crisi. Si accovacciò, si abbracciò le gambe, nascose la testa tra le ginocchia ed iniziò a piangere ed a sospirare. Questa volta sembrava che la crisi fosse peggiore delle precedenti.

"Brendan stai tranquillo è tutto nella norma, come ti ho detto è questione di abitudine, lo fa sempre. Sembra che stia peggio di prima, ma si riprenderà vedrai" Mimnesca era tornata come in precedenza. Era come se in lei vivessero due persone distinte.

Brendan non riusciva assolutamente ad abituarsi a nulla che stava accadendo in quella notte incredibile, la più assurda della sua vita. E definitivamente era finito nella casa dei matti: persone che sentivano le voci, bambini immaginari, disturbi della memoria.... Era presente tutto un campionario per aprire un manicomio.

Brendan si guardò nuovamente intorno per studiare il luogo nel quale si trovava: giardino ben curato, però con erba alta ai lati; alto cancello con spuntoni all'estremità che circondava la residenza; edificio fatiscente con in cima il simbolo dell'aquila della Legiunile con al fianco la bandiera verde e azzurra di Vesnic. Ma ciò che più attirò la sua attenzione, fu una galleria che era presente al di fuori della residenza, con un'entrata oscura ed inquietante, che non aveva idea di dove portasse. Il tutto era circondato da alti alberi oltre i quali non si vedeva nulla, se non l'entrata della galleria. Dunque, non aveva la minima idea di dove si trovasse e non aveva nessun elemento con il quale potersi orientare. Nel bel mezzo del nulla, in una zona indefinita di Vesnic, con un gruppo di pazzi scatenati di cui ancora non aveva capito le intenzioni. Fantastico. Ad ogni modo non dovevano essere lontani dal luogo dell'incidente dove era svenuto esanime.

"Ti starai chiedendo dove ci troviamo e cos'è questo posto vero?"
Era Mimnesca che aveva parlato.
"Già... questo posto è magnifico, con tutta questa natura e questi alberi, il giardino ben curato... Apparteneva alla Legiunile?"
"Sì esatto. Durante la guerra con Limitat, il governo di Vesnic costruì questo posto segreto per poter coordinare le operazioni di guerra insieme alla milizia, l'esercito e la Legiunile. Oltretutto, costruì quella galleria per poter condurre qui i civili inermi, tenendoli così lontani dagli orrori della guerra. Per quanto l'edificio di fronte a te possa sembrare fatiscente, dentro tutto è ancora abbastanza stabile. Nel nostro piccolo cerchiamo di prenderci cura di tutto qui. Dopotutto, questa è la nostra casa adesso"
"E la Legiunile ed il governo di Vesnic non utilizzano più questo luogo? Lo hanno abbandonato completamente?"
"Dopo la fine della guerra, questo posto perse tutta la sua utilità e venne completamente abbandonato. Bloccarono l'accesso alla galleria dall'altro lato, in modo che nessuno potesse raggiungerlo. Però Melaschole trovò un modo diciamo non consono per superare il blocco della galleria ed arrivare qui. E poco a poco ci trovò, noi povere anime sole ed abbandonate, dimenticate dalla società perché un peso, troppo diversi e strani per essere accettati. E poco a poco abbiamo creato questa famiglia, che abbiamo nominato la famiglia dei sette matti. Ci aiutiamo l'un l'altro, sfruttiamo della frutta e della selvaggina che è rimasta qui nel bosco che circonda la residenza e del piccolo fiume che si trova un po' più in là"
Brendan si guardò intorno, esaminando il luogo. Si trovavano all'aperto, però aveva la sensazione di essere come nella profondità della terra, come se si trovassero in un'altra dimensione... come se quella non fosse in realtà Vesnic, bensì un altro luogo, lontano da tutto e da tutti.
"Mimnesca dove ci troviamo esattamente? In quale zona di Vesnic siamo? Viitorul o Prezent?"
Mimnesca si alzò improvvisamente dalla sedia e si allontanò con uno scatto rapido per la sua veneranda età.
"Lasciami in pace. Non so chi tu sia. Perché continui a parlarmi ed a farmi assurde domande? E dove mi trovo? Chi siete tutti voi? Lasciatemi sola, lasciatemi!" E fuggì nascondendosi dietro ad un albero, non staccando gli occhi da Brendan.
"E perciò Brendan, presentazioni finite! Questa è la famiglia dei matti, che più pazzi non si può!"

Brendan saltò sulla sedia dallo spavento. Melaschole era apparso dal nulla e si era piazzato di fronte a lui, gridando come un venditore al mercato. Si era ripreso dalla sua ennesima crisi.
"Potresti dirmi come sono arrivato qui? L'ultima cosa di cui mi ricordo è il bus in fiamme. Sicuramente sono svenuto…"
Melaschole fece un altro dei suoi gesti teatrali, danzando e facendo una piroetta.
"Ma certooooo! Io e Depremo eravamo in perlustrazione, in cerca di qualcosa di utile o di altri matti, quando ad un certo punto vedemmo il bus in fiamme ed anche tu, svenuto a terra sulla strada. Per gli altri purtroppo non c'era più nulla da fare: i passeggeri delle macchine coinvolte nell'incidente erano tutti morti, defunti, estinti, trapassati, nessuno era rimasto in vita, nessuno da salvare e da aggiungere alla famiglia dei sette matti… che adesso sono otto! Depremo ed io ti abbiamo caricato, portato qui e dato assistenza. "
Brendan si portò le mani di scatto alle tasche e non trovò le creme curative che gli aveva donato il Legato Draco.
"I miei tubetti curativi…" sussurrò con un tono di stizza.
"Oh sì l'Artiglio del Diavolo e l'Arnica… ci siamo permessi di utilizzarle per curarti Brendan. Eri messo piuttosto male. Avevi ferite ovunque ed anche ustioni in varie parti del corpo. Abbiamo dovuto utilizzare completamente la crema di Artiglio del Diavolo e di Arnica non rimanevano che due pastiglie… Il tubetto si era mezzo rovesciato. Bisogna dire che le cure della Legiunile sono davvero miracolose, divine, portentose, straordinarie, stupefacenti!"
Brendan rimase sorpreso.
"Eri a conoscenza di quei curativi e del loro effetto? Come?"
Melaschole si fece improvvisamente scuro in volto e tutta la sua allegria svanì immediatamente.
"Non è qualcosa di cui ora voglio parlare"
Brendan lo osservò: che avesse fatto parte della Legiunile? Sembrava che brutti ricordi attraversassero la sua mente. Però repentinamente, il sorriso apparve di nuovo sul suo volto, così come era svanito poco prima, come se avessero premuto un tasto.
"Ed ora quale nostro ospite, sei invitato a cenare con noi ed a godere del nostro prelibato, squisito, succulento, gustoso, ghiotto cibo!"
Brendan si alzò dalla sedia e fece segno di negazione con le mani.
"Melaschole, tutti voi, vi ringrazio infinitamente per avermi salvato la vita ed esservi presi cura di me, questo non è da tutti, ma ora voglio andare. La mia famiglia mi sta aspettando, saranno in pensiero per me. E' tutta la notte che vago per Vesnic, la notte più assurda ed incredibile della mia vita. Però ora il mio viaggio è finito. Ho voglia solo di tornare a casa e di riabbracciare mia moglie e mia figlia"
Il sorriso sul volto di Melaschole sparì nuovamente ed il silenziò dominò la scena. Tutti si zittirono e si girarono verso Brendan, come se avesse detto qualcosa di proibito o interdetto. Persino Lugera perse le attenzioni sul Vocito immaginario.
"Ma certo Brendan, non sei nostro prigioniero, puoi andartene quando desideri" commentò con un sorriso forzato ed un tono di voce chiaramente infastidito.
"Ad ogni modo… qui alla casa dei matti abbiamo delle regole. Chiunque faccia parte della nostra famiglia, per potersene andare dovrà affrontare, sostenere, far fronte, fronteggiare delle prove"
Brendan aggrottò la fronte "Che genere di prove?"
"Oh sono un non nulla, semplici tre prove alle quali ad ogni modo parteciperemo tutti, come una grande, bella, unita e meravigliosa famiglia"
"Sì, non vuole stare più con noi" era Phrensch che aveva proferito parola "No, non so perché Izoen. Tu dici? Sì può essere. Non so sai? Beh sei tu l'esperto. Va bene come vuoi. Ok, dopo lo scopriremo"
Melaschole incominciò a camminare in punta di piedi, fingendo di essere un equilibrista.
"Però puoi sempre valutare, quotare, stimare, stabilire, esaminare nuovamente la nostra offerta di far parte della nostra famiglia Brendan. Qui avrai tutto ciò che ti serve: un posto dove dormire, buon

cibo naturale e sano, il luogo è paradisiaco e meraviglioso, acqua pura come mai l'hai vista in vita tua ed un luogo, territorio, zona, spazio, posto tutto nostro, dove potrai sentirti un re!"
Lugera applaudì alle parole di Melaschole "Anche Vocito vuole che tu rimanga. Gli piaci, guarda come ti sorride il mio tesoro. Vero che sei bellissimo quando sorridi, amore della mamma?"
"Perché desiderate che rimanga qui? Perché mi considerate uno dei vostri?" chiese Brendan portando la mano alla tasca, dove si trovava il coltello di Lothar. A parte la crema di Artiglio del Diavolo e l'Arnica non gli avevano sottratto nulla fortunatamente.
"Perché anche tu sei un matto Brendan, proprio come noi. A quale persona normale e con un po' di senno gli verrebbe il desiderio di attraversare Vesnic proprio durante questa notte? La notte dell'Ecatombe? Solo ad un pazzo!" a questa esclamazione, tutti tranne Depremo, iniziarono a ridere ed a gridare come dei forsennati.
"Questo non toglie che io non abbia nessun desiderio di rimanere qui, per quanto vi sia riconoscente per avermi salvato la vita e questo non lo dimenticherò mai"
"E per noi è stato un onore, omaggio, privilegio, prestigio poterti aiutare ed ospitarti nella nostra dimora. Ma casa nostra, nostre regole. Se vuoi andartene per sempre sul tuo bellissimo e splendente cavallo bianco, allora dovrai giocare, divertirti, svagarti, trastullarti, baloccarti con noi! Non accettiamo un no come risposta"
Qualcuno gli mise dolcemente la mano sul braccio. Era Mimnesca, di nuovo tornata alla sua normalità. O chi può dire in quale stato fosse davvero "normale"?
"Brendan fai ciò che ti dice. Se non accettassi le condizioni imposte da Melaschole, vedresti il lato oscuro di queste persone. Non farti ingannare dai loro atteggiamenti goffi e buffi. Indossano diverse maschere, dietro le quali si cela qualcosa che è meglio del quale tu non sia testimone. Tu sei solo, mentre loro sono in 6. Io sono vecchia ormai e non farei nulla per impedirti di andartene. Ma temo la loro reazione se tu insistessi a non voler partecipare o se tentassi di fuggire. Sii saggio e fai la scelta giusta".
La mano di Brendan continuava a giocherellare con il coltello. Sfiorò con le dita l'accendino di Adara, che gli aveva salvato la vita con Mabuz. Voleva tornare dalla sua famiglia il più presto possibile e mettere fine al suo viaggio; ormai era soddisfatto di ciò che aveva compiuto. Ma il destino gli aveva messo di fronte un'altra prova e forse c'era un significato in tutto questo. Non voleva controllare più nulla e lasciare che le cose fluissero. Anche se si stava trovando continuamente in condizioni limite, che stavano mettendo a rischio la sua stessa vita. Ad ogni modo, anche se questa sembrava una via senza uscita, aveva sempre la possibilità di scegliere; e prese difatti la sua decisione.
"Va bene accetto, parteciperò"
A codesta risposta, tutti, meno Depremo, iniziarono a ballare ed a lanciare in aria dei coriandoli, che fino a quel momento avevano tenuto nascosti. Melaschole era particolarmente entusiasta: saltava, fece l'eco dei pellerossa con la mano sulla bocca, inscenò un ballo con Obsi, fece scoppiare un palloncino in faccia a Depremo che lo insultò, anche se con poca veemenza. Prese le mani di Brendan e le strinse alle sue.
"Non te ne pentirai Brenduccio; vedrai sarà un incredibile spasso!"
"In cosa consistono queste prove Melaschole?"
"Ah ma come siamo curiosi, impiccioni, ficcanaso! Le nostre prove sono, alla fine dei conti, nient'altro che degli innocenti e fantastici giochi che ci faranno divertire, svagare, rallegrare, intrattenere e allietare!"
"Quindi… qual è il primo gioco al quale dovrò partecipare?"
Melaschole fece a tutti segno di avvicinarsi. Obsi contava ossessivamente le striature che aveva sulle dita; Phrensch continuava a parlare da solo; Depremo si sedette a terra fissando il pavimento e giocherellando con una pietra; Lugera con il suo immancabile Vocito immaginario. Chondros si manteneva a debita distanza da tutti.
"Attendetemi qui, tornerò in un istante, lampo, baleno, palpito, batter di ciglia".

Melaschole si catapultò dentro la casa della Legiunile, probabilmente per cercare qualcosa. Da fuori, si potevano sentire i rumori di cose che venivano gettate e spostate. Brendan osservò Mimnesca per ottenere spiegazioni, dato che sembrava fosse l'unica della quale si potesse fidare. Ma ecco che si trovava di nuovo nel suo stato confusionario, dunque decise di lasciar perdere. Finalmente Melaschole uscì dall'edificio, stringendo in mano un oggetto. Quando si avvicinò, Brendan lo identificò: era un pallone.

"Signori e Signorine! Benvenuti alla terza edizione delle Olimpiadi dei Matti! Ci destreggeremo in tre differenti prove, sfide di gruppo e di coordinazione che metteranno a dura prova il nostro corpo e le nostre pazze menti!"

Melaschole rise a crepapelle, mentre gli altri questa volta non fecero che un timido applauso.

Mostrò a tutti il pallone che aveva con sé.

"Il primo gioco non sarà niente meno che la buona e vecchia palla prigioniera! Ci divideremo in due squadre da quattro persone l'una"

Un altro passo di danza ed un urlo a squarciagola verso la Luna che stava in cielo.

"Le regole sono semplici: i membri di ogni gruppo si posizioneranno in due metà differenti di un campo delimitato e proveranno a colpire, trafiggere, cogliere, percuotere gli avversari con questo santo pallone. Ogni volta che un giocatore verrà colpito, dovrà recarsi nella prigione della metà avversaria, esattamente dietro al team nemico. Per poter rientrare in gioco, chi si troverà in galera dovrà colpire i giocatori giocanti con il santo pallone. Il primo team che imprigionerà tutti i membri dell'altra squadra, sarà il vincitore!"

Altro timido applauso. Sembrava che l'euforia di pochi minuti fa si fosse estinta e solo Melaschole fosse eccitato.

"Mio caro Brendan, per poter andartene di qui, dovrai vincere almeno due giochi su tre. Nel caso dovessi perdere e non raggiungere l'obiettivo minimo beh… farai parte della famiglia dei pazzi per sempre! Ed ora diamo inizio ufficialmente alla terza edizione delle Olimpiadi dei Matti e che vinca il migliore, eccellente, superiore!".

E questa volta invece, tutti urlarono all'unisono, lanciando altri coriandoli in aria, che Brendan non aveva idea di dove avessero preso. Persino Depremo fece un piccolo sforzo per celebrare l'inizio della terza edizione.

Mimnesca sembrava di nuovo tornata in sé, così che Brendan ne approfittò per carpire qualsiasi informazione potesse essergli utile.

"Mimnesca, perché ha parlato di una terza edizione? E' quello che mi immagino?"

"Si ragazzo, altre due persone sono state portate prima di te qui e non hanno accettato di rimanere qui con noi. Un uomo ed una donna"

"E che cosa accadde?"

"Non superarono le prove e non volendo accettare il loro destino, tentarono di fuggire"

Brendan rimase in sospeso, temendo di esprimere la domanda che stava cercando di trovare spazio sulle sue labbra. Però prima che potesse dire qualsiasi cosa, Melaschole li interruppe.

"Perfetto! Ora formeremo le due squadre che si affronteranno. Da una parte: Brendan, Mimnesca, Depremo, Lugera. Dall'altra: il sottoscritto, Phrensch, Chondros, Obsi".

Brendan rimase interdetto: era palese che i due team erano squilibrati. Melaschole lo aveva fatto di proposito per metterlo in svantaggio.

"Melaschole non sono d'accordo; i due team sono completamente squilibrati" commentò critico Brendan.

"Oh Brendan, non sottovalutare i tuoi compagni di squadra. Sono migliori di quanto pensi a questo gioco. Come si dice: chi vivrà vedrà! Ed ora sistemiamoci, collochiamoci, accomodiamoci, schieriamoci, approntiamoci nella nostra metà campo".

Il giardino di fronte all'edificio del governo di Vesnic era davvero molto grande e c'era davvero lo spazio per poter costruire un campo da gioco. Infatti lì l'erba era più bassa ed erano state delimitate delle linee per demarcare lo spazio, anche se abbastanza rozzamente e con superficialità.

Gli otto si distribuirono nelle due metà, in due team da quattro, come Melaschole aveva esposto. Collocò la palla nella linea centrale e fece un passo indietro. Brendan osservò il suo gruppo: un'anziana signora di 80 anni; Lugera che continuava ad osservare il passeggino senza prestare attenzione a quello che stava accadendo; Depremo, che parlava di quanto la vita facesse schifo e che nulla avesse senso, bloccato guardandosi le mani ed il suolo. Melaschole era stato astuto ed aveva messo in piedi un team che virtualmente non aveva nessuna possibilità di vittoria. Ma non si sarebbe dato per vinto. Avrebbe superato l'ennesima difficoltà e sarebbe uscito da lì, vivo.

"Si dia inizio ai giochi!" urlò Melaschole, correndo verso il pallone.

Brendan fu colto di sorpresa e cercò di raggiungere la palla prima del suo avversario.

Non fece in tempo.

Melaschole prese la palla e con tutta la forza che aveva in corpo la lanciò contro Brendan.

Fu un attimo.

Brendan la evitò all'ultimo istante.

Si girò.

Aveva colpito Lugera.

La donna non si era nemmeno accorta del pallone che le stava arrivando addosso, talmente era assorta ad osservare il passeggino vuoto che aveva momentaneamente abbandonato.

Melaschole fece un gesto di vittoria e gli altri membri della sua squadra celebrarono il primo eliminato.

"Lugera cara! Qui, nella nostra prigione"

Lugera andò dietro al team di Melaschole, nell'immaginaria prigione dove stavano gli eliminati.

Il gruppo di Brendan era già in svantaggio; quattro contro tre.

Corse a prendere la palla.

"Mimnesca, Depremo, state più indietro! Così siete prede troppo facili!"

Lo ascoltarono, anche se Depremo si muoveva ad una lentezza esasperante.

Brendan studiò la situazione. I suoi opponenti sapevano giocare, in quanto si muovevano per non essere colpiti. Melaschole era stato abile a creare una totale mancanza di equilibrio tra le due squadre.

A Brendan venne un'idea.

Si lanciò con veemenza verso il limite della linea fingendo di tirare il pallone contro Melaschole, quando all'ultimo istante lo lanciò contro Obsi. Il cambio repentino colse tutti di sorpresa, Obsi compresa, che non fece in tempo ad evitare il colpo.

"Ben fatto ragazzo" esclamò Mimnesca.

Erano di nuovo pari.

Phrensch raccolse il pallone.

"Depremo cerca di muoverti, così sei un bersaglio troppo facile! Avanti, possiamo vincere!" esclamò Brendan.

"Una nullità come me non merita nulla di buono. Non merito di vincere, come non sono degno di nessun tipo di amore. Non sono all'altezza, sono solo un buono a nulla, un perdente. E per questo, perderò"

Brendan capì che non avrebbe potuto fare affidamento su di lui.

Phrensch tirò il pallone.

Fu un passaggio per Obsi.

Brendan tentò di intercettarlo, ma fu inutile. Scappò verso la linea centrale, trascinando con sé Mimnesca. Obsi prese il pallone al volo e lo tirò contro Depremo senza esitare. Non tentò nemmeno di evitare il colpo. Obsi si liberò con questo colpo ed imprigionò Depremo.

Quattro contro due. Di cui una Mimnesca.

Le cose si erano complicate.

"Da queste parte Depremo, amico mio!" cinguettò Melaschole.

Brendan raccolse la palla e pensò sul da farsi.

Ebbe un'illuminazione.

"Lugera, lo so che sei preoccupata per Vocito. Però gioca per lui, gioca per tuo figlio, lui sarà immensamente orgoglioso di te!"

Lugera si girò verso Brendan e una nuova luce le splendette negli occhi.

"Passami la palla!" gridò. Brendan la lanciò verso Lugera, che la raccolse al volo e la tirò contro Phrensch.

La evitò.

La palla ritornò nella metà di Brendan che con uno scatto felino la raccolse di nuovo e la tirò nuovamente contro Phrensch che si trovava sbilanciato.

Questa volta non ebbe scampo.

Prigioniero.

Tre contro due.

Phrensch andò imprecando verso la prigione, rispondendo alle critiche mosse da Izoen.

La palla venne raccolta da Obsi; Melaschole gliela strappò dalle mani.

"Indietro Mimnesca"

Mimnesca non avrebbe resistito ancora a lungo.

Avrebbe dovuto farsi venire un'altra idea ed in fretta.

Melaschole scagliò la palla contro Mimnesca con tutte le sue forze.

Ma nel frattempo, Mimnesca ebbe una delle sue crisi, dimenticandosi dove fosse e per questo si mosse quel poco che le servì per evitare il pallone.

Non c'era tempo di festeggiare, in quanto il pallone venne preso da Phrensch.

Lo scagliò all'istante.

Il colpo non era forte ed era centrale.

Fu un secondo.

Brendan si arrischiò.

Lo prese al volo si girò di scatto ed urlò "Chondros hai una macchia infetta addosso!"

Chondros incominciò a guardarsi il corpo disperato, per timore di contrarre una qualche malattia sconosciuta.

Brendan ne approfittò e lanciò la palla contro di lui.

Lo centrò in pieno.

"Non vale, hai giocato sporco!" esclamò Obsi.

Brendan non badò alle sue parole.

Il pallone, per la forza dell'impatto, tornò indietro.

Melaschole tentò di prenderlo, ma senza successo.

Brendan lo raccolse nuovamente.

"Obsi, quanti fili di erba ci sono in questo campo?" strillò Brendan.

Obsi venne colta da una crisi ansiogena e si accovacciò per contare i fili d'erba. Brendan sfruttò l'occasione e tirò la palla verso di lei.

Centro.

Obsi era nuovamente prigioniera.

Due contro uno.

Niente contraccolpo questa volta. Melaschole raccolse il pallone.

"Bene, bene, bene Brendan. Voglio dire che mi hai veramente sorpreso, meravigliato, stupito, sbalordito, sbigottito. Non pensavo potessi essere tanto scaltro, furbo, astuto, sveglio, abile, sagace. Ma il gioco finisce qui"

Brendan si mise in posizione, aspettandosi un colpo classico.

Ma non fu così.

Melaschole lanciò la palla in aria e con un salto fuori dal comune, stile servizio pallavolo, diede un colpo violentissimo.

Brendan rimase immobile. A quella distanza non aveva speranza di evitare il colpo.

Il suono del pallone che colpisce un corpo.

Mimnesca si mise in mezzo e prese il colpo al posto di Brendan.

L'anziana signora cadde per terra tramortita senza sensi. Mimnesca aveva salvato Brendan da eliminazione certa.

Il pallone stava tornando verso la metà campo di Melaschole per inerzia. Brendan fece uno scatto e lo raccolse. Senza pensarci due volte lo tirò in direzione del suo avversario.

Melaschole evitò la palla.

Lugera la prese.

Un altro tentativo.

La sfera sfiorò la caviglia di Melaschole.

Uno scatto rapido.

La raccolse e la tirò con violenza contro Brendan.

Per un soffio.

Il colpo però fu tanto forte che la palla andò verso la prigione della squadra di Brendan.

Fu il turno di Phrensch. Parlucchiava con Izoen su quale sarebbe stato il modo migliore per tirarla.

"Si Izoen hai ragione!" gridò.

Brendan stava sudando freddo. Non doveva perdere. Non voleva perdere. Si concentrò al massimo.

Phrensch prese la rincorsa e tirò la palla.

Però non fu altro che un passaggio verso Melaschole. Il lunatico la prese al volo e con un tiro stile baseball la scagliò contro Brendan. Il colpo fu micidiale. In un millisecondo decise cosa fare. Era un rischio, ma avrebbe tentato. Non potendo evitare la palla, le diede un colpo con il petto e prima che cadesse, la prese al volo. Melaschole rimase basito e bloccato dalla sorpresa.

Brendan sfruttò il momento. Fece un salto e simulò un tiro alla parte centrale del corpo, lanciando la palla invece verso le gambe. Melaschole tentò di scansarsi, ma fu inutile. Inciampò sul pallone con i piedi e cadde rovinosamente a terra.

Era la fine.

Brendan aveva vinto la prima prova.

Melaschole incominciò ad imprecare ed urlare dalla rabbia e scagliò il pallone nel bosco che circondava la casa. Brendan si gettò su Mimnesca, che si trovava ancora distesa sul suolo.

"Mimnesca! Mimnesca rispondimi!"

Brendan la scosse. Sembrava senza vita.

"Piano ragazzo, piano. Sono vecchia però non sono ancora sorda. E non muovermi così, altrimenti romperai le mie povere ossa"

"Uff, stai bene allora, grazie a dio"

Mimnesca le fece l'occhiolino. Brendan la aiutò a rialzarsi.

Gli altri membri della squadra si avvicinarono e si congratularono, meno Depremo ovviamente, al quale l'aver vinto non importava nulla. Lugera si fiondò subito dal suo Vocito. I compagni di Melaschole erano visibilmente amareggiati per la sconfitta subita.

"Vedo che hai vinto ragazzo, ben fatto"

"Abbiamo Mimnesca, abbiamo vinto. Se non fosse stato per te a questo punto non sarei qui a festeggiare la mia vittoria"

Mimnesca gli strinse il braccio con dolcezza.

"Riuscirai ad andartene da qui, ne sono certa. E farò qualsiasi cosa per aiutarti"

Melaschole, dopo aver sfogato tutta la sua rabbia per la sconfitta subita, si avvicinò a Brendan, visibilmente frustrato.

"Lo ammetto Brendanino. Ti avevo sottovalutato. Ma non ripeterò più lo stesso errore. La prossima prova sarà… Nascondino"

"Nascondino?"

"Sì esatto! Questa volta sarà una prova individuale. Ti appoggerai a quell'albero, senza guardare e conterai fino a trenta. Dopodiché verrai a cercarci. Se ci troverai e cattuerai toccandoci a tutti quanti, allora avrai vinto. Ma se almeno uno di noi farà tana toccando l'albero-casa, allora avrai perso. Tutto chiaro?"

"Chiarissimo"

Brendan si diresse verso l'albero indicatogli da Melaschole, pronto per la nuova assurda prova propostagli dal suo avversario. Si sarebbe atteso di tutto, tranne che dei giochi da bambini. Ma si sarebbe potuto aspettare tutto ciò che fino a quel momento gli era accaduto?

Vesnic lo aveva portato al limite e gli aveva proposto di vivere una notte di una follia senza precedenti. Stava cercando di uscire dalla monotonia e dalla solitudine che la noia del quotidiano aveva creato nella sua vita, giorno dopo giorno. E Vesnic gli aveva donato ciò che voleva. Ma aveva compreso che ad ogni modo non era necessario arrivare agli estremi rispetto ai quali quegli eventi lo avevano messo di fronte. Sempre riconoscendo che tutto quello aveva vissuto fino a quel momento aveva avuto, per quanto pericoloso e temibile, anche dell'incredibile e dell'eccitante. Un miscuglio esplosivo che stava cercando da tanto tempo per rimettersi in piedi da una vita che lo stava deludendo, ma un eccesso dal quale ora voleva fuggire per poter trovare un giusto equilibrio. Perché aveva compreso che non era la vita, la società, il lavoro, la famiglia il problema. Troppo facile dare la colpa a cause esterne. Il responsabile era solo lui. Il suo senso di vuoto, di insoddisfazione erano causati da lui stesso. Il colpevole era lui. Era lui che avrebbe dovuto dare un giro alla sua vita per potersi sentire di nuovo felice e ritrovare sé stesso. Ma aveva compreso che mettere a rischio la sua vita non era un buon modo. Stava vivendo un'avventura incredibile, questo sì, ma non valeva la pena se questo avrebbe decretato la sua auto distruzione. Avrebbe si ritrovato il suo equilibrio, ma non con l'eccesso che Vesnic gli aveva offerto. Ma voleva riconoscere che Vesnic era una grande maestra e le avrebbe reso onore fino all'ultimo. Come al principio, voleva fluire ed avrebbe accettato qualsiasi sfida la città le avrebbe lanciato. Sarebbe stato immerso fino alla fine. Fino al suo ritorno. Ad ogni modo e questo ormai gli era chiaro, non stava facendo tutto quello per la sua famiglia, i suoi colleghi o i suoi datori di lavoro della Smith and Brothers; per la prima volta dopo tanto tempo, stava agendo solo per lui e lui soltanto e non per il piacere o il vantaggio di qualcun altro. Si stava finalmente mettendo dopo tanto tempo al primo posto, si stava dando la priorità e tutto ciò che fino a quel momento gli era accaduto era stato per una sua scelta. Aveva messo a rischio la sua vita più di una volta, avrebbe potuto non farlo, ma aveva proceduto in tal senso. E per quanto questo fosse probabilmente errato da una parte, dall'altra aveva semplicemente scelto il suo cammino, ciò che nel qui e ora desiderava. E quello che voleva era sentirsi di nuovo vivo e padrone del suo destino. Non avrebbe più pensato di togliersi la vita né avrebbe tentato di farlo. Avrebbe tracciato il suo cammino, stando vicino a chi amava, ma senza abbandonarsi e tradirsi nuovamente. Sentiva che finalmente era nuovamente vicino a trovare quell'equilibrio che da tanto tempo gli mancava. Ma prima avrebbe concluso la sua avventura seguendo il flusso degli eventi; avrebbe superato tutte le sfide che Vesnic gli avrebbe messo di fronte.

Ed ora gli toccava questa, l'ennesima.

Si mise contro l'albero, coprendosi gli occhi e cominciò a contare. Sentiva passi, urla e schiamazzi dietro lui; erano i membri della famiglia dei matti che stavano tentando di trovare un luogo dove nascondersi.

"Non guardare!" Gridò Phrensch.

Obsi tentò di fargli perdere il conto urlandogli numeri a caso.

25,26,27,28,29.

Trenta.

Si voltò.

Non c'era nessuno. Il più totale silenzio.

Tutta quella quiete, faceva apparire quel luogo totalmente differente. Non era lo stesso di prima. Ed oltretutto si poneva un problema. Come avrebbe difeso la tana?

Era sufficiente che solo uno di loro toccasse l'albero perché il gioco finisse. Melaschole era stato di nuovo disonesto ed aveva imposto una regola che metteva Brendan alle corde. Si portò la mano al mento ed iniziò a pensare ad una soluzione.

Ma avvenne qualcosa di inaspettato.

Mimnesca si presentò davanti a lui.

"Toccami" sentenziò l'anziana signora.

"Come dici? Rispose sorpreso Brendan.

"Sarò la tua prima prigioniera. Catturami ed io controllerò l'albero per te".

Brendan rimase sorpreso.

"Non hai timore che da parte di Melaschole ci possano essere…"

"Delle ritorsioni?" completò la frase per lui.

Brendan annuì.

"Non è quel tipo di persona. Nessuno qui lo è. Una cosa positiva di questo luogo è che ognuno può scegliere il proprio cammino e prendere le proprie decisioni, senza nessuna restrizione.

Effettivamente Melaschole può essere identificato come il nostro leader, però lascia ad ognuno di noi la libertà di fare ciò che vogliamo"

"A parte lasciare questo luogo" disse Brendan con tono di rimprovero.

"Alla fine dei conti, dove potremmo andare? Là fuori c'è un mondo che ci spaventa terribilmente Brendan e nel quale non siamo i benvenuti. Persone come noi vengono viste come dei pesi, dei rifiuti dei quali ci si deve liberare. Sì, probabilmente ci sono a Vesnic associazioni che possono darci una mano, curare o almeno limitare le nostre carenze, ma ad ogni modo ci sentiremmo sempre dei reietti, mentre qui abbiamo il controllo delle nostre vite. Nessuno di noi ha mai avuto desiderio di lasciare questo luogo. E' la nostra casa ormai. Ad ogni modo tu hai il diritto di farlo se è ciò che desideri e questa povera vecchia ti aiuterà nel possibile"

Brendan rimase ammutolito e commosso dal discorso di Mimnesca. Si rendeva effettivamente conto di questi invisibili che la società dimenticava, troppo presa dalla sue vite, dai suoi oggetti effimeri, da cose frivole e poco importanti. Come i senza tetto che aveva visto fuori da Tempel; senza una casa, senza un lavoro, probabilmente senza una famiglia che li potesse aiutare, supportare. E loro sette, che si erano lì nascosti creando una mini società lontano da tutto e da tutti, utilizzando un edificio che era stato, scherzo della sorte, proprietà del governo di Vesnic e della Legiunile, due enti che a questo tipo di persone non davano nessuna importanza né valore. Adesso si rendeva conto di quanto dovesse essere grato per quelle piccole cose che egli possedeva.

"Starò qui a fare la guardia. Vai a cercare gli altri, vinci la prova e vattene da qui"

"Sei sicura di ciò che stai facendo Mimnesca? Loro sono più giovani, agili e forti di te. Come farai a fermarli?"

Mimnesca gli fece l'occhiolino "Non ti preoccupare li conosco come le mie tasche. Ed oltretutto mi ha dato un'idea quando abbiamo giocato a palla prigioniera. Ed ora vai, presto!"

Brendan annuì e cominciò l'esplorazione. Il giardino era davvero molto grande e probabilmente alcuni di loro si erano nascosti all'interno dell'edificio. Decise di esplorare il giardino ed in secondo luogo la casa. Quelli che si erano nascosti nel giardino erano più pericolosi, perché si trovavano più vicini all'albero tana. Incominciò a camminare lentamente, osservandosi intorno. Sembrava non ci fosse anima viva. Il silenzio regnava sovrano. Si girò per controllare l'albero tana. Mimnesca era appoggiata allo stesso e non vi era traccia di possibili minacce. Sperava non avesse un'altra delle sue crisi.

Un tombino semi scoperchiato attirò la sua attenzione. Il sui istinto gli suggerì che non sarebbe dovuto essere aperto. Si avvicinò di soppiatto. Agguantò il tombino e lo spostò.

Depremo.

Si era nascosto in quello che doveva essere il canale di scolo della casa.

- Disgustoso- pensò Brendan.

"Un essere insignificante come me merita di stare in questa fogna. La merda che scorre qui vale più di me"

Brendan rimaneva ogni volta esterrefatto di quanto Depremo detestasse se stesso. Il ragazzo gli aveva fatto compassione sin dal principio. Per lui non sarebbe stato meglio andarsene da lì e cercare aiuto? Non aveva una famiglia che lo aspettava?

Non conosceva la sua storia, anche se gli sarebbe piaciuto sapere di più. Ma non era quello il momento. Lo toccò lievemente sulla spalla. Aveva catturato il suo primo avversario.

"Non esci da lì?"

"Lasciamo solo" rispose Depremo con decisione.

Brendan fece ciò che gli aveva chiesto e continuò la sua ricerca.

Ne mancavano altri cinque.

Percorrendo il giardino, fece caso ad una piccola area dove erano presenti attrezzi, utensili di ogni tipo ed una piscina di sabbia. A primo occhio sembrava quella utilizzata dai bambini per giocare, ma in realtà non era altro che la zona in cui i legionari della Legiunile si addestravano. Si avvicinò alla stessa per esaminarla, quando sentì un pianto. Sembrava il pianto di un bambino.

Un brivido gli corse lungo la schiena, perché gli fece ricordare l'agghiacciante incontro con le tre bambine nel parco. Il pianto non cessava e cercò di capire da dove venisse. Lo individuò. Il piagnisteo arrivava da dietro una struttura con pioli, barre di legno ed ostacoli che i legionari utilizzavano per allenarsi.

Brendan si approssimò con attenzione. Aveva timore di avere un nuovo terrificante incontro.

Nonostante tutto, non si fermò e procedette. Il pianto arrivava esattamente da dietro la grande struttura d'allenamento. Contò fino a tre e fece uno scatto, pronto a trovarsi di fronte l'impossibile e l'inimmaginabile.

Lugera.

Non era nient'altro che Lugera.

Stava fingendo di allattare l'immaginario Vocito ed allo stesso tempo imitava il suo pianto.

- Inquietante - pensò Brendan.

"Oh ci hai trovato, che abile! Non tenterò di scappare, toccami pure. Vocito ha bisogno della sua mamma adesso".

Brendan non se lo fece ripetere due volte e toccò la spalla di Lugera.

Meno quattro.

Brendan lasciò Lugera alle sue faccende di mamma e continuò la sua perlustrazione.

Si rimise in marcia, quando Obsi e Chondros sgattaiolarono improvvisamente dal cancello che dava sul bosco, correndo come se avessero il diavolo alle calcagna, come dei veri ossessi. Superata la sorpresa iniziale, Brendan si mise all'inseguimento. Erano molto lontani e raggiungerli sarebbe stata un'impresa alquanto complicata.

Gli venne un'idea.

Raccolse una palla di fango e la lanciò con tutte le sue forze contro Chondros. L'uomo venne colpito sulla spalla. Rimase immobile e girò la testa a rallentatore verso il pezzo di fango che si era spiaccicato sul suo corpo. Diede di matto. Si gettò a terra ed iniziò a rotolare da una parte all'altra, imprecando che sarebbe morto di una qualche malattia mai conosciuta dall'uomo e che i suoi virus avrebbero distrutto il suo cervello. Brendan ne approfittò immediatamente e lo toccò in corsa.

"Eliminato!" gridò a Chondros, che non fece nemmeno caso al fatto che Brendan lo avesse eliminato dal gioco.

Adesso era il turno di Obsi. Ma era davvero troppo veloce, non l'avrebbe mai raggiunta. Ormai era a pochi passi dall'albero. Mimnesca era lì di fronte a fargli la guardia, ma non avrebbe resistito all'impeto della ragazza. Prima che Brendan potesse fare qualcosa, fu Mimnesca a trovare la soluzione. Tirò fuori dalla tasca un pacco di fiammiferi e lo gettò a terra.

"Quanti sono Obsi!?" gridò Mimnesca.

Obsi si fermò improvvisamente, a soli due passi dalla tana. Guardò l'albero e poi i fiammiferi. Il suo sguardo si posava dall'uno all'altro. Alla fine cedette. Si mise in ginocchio e cominciò a contare tutti i fiammiferi, uno per uno. Brendan le fu addosso in un attimo e le toccò la schiena. Anche Obsi era stata eliminata. Come se non si fosse accorta di nulla, rimase lì seduta a contare i fiammiferi uno per uno e ricominciando varie volte, in quanto per ogni multiplo di cinque si era imposta la regola di contarli in una posizione differente.

Brendan stava per ringraziare Mimnesca per il suo prezioso aiuto, quando ricevette un colpo in testa. Cadde, quasi perdendo i sensi.

"Hai visto Izoen? Proprio come tu hai suggerito! Sei un genio. Adesso l'albero è nostro ed avremo il premio che ci spetta"

Brendan tentò di reagire, ma il colpo fu troppo forte. Phrensch si trovava a tocco di mano, ma per quanto si sforzasse non riusciva a raggiungerlo. Il colpo lo aveva stordito e non riusciva a prendere il controllo del suo corpo.

"D'accordo Mimnesca, fatti da parte. La vittoria sarà mia e di Izoen. Non riuscirai a fermarci. Togliti lo dico per il tuo bene, altrimenti potremmo farti molto male"

Mimnesca non rispose e Phrensch prese il suo silenzio come un assenso. La sua mano si stava per posare sull'albero.

- Tutto è perduto – pensò Brendan che non riusciva a riprendersi dal colpo.

"Izoen tesoro, ho una domanda per te"

La mano di Phrensch si bloccò, quando si trovava ormai ad un centimetro dalla corteccia dell'albero casa.

"Che cosa?" chiese Phrensch stupito.

"Tu non ti immischiare Phrensch. Ho detto che ho una domanda per Izoen. Lui mi ascolterà, ne sono sicura"

"Non abbiamo tempo per le chiacchiere! Taci, abbiamo vinto, abbiamo…"

Phrensch tentò di toccare l'albero, ma la sua mano si bloccò, come se una forza invisibile lo stesse frenando.

"D'accordo, d'accordo! Izoen mi ha riferito che ti starà a sentire. Vecchia strega…"

Mimnesca si schiarì la gola "Izoen, andrò subito al dunque mio caro. Non sei stanco di essere il secondo di Phrensch?"

Phrensch strabuzzò gli occhi, incredulo rispetto alle parole pronunciate da Mimnesca.

"Sì voglio dire… vivi nella sua ombra, non ti lascia spazio, decide sempre per entrambi… insomma, sarebbe ora che tu cercassi la tua indipendenza o meglio ancora, che i ruoli si ribaltassero. Non ho forse ragione Izoen caro?"

Phrensch si gettò contro Mimnesca con fare minaccioso.

"Taci Mimnesca! Adesso ti farò chiudere quella tua boccaccia, io…"

Le parole gli morirono in bocca ed esattamente come in precedenza, rimase totalmente fermo, come se un qualcosa di invisibile lo stesse ostacolando.

"Izoen, che diavolo stai facendo… sono io Phrensch, siamo come fratelli. Come hai detto? No, non starla ad ascoltare! Sputa solo veleno su di noi, vuole metterci l'uno contro l'altro. No, non ti sto mentendo, non l'ho mai fatto. No aspetta, cosa fai!!".

La mano sinistra di Phrensch si chiuse a pugno e si schiantò contro la sua mandibola.

"Izoen, sei impazzito?! Perché mi hai colpito?!"

Arrivò prontamente un altro colpo che Phrensch evitò, ma subito dopo si attivò la sua mano destra che colpì ferocemente il suo stomaco. Phrensch si piegò in due dal dolore.

"Izoen, maledetto, perché ci stai facendo questo…"

Arrivò un altro colpo: un potentissimo montante che lo colpì direttamente al mento e lo fece volare a terra. Phrensch si trovava ora a terra, ansimante e sull'orlo dello svenimento.

"Perché mi hai… ci hai fatto questo Izoen… perché… eravamo come fratelli… siamo una cosa sola io e te…" Cadde svenuto.

Nel frattempo Brendan si era ripreso ed aveva assistito alla scena incredulo. Non perse comunque ulteriore tempo: si avvicinò al corpo svenuto di Phrensch e lo toccò. Anche lui era eliminato. Non rimaneva che Melaschole, il più pericoloso. Ancora non si era fatto vedere, sembrava come volatilizzato. Brendan sospettava che si trovasse all'interno della casa.

Se lo avesse catturato il gioco sarebbe finito e lui sarebbe stato libero. Libero di andarsene, di continuare il suo viaggio e tornare a casa. Rivolse il suo sguardo alla casa che in passato fu sede e base del governo di Vesnic e della Legiunile, per poter coordinare le azioni militari e le emergenze durante la guerra con Limitat.

"Grazie Mimnesca per il tuo aiuto, sei stata fondamentale"

L'anziana signora sembrava provata, ad ogni modo ferma e determinata nel continuare ad aiutare Brendan a raggiungere il suo obiettivo.

"Voglio che tu te ne vada di qui Brendan; non appartieni a questo luogo, il tuo posto è là fuori. Farò tutto ciò che in mio potere perché tu possa fuggire ed essere nuovamente libero"

Brendan le strinse dolcemente il braccio sorridendo, in segno di gratitudine.

"Penso che Melaschole si trovi all'interno dell'edificio" commentò Brendan.

"Si lo penso anche io. Ti sta aspettando, vuole giocare con te. Lo conosco è estremamente competitivo. Non ha ancora digerito la sconfitta subita nel gioco precedente"

L'edificio era vecchio e fatiscente in alcuni punti, ad ogni modo si ergeva orgoglioso e fiero, eredità di un tempo che fu. Il simbolo dell'aquila stagliava al centro della dimora, sprezzante e superbo. Melaschole si stava nascondendo all'interno delle sue stanze.

Brendan ebbe un'improvvisa sensazione di deja vu; si sentiva come quando aveva varcato la soglia della casa dei coniugi assassini ed aveva incontrato Mabuz, in quel luogo impregnato di dolore, sofferenza e morte.

La sensazione che qui provava era completamente differente. Non sentiva il brivido della paura, bensì l'adrenalina del gioco e l'aspetto goliardico e ludico che tutto quel contesto stava assumendo. E' vero, se avesse perso sarebbe rimasto incatenato a quel luogo, c'era in gioco la sua libertà, ma in ogni caso stava riconoscendo un elemento che la sua persona aveva da tempo abbandonato: si sentiva di nuovo un bambino. Per quanto la situazione fosse paradossale, per quanto tutto fosse assurdo, per quanto la sua vita e libertà fossero in gioco, ancora una volta si stava sentendo vivo, come mai si era sentito. Non si ricordava l'ultima volta nella quale si fosse divertito tanto e fosse stato tanto spensierato.

Definitivamente, si sentiva di nuovo come un bambino, quella parte di sè che aveva cancellato e tralasciato, per essere un buon padre, un buon marito, per la responsabilità del lavoro e tutto ciò che la sua esistenza in quel momento gli pretendeva in maniera assordante. Gli reclamava ogni cosa, tranne di essere felice e seguire i propri desideri. Si ritrovò cosi paradossalmente a ringraziare Melaschole per avergli dato l'opportunità di sentirsi di nuovo un bambino e di mostrare quella sua parte non tanto agli altri, quanto a sé stesso, una parte di sé che si era completamente dimenticato esistesse. Un altro miracolo di quella notte; un altro miracolo di Vesnic.

Ma sarebbe riuscito a sopravvivere anche questa volta?

Si incamminò verso l'entrata principale, i suoi occhi fissi sull'immancabile e immemorabile aquila che come sempre stagliava le sue ali sullo sfondo azzurro, il cielo sul quale volarono il giorno del Bagno di Sangue. Quella che una volta era stata la sede della Legiunile provocava in Brendan un timore reverenziale, però allo stesso tempo rispetto per quello che questo corpo armato era stato ed era tuttora. Il coraggio, la determinazione e l'audacia che avevano mostrato e che ancora mostravano, davano a Brendan fermezza e risolutezza e gli riempivano il cuore di una volontà irrefrenabile. In quella notte si era reso conto di quanto ben poco conoscesse della città nella quale stava vivendo e di quale storia straordinaria, per quanto drammatica, avesse vissuto e di quanti misteri nascondesse nei suoi anfratti più profondi.

Si trovò di fronte alla porta principale. Era socchiusa. L'aprì lentamente, anche se qualcosa dentro di lui gli diceva che Melaschole già sapeva che lui era lì e che lo stava cercando.

Aprendo la porta, si trovò di fronte ad una vasta sala, con una miriade di tavoli e sedie. In fondo, stagliava soprattutto un banco di enormi dimensioni, che incredibilmente non era stato intaccato dal tempo e dalle intemperie. Brendan non sapeva molto riguardo al materiale ligneo, pero' gli sembrava fosse legno di pregevole fattura. Quello che attirò più di tutto la sua attenzione, furono i quadri appesi alle pareti della sala.

Si avvicinò per esaminarli. Ognuno di loro rappresentava una diversa fase della guerra contro Limitat. Nel primo c'era il motivo per la quale la guerra era scoppiata, ossia l'amore nascosto e proibito tra la principessa di Limitat ed il figlio del Re di Infinit, esattamente come Tancredi gli aveva raccontato.

Posò i suoi occhi sul secondo quadro e poi sulla terza illustrazione. Le tele rappresentavano l'invasione delle truppe di Limitat e la loro inesorabile avanzata. I morti delle file di Infinit ricoprivano il campo ed il sangue irrorava la terra. Fino a che non arrivarono alle porte di Vesnic e non si trovarono di fronte la Legiunile. Quest'ultimo quadro rappresentava la famosa battaglia di cui in tanti gli avevano parlato, il Bagno di sangue, l'Ecatombe. Le aquile solcavano il cielo, volando sopra le truppe delle Legiunile, come per difenderle e darle forza per resistere al violento assalto dell'esercito avversario. Un tramonto rosso sangue era rappresentato sullo sfondo ed il dipinto dava l'idea che quella fosse stata una battaglia feroce e sanguinaria. Lo scontro dove il numero di morti fu talmente alto che l'esercito di Limitat decise di retrocedere e tornare nel suo regno, per non rischiare una possibile e totale disfatta. Brendan osservava affascinato la raffigurazione. Quando era arrivato a Vesnic sapeva poco o nulla della sua storia e poco gli importava. Pero in quella notte si era reso conto quanto il suo passato ed il suo presente fossero estremamente affascinanti.

Uno scricchiolio improvviso ruppe il pesante silenzio ed il corso dei sui pensieri. Sembrava fosse venuto dalla sala adiacente. Ritornò nell'atrio dove si trovava l'entrata; di fronte a lui un' altra porta socchiusa. Il cuore cominciò a battergli all'impazzata. Melaschole poteva essere ovunque e chissà cosa stava architettando per ingannarlo. Aprì la porta lentamente, aspettandosi che il suo rivale uscisse da un momento all'altro. Ciò che vide lo lascio a bocca aperta. Nella stanza erano presenti armi vecchie e moderne, armature, trofei di guerra, divise, pareti addobbate con bandiere con le immancabili aquile, statue di soldati con addosso l'uniforme della Legiunile. Al centro era presente un enorme tavolo con dispiegata una mappa di Vesnic. Probabilmente questa doveva essere stata la stanza dove si riuniva il consiglio di guerra. La sua attenzione cadde su di un armadio posizionato al fondo della stanza. Il suo intuito gli diceva che Melaschole si trovasse lì. Lo aveva intrappolato. Si approssimò a piccoli passi, pronto a qualsiasi sorpresa potesse arrivare dal suo rivale. Il pavimento di legno scricchiolava sotto i suoi piedi; la tensione era forte ed il cuore gli batteva come un martello nel petto. Ormai si trovava di fronte all'anta dell'armadio. Fece uno slancio e l'aprì con uno scatto.

Era vuoto.

Fece un gesto di stizza e di frustrazione. Era convinto che si fosse nascosto lì dentro. Probabilmente aveva trovato rifugio al piano di sopra.

Stava tornando sui suoi passi, quando un clangore spaventoso lo fece sussultare. Qualcuno aveva gettato a terra le armature e le armi dietro di lui.

Un tizio vestito con l'uniforme della Legiunile cominciò a correre come un ossesso verso l'uscita. Era Melaschole!

Brendan imprecò e si maledì per non essersi reso conto che quella statua in realtà non era altri Melaschole stesso. Dovette riconoscere la sua abilità nel camuffarsi in quel modo senza destare alcun sospetto. Brendan si gettò all'inseguimento; inciampò sull'armatura che Melaschole aveva gettato a terra e si tagliò il palmo della mano scontrandosi sulla lama di una spada. Si alzò immediatamente, cercando di non fare caso al dolore. Si catapultò fuori dalla dimora della Legiunile e vide Melaschole che stava correndo come una furia verso l'albero tana.

"Mimnesca! Fermalo!"

Mimnesca non rispondeva. E Brendan capì con orrore il motivo. Stava avendo una delle sue crisi di memoria ed era disorientata e confusa. Non avrebbe potuto contare su di lei. Melaschole era ormai irraggiungibile e correva all'impazzata. Non aveva nessuna possibilità di raggiungerlo. Ma improvvisamente, il miracolo. Anche Melaschole ebbe una delle sue crisi depressive. Rallentò gradualmente fino a fermarsi completamente. Brendan non si sarebbe lasciato scappare quell'opportunità. Melaschole era completamente immobile. Brendan accelerò e spiccò un balzo con tutte le forze che gli rimanevano in corpo. Il tempo sembrò come fermarsi. Vide le sue dita a pochi centimetri dal corpo del rivale. Se lo avesse toccato avrebbe vinto e sarebbe stato libero.
Era fatta.
Melaschole si scansò all'ultimo secondo. Brendan cadde rovinosamente a terra con un tonfo sordo, emettendo un gemito di dolore. Sollevò lo sguardo e vide Melaschole sorridere con scherno e muovendo il dito indice in segno di negazione. In quel momento, si rese conto che aveva solamente recitato. Era stata solo una finta.
Brendan tentò di rialzarsi ma inciampò su stesso. In ogni caso era troppo tardi. Con una piccola corsa, Melaschole raggiunse l'albero tana e lo toccò. Mimnesca non fu d'aiuto questa volta, in quanto continuava ad essere schiava della sua crisi.
1 a 1.
Avrebbe dovuto giocare il terzo round.
Melaschole saltava dalla gioia con le braccia all'aria, ballando con la `povera Mimnesca che non stava comprendendo nulla di quello che stava accadendo in quel momento.
"Ho vinto, trionfato, conseguito, meritato, superato! Brendan ce l'avevi quasi fatta. Davvero un dispiacere, un dolore, un tormento, un rammarico, un rincrescimento. Ma questa è la vita, dura ed ingiusta e con i quasi, non si ottiene nulla!"
Brendan si rialzò in piedi, sputando la terra che aveva mangiato durante la sua caduta. Si sarebbe deciso tutto nell'ultimo gioco.
"Non importa, vincerò l'ultimo gioco e me ne andrò da qui"
Melaschole ballava ed esultava per la gioia, adesso tentando di ballare con il corpo incosciente di Phrensch.
"Lo vedremo Brendan caro, lo vedremo"
Melaschole scrollava con forza Phrensch, tentando di ridestarlo. L'uomo era ancora a terra svenuto per i colpi ricevuti da Izoen, il suo doppelganger. Melaschole gli diede due schiaffi belli forti.
"Svegliati tu pigro, indolente, svogliato, ozioso, infingardo! Ce un'ultima prova alla quale vogliamo partecipare"
Phrensch non ne voleva sapere di ridestarsi, così Melaschole prese dal tavolo una caraffa piena d'acqua e ne gettò il contenuto intero sul viso di Phrensch. Si destò immediatamente, gridando per la sorpresa.
"Izoen ti ha messo KO sì Phrensch caro?"
Phrensch scosse la testa, ancora confuso ed incapace di comprendere dove fosse.
"Izoen, maledetto, te la faro' pagare"
Scoppiò in lacrime.
"Perché mi hai fatto questo? pensavo fossimo amici, compagni, come fratelli...."
Melaschole gli diede dolcemente delle pacche sulla schiena.
"Su, su Phrensch, non prendertela sul personale. A volte Izoen può essere un po' impetuoso, travolgente, veemente, rabbioso, violento"
Phrensch si asciugò le lacrime ed annuì con la testa.
"Mi ha detto che non vuole più parlarmi e che sarà lui a prendere il controllo d'ora in poi"
Melaschole gli accarezzò il braccio.
"Su, su, sono sicuro che farete pace come sempre e che non stesse parlando sul serio"
Melaschole alzò le braccia al cielo, pronto ad annunciare il seguente ed ultimo gioco.
"Amici! Famiglia! Avvicinatevi!"

Tutti si misero di fronte a Melaschole. Mimnesca intanto si era ripresa ed aveva di nuovo coscienza di sè.

"Brendan, mi spiace tantissimo è tutta colpa mia.."

"Non sentirti in colpa Mimnesca. Mi stai aiutando tantissimo. Se non fosse stato per te non sarei arrivato tanto lontano. Non ti preoccupare, vincerò l'ultimo gioco e me ne andrò di qui"

"Ne sono certa Brendan"

Tutti pendevano dalle labbra di Melaschole. Brendan si chiedeva cosa si sarebbe inventato questa volta. Poteva aspettarsi di tutto da una persona tanto peculiare. Mimnesca gli porse un panno erché potesse avvolgerlo intorno alla ferita che si era inferto sul palmo della mano. Ma ancor più della ferita, gli creava dolore la sconfitta subita. Melaschole questa volta aveva avuto la meglio. Ma si sarebbe rifatto nell'ultima prova, quella che avrebbe deciso il suo destino.

"Grazie a tutti per la vostra partecipazione, collaborazione, adesione, contributo, intervento. Siete stupendi vi adoro"

Un timido applauso venne dal gruppo. Depremo come sempre era seduto a terra, fissando l'erba sotto di lui e commentando quanto la vita fosse un eterno inferno.

"Signori e signore vi illustrerò il terzo ed ultimo gioco che deciderà il fato del nostro amico Brendan! Riuscirà a vincere ed ottenere la sua libertà o diventerà l'ottavo membro della nostra splendida famiglia di strampalati, buontemponi, squilibrati, mattacchioni, picchiatelli?"

Melaschole fece segno a Phrensch di avvicinarsi e gli bisbigliò qualcosa all'orecchio. L'uomo acconsentì e corse verso l'entrata della casa. Tutti si girarono verso di lui incuriositi. Nessuno aveva la minima idea di cosa Melaschole stesse escogitando. Brendan guardò Mimnesca con aria interrogativa e lei scosse la testa in segno di negazione e fece spallucce.

Phrensch tornò poco dopo con una scatola di cartone sigillata con del nastro. Stava parlando con Izoen, ma sembrava che il suo doppio non volesse rispondergli.

Donò la scatola a Melaschole. La collocò per terra, strappò il nastro e l'aprì. Tutti si avvicinarono incuriositi per ammirarne il contenuto. La scatola era piena di palloncini. Melaschole ne agguantò un mucchio e ne distribuì due per ogni persona. Brendan li osservò stranito, chiedendosi a cosa potessero servire. Cosa aveva in mente?

"Signore e signori le regole di questo gioco sono molto semplici: dovrete gonfiare i due palloncini e legarli in una qualsiasi parte del corpo o ai vostri vestiti con una clips che adesso vi fornirò. L'obiettivo del gioco sarà far esplodere, scoppiare, conflagrare, detonare i palloncini dei concorrenti. L'ultimo che rimarrà con i palloncini integri, sarà il vincitore. E' sufficiente rimanere con un solo palloncino indenne. Come avete potuto notare, il primo era un gioco a squadre, il secondo uno contro tutti, mentre questo sarà un tutti contro tutti!"

Melaschole distribuì anche le clips. Quando fu il turno di Brendan, Melaschole gli consegnò le clips, però afferrandogli la mano e senza lasciarla. I due si guardarono in cagnesco; per un momento la maniacale allegria di Melaschole scomparve. Non si dissero nulla, comunicarono solo con lo sguardo ed il silenzio che si costruì tra loro. Melaschole gli lasciò la mano, ancora mantenendo quello sguardo aggressivo e tornò al suo posto. Brendan era determinato a vincere il gioco. Non avrebbe avuto ulteriori possibilità. L'unico risultato possibile era la vittoria o passare il resto della sua vita in quel luogo paradossale.

Tutti erano intenti a gonfiare i loro palloncini ed a legarseli al corpo. Brendan stava pensando ad un luogo strategico dove sarebbe stato difficile intercettarli e farli scoppiare. Il primo decise di collocarlo sul polso; era rischioso, pero' avrebbe potuto maneggiarlo con comodità e rapidità per evitare eventuali attacchi. Il secondo invece lo mise sul ginocchio. Melaschole li aveva pinzati entrambi sul fianco. Obsi sulle orecchie. Chondros dentro la sua casacca. Phrensch sulle caviglie. Lugera alle dita delle mani. Depremo li teneva semplicemente in mano; era un miracolo che fosse riuscito a gonfiarli. Infine, Mimnesca se li lego' ai lunghi capelli bianchi.

"Brendan ti coprirò le spalle come potrò. Purtroppo sono una povera vecchia oramai...."

"Sei molto più di questo Mimnesca"

Le diede un forte abbraccio. Mimnesca lo ricambio' con affetto.

"Seguitemi concorrenti"

Melaschole fece strada e li porto' in un ampio spazio del giardino che circondava la casa.

"Inizieremo da qui, sebbene tutto il nostro regno sarà il campo di battaglia! Fate del vostro meglio compagni, colleghi, compari, partner, camerata!"

Melaschole alzo' la mano e fissò negli occhi tutti i partecipanti al gioco. Quelli che fino a quel momento erano stati membri della sua "famiglia", adesso sarebbero stati suoi avversari. Ma a lui non importava nulla. L'unica cosa che per lui contava era la vittoria. Nient'altro aveva importanza. Ed avrebbe fatto di tutto per ottenerla. Non avrebbe permesso che Brendan se ne andasse. Era suo. E se si fosse opposto, gli avrebbe fatto fare la fine degli altri due che lo avevano preceduto. Abbassò la mano.

"A voi!"

Iniziò il tafferuglio.

Melaschole raccolse un paletto di legno da terra affilato e si gettò direttamente su Brendan senza pensarci due volte. Brendan lo vide ed indietreggiò, ma cadde rovinosamente: Phrensch si era accovacciato dietro di lui per fargli perdere l'equilibrio. Brendan si trovò per terra ed indifeso. Melaschole fu rapido: prese il palloncino che Brendan aveva legato al ginocchio e con il palo di legno lo fece esplodere. Il gioco era appena iniziato e Brendan si trovava già in svantaggio.

Phrensch bloccò Brendan per i polsi. Non riusciva più a muoversi; aveva una forza incredibile. Gli altri nel frattempo stavano lottando tra di loro. Mentre Phrensch lo bloccava, Melaschole si mise in piedi sopra di lui, osservandolo con uno sguardo pieno di sufficienza e ballando e canticchiando per schernirlo.

"Che cosa posso dire Brenduccio... benvenuto nella nostra favolosa, fantastica, straordinaria, sublime, incredibile famiglia!"

Brendan chiuse gli occhi. Era finita.

"Izoen ragazzo, non sei stanco di essere lo schiavetto di Melaschole?"

Era stata Mimnesca a gridare.

Phrensch lasciò Brendan e si gettò su Melaschole, scaraventandolo a terra.

"No Izoen, cosa stai facendo? Non è lui il nostro bersaglio!"

Ma Izoen non volle sentire ragioni. Prima che Melaschole potesse rendersi conto di cosa stesse accadendo, Phrensch prese tra le mani un palloncino di Melaschole e lo fece esplodere.

"No Izoen! Fermati!" strillò Phrensch.

Ma le mani di Phrensch si muovevano da sole. Si catapultò sull'ultimo palloncino rimasto a Melaschole. Quest'ultimo questa volta non si fece sorprendere: colpì Phrensch con un calcio allo stomaco e se lo scrollò di dosso. Dopodiché si rialzò ed indietreggiò. Le cose non erano andate come aveva previsto. Nel frattempo Phrensch stava lottando con sé stesso; con la mano destra bloccava la sinistra, intenta ad afferrare i palloncini che aveva sulle caviglie per farli esplodere.

"No Izoen, non lo fare, ti prego! Così saremo eliminati dal gioco!"

Per quanto si sforzasse, sembrava che Izoen fosse più forte. Implacabile, la mano sinistra di Phrensch dominata da Izoen, si disfece della destra e fece esplodere entrambi i palloncini che Phrensch aveva allacciato alle caviglie. Il gioco aveva decretato il suo primo eliminato. Phrensch si allontanò dal campo di battaglia, continuando la lotta con sé stesso.

Nel frattempo Obsi aveva eliminato Depremo, che nemmeno aveva tentato difendersi; Chondros aveva fatto saltare in aria i suoi palloncini cadendo, perché non sopportava l'idea che qualcuno si avvicinasse per toccarlo; Lugera ora stava lottando con Obsi, in quanto quest'ultima aveva osato urtare il passeggino di Vocito. Dopo una lunga fase di studio, entrambe fecero scoppiare quello dell'uno e dell'altra e lo stesso fu per il secondo. Entrambe si accasciarono esauste nel suolo. Rimanevano in gioco solo Mimnesca, Brendan e Melaschole. Quest'ultimo fuggì nella radura che circondava la villa. Brendan lo seguì.

"Aspetta Brendan! Non seguirlo è quello che vuole. Lui conosce alla perfezione il bosco che circonda la nostra villa. Fermati!"
Ma Brendan non la ascoltò. Voleva solo mettere fine a quel gioco insensato una volta per tutte.
Brendan si addentrò nel bosco e solo in quel momento si accorse di quanto fosse fitto… ed oscuro. Il giardino della villa era illuminato da delle luci, di contro il bosco era immerso nell'oscurità, anche se la luna piena illuminava parzialmente il sentiero tracciato. Ad un certo punto si fermò, si guardò intorno e si accorse di essersi perso. Cosa peggiore, aveva perso di vista Melaschole. Imprecò per la frustrazione. Avrebbe dovuto dare ascolto a Mimnesca. Adesso si trovava in svantaggio.
"Ah Brendan, Brenduccio caro, mai avrei pensato che mi avresti dato così tanti problemi sai?"
Era la voce di Melaschole, che arrivava da un punto non ben definito della radura. Brendan portò automaticamente la mano sul palloncino, per proteggerlo.
"Gli altri due che ti hanno preceduto non erano stati tanto determinati come lo sei tu… ammetto che mi hai piacevolmente sorpreso e che nonostante tutto gradisco questa tua determinazione, risolutezza, fermezza, volontà, energia, ti fa onore, dignità, prestigio, decoro, rispettabilità e mi ha permesso di divertirmi un mondo. Ma adesso mi sono scocciato, nauseato, stufato, seccato, infastidito e qui finisce la tua corsa; presto farai parte della nostra Famiglia dei Matti, l'ottavo membro!" esclamò Melaschole ridendo di gusto.
Brendan credeva di aver individuato da dove arrivasse la voce di Melaschole, ma non ne era del tutto sicuro. Decise di farlo parlare per guadagnare tempo.
"Che ne è stato delle altre due persone che mi hanno preceduto?"
"Oh erano due erranti proprio come te. Coincidenza vuole che li incontrammo nella notte dell'anniversario del Bagno di sangue, esattamente due anni fa il primo ed un anno fa la seconda. L'uomo lo trovammo completamente ubriaco al bordo della strada, mentre la donna piangente su di un pianerottolo. Li portammo qui e fummo generosi con loro, gli volevamo offrire una famiglia, un posto dove essere eternamente felici… però loro rifiutarono esattamente come hai fatto tu e parteciparono alle Olimpiadi dei Matti. Ma al contrario di te, persero miseramente ai primi due giochi e non furono una grande sfida"
Brendan continuava a non capire da dove la voce venisse; era come se in quel punto ci fosse una sorta di eco che gli impedisse di comprendere l'esatta ubicazione del suo rivale. Adesso aveva compreso per quale motivo Melaschole lo aveva condotto in quel punto esatto della radura.
"Nonostante l'accordo fatto, si rifiutarono comunque di restare e dunque non avemmo altra scelta che… ucciderli"
"Dunque non siete nient'altro che degli assassini"
Un cespuglio si mosse. Con quel commento Brendan aveva colto nel segno. Adesso aveva capito dove si era nascosto.
"Ecco Brenduccio caro, tu sei esattamente come gli altri… ci giudichi dei diversi, emarginati, derelitti, reietti, esclusi, che non meritano di stare nella vostra società. Sai quanto la vita là fuori può essere difficile per noi? Tutti ci escludono, rifiutano, scartano, allontanano, respingono, solo perché ai loro occhi siamo esseri inferiori, dei mostri… e questo e sommamente triste e ci crea grande rabbia. E per questo che siamo qui, che abbiamo costruito questo santuario sulle ceneri della dimora lasciata dal governo di Vesnic e della Legiunile, per sentirci non derisi, scherniti ed abbandonati, bensì uniti, legati, aggregati, uniformi, una famiglia. Per sentirci felici"
Brendan supponeva da dove l'attacco sarebbe arrivato. Il silenzio regnava intorno a loro ed era interrotto solo dalla loro conversazione. Come nel Gagica, la Luna continuava ad illuminare ogni cosa, come un faro che li guidava la nave nel suo porto.
"Melaschole comprendo benissimo la tua frustrazione, la tua tristezza, la tua rabbia… Non capire qual è il tuo posto nel mondo, sentirti il vuoto intorno e dentro di te, non comprendere cosa desideri dalla tua esistenza, vedere tutto come una grande ingiustizia e non sapere come poter migliorare le cose perché ti senti impotente e solo. Ma c'è sempre una via, c'è sempre un'alternativa, un modo per cambiare le cose. E se non ci muoviamo per cambiarle noi nessuno lo farà al nostro posto ed

allora tutto rimarrà sempre lo stesso e continueremo eternamente a soffrire. Il mondo può essere un posto molto duro e ci sono cose che non possiamo controllare, ma possiamo agire attivamente di modo che alcune cose possano migliorare e con esse le nostre vite" Brendan sperava di farlo ragionare e di mettere fine a quella follia.

"Melaschole, non c'è assoluto bisogno di andare avanti con tutto questo. Venite con me. Tutti voi. Vi voglio aiutare. Vesnic ha aiutato me questa notte a ritrovarmi, a comprendermi, a capire cosa voglio davvero. Adesso lascia che sia io a sostenervi. Permettimelo. Concedimi di darvi il mio supporto. Non c'è nulla di sbagliato in questo, né di umiliante nell'accettare l'aiuto degli altri" Il silenzio riprese il sopravvento, in attesa di essere riempito dalle parole di Melaschole. Un flebile vento incominciò a soffiare tra gli alberi, a muovere le loro foglie, ad agitare i suoi rami. In quella notte dove tutto era possibile, sembrava che anche la natura stesse prendendo vita e volesse dare la sua opinione sull'esistenza.

"E' troppo tardi per questo Brendan... troppo tardi per tutto... siamo andati troppo lontano, non si torna indietro, il nostro posto è qui... il nostro posto è qui" Melaschole disse tutto questo con tono pieno di tristezza e la voce rotta. La sua baldanza era svanita. Brendan aveva fatto breccia nel suo cuore, ma non era stato sufficiente. Si sentivano perduti ed incapaci di tornare in quel mondo che tanto li aveva fatti soffrire. L'unica soluzione per loro era l'esilio. Brendan si sentì pieno di rammarico. Si mise in posizione di combattimento. Melaschole avrebbe cercato di sorprenderlo, ma aveva compreso dove si trovava; si era tradito. Il silenzio ora era tanto profondo che Brendan poteva sentire i battiti del suo cuore. I secondi diventarono, minuti, i minuti ore, le ore giorni. Si sentiva in una dimensione spazio-temporale differente.

Di nuovo il movimento di un cespuglio. Qualcosa uscì dallo stesso con foga. Si mise in guardia.

Era una lepre.

Brendan tirò un mezzo sospiro di sollievo.

Dei passi dietro di lui correndo.

Brendan vide Melaschole con la coda dell'occhio. Scansò all'ultimo secondo il paletto di legno che era indirizzato al suo palloncino. I due rivali si trovarono uno di fronte all'altro. Brendan non ebbe altra scelta. Melaschole voleva giocare sporco ed anche lui lo avrebbe fatto. Estrasse dalla tasca il coltello con il teschio. Melaschole strabuzzò gli occhi, rimanendo sorpreso, non aspettandosi tale mossa dal suo avversario. Superata la momentanea sorpresa, si gettò su Brendan, accanendosi sul suo palloncino. Brendan si difese, tentando di colpire quello di Melaschole con la punta del suo coltello. Entrambi erano però troppo guardinghi per la paura di lasciare troppo scoperto il proprio palloncino al rivale e di subire un attacco a sorpresa. Il combattimento era in un completo stallo. All'improvviso Melaschole emise uno strano fischio. Brendan rimase stranito. Sentì il verso di un gufo. Inaspettatamente, il volatile gli volò in faccia, distraendolo. Melaschole approfittò di quel momento di distrazione per dare un calcio alla mano di Brendan che per il dolore lasciò cadere il coltello. Dopodiché, lo colpì con una spallata, facendolo cadere a terra.

Brendan si ritrovò nuovamente al suolo, indifeso e vulnerabile. Melaschole era riuscito a controllare quel gufo. Forte nel combattimento corpo a corpo, capacita' di mimetizzazione, grande forma fisica, abilita strategiche, controllo della fauna... Chi era veramente quell'uomo?

Brendan cercò di recuperare il coltello, tuttavia Melaschole fu maggiormente rapido e gli diede un calcio per allontanarlo; dopodiché colpì Brendan in pieno volto. La percossa lo lascio' completamente stordito. Melaschole gli afferro' il braccio dove era legato il palloncino. Brendan si trovava completamente indifeso ed incapace di reagire.

"Mi spiace Brendan, davvero. sono addolorato, abbattuto, afflitto, affranto, amareggiato. Sei stato il più grande rivale che abbia mai avuto... non vorrei che finisse così ma le cose non possono cambiare. non vogliamo che cambino... abbiamo paura di ciò che ci aspetta fuori di qui. Qui abbiamo la nostra isola felice, ci sentiamo sicuri, siamo felici ed accettati. Non dobbiamo sopportare gli sguardi pieni di compassione, pena e disgusto... qui ci sentiamo... persone"

Melaschole esitò un momento e gettò il paletto di legno. Raccolse il coltello di Brendan; voleva finire il gioco usando l'arma del suo rivale.

"Starai bene con noi vedrai. Saremo la tua nuova fantastica famiglia"

Questa volta era davvero finita. Non avrebbe più rivisto la sua famiglia, non avrebbe più potuto inseguire i suoi sogni, non avrebbe potuto vivere la sua vita come meglio credeva. Melaschole gli bloccò il polso con il piede. Sollevò il coltello e lo calò con tutte le sue forze sul palloncino.

La lama affondò nel corpo di Mimnesca.

L'anziana signora si era frapposta per impedire a Melaschole di squarciare l'ultimo palloncino rimasto a Brendan. Melaschole indietreggiò con sguardo incredulo.

"Noooo Mimnesca!" gridò Brendan.

Estrasse immediatamente il coltello dalla schiena della vecchia signora e tappò la ferita con la mano. Stava uscendo molto sangue e la lama era penetrata vicino al cuore.

Le lacrime iniziarono a rigare il volto di Brendan. Lo aveva nuovamente salvato e questa volta a costo della sua stessa vita.

"Sei salvo Brendan, potrai tornare a casa tua..."

"Non sforzarti a parlare... Vedrai andrà tutto per il meglio... adesso ti aiuteremo, troveremo un soluzione"

Melaschole continuava a guardarla, incapace di muoversi.

"Lascia perdere Brendan... è finita... e sinceramente va bene così..."

"Perché lo hai fatto? Perché...."

Mimnesca gli mise una mano sul volto e gli asciugò le lacrime.

"Sono una povera vecchia, ormai arrivata quasi al traguardo della sua esistenza... Tu invece hai ancora tutta una vita di fronte a te... la tua famiglia, i tuoi sogni, te stesso, questo incredibile viaggio che stai vivendo...."

Mimnesca tossì sangue. Brendan non aveva la minima idea di cosa potesse fare. Le stava morendo tra le braccia.

"Non piangere Brendan. non piangere.... è stato un piacere averti conosciuto ed averti potuto aiutare e sacrificarmi per te... e se voglio essere del tutto sincera sono stanca di vivere così ragazzo mio... queste crisi che ho.... sono sempre più frequenti e sono terribili perché mi trasformano in una persona che non sono... non ricordo nulla.. mi sento così indifesa... preferisco morire che continuare a vivere così..."

Melaschole si era seduto a terra; il suo sguardo era vitreo ed inespressivo, ancora incredulo rispetto a ciò che stava accadendo a quello che inavvertitamente aveva fatto. Brendan non riusciva a fermare le lacrime; mai si era sentito tanto impotente ed inutile come in quel momento. Mimnesca continuava ad accarezzargli il viso e gli sorrise dolcemente.

"Mi ricordi mio figlio sai? Occhi scuri, capelli ricci e castani... vorrei che ci fosse lui qui a tenermi tra le sue braccia.... mi ha abbandonato sai? Lui, la mia famiglia, mi abbandonarono... non sopportavano più la mia malattia, ero diventata un peso per loro, non vedevano l'ora di liberarsi di me. Melaschole non è malvagio sai? Ha solo paura, come tutti noi... paura del mondo, della solitudine, del non essere accettati... qui ad ogni modo mi sono sentita felice, mi sono sentita di nuovo a casa, amata e voluta..."

Brendan appoggiò la fronte sulla spalla di Mimnesca. Se ne stava andando e non avrebbe potuto fare nulla per impedirlo. La Luna piena stava illuminando la radura e con lei anche i loro corpi, abbracciati l'uno all'altro. Un leggero vento muoveva le fronde degli alberi, come se anche loro stessero piangendo la dipartita di Mimnesca.

"Brendan torna dalla tua famiglia, amala, ma soprattutto non dimenticarti di amare te stesso. Segui il tuo destino, segui i tuoi sogni, non dimenticarti di te. Sei tu la persona più importante della tua vita. Io ho fatto l'errore di sacrificare la vita per i miei figli ed è così che loro mi hanno ripagato, buttandomi via come se fossi un ingombro, un giocattolo usato. Stai vicino alla tua famiglia, ma stai anche vicino a te, non abbandonare te stesso, promettimelo, promettilo a questa povera vecchia"

Brendan singhiozzava, le lacrime imperterrite che solcavano il suo viso.

"Te lo prometto Mimnesca, te lo prometto..."

Mimnesca gli strinse la mano sorridendo.

"Che modo migliore di morire che tra le braccia di un bel giovanotto tutto d'un pezzo come te?"

La mano di Mimnesca si fece debole e cadde sul suo fianco. Gli occhi le si fecero vitrei ed iniziarono a fissare il cielo stellato sopra di lei. Brendan iniziò a scuotere il suo corpo ed a gridare il suo nome, ma ormai non c'era più nulla da fare. Mimnesca era morta. Brendan le chiuse gli occhi e appoggiò con tenerezza sull'erba il suo corpo senza vita. Posò il suo sguardo su Melaschole. L'uomo continuava a non muoversi ed osservava il vuoto; la sua interminabile vitalità era del tutto scomparsa. Sentì dei passi dietro di lui. Erano gli altri elementi della Famiglia dei Matti. Lugera, Obsi, Chondros, Depremo, Phrensch. Solo si poteva udire il vento ed il fruscio delle foglie. Il gufo che aveva colpito Brendan stava bubolando dalla cima di un albero.

Senza dire una parola, il gruppo si mise in cerchio intorno a Brendan ed il corpo esanime di Mimnesca. Melaschole finalmente si alzò e li raggiunse. Si strappò il palloncino e lo lanciò a terra.

"Puoi andartene Brendan. Sei libero. Hai vinto. Torna indietro verso la casa. Vedrai una Galleria. Al fondo troverai una porta che ti condurrà direttamente nel quartiere di Prezent"

I loro sguardi si incrociarono ed entrambi lessero la tristezza e la rassegnazione negli occhi dell'altro. Brendan si alzò in piedi senza dire una parola e diede un ultimo sguardo al corpo di Mimnesca. Molto doveva a quella dolce vecchietta; senza di lei non sarebbe riuscito a superare tutte quelle prove ed ottenere così la sua libertà. Si sedettero intorno a lei e le presero le mani dolcemente, rimanendo in un silenzio che aveva un significato più profondo di qualunque parola potessero esprimere in quel momento.

Brendan raccolse il coltello. Sulla sua lama c'era ancora il sangue di Mimnesca. Premette il pulsante per ritirare la lama e si immerse nella radura, per cercare la galleria di cui Melaschole gli aveva parlato.

"Brendan" fu Melaschole a chiamarlo con una voce flebile "Attenzione con quella Galleria. Non è un Tunnel come tutti gli altri. C'è qualcosa di inquietante, sinistro, angosciante, allarmante, minaccioso... Furono quelli del governo di Vesnic e della Legiunile ad applicarci una sorta di incantesimo, per impedire alle truppe nemiche di attraversarlo. La chiamavano Kuiluun, l'Abisso. Solo io sono riuscito a farvi fronte quando scoprì questo posto, da solo... fu un'esperienza terribile. Gli altri non l'hanno vissuta, in quanto hanno attraversato la Galleria da sedati, quindi non hanno visto ne' udito nulla... Molti hanno perso il senno e sono morti al suo interno... tu invece eri svenuto, senza coscienza, in deliquio, venuto meno a causa dell'incidente e per questa ragione non ha avuto nessun effetto su di te"

Brendan ripensò al terribile incidente avuto con il bus, dove stava per perdere la vita. Non aveva ricordo di aver attraversato il Tunnel in quanto era completamente svenuto.

"Stai attento" lo ammonì Melaschole

"Lo sarò"

Melaschole osservò Brendan mentre si perdeva nella radura, fino a che gli alberi non coprirono totalmente la sua figura e di lui non rimase che un ricordo. Pensò a quanto la sua effimera presenza avesse cambiato le loro vite, lì nella Casa dei Matti. No, ora basta, pensò. Era ora di cambiare quel nome. Non lo aggradava più. E sicuramente non piaceva nemmeno più agli altri, solo che non avevano avuto il coraggio di esprimerlo. Non erano dei poveri pazzi. Erano delle persone come tutti gli altri. Da quel momento le cose sarebbero cambiate. Melaschole riconobbe che Brendan aveva qualcosa di speciale. Fu grato che le loro strade si fossero incrociate. Adesso comprese perché Mimnesca si era prodigata tanto nell'aiutarlo. Però adesso Mimnesca non c'era più; lui l'aveva uccisa. Non se lo sarebbe mai perdonato. Ma in un suo nome ed in suo onore avrebbe costruito insieme agli altri una nuova micro società, che fosse non solo un rifugio forzato, bensì un luogo aperto a tutti coloro che cercavano la salvezza, un luogo sicuro dove stare e dove potersi sentire...

persone. Accarezzò i lunghi capelli bianchi di Mimnesca, mentre gli altri gli stringevano le mani e le braccia piangendo la sua dipartita.

"Grazie Brendan e buona fortuna" sussurrò Melaschole.

IL TUNNEL

Brendan si rese conto, con sua grande frustrazione, di essersi perso. Il bosco era più fitto di quanto sembrasse e trovare il sentiero del ritorno non era così facile come potesse sembrare in un primo momento. Si sedette esausto, appoggiando la schiena contro al tronco di un albero e pensando al da farsi. Inaspettatamente, un gatto gli passò di fronte. Si fermò curioso ad osservare Brendan, dopodiché sparì, saltando dentro un cespuglio.

Brendan appoggiò la testa sul tronco dell'albero e si addormentò, stremato. Inizio' a sognare. Era in un'autostrada enorme nel bel mezzo di un deserto. Ad un certo punto, l'autostrada si biforcava in tre direzioni, ognuna delle quali dirigeva ad un traguardo differente. Nella direzione sulla sinistra era presente un enorme orologio; In quella della destra, c'era un fiore che stava appassendo; mentre in quella centrale un portale a forma di anello dentro al quale poteva vedere una sagoma familiare che si apprestava a salire una scala che sembrava non avesse fine. Brendan non sapeva quale via scegliere. Le lancette dell'orologio iniziarono ad aumentare di velocità; il fiore continuava a perdere petali ed a marcire, ma dai suoi petali iniziava a nascerne uno nuovo e rigoglioso; la sagoma in ombra seguiva salendo le scale, che si facevano sempre più grandi, ampie e ripide, ma il personaggio misterioso non desisteva. Ad un certo punto quest'ultimo allungò una mano come per chiedere supporto e qualcuno dalla cima gliela prese tirandolo con forza verso di sè. Si svegliò di soprassalto. Scosse la testa e si chiese il significato di quel sogno. Era stato davvero assurdo. Probabilmente non voleva dire nulla o forse....

Ricominciò ad arrovellarsi su come uscire da quel maledetto bosco, quando la sua mano toccò l'anello che aveva al dito. Abbassò lo sguardo e sorrise di felicità. L'anello a forma di aquila che il Legato Draco gli aveva donato nel Castra Centrum. Ricordò le sue parole, come si sarebbe attivato nel momento in cui avrebbe perso la via. Non aveva però idea di come attivarlo. Lo girò, lo premette, lo sfregò. Nulla. Non voleva saperne di funzionare. Brendan si appoggiò nuovamente al tronco dell'albero, frustrato e disperato, sbuffando ed imprecando. Una grande tristezza lo avvolse. "Voglio tornare a casa..." sussurrò.

Improvvisamente gli occhi dell'aquila si illuminarono di rosso ed una linea dello stesso colore si stagliò dinanzi a lui. Brendan si alzò in piedi attonito e sorpreso. La linea indicava una direzione. Esultò di gioia e seguì il senso indicatogli dalla linea rossa. Comprese il segreto dell'anello. Si attivava nel momento in cui il suo portatore provava forti emozioni, come nel suo caso il forte desiderio di ritornare alla sua dimora. Proseguì nella direzione indicata, facendosi strada tra cespugli ed arbusti, fino a che non arrivò ad un piccolo sentiero. Gli occhi dell'aquila continuavano a brillare ed a proiettare la linea rossa che stava guidando Brendan verso la via corretta. Camminò per un tempo che gli sembrò interminabile, fino a che non vide dalla distanza le grate del cancello che circondavano la villa. Era arrivato finalmente. Osservò il giardino e la grande dimora della Legiunile. Il silenzio regnava ed il tutto aveva un'aria triste e malinconica.

Il giardino in cui aveva partecipato ai giochi adesso era completamente deserto. Non gli sembrava nemmeno lo stesso luogo. Alla sua sinistra si stagliava l'entrata della Galleria che lo avrebbe condotto al suo quartiere. Le parole di Melaschole gli risuonavano nella testa. Questa volta era stato sincero. Lo aveva notato dalla sua espressione, dalla sua voce. Un'ulteriore prova lo attendeva. Si sentiva esausto, ma non avrebbe desistito. Era determinato a finire il suo viaggio, porre fine alla sua avventura e tornare sano e salvo. Si trovò di fronte all'entrata del Tunnel che la Legiunile aveva soprannominato Kuiluun, l'Abisso, ed osservò l'oscurità impenetrabile al suo interno. Vide un cartello d'acciaio argentato sul quale era incisa una frase "Abgrund Intuneric Fara Sfarsit". Brendan non comprese il significato delle parole, però il loro suono non gli piaceva per nulla, anzi era minaccioso e tetro. Si fece coraggio e prese un grande respiro. L'oscurità lo attendeva. Anche se aveva affrontato le tenebre più di una volta durante quella notte. Una notte interminabile.

"Ma dopo ogni notte, sorge sempre il Sole..." sussurrò a se stesso come per darsi forza.

Impugnò l'accendino che Adara gli aveva donato e si incamminò nell'ombra. Una volta ancora, l'oscurità lo inghiottì.

Lothar guidava come un ossesso in mezzo al traffico. Il GPS gli indicava la direzione da prendere per arrivare all'indirizzo che Brendan gli aveva donato. Andava a zig zag, evitando macchine e pedoni, attraversando con il rosso. A quell'ora così tarda, il via vai era ancora intenso. Vesnic era la città che non si spegneva mai. Gli altri guidatori suonavano il clacson al suo passaggio ed imprecavano, insultandolo. Non gli importava nulla. Ogni secondo guadagnato poteva essere prezioso. Ogni minuto perso, la condanna per Brendan e la sua famiglia. Imprecò. Sembrava che non dovesse mai giungere a destinazione.

"Resisti Brendan" esclamò Lothar "Sto arrivando!".

Lucia si era completamente addormentata tra le braccia di Nada. Quest'ultima continuava a coccolarla ed accarezzarle i capelli. Voleva farla sentire al sicuro e che non sentisse il peso di quella terrificante situazione. Non aveva smesso di cantarle a bassa voce la sua ninna nanna preferita.

"Bella bambina, bella bambina, il sonno arriva lesto,
non ti preoccupare, non aver paura, non sarà molesto.
Sabbiolino, il Re dei sogni, tante belle cose ti farà sognare,
Nessun incubo in questo fantastico reame potrà tutto rovinare
Bella bambina, bella bambina, cammina nel reame incantato,
tutto è incredibile, tutto è favoloso, in questo mondo beato.
Gioca, gioca, gioca in questo universo fatato,
tutto è permesso, tutto è scontato, la gioia che si prova quando un regalo viene
scartato.
Dal suo splendore fatti catturare,
porta nel mondo reale, tutto ciò che il suo scrigno ti ha potuto regalare "

Diede un bacio delicato sulla fronte di Lucia. L'avrebbe protetta a costo della sua stessa vita.
"Dove sei Brendan?" mormorò in lacrime.

Capo, Charlie e Willy erano seduti intorno al tavolo della cucina, mangiando tutto ciò che avevano a portata di mano. Avevano quasi svuotato il frigo e non si sentivano ancora sazi. Come non si sentivano mai sazi di violenza, furti ed uccisioni.
"Cosa facciamo Capo? Il damerino non si fa ancora vedere" commentò Charlie.
"Quante volte ti ho detto di non rivolgerti a me con la bocca piena? Mi disgusta"
"Perdona Capo"
"Staremo qui ed attenderemo pazientemente. Qualcosa mi dice che tornerà presto"
Willy diede un enorme morso ad una torta che aveva trovato nella credenza.
"Non manca molto all'alba Capo" fu lui stesso a parlare.
"Anche tu! Ho appena detto che mi dà il voltastomaco quando parlate con la bocca piena. Sputate pezzi di cibo ovunque, siete disgustosi"
"Scusami Capo. E che questa torta e' talmente buona. Ne vuoi una fetta?"
"No non voglio nulla. L'unica cosa che voglio è infilare la lama del mio coltello nel ventre del damerino codardo"
Willy e Charlie si osservarono vicendevolmente e sogghignarono, desiderosi di assistere a quella scena al più presto.
"Per il momento attendiamo. E se non dovesse tornare, gli faremo trovare i cadaveri di sua moglie e sua figlia abbracciati nel salone"
"Abbracciati" ripetette Charlie.
"Che immagine dolce" Fu la volta di Willy.
Capo osservò il coltello a doppia lama ed il rasoio che aveva posto sul tavolo. Bramava sangue, violenza ed il damerino in ginocchio pregando per la sua vita e di risparmiare quella delle sue due puttanelle. Ma non gli avrebbe concesso una morte lenta, oh no. Avrebbe goduto della loro sofferenza e delle loro supliche, come con gli altri agnelli sacrificali che aveva trovato sul suo cammino. Lui ed il suo gruppo sarebbero stati il terrore di Vesnic, l'incubo di ogni cittadino, ogni famiglia. Nessuno sarebbe stato in grado di fermarli ed avrebbero portato avanti quel banchetto di sterminio e morte fino alla fine dei loro giorni.

L'oscurità nella Galleria era impenetrabile. Brendan aveva perso la cognizione del tempo; non aveva idea da quanto tempo stesse camminando. Fortunatamente aveva lo zippo che Adara gli aveva donato; senza quest'ultimo avrebbe letteralmente brancolato nel buio. Il Tunnel fortunatamente andava dritto in una sola direzione e non possedeva svolte o bivi. Era un abisso oscuro ed interminabile. Si avvicinò alla parete al suo lato e la toccò con la mano; erano fatte di acciaio puro. Procedette, sperando di trovare l'uscita il più presto possibile. Gli unici rumori presenti erano i suoi passi e le gocce che cadevano ritmicamente a causa dell'umidità. Ciò che notò e che lo lasciò stranito, erano gli improvvisi cambi di temperatura: c'erano zone nelle quali faceva un gran caldo, mentre in altre sentiva un gelo profondo.

Qualcosa si spezzò sotto i suoi piedi. Fece un sussulto per la sorpresa. Illuminò l'oggetto con lo zippo per comprendere cosa fosse. Rimase basito. Con suo orrore, vide che ciò che aveva pestato erano ossa umane. Avvicinò l'accendino al suolo e comprese con ribrezzo che da quel punto in poi, il pavimento della Galleria era ricoperto di ossa umane. Venne prese dal panico e pensò di tornare indietro. Ma come avrebbe potuto fare? Questa era l'unica via disponibile per poter accedere al suo quartiere e tornare a casa. Fece un lungo respiro. Si ricordò di quando esplorò la casa maledetta dove affrontò Mabuz e di come mantenne la calma, nonostante tutto. Si promise di fare lo stesso. Qualunque cosa lo stesse attendendo lì nell'ombra lo avrebbe fronteggiato e superato. Sarebbe uscito da lì, sano e salvo. Respirò nuovamente e con tutto il coraggio che aveva in corpo e nell'anima si decise ad avanzare, cercando di ignorare lo scricchiolio delle ossa che si rompevano sotto i suoi piedi. Aveva paura, anzi era terrorizzato, questo è certo. Ma non avrebbe permesso che la paura lo bloccasse.

Si fermò. Era una voce quella che aveva sentito?

Tese le orecchie, cercando ci carpire qualsiasi suono o rumore.

Nulla. Solo il persistente e continuo suono delle gocce che cadevano al suolo.

Scosse la testa. Quel posto era estremamente inquietante e gli stava giocando brutti scherzi. Decise di avanzare. Sperava di trovare al più presto l'uscita di cui Melaschole gli aveva parlato e di poter uscire da quell'abisso oscuro senza fine.

"Papà... Papà perché mi hai abbandonato?"

Questa volta era certo di ciò che aveva sentito. Qualcuno aveva parlato. Ed era la voce di una bambina.

"Lucia?" chiese incredulo all'oscurità.

Era la voce di sua figlia.

Con la mano tremante tentò di illuminare lo spazio da dove la voce proveniva. Un grido di terrore uscì dalla sua bocca. Indietreggiò verso la parete. Di fronte a lui c'era realmente sua figlia di 5 anni, Lucia.

"No... non può essere..." balbettò.

"Non sei un buon Papà... mi hai lasciata da sola il giorno del mio compleanno... non ci sei mai per me"

"No... è solo un incubo... un incubo... mi sono addormentato e sto sognando... non sei reale!"

Lucia incominciò ad avvicinarsi a piccoli passi.

"Fai sempre piangere la Mamma... per colpa tua litigate sempre..."

"No.. non ti avvicinare... No, stammi lontana!"

Si diede alla fuga. Non stava sognando. Non era un incubo. Era realtà. Quella era sua figlia. Ma come poteva essere possibile?

Inciampò sull'ennesimo mucchio d'ossa e lo zippo gli scappò di mano. Si rialzò immediatamente e lo raccolse. Si guardò intorno, in ogni direzione. Sua figlia o qualunque cosa quell'essere fosse, non lo aveva seguito.

"Non mi hai mai amata... E chissà quante volte mi hai tradita..."

Rimase paralizzato. Questa volta una voce alle sue spalle. Ed era estremamente familiare. Si girò lentamente. Il cuore gli salì in gola.

Nada.

Sua moglie.

"Mi stai rovinando la vita… non mi ascolti, non mi apprezzi, non mi mostri né appoggio né empatia… cosa sono per te se non un peso?"

"Amore mio, non è vero… io ti amo profondamente… sono pazzo di te non ti farei mai del male!"

"No sei solo un egoista, pensi solo a te stesso… non mi hai mai voluta veramente… e sei un pessimo padre… non ci sei mai per noi.. mai. L'unica cosa che conta per te è il lavoro"

Brendan si tappò le orecchie con le mani. Non sopportava più sentire quelle parole.

"Basta, lasciami in pace, basta!"

Brendan fuggì con tutte le sue forze, con tutte le energie che aveva in corpo. Dove si trovava quella maledetta uscita? Voleva uscire da lì!

Prima sua figlia, poi sua moglie.... Adesso capiva le parole di Melaschole. Anche lui era passato attraverso quel terribile incubo? Si chiese cosa avesse visto. Ancora non ci poteva credere, ancora non gli sembrava vero. Si fermò a riprendere fiato, con il cuore che gli martellava nel petto. Aveva il fiatone e non riusciva più a fare un passo. Gli sembrava di procedere all'infinito e di essere bloccato sempre nello stesso punto. Capì con orrore la presenza di tutti quegli scheletri. Erano rimasti imprigionati lì, morti per la follia e l'inedia. Si disperò. Non voleva fare la stessa fine. Come avrebbe potuto uscire da lì?

"Sei perfetto per questo lavoro Brendan, davvero perfetto. Il mio dipendente migliore"

No, non poteva essere vero.

La voce di uno dei suoi due capi della Smith and Brothers. Quello con cui aveva avuto la riunione il giorno precedente, che sembrava ormai lontano un secolo. Fece chiarezza con lo zippo nella direzione dalla quale era arrivata la voce. Eccolo, proprio di fronte a lui. Con i capelli bianchi perfettamente pettinati, la cravatta rossa su camicia bianca e vestito elegante completamente nero. E quel sorriso. Quel sorriso snervante che Brendan odiava tanto, dove sfoggiava brillando quel terribile dente d'oro.

"Sei davvero un buon soldato Brendan, apprezzo davvero tanto i tuoi sforzi. Noi chiediamo e tu esegui. Non ti importa di distruggere famiglie intere e ridurle sul lastrico, l'importante è il profitto ed il denaro. Hai superato i maestri questo è certo. Non a caso nel nostro ambiente ti chiamano l'Avvoltoio".

Brendan ne era convinto ormai: era diventato pazzo. Non c'era altra spiegazione.

"Non mi chiamare così! Non volevo creare un danno a quelle famiglie… faccio solo quello che mi viene chiesto di fare, tutto qui. Siete voi i responsabili di tanta sofferenza!"

"Sempre a dare la colpa agli altri Brendan vero? Tu avresti potuto rifiutare, ma no non lo hai fatto. Hai scelto consapevolmente di distruggere economicamente quelle famiglie. E sai perché? Per i soldi, per diventare ricco. Perché volevi comprarti il bell'appartamentino nel quartiere più bello e fantastico di Vesnic, per possedere una macchina lussuosa, cellulare e vestiti all'ultimo grido. Sei un egoista, come tutti noi. Però io adoro il tuo stile. Grazie a te, la Smith and Brothers è diventata una delle aziende più potenti e ricche non solo di Vesnic, ma di tutta Infinit"

Brendan si rabbuiò in volto "L'ho fatto solo per la mia famiglia… per dargli tutto ciò di cui avevano bisogno"

Il boss di Brendan squarciò il silenzio con una risata fragorosa.

"Brendan perché menti a te stesso? Sì, volevi prenderti cura della tua famiglia questo è vero però... lo hai fatto prima di tutto per puro e sadico egoismo. Ti piace il potere, il denaro, la posizione. Ti senti un dio quando hai l'opportunità di decidere se quella famiglia sopravvivrà economicamente oppure no, vero? Provi piacere nel poter scegliere quale sarà il loro destino, giusto? E' per questo che stai continuando a lavorare per noi, perché ti diamo la possibilità di sentirti forte, potente, sopra ad un piedistallo da dove puoi guardare tutto e tutti dall'alto in basso e decidere del loro fato. E questo ti fa sentire qualcuno"

Brendan si mise in ginocchio piangendo a dirotto.

"Non è vero è tutta una menzogna... Io sono una brava persona. Via, vattene via lasciami in pace"

"Ci hai rovinati, ci hai lasciati in mezzo ad una strada... non hai avuto nessuna pietà di noi. Avevamo anche due bambini. Come hai potuto?"

Brendan sollevò la testa. La riconobbe immediatamente; era Dalila, la signora che si era presentata nel suo ufficio ed aveva richiesto un altro prestito, che era stato prontamente negato dalla sua azienda. Brendan le aveva respinto la richiesta come il Signor Smith aveva comandato e le aveva comunicato anche l'amara notizia che c'erano ancora dei debiti in sospeso che la sua famiglia avrebbe dovuto pagare, pena il pignoramento di qualsiasi avere in loro possesso. Adesso si trovava lì di fronte a lui, accusandolo dell'accaduto.

"Sei un mostro senza cuore, ci hai rovinati... adesso non abbiamo più un futuro".

Brendan si coprì la faccia con le mani. La disperazione ed il senso di colpa si erano impadroniti di lui.

"Mi dispiace... mi dispiace tanto... non avevo scelta. Non sono una cattiva persona"

Quel luogo metteva di fronte ai peccati che le persone avevano commesso in vita. Tutte le cose orribili, atti malvagi, soprusi compiuti, si riflettevano in quel luogo, in un quel Tunnel oscuro. Chi lo aveva preceduto non era riuscito ad uscirne ed era impazzito dal dolore. Le loro ossa, la testimonianza dell'evento. Avrebbe ben presto fatto parte di quel tetro cimitero. E poi, come dargli torto? Era stato un pessimo marito, un padre scadente, un perfido professionista... forse si meritava tutto quello; forse si meritava di morire lì, come tutti gli altri.

Adesso erano tutti di fronte a lui: Nada, Lucia, il suo boss, Dalila. Ma ecco che di fianco a loro c'era un'altra persona.

"No.. non può essere..." sussurrò Brendan disperato.

La quinta persona... Era lui.

Era come guardarsi allo specchio. Ogni dettaglio, ogni minuzia, ogni piccolezza... Era lui in tutto e per tutto. Un altro Brendan, proprio dinanzi a lui.

"Mi hai abbandonato, tradito... ti sei dimenticato di me. Mi hai collocato in un angolo della tua vita e mi hai fatto sparire poco a poco" lo rimproverò il suo sé stesso.

Parlava come lui. Stesso tono di voce. Stesso stile. Stesso movimento del corpo.

"Hai smesso di amarmi, di mettermi al primo posto nella tua vita. Non mi hai più protetto, difeso e non ti sei più preso cura di me. Mi hai messo da parte, come quando ci si disfa di un giocattolo consumato ed usato. Dove sono io nella tua vita? In quale posizione mi trovo? Forse non ho nessuna importanza per te... non sono niente" Le parole del suo doppio erano dure come pietre e facevano male, molto male, ancor di più perché erano vere. Avevano lasciato indelebili ferite nella sua anima.

Tutte e cinque le figure iniziarono a parlare all'unisono, continuando a colpevolizzarlo, ad incolparlo.

"Non sei un bravo papà"

"Che razza di marito sei! Mi hai fatto solo soffrire"

"Sei il soldato perfetto Avvoltoio! Distruggi tutto per noi e facci arricchire ed arricchisciti senza ritegno!"

"La mia famiglia è distrutta... non abbiamo più nulla né un avvenire"

"Perché non mi ami? Perché non mi metti al primo posto?"

Brendan era in ginocchio ed aveva smesso di piangere. Stava solo fissando il suolo, inespressivo, scoraggiato, senza speranza. Avevano ragione. Non era altro che scoria. Un niente. Anche il suo sé stesso glielo stava evidenziando. Aveva commesso il peggiore dei crimini: abbandonare sé stesso, non darsi importanza, non amarsi sufficientemente. Le loro voci seguivano rimbombando nelle sue orecchie, le loro accuse lacerando la sua anima. Si sarebbe accasciato lì e si sarebbe lasciato morire, perché era questo ciò che si meritava. Fare parte di quell'enorme catacomba.

Brendan si stava per abbandonare all'oblio, quando inavvertitamente le sue mani sfiorarono la catenella che aveva appesa al collo. In tutto quel susseguirsi di eventi si era completamente dimenticato della sua esistenza. Era una collanina che Nada e Lucia le avevano regalato al suo compleanno l'anno precedente. L'avevano costruita insieme, con dei materiali riciclati. Una corda di cuoio con appeso un minerale rosso, che Lucia aveva trovato in riva ad un lago dove erano andati a passare una giornata tutti insieme. Aveva un bel ricordo di quel giorno. Il Sole caldo, il cibo squisito, l'acqua fresca e cristallina. Le loro risate, scherzi, i sorrisi. La classica giornata perfetta. L'idea di fare una collanina con quel pezzo di minerale era stata di sua figlia, che gli aveva detto che sarebbe stato il suo porta fortuna. Quei ricordi, quell'oggetto, gli diedero forza. Non solo fisica, ma anche emotiva e mentale. Per comprendere, per intendere. Quelli non erano altro che spiriti, proiezioni della sua mente. Non erano reali. E ciò che dicevano non erano altro che falsità.

"Ho capito perché siete qui" Brendan si alzò in piedi lentamente e parlando con decisione. "Rappresentate le mie colpe, i miei errori, le mie frustrazioni, i miei fallimenti, il mio rancore, i miei pentimenti, le mie tristezze... ma tutto questo finisce qui. Riconosco i miei errori, i miei sbagli, le mie lacune. In molti frangenti non mi sono comportato in modo eccelso: non sono forse stato sempre un buon padre; no sono stato un eccellente marito; nel mio lavoro ho messo davanti il desiderio di cupidigia, di denaro, di potere, nonostante provassi un grande senso di colpa in ciò che stavo facendo; ed ho dimenticato di prendermi cura di me, di mettermi al primo posto, di amarmi e di proteggermi. Ma tutto questo finisce qui. Riconosco le mie colpe ed i miei errori e faccio pace con loro. Penso di aver fatto il meglio che potevo in quel momento che era il mio presente, con le risorse che possedevo"

Gli spiriti si zittirono mentre lui parlava, ascoltando le sue parole. Senza timore né paura, Brendan si avvicinò prima a sua figlia.

"Lucia hai ragione, a volte non sono stato un buon Papà, però ho fatto quello che meglio potevo. Ad ogni modo da oggi sarò più presente per te"

Fu la volta di Nada.

"Nada, so che ultimamente la nostra relazione è stata piena di lacune e che tra di noi si è formata come una barriera... la responsabilità di tutto questo è anche in parte mia, perché non ho mai espresso quali fossero i miei reali desideri e che cosa provassi. E questo ha creato molta tensione tra noi. D'ora in poi comunicheremo maggiormente"

Il suo boss, il Signor Smith, lo osservava sorridendo.

"Hai ragione, ho fatto tutto questo solo per potere, denaro e posizione. Avrei dovuto abbandonare la tua azienda quando ho potuto. Siete solo dei ladri e dei farabutti. Ed io uno di voi, perché? ho partecipato alle vostre malefatte senza dire una parola o rifiutarmi. Sono complice sì, anche se provavo colpa e pena nel fare ciò che stavo facendo. Ma da oggi finisce qui. Non sarò più il tuo galoppino. Non rovinerò più nessuno, non seguirò più i tuoi ordini. Al diavolo il potere ed il denaro. Mi tiro fuori"

Passò a Dalila, la madre della famiglia rovinata.

"Mi spiace per ciò che ti ho fatto; sono mortificato. Non ci sono giustificazioni per il mio comportamento. Ti prometto che aiuterò te e la tua famiglia. Farò tutto il possibile perché possiate avere nuovamente una vita dignitosa"

Rimaneva solo lui, lo spirito che lo rappresentava. Si mise di fronte a lui e rimase senza parole. Non sapeva cosa dire. Solo si rese conto di quante le sue parole fossero vere. Scoppiò in lacrime. Il suo se stesso lo abbracciò. Brendan fece un piccolo sussulto. Allora non erano semplici spiriti. Avevano consistenza corporea. Ma non gli importava. Ormai non provava più paura. Si sentiva in pace. Ricambiò l'abbraccio.

"Mi dispiace tanto... d'ora in poi ti metterò al primo posto e mi prenderò cura di te. Non ti abbandonerò e tradirò più e ti ascolterò.... ti ascolterò sempre"

Rimasero stretti in quell'abbraccio per un tempo che a Brendan sembrò un'eternità. Ma non gli importava. Non c'era nulla di più bello che poter cingere sé stessi in un caloroso abbraccio. Brendan e Brendan. Un momento che voleva sfruttare al massimo. Da quel momento si sarebbe abbracciato più spesso e con tutto l'amore che avrebbe potuto provare per la sua persona. Era lui la persona più importante della sua vita.

Si divisero e Brendan si asciugò le lacrime.

"Grazie... grazie a tutti voi..." sussurrò.

Vide che le rappresentazioni gli sorrisero e subito dopo scomparvero, così come erano venute.

Brendan continuò il suo cammino riflettendo su ciò che era appena accaduto. Adesso capiva il perché delle innumerevoli ossa ed il senso di quel luogo. Chiunque vi entrasse veniva messo di fronte alle sue colpe ed alle sue paure. L'incapacità di affrontarle, decretava la morte di chi si avventurava in quella Galleria.

Per quanto quell'incantesimo fosse terribile, era allo stesso tempo anche una forma di insegnamento. Brendan riconosceva quanto avesse appreso e fosse cresciuto in quel contesto. Paradossalmente, ringraziò il fato che fino a lì lo aveva condotto. Altrimenti non avrebbe potuto vivere quell'esperienza, per quanto terribile. Brendan pensò che per raggiungere un obiettivo, qualunque esso sia, sia necessario a volte sporcarsi e che la vita non fosse semplicemente una linea retta, bensì un sali e scendi. Non si avrebbe altrimenti l'opportunità di crescere e migliorare.

Camminò e camminò, dentro l'oscurità impenetrabile del Tunnel, facendosi sempre strada con lo zippo di Adara, fino a che finalmente non la vide: la porta di cui Melaschole gli aveva parlato. Sembrava una porta ordinaria come tutte le altre. Cercò di aprirla, ma no si mosse di un millimetro. La tirò, la spinse, ma nulla; non voleva saperne di muoversi. Le tirò un pugno per la frustrazione. Era ad un passo dalla sua meta, ed ora gli si presentava questo nuovo ostacolo. La esaminò minuziosamente. Non notò nulla, sembrava una porta regolare, come tutte la altre.

"No aspetta..." mormorò.

Per la troppa fretta e la voglia di uscire da quel luogo, non si era reso conto che esattamente di fronte a lui, attaccate alla porta, c'erano due carte dei tarocchi. Quella a sinistra rappresentava l'Imperatrice, mentre quella sulla destra mostrava la Forza, disegnata come un bambino in groppa ad un leone. Tra le due era presente uno spazio vuoto. Brendan incrociò le braccia, pensieroso. Mancava una carta, che andava collocata nel medio. Probabilmente piazzare la terza carta gli avrebbe permesso di aprire la porta.

Unico problema: non aveva idea di dove la carta si trovasse. Non sapeva nemmeno da dove cominciare le sue ricerche. Forse in possesso di Melaschole?

Stava pensando sul da farsi quando improvvisamente ricordò. La carta che Tancredi gli aveva regalato. Si trovava ancora nella sua tasca. La carta del Matto. Questo voleva dire che Tancredi era passato attraverso quel tunnel? Non avrebbe dovuto avere nessun effetto su di lui, dato che era stato un soldato della Legiunile. Oppure era come il mastro delle chiavi? Colui che possedeva il modo di entrare ed uscire? E Melaschole come era riuscito ad entrare se non possedeva tale carta? E soprattutto, come era riuscito ad entrare ed uscire a suo piacimento? Forse Melaschole non era chi diceva di essere... o meglio chi non diceva di essere. Quell'uomo era un completo mistero e nemmeno Mimnesca era riuscita a dargli molte informazioni.

Ad ogni modo, non voleva perdere ulteriore tempo. Molti misteri di Vesnic non sarebbero stati svelati e sarebbero rimasti tali... e forse da una parte era meglio così.

Si avvicinò con cautela e appoggiò la carta del Matto nello spazio vuoto. Attese, ma non successe nulla. Stava per disperarsi nuovamente, quando sentì il suono di un meccanismo.

Erano come degli ingranaggi che sfrigolavano tra di loro. Sentì in click. La porta si aprì lentamente. Senza pensarci due volte, Brendan si scaraventò fuori dalla Galleria, stanco di stare in quel buco infernale. La porta si chiuse esattamente come si era aperta, con un rumore forte e sordo.

Guardandola dall'esterno aveva un aspetto completamente diverso; sembrava semplicemente una porta di ferro e di cemento, che si confondeva con la parete circostante.

Si guardò intorno.

"Ce l'ho fatta! Finalmente!" esclamò estasiato.

Tutto gli era familiare: le strade, gli edifici, i negozi. Lo aveva conseguito, aveva raggiunto il suo obiettivo; era riuscito a tornare nel suo quartiere, Prezent. Tirò un sospiro di sollievo e sì, questa volta si diede un abbraccio a sé stesso ed una pacca sulla spalla. Era stato incredibile. Nonostante le numerose difficoltà e le innumerevoli sfide, era riuscito a superare qualsiasi ostacolo e prova gli si fosse presentata durante quell'incredibile viaggio. Chiuse gli occhi e respirò profondamente l'aria del mondo esterno. Riconobbe la via nella quale si trovava; non era molto distante da quella in cui viveva. Ringraziò ad ogni modo con il pensiero tutte quelle persone che erano venuto in suo aiuto e senza le quali non sarebbe mai riuscito a raggiungere la sua meta. Vesnic non gli aveva mostrato solo il lato negativo, se non anche quanto di buono e meraviglioso ci fosse nel mondo. E quella bontà aveva contrastato l'oscurità che voleva impedire il suo successo e lo aveva accompagnato per mano verso il suo traguardo.

Osservò la strada di fronte a sé. Pochi isolati lo dividevano dal suo ritorno a casa e dall'abbracciare due delle persone che amava più al mondo. Non perse tempo e proseguì, ancora incredulo di trovarsi lì ed orgoglioso per essere sopravvissuto a tutte le sfide che Vesnic fino a quel momento gli avesse offerto.

RITORNO A CASA

"Fantastico trucco fratello! Una magia degna del migliore dei sacerdoti della notte! Come hai fatto a fare quella roba con la porta? Sensazionale!" gridò qualcuno che si trovava sul ciglio del marciapiede.

Era un tizio ubriaco che barcollava per la strada. Aveva in mano una bottiglia di vino mezza piena. Era vestito in maniera abbastanza elegante, il che dava a Brendan la sensazione che fosse uscito da qualche festa, data la ora. Aveva assistito all'apertura ed alla chiusura della porta del Tunnel, ma in quelle condizioni non si era nemmeno reso conto di cosa fosse realmente accaduto.

Brendan gli fece un mezzo sorriso e se ne andò, ignorandolo.

"Aspetta fratello! Voglio entrare anche io lì, spiegami come hai fatto!"

Detto questo, inciampò su sé stesso e cadde al suolo. Non sembrò importargli nulla, in quanto iniziò a cantare biascicando.

Brendan pensò quanto quell'incontro fosse stato effimero e... normale rispetto a tutti quelli che fino a quel momento aveva avuto. Lasciò il ragazzo ubriaco al suo destino e si avviò verso casa.

Conosceva benissimo il suo quartiere, a differenza di Viitorul che per lui era stato fino a quella notte un completo mistero. E chissà quanto ancora c'era da esplorare e scoprire. La strada era costeggiata da un fiume. Delle persone stavano pescando sui suoi bordi. Altri gruppetti camminavano ridendo, probabilmente tornando a casa dopo una lunga notte di festa. Per il resto, la strada era semi deserta. Le luci in alcuni alloggi erano accese, mentre in altri erano spente. Brendan osservò il cielo. Si stava schiarendo. Il Sole non avrebbe tardato a manifestarsi. Un'altra cosa positiva di quella straordinaria avventura era che avrebbe potuto godere dell'alba. Era tanto tempo che non la vedeva. A dire il vero non era sicuro di averne mai vista una in tutta la sua vita. Sarebbe stata allora la più bella di sempre, perché rappresentava il suo ritorno a casa. Vide il bar dove a volte faceva colazione; il parchetto dove portava Lucia a giocare; il negozietto di vestiti che vendeva indumenti di seconda mano; il supermercato che vendeva le leccornie che a Nada piacevano tanto; il piccolo casinò dove aveva giocato un paio di volte e di cui non aveva parlato a Nada per non farla infuriare. Tutto era nuovamente familiare e questo lo rassicurava. Finalmente la vide; la sua via. Non ci poteva credere. Dopo tutto quel girovagare, esplorare, perdersi e ritrovarsi, era giunto al traguardo, alla sua meta. Doveva solo svoltare l'angolo, percorrere pochi passi e sarebbe giunto al portone del suo edificio. Uno degli edifici con gli appartamenti più lussuosi di tutta Vesnic. Ma aveva appreso quella notte che la vera Vesnic non era Prezent; la Vesnic reale era Viitorul. Lì giaceva la sua storia, la sua personalità, il suo carattere, la sua identità. Prezent era la maschera che Vesnic indossava, con i suoi bei quartieri, i suoi meravigliosi negozi, le fantastiche residenze. Mentre Viitorul era la Vesnic reale, quella della Legiunile, del popolo, della guerra con Infinit, dell'orgoglio per le aquile, delle leggende, dei miti, del mistero, dell'assurdo, dell'ombra e della luce, dei personaggi assurdi ed indimenticabili, dei viaggi e delle avventure. Del bene e del male. Del buono e del maligno.

Giusto all'inizio della sua via, notò una piccola vecchietta, vestita tutta di nero, intenta a mettere in ordine degli oggetti che portava in un carrello. Parlava tra sé e sé e quando vide Brendan gli si rivolse con voce rauca: "La morte... la morte arriva per tutti. Ma non abbiate paura della stessa. E' opera della natura e come sua opera è soggetta a perfezione. E' ciò che la natura usa per stabilizzare ed equilibrare l'universo"

La vecchina raccolse un pupazzetto di pezza dal suo carrello e lo allungò perché Brendan potesse prenderlo.

"La morte arriva per tutti... ma ricorda è opera della natura e come sua opera non dobbiamo temerla, bensì accoglierla. Con questo non voglio dire che dobbiamo cercarla, ma vederla come compagna di vita che può fare il suo accesso in qualsiasi momento e quando a noi toccherà, non dovremo maledirla, bensì onorarla in quanto ci sta concedendo l'opportunità di iniziare un nuovo viaggio nella nostra esistenza. La morte dà significato alla vita, perché cosi' potremo vivere quest'ultima con senso e non è la fine se non un ulteriore passo"

Brendan afferrò il pupazzetto di pezza. Era un bambolotto cucito a mano molto semplice nella sua fisionomia; gli era stato cucito un sorriso e degli occhi ed il cuore sul petto.

"Accetta la morte quando essa arriva, ma evitala se pensi che sia ingiusta e non sia arrivato il tuo momento e donala a chi merita"

Detto questo, come dal nulla era apparsa, la vecchina spinse il suo carrello e se ne andò, procedendo lungo la strada da dove Brendan era giunto.

Brendan mise il bambolotto nella tasca frontale della sua camicia. Era piccolo e ci entrava perfettamente. Si girò per dare un'ultima occhiata alla vecchia e chiederle chi fosse e da dove venisse.

Era sparita.

Non ricordava di averla mai vista da quelle parti. Brendan rimase stranito. Da dove veniva quella tenera vecchietta? Chi era? Perché aveva indirizzato verso di lui quelle parole, perché gli aveva regalato quel pupazzo di pezza e soprattutto, si poteva considerare umana?

Erano molti i personaggi che aveva incrociato durante il suo cammino ed alcuni di loro probabilmente non si potevano considerare dei normali esseri umani. In una notte come quella che Vesnic gli stava offrendo, il confine tra realtà e fantasia era estremamente labile. Ma avrebbe potuto ancora usare la parola fantasia dopo tutto quello che gli era accaduto? Cos'è realmente finzione e cos'è realmente realtà? Possiamo definirlo con certezza? Non sono alla fine due facce della stessa medaglia?

Brendan, ancora sorpreso, confuso e pieno di domande, imboccò la strada della via nella quale viveva. La notte stava lasciando posto al giorno; la luna si stava mettendo da parte per permettere al sole di sorgere. Ed eccolo finalmente, come un'oasi nel deserto, un miraggio visto da lontano, sinonimo di salvezza, sicurezza e rifugio. Il portone che permetteva l'entrata all'atrio del suo condominio. Non aveva le chiavi, in quanto gliele avevano sottratte insieme al cellulare ed al portafoglio, ma non importava, in quanto il loro palazzo aveva un servizio di guardia con il custode 24 ore su 24. Si sporse per farsi notare. Si rese conto solo in quel momento che seduto alla scrivania non c'era nessuno.

- Strano - pensò.

Non voleva suonare, in quanto non voleva svegliare Nada e Lucia. Non aveva però altra scelta, altrimenti sarebbe rimasto bloccato lì tutto il giorno. Tergiversò un poco, pensando ad un altro possibile espediente per entrare, però sfortunatamente non c'era altra soluzione.

Suonò il citofono. Attese un momento.

Nulla.

Toccò nuovamente il tasto.

Niente. Nessuno rispose.

Sicuramente Nada stava dormendo profondamente e non aveva sentito il suono del citofono. Mali estremi, estremi rimedi. Avrebbe suonato al loro vicino, Gildos. Lo avrebbe ucciso, ma non aveva molte opzioni. Disturbare l'intera palazzina o rimanere lì in mezzo alla strada per chissà quanto tempo. Anche se tutto sommato non sarebbe stato così strano; era tutta la notte che girovagava per la città.

Suonò il citofono di Gildos. Nessuno rispose. Suonò nuovamente. Nulla. Stava per scoraggiarsi ed allontanarsi, quando sentì il suono del portone che si apriva.

- Finalmente! - pensò. Sul suo volto si disegnò un'espressione di felicità. Entrò e chiuse il portone alle sue spalle. La sua felicità però ben presto si trasformò in dubbio.

Per quale motivo Gildos aveva aperto senza chiedere chi fosse? A quell'ora del mattino avrebbe potuto essere chiunque: un ubriaco, un pazzo, uno scherzo. Aveva aperto senza esitare. O forse era stata Nada a sbloccare il portone... però anche lei senza chiedere nulla?

Guardò in direzione della scrivania del custode. Era un uomo vicino ai 60 anni, che sempre parlava di quanto poco gli mancasse alla pensione. La sua postazione era immacolata; non c'era nulla di strano o fuori dalla norma. Probabilmente si era allontanato un momento chissà per quale ragione. Ebbe un tuffo al cuore. E se fosse stato lui la causa? Mancava da tantissime ore, probabilmente si erano rivolti alla milizia o alla polizia e tutti erano usciti a cercarlo. No non poteva essere. Altrimenti chi era stato ad aprirgli la porta? Un fantasma?

Scosse la testa. Era diventato estremamente paranoico. Era la mancanza di sonno. Non dormiva da ore. Non mangiava da ore. Era esausto e questo gli provocava pensieri persecutori e gli faceva vedere minacce ovunque. Probabilmente Nada lo aveva visto dal balcone e gli aveva aperto il portone e rabbiosa e preoccupata lo stava aspettando pronta per litigare e chiedersi perché fosse mancato da tante ore. Forse, nel frattempo, già si stava scusando con il loro amabile vicino. O può darsi che fosse ancora delusa e triste per ciò che Brendan le aveva detto la mattina scorsa e non si fosse assolutamente accorta della sua assenza, o non gli avesse dato caso. Ma al momento non voleva occupare la sua mente con tutti questi pensieri. Era sopravvissuto, era riuscito a tornare a casa, aveva ritrovato sé stesso, avrebbe riabbracciato sua figlia e sua moglie. Voleva solo dormire e risposare. Per le spiegazioni e le scuse ci sarebbe stato tempo.

Attivò l'ascensore. Scese con grande lentezza o forse era a causa della sua impazienza. Il tempo di attesa fu eterno. Le porte si aprirono. Entrò e pigiò il pulsante del quarto piano. L'ascensore iniziò a salire, per Brendan lentamente come era sceso. Mai così tanto in vita sua aveva desiderato un letto e di fare ritorno tra le mura della sua dimora.

Le porte dell'ascensore si aprirono. Brendan uscì sul pianerottolo. Le porte si chiusero dietro di lui con un click. Gli sembrava di essere mancato da secoli. E niente gli era più familiare. Era come se stesse vedendo tutto per la prima volta. Ogni cosa era paradossale, come se quello non fosse più il suo mondo. Quella normalità… lo straniava. Come se fosse stato in un'altra dimensione per tutto quel tempo e l'essere tornato lì lo mettesse di fronte ad una realtà totalmente differente.

Avrebbe dovuto di nuovo suonare il campanello, questa volta quello della porta. Pensò che la prima cosa che avrebbe fatto dopo il suo risveglio sarebbe stato far cambiare la serratura di casa. Chiunque lo avesse derubato aveva i suoi documenti e con quelli sarebbe potuto risalire a lui. Ma se ne sarebbe occupato a tempo debito. Ora l'unica cosa di cui aveva assolutamente bisogno erano una doccia calda ed il suo morbido letto. Stava per suonare il campanello, quando notò che la porta di casa era socchiusa. Allora era stata sicuramente Nada ad aprire il portone, non c'era altra spiegazione. Sì, pensò, la sua ipotesi era corretta. Quando aveva suonato si era affacciata sul balcone e vedendolo aveva aperto la porta principale. Bene, mistero risolto. Avrebbe avuto molto da raccontarle. Un universo di cose. Molto probabilmente aveva anche contattato la polizia e la milizia per denunciare la sua scomparsa. L'avrebbe sicuramente trovata impaurita ed arrabbiata, ma era sicuro che le avrebbe compreso. Non era sicuro che gli avrebbe creduto. Nemmeno lui credeva fino in fondo a ciò che aveva visto e sperimentato. Aprì la porta e la chiuse alle sue spalle. Era buio pesto e non vedeva nulla. Però sì che sentiva qualcosa. Un odore strano, come di carne bruciata. Nada aveva forse cucinato? Se era così, aveva cucinato qualcosa di veramente pesante. Forse aveva invitato qualcuno per la festa di compleanno di Lucia, alla quale era mancato. Si sarebbe fatto perdonare dalla sua piccolina. Tutto sarebbe stato diverso da allora. Cercò a tastoni l'interruttore. Finalmente lo trovò.

Lo accese.

Fece due passi indietro e sbattette contro la porta. Non poteva credere a quello che i suoi occhi stavano osservando. Di fronte a lui, impiccato alla trave di legno del suo tetto, con la gola tagliata ed un taglio enorme nel petto, si trovava Gildos il loro vicino. Le labbra di Brendan iniziarono a tremare ed i suoi occhi si spalancarono dal terrore. Il suo corpo immobile, incapace di muoversi.

"Finalmente sei tornato damerino, ti stavamo aspettando" sentenziò una voce familiare.

Ed ecco, davanti a lui, le tre persone che meno si sarebbe aspettato di incontrare.

I tre tizi calvi del sacco. Quei tre uomini inquietanti che erano usciti da quel vicolo e che aveva incontrato vicino alla pensilina dove lo avevano derubato e dove il suo viaggio era iniziato.

"Voi…" proferì Brendan incredulo.

"Sì esatto damerino, proprio noi. Sorpreso?" enunciò Capo.

"Il damerino è sorpreso"

"Non se lo aspettava, proprio no"

Charlie teneva prigioniera Nada, con un coltello puntato alla gola. Brendan non vedeva Lucia.

"Mia figlia…" balbettò.

"Non ti preoccupare. E' al sicuro, nella sua cameretta. Sì, almeno per il momento" affermò Capo.

"Brendan… aiutami ti prego…" pronunciò.

"Se le fate del male giuro che vi faccio a pezzi"

"Oh! Avete visto ragazzi? Al damerino gli sono cresciute le palle!"

Willy e Charlie sogghignarono.

"Sì, fa il gradasso adesso"

"Si crede un eroe!"

Brendan non poteva credere che fossero lì. Come diavolo avevano fatto ad entrare? Quando ormai pensava di essere al sicuro, ecco che si erano spalancate nuovamente le porte del mondo dell'incubo.

"Che cosa diavolo volete? Che cosa ci fate qui maledetti?!"

Capo sorrise e strizzò uno dei seni di Nada.

"Bastardo!" Brendan fece un passo avanti.

Charlie le pressò la punta del coltello sulla gola ed un rigolo di sangue gli scese giù per il collo. Brendan si fermò improvvisamente ed allungò le braccia in segno di fermarsi.

"No fermo! Non le fare del male"

"Questo dipende tutto da te damerino. Rimani lì dove sei e non fare mosse strane, altrimenti faremo a pezzi la tua mocciosa e poi taglieremo la gola alla tua puttana e la metteremo a far compagnia a quel vecchio merdoso lì appeso"

Gli occhi di Brendan caddero di nuovo sul povero Gildos. Gli occhi vitrei e fuori dalle orbite dell'anziano signore; la gola tagliata dalla quale usciva un rivolo di sangue che scorreva fino alla punta del piede, per poi cadere a piccole gocce sul pavimento del salone.

Capo estrasse il suo coltello ed iniziò a giocherellare con lo stesso.

"Sei cambiato damerino. Non sei più il pappamolla tremante e senza coglioni che abbiamo conosciuto qualche ora fa, o mi sbaglio?"

Brendan resse il suo sguardo. La sua mano si trovava già nella tasca, impugnando il coltello di Lothar.

"Cosa vogliamo e cosa ci facciamo qui? Semplice, siamo qui per te. Non ci sei piaciuto sin dal principio, ci dai fastidio. Siamo venuti qui per ucciderti. E guarda un po' che bella sorpresa, abbiamo trovato questi due bei confettini, così il divertimento sarà triplicato"

"Come avete fatto ad entrare?"

Capo estrasse dalla tasca un mazzo di chiavi e lo sventolò tintinnante, con un'espressione tintinnante carica di orgoglio.

"Ma quelle… sono le mie chiavi, quelle che mi sono state rubate. Ma allora… siete stati voi!"

Capo fece segno di no con il dito.

"Non esattamente damerino. Un nostro collaboratore ti ha derubato e ci ha offerto generosamente la tua mercanzia. La vita è piena di sorprese non è vero? Mai avrei pensato di poter avere il piacere di poterti incontrare nuovamente ed invece il destino ha voluto diversamente"

Brendan voleva farli parlare per cercare di pensare ad un piano, qualsiasi cosa che li avrebbe potuti far uscire da quella situazione, ma non gli veniva in mente nulla al momento.

"Finalmente ho capito chi siete… Quei tre pazzi che stanno terrorizzando la città. Entrate nelle case della gente, le derubate e poi le massacrate.. nemmeno i bambini risparmiate, figli di puttana.."

Willy e Charlie sogghignarono soddisfatti.

"Sì damerino, esatto, siamo proprio noi. Ci fa piacere che tu ci conosca. Che tutta Vesnic, sappia chi siamo. E che ci temano e che inizino a tremare sentendoci nominare"

"Oh sì, tutti se la fanno nelle mutande a causa nostra" precisò Charlie.

"Siamo il terrore che cammina" asserì Willy.

Gli occhi di Brendan e quelli di Nada si incrociarono; Brendan la osservò con dolcezza, come per trasmetterle calma. Nada le sorrise.

"Perché fate tutto questo? Non potete semplicemente provare gioia nel fare del male a dei vostri simili"

"Nostri simili?" ripetette Capo aggrottando le sopracciglia "Come ho già detto alla tua cara mogliettina, noi non siamo simili. Siamo una razza superiore, i forti, mentre tutti voi non siete altro che dei deboli, degli inferiori. Nel passato della nostra storia, centinaia, migliaia di anni fa, era così che le cose funzionavano. I forti prendevano tutto ciò che desideravano, depredando, uccidendo, conquistando, torturando, distruggendo e tutto questo risultava normale. I forti sopravvivevano, mentre i deboli soccombevano. Noi vogliamo far ritornare in auge ciò che era normale un tempo, questi comportamenti che sono insiti nell'essere umano e che ora non sono accettati, semplicemente perché ci troviamo in una società piena di fragili, fiacchi, codardi, vigliacchi e damerini come te. Ed anche per questo che volevamo farti una piccola visita. Perché tu rappresenti tutto ciò che più odiamo"

Brendan fece un mezzo sorriso.

"Non sono più quello che avete conosciuto qualche ora fa"

Capo estrasse anche il rasoio. Willy si leccava le labbra viscidamente, mentre Charlie leccò il collo di Nada, che emise un gemito schifato. Brendan chiuse il pugno, ma si intimò di attendere. L'occasione buona si sarebbe presentata.

"Sì l'ho notato. Hai girovagato tutta la notte per Vesnic non è vero? La città ti ha forgiato, finalmente ti ha fatto diventare un vero uomo. Ed hai scelto la notte migliore per conoscere la nostra bellissima città. Chissà quante cose hai visto… ma non ti illudere damerino, non ti servirà a sopravvivere"

"No no no, non hai speranze"

"Siamo dei pesci troppo grossi per te"

"Sembri conoscere molto bene la Notte del Bagno di Sangue" commentò Brendan.

Un fremito scosse il corpo di Capo. Brendan aveva fatto centro con le sue parole. Poteva guadagnare del tempo. Il suo sguardo e quello di Nada si incrociarono di nuovo. La moglie abbassò gli occhi con uno scatto. La sua mano si muoveva nella tasca dei suoi pantaloni. Brendan capì immediatamente.

"Se la conosciamo? Damerino, condividerò con te una storia, qualcosa che non abbiamo mai detto a nessuna delle nostre vittime. Ti farò quest'ultimo regalo".

Giocherellava con il coltello ed il rasoio, mentre Brendan si guardava attorno per osservare se avrebbe potuto avere un qualche vantaggio.

"Io ed i miei due cari colleghi di massacri, Willy e Charlie qui presenti, siamo quelli che vengono chiamati qui a Vesnic ed in tutta Infinit, la Generazione Perduta. Siamo figli di genitori e nipoti di nonni la cui maggior parte è stata massacrata durante la guerra contro Limitat. Molti di noi sono rimasti orfani di entrambi ed è per questo motivo che ci chiamano la Generazione Perduta, perché non abbiamo nessuno al quale fare riferimento"

I volti di Willy e Charlie si fecero improvvisamente seri, come se l'argomento li avesse toccati.

"Noi della Generazione Perduta abbiamo sofferto profondamente, sofferto come mai nessuno ha sofferto prima. Senza nonni, né genitori, né famiglia, nessuno… soli ed abbandonati, vittime di quell'insulsa guerra. Perché solo noi dovevamo soffrire? Perché solo noi dovevamo essere vittime degli eventi mentre altri erano felici e spensierati? No, questo era totalmente ingiusto. Anche gli atri avrebbero dovuto conoscere cosa fosse la sofferenza, il supplizio, il dolore. Lo strazio di sentirsi derubati, di perdere qualcuno di caro, di vedere in faccia la morte. Da allora, noi tre ci siamo uniti con lo scopo comune di portare per Vesnic angoscia, patimento e tribolazione, di modo che gli altri potessero comprendere cosa volesse dire essere soli e non aver nessun affetto e perdere le persone che hai amato e sempre ti hanno voluto bene"

Brendan fino a quel momento aveva pensato che quei tre fossero solo degli spietati assassini che uccidevano e derubavano per il semplice gusto di farlo. Adesso però, vedeva quanto più profonda fosse la giustificazione dietro alle loro nefandezze. Certamente non li giustificava, né erano accettabili tutti gli atti orribili che avevano compiuto fino a quel momento, però nella voce strozzata di Capo c'era sì sofferenza e smarrimento.

"Comprendo il vostro dolore e posso solo immaginare l'enorme dolore che avete sentito nel perdere qualcuno che avete amato, persone estremamente importanti all'interno delle vostre vite. Però soffermatevi un attimo sulle vostre gesta. E' sensato tutto questo? Portare dolore, sofferenza e morte nella vita altrui? Voi che più di ogni altro avete compreso quanto sia terrificante perdere una persona importante?"

Capo, Willy e Charlie lo ascoltavano in rispettoso silenzio, non perdendosi né una parola del suo discorso. Brendan aveva l'impressione che fossero realmente interessati in ciò che stava argomentando.

"Non è mai tardi per tornare indietro. Tutta questa rabbia, questo rancore... potreste indirizzarlo in qualcosa di buono, di positivo. Anziché distruggere, costruire. Aiutare altre persone che hanno vissuto la vostra stessa esperienza, che hanno bisogno di aiuto, supporto. Lasciateci andare, a me ed alla mia famiglia. Si può sempre ripartire, si può ricominciare dal principio. Non c'è bisogno che andiate avanti con tutto questo... lasciateci in pace ed iniziate una nuova vita, lasciandovi alle spalle il dolore, la morte, la tristezza ed accogliendo invece la creatività e la vita"

Willy e Charlie abbassarono lo sguardo per un momento ed il silenzio si fece come solenne. Anche lo sguardo di Capo espresse vuoto e malinconia. Brendan lo guardò bene. Erano lacrime quelle che vedeva o stava solo sognando?

"Forse hai ragione... forse abbiamo sbagliato tutto... stiamo sbagliando tutto. Il risentimento, il livore, l'avversione. L'odio, l'astio. Ma siamo oramai arrivati ad un punto di non ritorno. Siamo andati troppo oltre. Abbiamo superato quella barriera dalla quale non c'è più possibilità di ritorno né di redenzione. Adesso le nostre vite sono impregnate di morte, sangue, disperazione e desolazione. La morte è diventata la nostra migliore amica, il tormento il nostro saggio padre, il supplizio il grande dio redentore. Non possiamo e non vogliamo fare un passo indietro e cambiare, perché ormai siamo questo, portatori di dolore e morte, fino a che non rimarrà una singola anima che non avrà provato cosa voglia dire la perdita e la solitudine più estrema, che cosa sia il velo della morte che gli copra il viso e la mente. Questo è il nostro cammino e non abbiamo più intenzione di abbandonarlo"

Brendan grugnì frustrato. Le sue parole non avevano avuto l'effetto desiderato. Avevano abbracciato la perdizione e non avrebbero più rinunciato a quella valle di angoscia ed afflizione.

"Quindi continueremo a spargere vittime, distruggere, annientare, eliminare perché questa è la strada che abbiamo scelto ed abbracciato. E questa notte è il vostro turno damerino. Faremo a pezzi te e la tua famiglia e faremo diventare questo cesso una pozza di sangue"

Capo allungò il braccio verso Willy e Charlie.

"Non intervenite ragazzi. E' tra me e il damerino. E tenete stretta la mogliettina. A lei penseremo dopo"

"Stai per morire damerino"

"Puoi dire addio al mondo damerino".

Brendan estrasse il coltello e fece scattare la lama, mettendosi in posizione di combattimento. Capo rimase sorpreso dalla reazione del rivale.

"Allora è vero, sei cambiato, Vesnic ti ha temprato. Ma questa non cambia nulla. Io sono più cattivo, più grosso, più malvagio e spietato di te, avrò la meglio e ti schiaccerò sotto i miei stivali come il verme che sei"

"Ti farà a pezzi damerino"

"Ti aprirà la pancia come un maiale"

Capo prese anche il rasoio, che strinse nella mano sinistra. La lotta stava per cominciare. Capo fece la prima mossa. Si scagliò come un toro contro Brendan, che si preparò all'impatto. Ma accadde l'imprevedibile. Capo scivolò sulla pozza di sangue che aveva lasciato il corpo appeso di Gildos e cadde a terra di schiena, con un tonfo sordo. Brendan non ci pensò due volte ed approfittò del vantaggio e dell'effetto sorpresa. Si scaraventò su Capo e tentò di affondare il coltello, però senza successo, in quanto Capo gli bloccò i polsi. I due iniziarono a lottare ferocemente a terra, senza lasciare all'altro margine di respiro.

"Capo, hai bisogno di aiuto?" chiese Charlie.

Aveva allentato la presa. Nada ne approfittò e tirò fuori il lima unghie giocattolo di una delle bambole di Lucia che si era nascosta in tasca e con tutte le sue forze lo conficcò nell'occhio di Charlie. L'uomo lasciò la presa ed iniziò a gridare come un ossesso, sbraitando e indirizzando insulti irripetibili in direzione di Nada. Willy accorse in aiuto del compagno e tirò un sonoro ceffone sul volto di Nada, che per il colpo cadde a terra distesa. Charlie gesticolava e si disperava per il dolore, andando da una parte all'altra ed urtando con tutto quello che trovava sul suo cammino.

"Ti ucciderò lurida troia! Ti farò a tranci e ti darò in pasto a quella mocciosa di tua figlia!"

Nada si ritrovò per terra, rantolando e gemendo per il dolore. Il colpo di Willy era stato pesante e forte.

"Puttana schifosa… come hai osato fare questo al mio compagno? Adesso la pagherai cara, molto cara"

Intanto la lotta tra Brendan e Capo continuava. Brendan tentava di affondare il coltello, ma Capo era troppo forte. Lo aveva bloccato per i polsi e nonostante Brendan stesse facendo leva con tutto il suo peso, aveva guadagnato solo pochi centimetri e la stanchezza si stava impadronendo di lui.

Oltretutto, quando vide Nada cadere per il colpo di Willy, si distrasse fatalmente. Capo approfittò della deconcentrazione del suo avversario per fare leva con il gomito per aprire la guardia di Brendan e colpirlo in pieno naso con il pugno destro. L'impatto fu micidiale e Brendan lasciò la presa. Capo lo colpì nuovamente, questa volta un pugno sul labbro superiore e poi un calcio per toglierselo di torno e scaraventarlo all'indietro. Capo non perse un solo secondo. Si alzò in piedi ed iniziò a colpirlo allo stomaco. Un calcio. Due. Tre. Brendan rimase senza fiato e dolorante a terra.

Capo raccolse il suo coltello, tirò Brendan per i capelli e posizionò l'arma sulla gola.

"Un coltello di pregevole fattura, non c'è che dire. D'ora in poi avrà un padrone più adeguato… sarà un piacere ammazzarti con la tua stessa lama"

Questa volta era arrivata davvero la fine. Nessuno sarebbe accorso in loro aiuto. Erano in balia di quegli assassini e niente li avrebbe tolti dalle loro grinfie. Brendan pensò a Lucia, la sua splendida figlioletta. Ed alla sua amata moglie. Non era stato in grado di proteggerle. Non era riuscito a difenderle. Era stato sconfitto dall'ultima sfida che Vesnic gli aveva messo di fronte.

Brendan e Nada si osservarono. Si tuffarono uno negli occhi dell'altro. Willy la teneva bloccata per le braccia, impedendole di muoversi. Stava piangendo a dirotto, lacrime amare dense di disperazione.

"Ti amo Nada" sussurrò Brendan.

"Ti amo Brendan" rispose Nada.

"Oh ma che carini che siete, davvero fantastici" commentò Willy.

Uno spiraglio di luce illuminò il salone. L'alba. Finalmente la vedeva. La prima e l'ultima della sua vita. Allora sì, pensò, ne era valsa la pena.

"L'alba… è magnifica. Stupenda. La più bella che abbia mai visto" mormorò con un sorriso Brendan.

Capo lo guardò stranito. Perché non implorava pietà? Perché non aveva paura? Sembrava come rilassato, calmo, sereno.

"E sarà anche l'ultima che vedrai. Non ti preoccupare, presto la tua puttanella e la mocciosa ti raggiungeranno all'inferno e ti faranno nuovamente compagnia"

Brendan posò di nuovo gli occhi su Nada che implorava pietà per tutti loro, poi nuovamente sull'alba che stava irradiando poco a poco l'intero appartamento. Chiuse gli occhi. Era pronto.

Capo posizionò il coltello sulla gola di Brendan. Era ormai deciso a dare il colpo di grazia.

"Mamma, Papà è tornato?"

Lucia era uscita dalla sua cameretta, diventando così spettatore incosciente di quel terribile spettacolo.

"Scappa via Lucia! Scappa!" urlò Brendan.

"Mamma, Papà, cosa sta succedendo? Ho paura"

"Va via di qui Lucia! Vai in camera e chiuditi a chiave!" ordinò Nada.

"Merda!" imprecò Capo "Qualcuno si occupi della mocciosa!"

"Non guardare me Capo" rispose Willy "Non posso lasciare la mogliettina, potrebbe farsi venire altre idee strane"

"Charlie, idiota! Invece di stare lì a disperarti, prendi la mocciosa e portala in camera! Di lei ci occuperemo dopo"

Charlie stava tentando di togliersi la lima giocattolo dall'occhio, ma senza successo. Barcollando, si diresse verso Lucia, quando improvvisamente la porta dell'entrata si spalancò, con un colpo che quasi la divelte. Immediatamente, esplose un colpo di pistola. Il proiettile si conficcò nella testa di Charlie, ammazzandolo sul colpo.

Il corpo rimase sospeso per un momento, per poi cadere a peso morto nel suolo. Il tizio appena entrato di sorpresa mirò verso Capo, che con un balzo felino si gettò dietro il divano della sala per trovare protezione. Il colpo sfiorò il corpo di Capo, che si salvò per un soffio. Allora l'uomo si girò verso Willy, che non aveva perso tempo e ripresosi dalla sorpresa, si gettò contro lo sconosciuto, brandendo il coltello. L'uomo premette di nuovo il grilletto, ma questa volta non uscì nessun proiettile. La pistola era scarica.

"Maledizione!" imprecò l'uomo.

Brendan alzò la testa. No, non poteva essere. Stava sicuramente sognando. Era morto ed ancora non lo sapeva. L'uomo che era dinanzi a lui, l'ultima persona che si sarebbe aspettato.

Era lui.

Lothar.

Willy cercava di colpirlo con il coltello, ma senza successo. Ma c'era qualcosa di incredibile nei suoi movimenti, quasi qualcosa di inumano. Era veloce, anzi, rapidissimo. Era come se prevedesse in anticipo i fendenti di Willy e non facesse nessuna fatica nello schivarli.

Capo si alzò in piedi e vedendo che il pericolo era svanito andò in aiuto di Willy, per dargli man forte. Brendan non gli permise di godere della superiorità numerica. Si alzò e placcò Capo, scaraventandolo attraverso il tavolo di legno del salone. Nada prese la bambina e la portò via, chiudendola nella cameretta, ordinandole di non muoversi da lì fino a che lei non fosse tornata a prenderla. Senza pensarci due volte, estrasse la lima dall'occhio del cadavere di Charlie ed andò in aiuto di Brendan, che stava nuovamente lottando a terra con Capo. Voleva che quell'incubo finisse una volta e per tutte e l'avrebbe fatta pagare cara a quel maledetto assassino.

Lothar nel frattempo stava lottando con Willy che si stava lentamente frustrando. Non si era mai sentito così agile, così veloce, così forte, così… invincibile. Era l'Adrene. Aveva preso anche le ultime due dosi, perché sapeva che lo avrebbe atteso un duro scontro. E fu quello l'effetto collaterale che la sostanza gli provocò. Evitò con facilità un altro fendente di Willy e passò all'attacco. Diede un potentissimo calcio alla mano del suo avversario per fargli cadere il coltello e gli spezzò il polso. La mano iniziò a ciondolare come se fosse quella di un bambolotto rotto. Poi si mise dietro Willy con uno scatto felino, gli afferrò la testa con entrambe le mani e gli spezzò il collo. Gettò il suo corpo inerme a terra, come se fosse un sacco dell'immondizia.

Intanto, Capo e Brendan si erano rialzati e stavano lottando corpo a corpo, con Nada che supportava il marito.

- Ma di cosa è fatto, di cemento? - pensò Brendan.

Lo aveva scaraventato attraverso il tavolo di legno, ma sembrava non avesse sentito nulla. Capo vide l'uccisione di Willy, il suo corpo gettato a terra e la rabbia si impadronì di lui. Accecato dall'ira, attaccò con tutta la sua forza i suoi due rivali. Brendan gli diede un pugno, che schivò prontamente. Capo lo afferrò per il collo e lo buttò contro la parete. Si accovacciò rapido, raccolse il rasoio e tirò un fendente poderoso verso Brendan. Il suo petto, all'altezza del cuore, si squarciò.

Brendan cadde a terra a peso morto.

"No! Brendan!" gridò disperata Nada.

Nada accorse in aiuto del marito e colpì Capo con la lima. Capo fu più rapido. Le bloccò il polso e le diede un pugno sul mento. Nada cadde a terra svenuta.

"La pagherai bastardo. Non so chi tu sia, però la pagherai. Hai ucciso i miei due fratelli ed adesso li vendicherò. Ti farò mangiare le tue stesse viscere" disse digrignando i denti rivolgendosi a Lothar.

Raccolse anche il coltello, apprestandosi a lottare.

Lothar guardò il corpo esanime di Brendan a terra, immobile. Si maledì. Non era riuscito a salvarlo. Non era stato in grado di proteggerlo. Guardò Capo con un'espressione di odio e risentimento, gli occhi iniettati di disprezzo. Avrebbe vendicato la sua morte. Raccolse il coltello con il teschio che aveva regalato a Brendan che si trovava sul pavimento.

"Puoi provarci se vuoi è tuo diritto. Ma andrai incontro ad un doloroso fallimento. Voi tre miserabili, non tormenterete più Vesnic con la vostra putrida presenza. Qui termina la vostra scia di morte. Non farete più del male a nessuno. E vedrò di gettare i vostri cadaveri ai porci, il luogo dove meritano di stare"

Capo roteava il coltello ed il rasoio. Entrambi camminavano in cerchio, studiando il proprio opponente.

"Vedo che la nostra fama ci precede ormai. Ne sono lieto"

Leccò la lama con la lingua, con fare viscido e sadico.

"Voi tre maledetti... avete ucciso un mio amico e massacrato la sua famiglia... nemmeno i bambini avete risparmiato. Ed ora Brendan... Non siete persone, siete demoni. E come tali, vi rispedirò tutti all'inferno. Con due ho già terminato... manchi solo tu e presto li raggiungerai. E se c'è anche solo una parvenza di giustizia in questo universo, rimarrete lì a marcire e soffrire per l'eternità"

Capo, sentendo quelle parole, sputò a terra con malevolenza.

"Cosa ne sai tu della sofferenza... della vera sofferenza. Della solitudine che ti dilania, del dolore che ti taglia il cuore, del supplizio e del vuoto che si impadroniscono della tua anima. La felicità dovrebbe appartenere a tutti e non solo ad alcuni fortunati, come la sofferenza è un qualcosa che tutti dovrebbero conoscere. Non esiste l'una senza l'altra e non c'è equità nel fatto che alcuni non abbiamo né un briciolo di allegria, un sorriso, una parola d'amore, nella loro esistenza. Come altri conoscono solo la felicità, senza mai sapere cosa possa essere il dolore. Noi ci siamo incaricati di portare l'equilibrio, in mondo dove la stabilità non esiste"

Lothar strinse i denti e serrò la mano sull'elsa del coltello. Il teschio sembrò essere invaso dalla sua ira.

"Non posso credere che abbiate derubato e massacrato famiglie intere per delle motivazioni così bieche. Volete distruggere il mondo intero ed avvolgerlo nelle fiamme della vostra viltà, solo perché affermi che non avete mai conosciuto la felicità. La felicità è qualcosa che si può costruire, giorno dopo giorno, con tempo e pazienza, sulla quale abbiamo un totale controllo, se solo lo vogliamo. Ma purtroppo ci sono dei vigliacchi come voi, che pensano che il mondo, l'universo, la luce delle stelle o l'allineamento dei pianeti vi abbiamo scelti per condurre una vita fatta di patimenti e tribolazioni ed incapaci di crearvi una vita e superare il vostro tormento, lo avete portato nel mondo con dolore e morte. Siete ancora peggio che assassini... tu ed il tuo branco di perdenti non siete altro che dei codardi"

Capo applaudì per schernire Lothar, ora sfregando le due lame delle sue armi bianche e creando un rumore molesto di acciaio contro acciaio. Un suono di morte.

"Le nostre motivazioni sono più che valide ed un essere appartenente al gruppo delle prede mortali non può di certo capire. Siamo la naturale evoluzione dell'essere umano e prediamo i deboli come voi, che non hanno mai conosciuto l'afflizione nelle loro vite. Non facciamo altro che farvi un grande regalo, senza che voi ne siate a conoscenza. Questo perché non vi siete evoluti sufficientemente per capirlo. Vi concediamo la liberazione dalle vostre insulse e false vite, abbracciando così il dolore e sentendovi almeno per una volta nella vostra esistenza, vivi e presenti. Ma adesso basta parlare. Ti aprirò la pancia, ti estrarrò le viscere e le userò per strozzare la mogliettina e la mocciosa. Avrei voluto lasciare per ultimo il damerino, ma si è dimostrato una mosca più fastidiosa di quanto pensassi ed ho dovuto trucidarlo. Il rumore del rasoio che ha lacerato le sue carni... oh che dolce suono, che gradevole melodia"

L'ira si impadronì maggiormente di Lothar, non tollerando che Capo si burlasse di Brendan e che quelle labbra diaboliche pronunciassero il suo nome.

"Vieni, ti sto aspettando" esclamò Lothar.

I due camminavano ancora in circolo e si studiavano l'un altro, attendendo un attacco improvviso, una mossa falsa o un varco. Capo si mise accovacciato, come in guardia, mentre Lothar rimaneva eretto impugnando il pugnale, semplicemente studiando il suo avversario.

Uno scatto.

Fu Capo a fare la prima mossa. Con grande velocità tirò un fendente con il rasoio e poi subito sopo con il coltello. Lothar li evitò entrambi. Capo continuò con il suo attacco, fendenti e calci, spazzate per cercare di far cadere il suo avversario. Ma era tutto inutile. Lothar sembrava leggesse in anticipo le sue intenzioni e schivava e parava i suoi colpi con il coltello come se nulla fosse. Capo era estremamente più forte dei suoi due compagni, ma nonostante ciò, non riusciva a fare nulla contro Lothar, che sembrava non facesse il minimo sforzo ad evitare i suoi colpi.

Lothar stesso era impressionato. Se erano solo quelli gli effetti collaterali dell'Adrene, allora non erano nemmeno da chiamare tali, anzi; ciò che aveva creato il dottor Akila era qualcosa di straordinario. Rendeva gli individui dei super uomini.

Capo grugnì esasperato "Non sai fare altro che schivare, maledetto vigliacco? Fatti avanti!"

"Come desideri" sussurrò Lothar pieno di rabbia.

Capo lo caricò di nuovo come un mulo, ma questa volta Lothar non si limitò a difendersi. Deviò prima l'attacco del coltello di Capo utilizzando il suo e successivamente bloccò il polso dove stava brandendo il rasoio. Si mosse leggermente in avanti e diede un gomitata nella bocca dello stomaco del suo rivale; in seguito un montante ed infine un poderoso calcio sul ginocchio sinistro di Capo, che venne rotto all'istante. Il tutto avvenne ad una velocità strabiliante, quasi non visibile ad un occhio attento e non allenato alla lotta. Capo cadde in ginocchio. La gamba sinistra, dal ginocchio in basso aveva preso una forma innaturale per il colpo subito; aveva subito una frattura scomposta, in quanto l'osso era uscito ed era evidente alla vista. Mise le braccia intorno allo stomaco, per il devastante colpo subito. Non si era nemmeno accorto di cosa fosse accaduto, tanto rapido Lothar era stato. Non aveva mai visto nessuno così forte e così veloce. Non sembrava nemmeno umano. Il tutto era avvenuto così rapidamente che il suo corpo aveva registrato il dolore solo in un secondo tempo. No, non poteva essere. Per la prima volta, lui in ginocchio ed indifeso di fronte a qualcuno. Lui era il predatore, non la preda. Era lui che decideva chi viveva e chi moriva, lui era il mietitore di morte.

Lothar si stagliava in cima, guardandolo dall'alto in basso, immobile. Non aveva nemmeno avuto bisogno del coltello che una volta gli era appartenuto per avere la meglio sul suo antagonista.

"Adesso ti taglierò la gola e raggiungerai quegli assassini dei tuoi amici all'inferno"

Capo alzò lo sguardo e sorrise, sputando sangue.

"Fottiti"

Lothar si preparò a tirare il fendente mortale che avrebbe messo fine a quell'incubo una volta e per tutte. La sua mano si sollevò.

Una fitta.

Il petto.

Lothar gemette dal dolore. Lasciò cadere il pugnale e si strinse le braccia al petto, strattonando la giacca. Zoppicò all'indietro e cadde in ginocchio. Il dolore al petto era lancinante, insopportabile.

- No – pensò – L'Adrene -

L'effetto collaterale dell'Adrene, quello realmente negativo, era arrivato. Il dottor Akila lo aveva avvisato. Ictus, emorragie, infarti…

Ne stava avendo uno. Lothar si disperò, con la sfortuna, la mala sorte. Ce l'aveva quasi fatta, stava per raggiungere il suo obiettivo. Ma proprio nel momento in cui stava per togliere di mezzo Capo, l'effetto negativo dell'Adrene ebbe il sopravvento. Ora la situazione si era completamente ribaltata e si trovava totalmente indifeso ed alla mercé del suo avversario. Capo rimase sorpreso. Non sapeva cosa fosse accaduto al suo rivale, ma poco gli importava. La fortuna gli stava sorridendo. Avrebbe dovuto approfittarne e farlo fuori, prima che si riprendesse.

Aveva il ginocchio sinistro a pezzi, ma non gli importava. Fece uno sforzo immane e si rialzò in piedi, raccogliendo il coltello con il teschio che aveva lasciato cadere Lothar. Si trascinò verso di lui, deciso a finirlo.

"Vedo che la fortuna non ti sorride più, odioso bastardo. Adesso vedremo chi è che andrà all'inferno" sentenziò Capo.

Il dolore al petto non faceva che aumentare e diventava sempre più intenso. Lothar non riusciva a muovere né un muscolo. Era in balia di Capo e non c'era nulla che potesse fare per potersi difendere.

"Ho deciso che ti darò una morte lenta e dolorosa. Ti taglierò le orecchie, il naso, la lingua, gli occhi, ti strapperò i denti, però tenendoti in vita, in modo tale da farti sperimentare cos'è il vero dolore"

Capo afferrò il mento di Lothar e fece ondeggiare il coltello di fronte a lui.

"Ho deciso, inizierò con il naso. Mi divertirò con te, vedrai"

Appoggiò la punta del coltello sotto l'occhio di Lothar, pronto ad iniziare il suo gioco perverso. Ma prima che potesse tirare il fendente, qualcosa lo colpì alle spalle. Urlò dal dolore. Era come se gli avessero infilzato uno spillo nella coscia. Si girò.

Era Lucia. Lo aveva trafitto con un ferma capelli a forma di farfalla. Il regalo di suo padre Brendan, per il suo compleanno. Capo Lo estrasse e lo gettò al lato.

"Piccola mocciosa, adesso te la faccio pagare!"

"Papà… mamma… aiuto" sussurrò disperata Lucia.

La prese per il collo e la sollevò.

"Non avresti dovuto immischiarti.. adesso ti schiaccerò come uno scarafaggio"

Lucia piangeva ed implorava aiuto.

"Volevo lasciarti per ultima, ma inizierò giusto da te. Quando la tua mamma si sveglierà avrà una bellissima sorpresa"

Capo iniziò a stringere la mano ed a fare maggiore pressione, lentamente. Il viso di Lucia diventò paonazzo. Capo sorrise, pensando a quante volte lo aveva fatto e quanto piacere gli avesse dato sentire una vita che si spegneva tra le sue mani. Lucia non aveva più le forze di chiedere aiuto. Si stava spegnendo. Lothar ebbe appena la forza di sollevare il volto ed assistere alla scena, impotente.

"Quanto siete belle quando morite" mormorò quasi eccitato Capo.

Un sussulto. Improvviso, come un fulmine che cade dal cielo durante un'immane tempesta. Capo mollò la presa e fece cadere Lucia. Rantolando, portò le sue mani alle spalle, alla base del collo. Toccò qualcosa; era un pezzo di legno affilato. Gli era stato conficcato esattamente in quel punto, estremamente in profondità.

Si girò e vide di fronte a sé Brendan, ansimante.

Rivoli di sangue iniziarono a sgorgare dalla bocca di Capo. Fece un mezzo sorriso. Non poteva crederci. Ucciso da nientemeno che il damerino. Quindi era sopravvissuto, non lo aveva ucciso poc'anzi. Quanto era comica la vita. Mille pensieri gli passarono per la testa. Se non lo avesse incontrato, tutto quello non sarebbe accaduto. Willy e Charlie sarebbero stati ancora vivi e lui con loro ed avrebbero continuato a mietere morte. Ma d'altro canto, chi lo avrebbe mai potuto dire. Pensò a come non avesse dato un centesimo a quell'uomo. Alla fine, Vesnic lo aveva realmente forgiato. Lo aveva cambiato e reso capace di arrivare ad uccidere pur di proteggere la sua famiglia. Non era il microbo tremante che aveva incontrato a quella insulsa pensilina. Era come cresciuto. Non capiva perché stesse avendo quei pensieri e perché in fondo stesse provando come un sentimento di orgoglio nei suoi confronti. O forse più che orgoglio, era gratitudine. Gratitudine in quanto finalmente qualcuno lo aveva, anzi li aveva liberati da quella spirale di morte dalla quale erano ormai schiavi. Da quel purgatorio dal quale non era più in grado di uscire perché in fondo, li soddisfaceva e li faceva sentire vivi, pronti a diffondere il terrore ed il dolore che secondo la loro prospettiva tutti dovevano provare. Adesso erano fuori da quel gorgo dal quale, lui sapeva, non sarebbero mai usciti. Dunque andava bene così. Come poteva essere assurda la vita. Grato a chi aveva tentato di uccidere e che fino a pochi minuti prima era il suo peggior nemico. Moriva dunque felice. Finalmente libero. Finalmente appagato. Grazie… come si chiamava? Non se lo ricordava più. Ah sì, Brendan. Lo aveva letto sul suo documento. Proprio un nome da damerino.

Cadde al suolo e da lì non si mosse più. Gli occhi aperti e vitrei, fissi sul Sole che ormai era sorto che tutta la sala stava illuminando. Brendan si precipitò su Lucia. La bambina non respirava. Il terrore si impossessò di lui. Iniziò a praticarle il massaggio cardiaco e la respirazione bocca a bocca. Non aveva la minima idea se lo stesse facendo correttamente, ma non importava. Voleva salvare sua figlia. Le premette il petto. Poi respirazione bocca a bocca. Petto e respirazione, petto e respirazione. Nulla.

"No Lucia, per favore, non mi abbandonare. Resta qui, con Papà, forza. Forza!"

Le diede un altro massaggio, stavolta più forte, stavolta più intenso e questa volta Lucia reagì.

Emise un respiro lungo ed intermittente, il suo viso che riprendeva colore.

"Papà…" sussurrò.

Brendan la abbracciò piangendo.

"Papà è qui tesoro, Papà è qui"

Lucia gli mise le piccole mani intorno al collo e padre e figlia stettero lì, illuminati dai raggi del Sole per un tempo che sembrò interminabile, uno abbracciato all'altro.

"Brendan, Lucia…" era la voce di Nada.

"Amore!" esclamò Brendan.

Prese in braccio la piccola e si diresse verso Nada che si trovava ancora a terra a causa del colpo subito da Capo.

"Cosa è accaduto… dove sono…"

"E' finita Nada.. è tutto finito. Sono tutti morti"

Nada allungò la mano ed accarezzò prima Brendan e poi Lucia

"Piccolina, stai bene?"

Lucia assentì, mettendo la sua mano sopra a quella della madre.

Brendan si girò. Il corpo di Lothar giaceva immobile sul pavimento, raggomitolato su sé stesso.

"Merda, Lothar!"

Brendan diede la bambina a Nada ed accorse in aiuto dell'amico. Lo scosse fortemente, chiamandolo per nome. Gli occhi di Lothar erano chiusi e non reagiva. Del sangue gli usciva dal naso ed era pallidissimo in viso. Sembrava non respirasse.

Brendan pensò di applicare il massaggio cardiaco anche lui, quando una fievole voce uscì dalle sue labbra.

"Rilassati Brendan, sto bene… anche se ho visto giorni migliori"

"Lothar! Sei vivo!"

Brendan lo abbracciò e Lothar gemette di dolore.

"Piano Brendan, piano… è come se avessi tutte le ossa rotte. Non riesco a muovere né un muscolo"

"Scusa amico, scusami. Sono felice che tu sia vivo"

"Anche io" rispose sorridendo Lothar "Pensavo fossi morto Brendan. L'ho visto con i miei occhi: quel bastardo ti ha lacerato il petto con il suo rasoio. Eppure sei sopravvissuto. Sei più duro di quanto pensassi amico mio"

Brendan toccò i brandelli della camicia, all'altezza del cuore. Infilato in quello che rimaneva della tasca, c'era il pupazzetto che la vecchietta misteriosa le aveva regalato.

"E' solo grazie a questo che sono ancora vivo. Un centimetro più in là e mi avrebbe aperto il petto"

Brendan mostrò ciò che rimaneva del pupazzetto di pezza. Il fendente di Capo lo aveva tagliato a metà ed ora non rimaneva che la parte inferiore. Il cuore era stato dimezzato a causa del colpo.

"Incredibile, salvato da un peluche di pezza" ridacchiò Lothar, poi tossendo per lo sforzo "Dove lo hai trovato?"

"Il regalo di un'amica" rispose pensieroso Brendan, pensando all'enigmatica vecchietta.

"Un regalo realmente prezioso, come solo nella Notte del Bagno di Sangue si possono trovare" commentò debolmente Lothar.

Nada si avvicinò, tenendo in braccio Lucia. Si guardò intorno: i cadaveri dei tre assassini giacevano per terra ed il corpo di Gildos era ancora appeso dove i tre folli lo avevano impiccato. C'era sangue ovunque e si respirava un'aria di morte. Ma fortunatamente tutto era finito ed erano sani e salvi. Ammaccati, ma salvi. Anche se per un momento aveva pensato che non avessero nessuna speranza di sopravvivere.

"Grazie infinite per il tuo aiuto. Se non fosse stato per te, a quest'ora saremmo morti. Ti sarò in debito per sempre, hai salvato me mio marito e la mia bambina"

"E la tua bambina ha salvato me. Una vera guerriera"

Lucia indicò con il dito il ferma capelli a forma di farfalla che Brendan le aveva regalato per il compleanno.

"Ho colpito l'uomo cattivo con quello"

"Sei stata fantastica tesoro" commentò Brendan baciandola sulla fronte.

Lothar gemette dal dolore. Non poteva muoversi. Era completamente immobilizzato. Aveva eccesso con l'uso dell'Adrene ed ora ne stava pagando le conseguenze.

"Vedo che sei sopravvissuto alla notte dell'Ecatombe Brendan. Bravissimo, ti faccio i miei complimenti. Sarei curioso di sapere cosa ti è accaduto nell'arco di queste ore"

"Di tutto e di più Lothar… non posso ancora credere che tutto ciò che ho visto fino ad adesso possa essere anche lontanamente reale, eppure è accaduto tutto veramente, per quanto assurdo possa essere. Compreso quello che è successo in questo appartamento"

"Brendan, che cosa è accaduto? Perché sei tornato all'alba? Chi erano questi tre uomini? Sembra che tu sia stato in guerra…" chiese Nada preoccupata e con sguardo interrogativo.

"E' una storia lunga Nada… ti racconterò tutto nei dettagli, te lo prometto"

Lothar sorrise soddisfatto.

"Lo sapevo che saresti sopravvissuto. Ne ero certo. Se c'era una persona che poteva sopravvivere alle follie di Vesnic durante questa notte in particolare, quello eri proprio tu Brendan. Fin dal principio mi hai dato buonissime sensazioni"

"Come vi siete conosciuti?" domandò Nada.

"In un taxi" rispose Lothar ridacchiando.

Nada aggrottò le sopracciglia, ma non volle approfondire per il momento.

"Lothar se non fosse stato per te… non ti sarò mai abbastanza debitore. Hai salvato me e la mia famiglia. Se non fossi venuto qui in nostro aiuto… non voglio nemmeno immaginarlo. Ad ogni modo: perché ti trovi qui? E come se già sapessi che loro si trovassero qui ed avessimo bisogno di te"

Lothar grugnì per il dolore. Gli costava esprimere ogni parola.

"Un uccellino ha cantato. Specificatamente l'uccellino che ti ha derubato alla pensilina e ti ha lasciato senza nulla nelle tasche. Tale uccellino lavorava con questi tre bastardi e mi ha detto che si stavano dirigendo qui per massacrare te e la tua famiglia. Fortunatamente ti chiesi il tuo indirizzo a Tempel e così eccomi qui. Non è stato comunque facile ottenere una così banale informazione"

Lothar lo squadrò dall'alto in basso.

"Allora, com'è stato girovagare per Vesnic nella notte del Bagno di Sangue? Non vuoi darmi maggiori dettagli?"

"E' stato… strano"

"Solo strano? Allora sei stato fortunato amico mio"

"La notte… del Bagno di Sangue?" fece eco Nada, che non capiva a cosa si stessero riferendo.

"Dopo ti racconterò ogni cosa tesoro… adesso occupiamoci di Lothar"

Brendan tentò di sollevarlo, ma Lothar si negò.

"No Brendan aspetta. Nella tasca interna della mia giacca ho un telecomando ricetrasmittente. Schiaccia il pulsante rosso. Una coppia di amici verrà qui ad aiutarmi"

Brendan fece come gli venne ordinato. Trovò il telecomando di cui Lothar gli aveva parlato. Era un semplice telecomando nero con un tasto rosso nel centro. Lo premette.

"Perfetto, grazie Brendan. Sareste così gentili da accompagnarmi all'entrata dell'edificio? Passeranno sicuramente a prelevarmi con una macchina"

"Lo carico io Nada. Tu stai qui con la bambina. Torneremo subito"

"D'accordo. Nel frattempo chiamerò la polizia e la milizia"

"No aspetta, non lo fare per il momento. Lascia che accompagni Lothar, poi penseremo al da farsi"

"Al da farsi? Brendan, ci sono quattro cadaveri sul pavimento del nostro salone, tre dei quali erano dei pazzi assassini sanguinari. Per quale motivo dovrei aspettare ancora?"

"Per favore Nada, fidati di me. Fai come ti ho detto, te ne prego"

Nada lo fissò contrariata, per nulla d'accordo con ciò che Brendan le aveva chiesto. Ma alla fine sospirò e cedette alla sua richiesta.

"Va bene, farò come hai detto"

"Grazie amore"

Brendan sollevò Lothar con delicatezza e mise il suo braccio intorno alle sue spalle. Lothar gemette dal dolore.

"Scusa. Cercherò di essere il più delicato possibile"

"Tranquillo, ho visto di peggio"

Procedettero verso l'ascensore. Brendan lo chiamò con la mano libera e lo attesero.

Nessuno era uscito per vedere che cosa era accaduto. Nessuno era accorso in loro aiuto. Avevano fatto un grande rumore durante lo scontro, eppure nessuno aveva chiamato la polizia o la milizia o aveva cercato di comprendere almeno cosa stesse accadendo. Ognuno era rimasto nella sua nicchia, facendo finta di non sentire nulla, fingendo che nulla stesse accadendo, nella sicurezza delle loro case. Brendan rimase schifato ed inorridito. Era convinto che molti dei condomini avessero inteso cosa stesse accadendo, ma nonostante ciò, non avevano fatto nulla per accorrere in loro aiuto. La parte bella di Vesnic. La parte meravigliosa, ricca, prospera. La vera Vesnic. Solo parole. Solo begli slogan. Aveva trovato molto più aiuto, tanti angeli custodi nei quartieri di Vesnic che venivano considerati più poveri e meno abbienti, più caotici. Un supporto che da quando era arrivato in quella città non aveva mai trovato, nei supposti quartieri eccelsi della città, ma dove regnava solo l'egoismo, l'opportunismo e l'individualismo. La vera Vesnic era Viitorul. E il marcio della città non si vedeva solo nei gesti di violenza estrema di Capo, Willy e Charlie, se non anche nell'omertà dei suoi abitanti, nella corruzione, nella mancanza di empatia, nella delazione, nell'assenza di pietà. Per quanto il suo viaggio fosse stato negativo sotto certi aspetti, lo era stato estremamente positivo sotto altri, dove aveva conosciuto persone dal grande cuore, senza le quali non sarebbe sopravvissuto.

"Anche tu sei conciato male Lothar"

"Già, anche io ne ho passate delle belle dopo che ci siamo salutati a Tempel. Come ho detto, non è stato facile reperire quest'informazione"

L'ascensore finalmente arrivò. Entrarono e Brendan pigiò il pulsante del piano terra.

"Lothar i tuoi movimenti prima… era quasi come se non fossero umani. Ti muovevi ad una velocità sovrumana ed i tuoi colpi erano di una forza pazzesca. Come è possibile?"

"Dopo essere stato colpito dal proiettile del coniglio, rimasi molto debole e debilitato. Per poterti aiutare Akila, il medico di Waldhar del quale sicuramente ti ricorderai, mi diede un composto di nome Adrene. Ogni suo sorso ristabilisce le forze e ti fa sentire nuovamente in salute, ma ha degli effetti collaterali. Si possono prendere fino ad un massimo di tre sorsi, superati i quali ci possono essere delle conseguenze, fino ad oggi parzialmente sconosciute anche al dottor Akila, il suo inventore. Ho preso il quarto ed il quinto sorso quando stavo venendo qui a tutta velocità e dopo pochi minuti, mi sono reso conto che la mia forza ed i miei sensi stavano crescendo esponenzialmente. Arrivato qui, ho trovato per fortuna il portone socchiuso e sono corso verso il tuo appartamento come un fulmine. La tua porta sì che era chiusa, ma l'ho buttata giù con un calcio. Ed il resto è storia"

"Già, storia" mormorò Brendan, pensando a quanto l'aiuto di Lothar fosse stato prezioso in quella situazione. Se non gli avesse dato il suo indirizzo, anzi, se Lothar non glielo avesse chiesto, a quest'ora lui, Nada e Lucia sarebbero i cadaveri distesi nel salone. E con quei tre, la morte non era di certo il peggiore dei destini.

Arrivarono al portone, ancora aperto. Era stato sicuramente Lothar a lasciarlo così. Il custode ancora non si vedeva e Brendan iniziò a temere per la sua incolumità. Era probabile che per entrare nell'edificio il trio lo avesse ucciso e nascosto il suo corpo da qualche parte, forse nel ripostiglio delle scope. Brendan sospirò, pensando alle numerose vittime che si erano lasciati alle loro spalle ed a quante persone avrebbero continuato ad uccidere se non li avessero fermati.

Uscirono e si appoggiarono al muro dell'edificio, con Brendan sostenendo sempre Lothar. Erano entrambi esausti, al limite delle forze. Il Sole adesso brillava nel cielo, azzurro e chiaro, senza nemmeno una nuvola. Sembrava che quella notte non dovesse mai finire, ma anche dopo la più oscura delle notti, segue il più splendido dei giorni.

"E' stata una lunga notte vero?" commentò Lothar.

"La più lunga della mia vita" rispose Brendan.

"Cosa farai ora?" chiese Lothar.

Brendan lo osservò con sguardo triste.

"Ho già capito. Non c'è bisogno che tu dica nulla" commentò Lothar con un po' di tristezza.

"E' la prima volta sai Lothar?"

"A cosa ti riferisci?"

"E' la prima volta nella mia vita che creo un legame di amicizia così forte con un altro uomo. Non ti devo solo la vita, ma anche il fatto che tu sia stato uno degli elementi che ha favorito la mia rinascita emotiva"

Lothar sorrise "Non mi darai un bacio spero?"

Brendan rise di gusto "Solo se me lo chiedi"

Anche Lothar si mise a ridere, seguito da Brendan, in quella meravigliosa mattina che stava prendendo il posto a quell'interminabile notte. Quei due uomini, che stavano suggellando in quel momento un patto di eterna amicizia.

"Anche io voglio ringraziarti Brendan. Non sono fiero del mio passato. Ho fatto delle cose di cui non vado orgoglioso, che vorrei cancellare dalla mia memoria. Le feci perché in quel momento pensavo che stessi agendo per un bene superiore, ma non era così. Prima di incontrarti, continuavo ad essere un arrogante figlio di puttana agli ordini di Waldhar, perché questo mi dava posizione e potere. Ma tu mi hai fatto scattare qualcosa. La voglia di aiutare qualcuno, di sacrificarmi, di tendere la mano, di dare la mia vita per qualcosa. Ed anche l'importanza dell'amore"

Pensò ad Adara, sorridendo. Le mancava. I due avevano sempre provato attrazione l'uno per l'altro, ma nessuno dei due aveva mai avuto il coraggio di dichiararsi. Tra di loro c'erano solo stati effimeri incontri sessuali, un mero scambio di corpi, ma mai si erano dichiarati l'un l'altro. Poi dopo la pallottola ricevuta, l'aver visto per l'ennesima volta la morte in faccia, le cose erano cambiate.

"Mi hai salvato la vita due volte questa notte" commentò Brendan.

"E tu hai salvato la mia per il resto della mia esistenza Brendan"

Videro una macchina completamente nera avvicinarsi nella strada deserta. Gli amici di Lothar erano arrivati.

"Avresti potuto schiacciare il pulsante e chiedere rinforzi. Perché non lo hai fatto?"

"Era un una questione tra me e loro Brendan. Hanno ucciso un mio amico e massacrato la sua famiglia, compresi i suoi due figli che erano solo due bambini… Non volevo avere interferenze. Ad ogni modo noi siamo stati più che sufficienti, non credi?"

"Un dream team"

Lothar rise di nuovo di gusto emettendo poi un gemito di dolore "Ah no Brendan non farmi ridere. Sono tutto un dolore. Uff è un miracolo che io sia sopravvissuto"

"La fortuna aiuta gli audaci"

La macchina si fermò davanti a loro; non si poteva vedere chi c'era all'interno, in quanto i vetri erano del tutto oscurati. Una donna scendette tutta di fretta e corse verso Lothar. Era Adara.

"Lothar!" gridò e gli gettò le braccia al collo.

"Adara anche io sono felice di vederti, però fai piano per favore, ho tutte le ossa rotte…"

"Sei un idiota, un imbecille! Sei andato ad affrontare Shamat tutto da solo, senza supporto, senza aiuto! Hai infranto la promessa che mi avevi fatto, maledetto bugiardo! Ed ora ti ritrovo in queste condizioni… avresti potuto morire lo sai?"

Adara scoppiò in lacrime e nascose il suo volto sul petto di Lothar. Il ragazzo riuscì a sollevare appena un braccio e con la mano le accarezzò lentamente i capelli rossi.

"Va tutto bene Adara, tutto si è sistemato. Abbiamo ucciso quei tre bastardi, ora non daranno più fastidio a nessuno"

Dalla macchina scesero Stangaci e Dreapta.

"Ed eccolo l'incosciente. Ti avevamo avvertito di non andare da solo, ma tu non ascolti mai"

"E voi mi avevate promesso che non avreste spifferato nulla ad Adara"

"Lo abbiamo fatto. Ma quando premesti il tasto sul telecomando, non potemmo più nasconderle la verità. Ci ha rimproverato da Tempel fino a qui"

"E' una guerriera la mia piccola"

La strada adesso iniziava a popolarsi e diverse persone si chiedevano chi fosse quel gruppetto così strano e particolare. Adara spostò il suo sguardo su Brendan, sorpresa ed allo stesso tempo felice di vederlo sano e salvo.

"Ed eccolo qui il nostro Brendan, l'Esploratore di Vesnic. Lothar ha mosso mari e monti per poterti venire ad aiutare. Il suo presentimento era esatto… Loro stavano venendo qui ad uccidere te e la tua famiglia. Ma a parte questo, sei riuscito a sopravvivere alla notte di Vesnic, la notte dell'Ecatombe ed a tornare sano e salvo a casa"

"Ma non incolume. Mi sento come se mi avessero schiacciato sotto ad un rullo ad un compressore" espresse Brendan toccandosi il petto.

Adara lo abbracciò e gli diede un bacio sulla guancia.

"Grazie di aver salvato Lothar e di esserti preso cura di lui"

"No è il contrario… è solo grazie a lui se sono ancora vivo. E grazie a te. Il tuo zippo mi è stato estremamente utile. In più di un'occasione mi ha salvato la vita"

"Forse un giorno ci racconterai cosa hai visto in questa strana notte"

"Sì, sarà un piacere per me farlo"

Stangaci e Dreapta presero Lothar e misero le sue braccia intorno alle loro spalle. Quasi non riusciva a camminare da solo.

"Non so se dirti addio o arrivederci Lothar" disse Brendan.

"Mai dire addio è una parola troppo grande. Il per sempre non esiste. Arrivederci è più adeguato. Sono sicuro che ci rivedremo presto"

"Anche io Lothar. Anche io"

Brendan prese il coltello dalla tasca e glielo porse.

"No questo è tuo Brendan. Non è stato un prestito, bensì un regalo. E' tuo. Fanne tesoro"

"Grazie Lothar"

"Un'ultima cosa Brendan. Sappi che, dovunque tu sarai, dovunque ti troverai, qui avrai sempre un amico"

"Non importa dove sarò o dove andrò, ricordati che troverai in me sempre un amico fidato sul quale fare conto Lothar"

Brendan lo abbracciò e gli diede un bacio sulla fronte.

"Vedi? Alla fine mi hai baciato. Uomini, donne… tutti si innamorano di me alla fine"

Brendan si asciugò una lacrima "Vedo che non hai perso il senso dell'umorismo"

"Mai, nemmeno da morto"

I due si fecero cenno con il capo, dopodiché Stangaci e Dreapta con lo condussero con delicatezza sul retro della macchina. Adara sorrise in direzione di Brendan e gli fece uno dei suoi occhiolini. Brendan ricambiò il sorriso.

Misero in moto la vettura e si allontanarono. Lothar ebbe il tempo di sollevare con le poche forze che gli rimanevano la mano, in segno di un ultimo saluto. Brendan fece lo stesso. Rimase lì in piedi, fino a che l'auto non girò l'angolo e non fosse più visibile. Un'improvvisa tristezza lo colse. Mai aveva legato tanto con qualcuno. Mai aveva creato un tale legame di amicizia con una persona dello stesso sesso. Poco era stato il tempo che avevano passato insieme, ma tanto era stato ciò che avevano condiviso, anche se non consono. Sul loro cammino in quella notte c'era stata morte, avevano superato pericoli ed ostacoli, ma nonostante tutto, in qualche modo c'erano stati per l'uno e per l'altro. Brendan non avrebbe mai dimenticato l'immenso aiuto che aveva dato a lui ed alla sua famiglia. Un'altra cosa bella che quella pazzesca notte gli aveva fatto guadagnare: un amico. Un'amicizia che sarebbe rimasta incisa nel suo cuore, per sempre.

UN NUOVO INIZIO

Entrò di nuovo all'interno dell'edificio e si diresse verso l'ascensore. Lo chiamò e salì al quarto piano. La porta era chiusa, anche se, solo ora lo notava, la maniglia e la zona vicina alla stessa era ridotta a brandelli. Aprì la porta e di fronte a lui si stagliò nuovamente quello scenario di morte. Gildos appeso ed i tre riversati a terra, completamente immobili. Passò vicino al cadavere di Capo. Gli occhi vitrei ed inerti che osservavano il Sole ormai sorto. Il pezzo di legno aguzzo che Brendan aveva raccolto dai frammenti del tavolino distrutto, ancora lì conficcato nel suo collo. Brendan aveva come il timore o la paura che si potesse svegliare da un momento all'altro e finire ciò per cui era venuto. Lo scavalcò e si diresse da Nada e Lucia. Entrambe erano nella cameretta della bambina, sedute sul letto della piccola. Brendan si sedette vicino a loro, abbracciandole entrambe.

"Papà chi erano quegli uomini cattivi? Faranno ancora del male a me, a te ed alla mamma?"

"No tesoro, quegli uomini cattivi non possono più nuocere a nessuno ormai, non aver paura"
Brendan pensò a quanto fosse stato terribile per Lucia dover assistere a tutto quello, i cadaveri... aveva timore che la figlia avrebbe potuto trascinare gli strascichi di quell'incubo fino alla fine dei suoi giorni. Sperava che non sarebbe stato così.

"Brendan, cosa faremo adesso? Chiamiamo la polizia? La milizia di Vesnic?"
Brendan rimase in silenzio, fissando il muro davanti a sé. Aveva già preso una decisione, ma aveva paura della stessa. Sarebbe stata la cosa giusta da fare?

"Brendan ti prego, raccontami cosa è accaduto... perché non sei tornato a casa? Perché non ci hai avvertito? Stavo morendo dalla paura. Pensavo ti fosse accaduto qualcosa di terribile. Stavo per chiamare la polizia, quando si sono presentati quei tre maledetti..."
Brendan prese le mani di Nada e le strinse.

"Mi spiace Nada è tutta colpa mia... non avrei mai pensato che mi avrebbero perseguitato o che fossero complici di chi mi ha rubato tutti i miei averi..."

"Sei stato derubato? E' per questo che non sei riuscito a contattarci... Ma come è successo?"
Brendan ripensò al fatto e gli sembrò che fossero passati dei secoli da quel momento. Quanto era cambiato dal quel frangente.

"A causa della stanchezza per i continui straordinari, sono rimasto addormentato alla pensilina. Qualcuno ne ha approfittato per derubarmi di tutto ciò che avevo: cellulare, chiavi, portafogli... solo grazie a Lothar ho scoperto che il ladro era un farabutto collega di quei tre criminali"
Nada ascoltava, attenta e vedeva il senso del colpa e la mortificazione disegnati sulla faccia del marito. Iniziò ad accarezzargli i capelli ed il viso, cosciente di quanto lo amasse.

"Quando mi svegliai, mi trovai senza nulla e da un vicolo uscirono quei tre mostri, come tre demoni varcando le porte dell'inferno. Iniziarono a minacciarmi, forse mi avrebbero ucciso in quel momento stesso, ma fortunatamente passò un taxi, taxi che mi trasse in salvo e sul quale c'era Lothar"
Vivido era il ricordo di ciò che era accaduto. La paura che aveva provato, il senso di impotenza, La sensazione di essere inerme ed indifeso.

"E da lì è iniziato il mio viaggio, attraverso Vesnic e la sua notte. Oh Nada, se ancora ci penso... ho visto e vissuto cose assurde. Ancora non posso credere che tutto sia accaduto realmente. Ci sono state delle volte in cui pensavo di essere diventato pazzo o che stessi sognando, o meglio che stavo avendo un incubo dal quale non riuscivo a svegliarmi. E più procedevo, più il mio viaggio si faceva incredibile ed illogico, tutto sembrava irrazionale, ma era reale come le nostre mani che si stanno toccando in questo momento. Ma questo paradossale viaggio mi è servito; sì, mi è servito per comprendere molte cose..."
Nada si chiedeva cosa Brendan avesse visto o fatto. Non sapeva perché, ma aveva la sensazione che il suo cammino fosse stato pregno di morte e dolore, ma anche di luce, gioia e positività.

"Mi spiace, mi spiace che tu e Lucia siate dovute passare attraverso tutto questo per causa mia..."
Nada lo abbracciò e con lei anche la piccola Lucia, che collocò le sue piccole braccia intorno al collo del padre.

"Tu non hai nessuna colpa amore mio. L'importante è che tutto sia finito e che noi siamo sani e salvi e stiamo bene. Per quanto terribile sia stato, il resto non conta"
Rimasero in quell'abbraccio per un tempo indefinito. Brendan sentiva che oltre ad aver ritrovato sé stesso, aveva finalmente ritrovato anche la sua famiglia e la comprensione che aveva della stessa. Alla fine, capiva l'autentico valore di sé stesso e delle persone che amava di più al mondo. Aveva preso la sua scelta.

"Ce ne andiamo" affermò deciso.

"Come?" chiese sorpresa Nada.

"Ce ne andiamo da Vesnic. Prendi il minimo indispensabile. Le cose di Lucia. Prendiamo la macchina ed andiamo via"

"Brendan, però così… senza organizzare nulla, senza sapere dove andare…"

"Lo decideremo strada facendo. Nell'Enclave di Infinit ci sono diverse città e cittadine, sicuramente troveremo quella che più si adatta a noi"

Nada guardava l'uomo che si trovava di fronte a lei e si chiedeva chi fosse. Brendan era cambiato. Il vecchio Brendan non avrebbe mai proposto di spostarsi di città, senza oltretutto aver pianificato bene ogni dettaglio. Anche il suo atteggiamento, era più tranquillo, meno calcolatore. Cambiare spaventava, creava incertezza. Ma l'attitudine di Brendan le trasmetteva tranquillità, serenità. Qualcosa dentro di lei le diceva che voleva fidarsi di lui.

"E per il tuo lavoro? Non dovresti presentare la lettera di dimissioni o comunicarlo in qualche maniera? Ed i miei clienti? Dovrei abbandonarli completamente…"

"Vadano al diavolo quei bastardi di Smith and Brothers. Non rovinerò più famiglie a causa loro. Non sarò più il loro schiavo. Non porterò più né un solo centesimo alla loro schifosissima azienda. Mi tiro fuori. E per i tuoi clienti, sono certo che ne troverai di nuovi dove andremo. Sei una donna in gamba, una grande ed eccellente professionista, non faticherai a costruirti una nuova clientela" Brendan le mise dolcemente una mano sul viso e la guardò intensamente.

"Nada, non lo senti anche tu, se guardi nel profondo del tuo cuore? Il nostro tempo a Vesnic è finito è ora di cambiare. Tante cose sono variate e non solo durante questa notte. Dobbiamo molto a questa città, ma è ora di salutarla ed aprirci a nuovi orizzonti, iniziare da zero in un nuovo luogo. Abbiamo compiuto il nostro destino a Vesnic; adesso portiamo i nostri desideri e le nostre anime da un'altra parte, dove potremo iniziare un nuovo capitolo".

Nada sentì che le parole di Brendan avevano fatto breccia. Da qualche tempo si sentiva così, come se il loro capitolo a Vesnic si fosse concluso. Che era ora di rinnovarsi, mutare d'abito. A causa della loro relazione, della loro sfera professionale, della loro dimensione sociale. E ciò che era accaduto quella notte… sì, forse era arrivata l'ora di dire addio a Vesnic.

"Va bene, mi hai convinta. Andiamo via"

Brendan la baciò sulle labbra, un bacio dolce e leggero.

"E per quanto riguarda i cadaveri? Lasciamo tutto così? E Gildos?…"

"Non ti preoccupare tesoro, mi occupo io di Gildos. Mentre tu prepari le cose, lo tirerò giù. Non si merita di stare appeso lì. E per quanto riguarda il resto. Faremo una chiamata anonima lungo la strada"

Nada annuì. Posò Lucia sul letto, che nel frattempo si era addormentata ed iniziò a riunire le cose per il loro imminente viaggio.

Brendan si recò nella sala e nel farlo, incrociò lo specchio che era appeso sul muro, proprio di fronte alla porta della cameretta di Lucia. Guardò l'individuo lì riflesso e nonostante il sangue e le ferite e l'aspetto trasandato per le tante avventure vissute, finalmente lo riconobbe. Da mesi passava davanti a quello specchio e non ne riconosceva l'immagine riflessa; quello che vedeva non era altro che uno sconosciuto e questo lo faceva soffrire. Sconosciuto nella sua carne e nella sua pelle, quasi si vergognava di osservare l'immagine della persona che lo specchio gli rimandava. Ora invece sapeva chi era. Una notte che era stata lunga tanto quanto una vita, gli aveva mostrato ciò che gli serviva e ciò di cui aveva avuto bisogno fino a quel momento. Per la prima volta dopo tanto tempo si era ritrovato e non avrebbe più permesso a sé stesso di perdersi, mai più. Tocco lo specchio come per accarezzare il Brendan di fronte a lui e sorrise. Aveva scovato il valore e l'amore in sé stesso e non avrebbe più abbandonato quella consapevolezza e quella sensazione.

Si diresse verso la sala. Le sue peggiori paura non si erano avverate. I corpi giacevano ancora lì. Cadaveri in attesa della lenta putrefazione. Prese una sedia e la mise vicino al corpo penzolante di Gildos. Lo guardò con rammarico ed immensa tristezza. Per quale motivo erano arrivati ad uccidere quel povero vecchietto? Sperava che ovunque adesso fossero, stessero patendo delle pene indicibili.

Slegò il cavo che avevano usato per appenderlo e lo prese tra le sue braccia. Era molto pesante, ma nonostante tutto riuscì a portarlo a terra. Lo accostò dolcemente sul pavimento e gli chiuse gli occhi. Purtroppo non avrebbe potuto fare di più per lui; ma non sopportava l'idea di lasciarlo lì, impiccato e ciondolante nel loro salone. Non si meritava questo.

"Ho preparato tre zaini. Uno per ognuno di noi. Lucia sta ancora dormendo; la prenderò io in braccio"

Brendan baciò Nada e la abbracciò forte. Quest'ultima ricambiò l'abbraccio, affondando il viso sul suo collo.

"Ti amo Brendan"

"Anche io ti amo Nada"

Fu un lungo abbraccio, alla fine del quale i due si guardarono negli occhi sorridendosi. Ciò che avevano vissuto, per quanto terribile, aveva rinsaldato il loro rapporto, comprendendo quanto erano importanti l'uno per l'altro.

"Ho lasciato gli zaini nella nostra camera..."

"Vado a prenderli. Tu occupati di Lucia"

"D'accordo"

Brendan andò nella loro camera matrimoniale. Gli zaini si trovavano sul letto. Nada ci aveva messo vestiti, cibo e tutto quanto potesse essere essenziale per il loro viaggio. Non sapeva quanto sarebbe durato. La cosa più importante in quel momento era allontanarsi. La meta sarebbe sorta durante il cammino. Si collocò uno zaino sulle spalle, mentre gli altri due li portò a mano. Prima di uscire, i suoi occhi si posarono su un oggetto appoggiato sul comodino. Sì, ora ricordava. Lo aveva comprato ad una fiera che avevano organizzato lì a Vesnic, i primi mesi che si erano trasferiti nella città. L'oggetto rappresentava il numero 9. Sulla sua superficie, erano presenti le lettere della città; iniziavano dal cerchio del numero, fino a distribuirsi sulla coda del nove. Brendan posò uno zaino e prese in mano il souvenir. Non ricordava perché quell'oggetto avesse attirato così tanto la sua attenzione. Il tizio che glielo aveva venduto, gli raccontò come avesse un grande significato simbolico ed esoterico, però non ricordava bene cosa rappresentasse. Decise di metterlo in uno degli zaini. Qualcosa gli diceva che quel ricordo avrebbe dovuto seguirlo. Non se la sentiva di lasciarlo indietro, per un motivo non bene preciso. Un presentimento profondo che gli stava sussurrando di portarlo con sé. Uscì dalla stanza e vide che Nada lo stava aspettando nella cucina, con Lucia in braccio.

"Sei pronta?" chiede Brendan con tono solenne.

"Suppongo di sì"

"Andiamo allora"

Senza aggiungere altro, si diressero verso la porta principale nel salone. Nada nascose il viso di Lucia sul suo petto, per timore che la bambina si potesse svegliare e posare nuovamente i suoi occhi su quello scenario di morte. Aprendo la porta, Brendan rimase sull'uscio ad osservare la casa nella quale per mesi avevano vissuto. Ricordi, pensieri incominciarono ad incrociarsi. Brendan si chiese se stesse facendo la cosa giusta. Ma ogni decisione comporta un rischio. Nessuna decisione è giusta o decisiva per sé. Porta a scegliere un sentiero piuttosto che un altro, ma non si conosce il destino. Si può supporre, ma non si sa nulla riguardo a ciò che ti aspetta all'arrivo, che alla fine dei conti si trasforma in nuovo inizio. Aveva paura che la sua decisione potesse essere quella sbagliata. Ma il cambio comporta sempre paura, timore, del non conosciuto, dell'ignoto. Brendan era determinato ad andare a conoscerlo questo ignoto e far sì che diventasse il suo nuovo amico, il suo nuovo compagno. Che questo mutamento, fosse per tutti loro un processo di metamorfosi ed una lenta però forte e ponderante evoluzione.

Scesero con l'ascensore al piano terra e si incamminarono verso il portone principale. Il condominio continuava ad essere dominato dal silenzio. Sembrava che stessero fluttuando in un'altra dimensione, dove nell'edificio esistessero solo loro. Un altro effetto della Notte del Bagno di

Sangue? Un altro artificio della notte dell'Ecatombe? Però ormai la notte era finita e lasciava il posto ad un brillante e splendido sole ed alla luce del giorno, la luce dell'avvenire. Arrivarono alla loro macchina e Brendan la aprì con il telecomando a distanza. Nel bagagliaio ripose gli zaini. Nada si sedette sul posto del passeggero con Lucia in braccio. Brendan si sentiva indolenzito e dolorante; ma non gli importava, perché mai si era sentito così vivo in vita sua, o meglio, non si sentiva così bene da tanto tempo. Lanciò un'ultima occhiata all'edificio che era stata la loro casa nel corso di quei mesi. Ebbe un ultimo attimo di esitazione, dopodiché salì in macchina. Accese il motore ed iniziò a guidare. La sensazione di guidare era come se gli fosse sconosciuta, dopo aver vagato a piedi tutta la notte, per ore ed ore. E quel camminare e girovagare aveva avuto per lui un ineluttabile fascino.

Prese la strada principale, quella che portava fuori Vesnic. Si girò verso Nada. Anche su di lei il sonno aveva preso il sopravvento. Non sapeva cosa gli sarebbe aspettato a tutti loro, ma non gli importava. L'importante era che fossero rimasti insieme. E che lui non si fosse più dimenticato di sé stesso e che non si sarebbe abbandonato, mai più.

Prese il cellulare della moglie e chiamò la milizia.

"Milizia di Vesnic, come posso aiutarla?"

Brendan esitò un secondo, poi iniziò a parlare "Dovete recarvi immediatamente a Strada Speranța 312. Ci sono quattro morti, tre dei quali sono i tre folli che hanno terrorizzato Vesnic negli ultimi mesi"

"Signore, come si chiama? Con chi sto parlando? Mi dica…"

Brendan chiuse la chiamata, aprì il finestrino e gettò il cellulare. Non voleva che fossero rintracciabili. Sarebbero spariti. Probabilmente Nada si sarebbe adirata con lui. Ma alla fine dei conti non era altro che un oggetto. Ne avrebbero comprato un altro.

Diverse macchine stavano incrociando il loro cammino. Ognuno con il suo destino. Sogni. Desideri. Paure. Progetti. Pensieri. Tristezze. Ognuno portava su di sé una storia, che stava venendo scritta giorno dopo giorno. Brendan stava scrivendo le pagine della sua. Quella non era una fine, se non un nuovo inizio; un'opportunità di rinnovarsi. Eccolo in lontananza, si stava avvicinando e facendo più vivido: l'enorme cartello dove stava scritto "State lasciando Vesnic", con l'immagine in cima, sempre presente dell'animale gioiello della città, l'aquila. Dopo aver oltrepassato il cartello, Brendan spostò gli occhi sullo specchietto retrovisore ed osservò Vesnic. Con le sue luci ed i suoi edifici. Con le sue strade ed i suoi vicoli. Con i suoi negozi ed i suoi bar. Con i suoi misteri ed i suoi segreti. Con le sue pazzie e le sue bizzarrie. I suoi fantastici personaggi ed i suoi inconsapevoli attori. Con i suoi incubi ed i suoi sogni. Con il meraviglioso ed il grottesco. Con il terrifico ed il magnifico. Con i cittadini festanti e gli abitanti stravaganti. Con l'inaspettato ed il prevedibile. Con le sue ombre e le sue luci. Con la sua antica storia e quella che ancora stava raccontando e costruendo. Vesnic, che aveva accettato Brendan nel suo grembo e ne aveva partorito uno nuovo. La guardò, forse per l'ultima volta. Ma mai sarebbe per lui morta, presente ed immortale nella sua mente e nel suo cuore, per sempre, fino a che l'ultimo respiro non avesse abbandonato il suo corpo.

E dalla notte più buia, nasce la luce
una grande speranza ed un'infinita gioia produce
Tante volte moriamo per poi rinascere
non vi adirate; è solo la vita, che ci vuol far crescere
Dal viaggio anche più difficile e tortuoso
può nascere l'uomo più audace e virtuoso
un mare dovrà attraversare, fatto di sofferenza e dolore
però il trofeo che guadagnerà sarà trovare sé stesso: che grande onore!
E voltandosi indietro con una lacrima sul viso ringrazierà
non solo la saggia vita ed il suo coraggio, ma anche Vesnic, la più bizzarra
delle città

GLOSSARIO SIGNIFICATO NOMI DEI PERSONAGGI E LUOGHI

Qui di seguito ho stilato due liste: la prima, fa riferimento al significato dei nomi di alcuni dei personaggi del racconto; la seconda, al significato del nome dei luoghi visitati da Brendan e Lothar durante la narrazione.

Come il lettore potrà notare, il nome dei personaggi non è casuale, ma scelto minuziosamente in base alla loro identità e personalità.

Il nome dei luoghi, città, regioni, si deve invece al mio amore per le lingue straniere. In Vesnic, ho voluto dare omaggio al Rumeno, una lingua neo latina che ritengo molto affascinante.

PERSONAGGI

Adara = si ipotizza derivi dal greco, con il significato di "bella"

Akila = deriva dalla radice araba "Aqila" che significa "intelligente", "saggio"

Aknoia = parola greca che significa "accidia"

Auctor = deriva dal latino auctus e significa "aumentare, accrescere"

Brendan = è un antico nome di origine irlandese e significa "principe coraggioso"

Chondros = nome che fa riferimento al termine greco "hypochondros", ossia "ipocondriaco". Presi separatamente, i termini significano: "hypo", ossia "sotto" e "chondros", ovvero "sterno".

Codicio = dallo spagnolo codicia, ossia "avidità"

Dalila = deriva dall'ebraico Delilah e significa "povera, misera, umile"

Delilo = dal nome di origine ebraica Dalila, in questo caso prende l'accezione di "debole"

Depremo = dalla parola depressione, che a sua volta proviene dal termine latino deprimére (premere, schiacciare)

Draco = dal greco Drakon, che significa "Drago"

Dylan = nome di origine gallese, che significa "grande flusso, grande corrente"

Essilu = palindromo del nome Ulisse (letto al contrario); significa "iroso" o "pieno d'ira"

George = dal greco Georgios, ossia "agricoltore", "contadino", "colui che lavora la terra"

Gilda = E' una troncatura del nome germanico Ermenegilda e significa "sacrificio"

Gurdus = dal latino, si riferisce a persona smodata, eccessivamente avida nel mangiare e nel bere, che pecca di gola

Hashi e Shiya = uniti, questi due nomi formano la parola "Hashishiyya" di origine araba, che significa "assassini"

Leona = Nella Divina Commedia di Dante Alighieri, il Leone rappresenta la superbia. E' una delle tre fiere descritte nel primo canto dell'inferno, che simboleggiano le tre inclinazioni del male

Lothar = deriva dal germanico Chlodochar e significa "celebre guerriero" o "celebre con l'esercito"

Lucia = deriva dal latino lux e significa "luminosa, splendente"

Lugera = deriva dalla parola latina "lugere", che significa "piangere" o "essere in lutto"

Mabuz = di origine scozzese, significa "Il sovrano del castello della morte"

Martirio = basato sul dorico Martyr, che significa "persona uccisa per la propria fede"

Medeor = parola di origine latina, che significa "curare, guarire, risanare"

Melaschole = nome che fa riferimento alla parola Melancholia di origine latina, ossia "malinconia"

Melvil = deriva dall'unione di due elementi linguistici, ossia "mel" che significa "miele" e "ville" che significa "città" o "insediamento"

Mercuria = dal latino Mercurius, ossia "mercante"

Mimnesca = deriva dalla dea della memoria venerata dagli antichi greci, Mnemosine (dalla radice mimnesco, ossia ricordare)

Nada = deriva dal russo Nadeza e significa "speranza"

Netami = parola giapponese che significa "invidia"

Obsidera Compilera = il primo termine deriva dal latino "obsidere", che significa "assediare", mentre il secondo, sempre di origine latina, da "compellere", ossia "costringere"

Phrensch e Izoen = gioco di parole che fa riferimento al termine di origine greca Schizophrenie, ossia "schizo" che significa "fendere, separare" e "phrenie", che significa "mente", dunque "mente divisa"

Satira = deriva dal latino Satyrus, che significa "lussurioso", "libidinoso"

Shamat = dal nome Shama di origine araba, nome di uno dei sette uccelli che secondo la cultura islamica formano la fiamma dell'inferno

Stangaci e Dreapta = parole rumene, che significano rispettivamente "sinistra e destra"

Tancredi = forma normanna del germanico Thankarat, significa "pensiero e consiglio"

Ucigasch = dal rumeno, "Uccisore"

Vocito = dal latino "vocitus, vacitus, participio passato del verbo vacere "vuotare", con la radice di vacuus, ossia "vacuo, vuoto"

Waldhar = deriva dal germanico e significa "comandante"

Ward = deriva dall'antico inglese e significa "guardiano"

LUOGHI

Abgrund Intuneric Fara Sfarsit = l'iscrizione trovata da Brendan di fronte alla Galleria. "Abgrund" è una parola tedesca, che significa "abisso", mentre "Intuneric Fara Sfarsit" è una frase di origine rumena e significa "oscurità senza fine"

Castra = di origine latina, che significa "campo", lo stesso montato dalle legioni romane

Centrum Mundi = dal latino "centro del mondo"

Gagica = termine rumeno che significa "costante"

Infinit = dal rumeno "infinito"

Kuiluun = dal finlandese, significa appunto "abisso"

Limitat = sempre dal rumeno, che significa "limitato"

Prezent = dal rumeno, significa "presente"

Regat = termine rumeno che significa "regno"

Tempel = dal tedesco, significa "tempio"

Trecuta = derivante dalla parola rumena "trecut", ossia "passato"

Tullus = nome che fa riferimento al Carcere Tullianum, anche detto Mamertino presente nell'antica Roma fin dai tempi di Anco Marzio. Il termine Tullus deriva dal nome che venne dato ad una sorgente la cui acqua filtrava all'interno delle grotte sottostanti la prigione.

Vesnic = dal rumeno, significa "eterno"

Viitorul = parola rumena che significa "futuro"

Vultur = parola rumena, significa "aquila"